Krieg im Westen

Krieg im Westen

Vom „Blitzsieg" des Jahres 1940 zur alliierten Invasion in Nordfrankreich

Mit Lagekarten
und Gefechtsskizzen

Pabel Verlag KG
Rastatt

Alle Namen, falls es sich nicht um Persönlichkeiten der Zeitgeschichte handelt, sind verändert oder frei gestaltet.
Bearbeitet von Gerhard Schmid.

4. Auflage 1980

Satz: Satz-Rechen-Zentrum, Berlin
Druck: Söderström Osakeyhtiö, Porvoo
Printed in Finnland
ISBN 3-8118-0130-9

Inhaltsverzeichnis

Konrad Fischer-Borken

Vernichtungs-schlacht im Hürtgenwald

November 1944

Sechs Wochen lang stemmten sich
deutsche Verbände gegen
einen weit überlegenen Feind.
Das Land um Hürtgen und Vossenack
wurde zum „Verdun" des II. Weltkrieges.

Vorwort

Die großen Schlachten des Zweiten Weltkrieges sind schon ausführlich beschrieben worden. Von der Schlacht um den Hürtgenwald aber — eine waldreiche Gegend ostwärts Aachens — ist nur wenig bekannt. Doch gerade diese Schlacht hat auf beiden Seiten der Front viele Opfer verschlungen, und Historiker vergleichen die Kämpfe um den Hürtgenwald mit dem Ringen um Verdun während des Ersten Weltkrieges.

Der Kampf um den Hürtgenwald entbrannte in den frühen Morgenstunden des 2. November 1944 und hielt sechs Wochen lang an. Sechs Wochen lang berannten amerikanische Sturmbataillone, unterstützt von Schlachtfliegerverbänden, schwerer und schwerster Artillerie und massierten Panzereinheiten, die deutschen Stellungen. Sechs Wochen lang krallten sich deutsche Soldaten in den von Kratern aufgerissenen, mit zersplissenen Baumstümpfen bedeckten Waldboden und verteidigten ihre Gräben, stürmten Forste und Hügel, durchnäßt von heftigen Regenfällen, genarrt von dichten Nebelbänken.

Angreifer und Verteidiger erlebten in diesen sechs Wochen im Hürtgenwald das Grauen der Materialschlacht. Vierzehnmal wechselte das Dorf Hürtgen den Besitzer! Achtzehnmal erstürmten deutsche Grenadiere die zerschossenen Hügel und Wälder von Forst Hürtgen! Und achtundzwanzigmal drangen amerikanische Sturmtruppen in Vossenack ein, warfen deutsche Eingreifreserven den eingedrungenen Gegner wieder hinaus!

Noch lange nach dem Kriege durfte das Schlachtfeld nicht betreten werden, denn immer noch waren die Forste von Minenfeldern verseucht, immer noch lagen in unzugänglichen Tälern unbestattete Gefallene. Noch Jahre nach dem Kriege fanden hier Männer der Räumkommandos den Tod durch krepierende Minen und Blindgänger. Heute ist die Gegend um Hürtgen und Vossenack zum Naturschutzgebiet erklärt worden, eine Oase der Erinnerung in unserer aus den Fugen geratenen Welt. Unweit von Hürtgen aber dehnt sich der größte Soldatenfriedhof der Bundesrepublik aus; dort ruhen jene Kämpfer, die aus den Wäldern um Hürtgen und Vossenack nicht mehr heimgekehrt sind.

Von einem aber, der das Inferno überlebte, stammt dieser Bericht. Er setzt sich aus Tagebuchnotizen zusammen, die während der Kämpfe mit flüchtiger, oftmals bebender Hand auf einfaches Papier gekritzelt wurden, und er zeigt das Kampfgeschehen aus der Sicht eines Soldaten, der das furchtbare Ringen jener Tage auch heute noch nicht vergessen kann.

Der Verfasser dieses Berichtes ist mit dem Chronisten des Geschehens nicht identisch. Er hat es nur nacherzählt.

Konrad Fischer-Borken.

Die Tür des Unterstands flog auf. Malunat, der die ganze Zeit draußen als Posten hatte aushalten müssen, lehnte sich erschöpft gegen den Türpfosten. Sein Gesicht war grau. die Züge verzerrt.

„Alarm!“ keuchte er. „Sie kommen!“

Ich schnellte aus der Ecke hoch, in der ich die ganzen zwei Stunden über gekaüert hatte, zurrte den Sturmriemen unter dem Kinn fest, langte nach meinem Gewehr und drängte mit den anderen die Stufen hinauf. Qualm wallte mir entgegen, als ich ins Freie stolperte. Und dann war es, als ob mich meine Augen narrten. Alles hatte sich verändert, alles. Nichts mehr war wiederzuerkennen. Das Artilleriefeuer hatte Bäume ausgerissen. Die lagen kreuzweise über dem Graben. Ringsum, wo vor zwei Stunden noch Buchen und Eichen ihre Wipfel gegen den Himmel gewölbt hatten, stachen jetzt zersplitterte Stümpfe in die Dunkelheit.

Ich kroch durch Geäst, kletterte über Stämme, sprang über Stubben, fiel in den Graben und prallte mit der Nase gegen eine Handgranatenkiste. Stechender Schmerz glühte durch mein Gehirn. Ich schrie auf. Tränen sprangen in die Augen. Aber da wehte das Gerassel an mein Ohr. Jenes Geräusch, das ich nur zu oft gehört hatte. Und jedesmal, wenn ich es hörte, lähmte es mir die Knochen, legte es sich wie ein Granitblock auf meine Brust.

„Panzer!“ hörte ich Unteroffizier Groll schreien. „Panzerfäuste* fertig machen!“

Ich zog mich an der Grabenböschung hoch, starrte auf die Fahrbahn der Fernverkehrsstraße, die nach Zweifall hineinführte. Wir lagen etwa zehn Meter vom südlichen Straßenrand entfernt am Hang des Zweifaller Waldes. Die Anhöhe fiel steil ab. Von unserer Stellung aus konnten wir die Straßenkreuzung gut überblicken. Drei Straßen stießen hier zusammen; die eine, die Fernverkehrsstraße, führte nach Zweifall hinein, die andere wand sich von Süden durch Forst Rötgen heran, und die dritte öffnete nach Osten den Zugang zum Hürtgenwald.

Seit zehn Tagen lagen wir hier, nachdem es den Amerikanern gelungen war, die östlich von Aachen gelegene Ortschaft Stolberg zu erobern.

Unsere Volksgrenadierdivision war hierher verlegt worden, damit sie dem Gegner den Weg zum Rhein verlegte.

In den vergangenen zehn Tagen war es hier still gewesen. Da wir erst vor drei Wochen von der Ostfront gekommen waren, hatten wir uns hier wie in einem Urlaubsparadies gefühlt. Das Wetter war schön gewesen.

---

* Nach Erfindung der Hohlladung eingeführtes Gerät zur Panzerbekämpfung. Die Panzerfaust 30 hatte eine Gesamtlänge von 1,03 m. Gewicht: 3 kg. Wirkung: Geschoß durchschlug Panzerung von 140 mm. Die Weiterentwicklung dieser Waffe erhielt ein Visier für 30, 60 und 80 Meter Entfernung und einen Rohrdurchmesser von 50 mm. Gewicht: 6,1 kg, Durchschlagsleistung: 200 mm Panzerung. Die letzte Panzerfaust hatte ein Gewicht von 6,8 kg und einen Rohrdurchmesser von 6 cm. Länge: 1,15 m. Auftreffgeschwindigkeit des Geschosses: 145 km/h. Mit dieser Hohlladung konnten sämtliche damals vorhandenen Panzerungen durchschlagen werden.

Die Oktobersonne hatte noch Kraft genug gehabt, unsere im Osten ausgelaugten Körper und unsere von der Nässe mitgenommenen Glieder zu wärmen und frühere Qualen vergessen zu machen. Und nie hatte ich eine schönere Landschaft gesehen als diese. Von Horizont zu Horizont breitete sich Wald aus. Wie ein endloser grüner Teppich hatte das Wipfelmeer über den Hügeln gelegen, die das Land wie erstarrte Wogen bedeckten. Das helle Gelb absterbender Birkenblätter leuchtete, das dunkle Braun vertrockneten Eichenlaubs, das rosafarbene Kastanienlaub, und dazwischen immer wieder die dunklen Kronen der Rotbuchen, überragt von den spitzkegeligen Rottannen, die wie Meiler aus dem Kronengebirge herausragten. Laub hatte unter meinen Stiefelsohlen geknistert, wenn wir abgelöst wurden und zur Försterei „Jägersfahrt" zurückgegangen waren. Es war so still gewesen, daß man kaum gewagt hatte, ein Wort zu sprechen. Jede Unterhaltung mußte schwerfallen in dieser unverdorbenen Landschaft. Nur die Krähen hatten hoch über den Wipfeln ihre grellen Schreie ausgestoßen.

Jetzt hörte ich das Dröhnen amerikanischer Panzer auf der Straße. Hinter uns, jenseits des Grieschbaches, trommelte es noch immer. Detonationsblitze zuckten dort zwischen den Bäumen hoch, Stämme barsten, Kronen brachen nieder. Immer wieder jaulten die Lagen über unsere Köpfe hinweg.

Gunske, der kleine braungebrannte Gefreite aus dem Sauerland, stieß mich an.

„Hier, nimm die Panzerfaust! Und paß auf, bevor du abdrückst!"

Ich nahm die panzerbrechende Waffe, legte sie vor mich auf die Böschung, starrte nach links die Straße hinab.

Obergefreiter Leuschel lag ein paar Schritte von mir entfernt hinter dem leichten Maschinengewehr (lMG), das Gesicht ebenfalls zur Straße hingewendet. Hinter mir schob sich Schäfer durch den Kriechgraben. Er zerrte Munitionskästen mit sich.

Das Dröhnen wurde lauter. Gleich darauf vernahm ich auch das Rasseln der Ketten, das Kreischen der Antriebsrollen. Dann hörte ich das Krachen von Baumstämmen, und ein Sherman-Panzer fraß sich durch die Wipfel auf die Straße gestürzter Bäume.

„Achtung!" hörte ich Unteroffizier Groll rufen.

Der Panzer röhrte holpernd und ruckend durch die Baumkronen vorwärts, schob sich über Stämme hinweg, sackte mit dem Bug in einen Trichter hinein. Er stemmte sich mit aufheulendem Motor wieder heraus, kroch weiter über die Straße, direkt auf uns zu.

Groll hastete im Kriechgraben entlang.

„Keiner schießt, bevor ich Feuererlaubnis gebe! Keine Bewegung!"

Dicht neben meiner Deckung ließ er sich niederfallen und verschwand in seinem Loch.

Das Rasseln des Panzers hallte laut in meinen Ohren. Er war allenfalls noch fünfzig Meter entfernt, und in der Dämmerung war der weiße Stern an der Stirnseite des Turmes auszumachen. Ich hatte das Gefühl, als stellten sich meine Haare unter dem Stahlhelm aufrecht; so ungefähr mußte dem Höhlenmenschen zumute gewesen sein, als er den Dinosaurier sah! Ich spähte nach links und erkannte, daß der Gruppenführer den Sprengkopf seiner Panzerfaust über die Böschung schob. Die Kuppe seines Stahlhelmes schob sich höher, er blickte zum Panzer hinüber.

Jetzt war der Koloß höchstens noch zwanzig Meter entfernt. Da packte ich ebenfalls meine Panzerfaust und legte sie griffbereit vor mich hin; wenn Groll den Panzer nicht traf, mußte ich ihn erledigen, denn ich lag ihm am nächsten.

Ich starrte auf den Turm und sah, wie sich das Kanonenrohr bedächtig senkte. Nun stand es waagrecht zur Fahrbahn.

Da! Jetzt war der „Sherman" mit Groll auf gleicher Höhe. Im selben Augenblick sah ich den Unteroffizier aus dem Loch auftauchen. Blitzschnell klemmte er sich das Rückstoßrohr unter den rechten Arm, während die linke Hand das Visier hochklappte. Dabei hatte ich das Gefühl, als käme der Panzer auf mich zu, als habe er es nur auf mich allein abgesehen.

Doch da fauchte ein Feuerstrahl aus Grolls Schlupfloch nach hinten gegen den Hang. Sofort zog ich den Kopf ein. Die Sekundenbruchteile dehnten sich. Ich hörte meinen Herzschlag pulsen. Mein Blut rauschte in den Schläfen.

Sodann ein harter, metallischer Schlag und eine ohrenbetäubende Detonation. Eine Stichflamme durchlohte die Dämmerung. Nacheinander warfen gekappte Baumstämme huschende Schatten über die Straße. Luftdruck fauchte über mich hinweg. Hitzewellen fluteten nach allen Seiten. Noch eine Detonation, dann prasselndes Feuer. Es stank nach brennendem Öl.

Ich hob den Kopf. Dort, wo ich vor Sekunden noch den „Sherman" gesehen hatte, wirbelte jetzt ein Feuerball über die Straße. Ein harter Abschuß, ein durchdringendes Kreischen. Etwas jaulte über unsere Stellung, hieb in die Böschung hinein. Ein greller Blitz, ein berstender Schlag. Sprengstücke jaulten über mich hinweg, klatschten gegen die Baumstämme. Verdammt, das war nahe!

Wieder krachte es, gleichzeitig sah ich den Abschußblitz!

Auf der Straße stand noch ein Panzer, allerdings weiter zur Straßenbiegung hin. Sekunden später schlug es wieder hinter uns in den Boden. Kurz darauf heulte an der Straßenbiegung ein Motor auf, der Panzer setzte zurück und sollte offenbar in die Deckung des Waldhanges hinter dem Straßenknick. Dann rasselte er wieder vor. Von seinem Turm blitzte es erneut auf. Hinter uns fuhr die Granate in den Boden, und der „Sherman" verschwand wieder hinter der Biegung.

Neben mir raschelte es im Laub. Ich fuhr herum und sah, daß der Unteroffizier durch den Kriechgraben herankam.

„Keine Bewegung!" schnaufte er. „Laß ihn näher kommen, der hat uns noch nicht ausgemacht!" Er nickte mir zu und hastete nach rechts weiter, zum MG-Stand hinüber.

Da kroch der Panzer noch einmal aus seinem Versteck, gab einen Schuß ab und rumpelte rasch wieder zurück. Diesmal saß das Geschoß am Hang. Die Besatzung des „Sherman" wußte anscheinend wirklich nicht, wo wir steckten. Vielleicht vermutete sie hier in der Nähe eine Pak*-Stellung.

Plötzlich sah ich huschende Bewegungen am Straßenknie. Amerikanische Infanterie! Sie hasteten in ihren olivfarbenen Uniformen geduckt im Straßengraben entlang, mit Tarnnetzen über den Helmen, von der belaubten Böschung kaum zu unterscheiden.

„Näher rankommen lassen!" rief Unteroffizier Groll halblaut. Kurz darauf tauchte er wieder neben mir auf. „Wenn die Amis drüben bei der Fichte angelangt sind, schmeißt du ihnen Handgranaten entgegen! Klar?"

„Klar, Unteroffizier!"

Er kroch wieder nach rechts zum MG-Stand hinüber. Ich zog drei Handgranaten aus meinem Koppel und legte sie griffbereit neben die Panzerfaust. Der „Sherman" schoß noch immer den Hang hinauf, die Infanteristen kamen im Straßengraben näher, duckten sich, spähten die Straße entlang und liefen weiter. Noch zehn Meter, dann mußten sie an der Fichte sein.

Nun schoß der Panzer nicht mehr. Aber seinen Motor hörte ich heulen. Da — jetzt waren die Amerikaner an der Fichte. Ich packte eine Handgranate, zog sie ab, holte weit nach hinten aus und schleuderte sie in die Luft.

Ein schmetternder Schlag, schrille Schreie. Gleichzeitig von rechts das Hämmern des MG. Ich zuckte hoch, zog die zweite Handgranate ab, warf sie zur Fichte hinüber, dann die dritte. Von den Amerikanern war nichts mehr zu sehen, sie lagen im Graben. Krachend gingen die Handgranaten hoch, dicht vor dem Straßengraben. Qualm wallte auf. Leuschels MG-Garben hämmerten in den Rauch hinein; er streute den Straßengraben ab.

Auf einmal schaukelte der Panzer wieder hinter dem Chausseebogen hervor. Mit peitschendem Knall fuhr der Schuß aus seinem Kanonenrohr. Dicht unterhalb unseres Grabens knallte das Geschoß in die Böschung. Ein Feuerstrahl zischte aus dem Boden. Laub flog hoch, Erde sprühte, Splitter jaulten, Äste regneten herab.

Sekunden später erkannte ich, daß sich bei den Amerikanern am Straßenrand etwas regte. Ich zog erneut eine Handgranate ab und warf sie hinüber. Im nächsten Moment belferte drüben eine Maschinenpistole los, und die Kugeln prasselten vor mir gegen die Böschung. Gleichzeitig ratterte Leuschels MG. Die Feuerstöße züngelten zu den Amerikanern hinüber.

Ich griff gerade nach der nächsten Handgranate, als ich das Krachen

* Pak = Panzerabwehrkanone

eines Abschusses hörte. Die Granate pfiff dicht über mein Erdloch hinweg und riß hinter mir den Waldboden auf. Eine Wolke von Laub hüllte mich ein, Erdbrocken und Tannenzapfen klatschten gegen meinen Helm, Dreck drang mir in Mund und Nase.

Ein Stückchen kürzer — und alles wäre wohl zu Ende gewesen. Ich hustete, spuckte aus und spähte wieder feindwärts. Plötzlich knallte es unten an der Böschung; einmal, zweimal, dreimal! Es zischte, und weißgrauer Nebel stieg aus dem diesseitigen Straßengraben in die Höhe. Die Amerikaner hatten Nebelhandgranaten geworfen!

„Drauf!" schrie Groll. „Haltet drauf!"

Hämmernd setzte das lMG ein, schoß in den Nebel. Weiter rechts, wo die anderen Gewehrschützen lagen, peitschten einzelne Schüsse auf. Vor mir erhob sich eine rötlich durchstrahlte Nebelwand. Sie kroch die Böschung hinauf und hüllte den Graben ein. Und da hörte ich den Panzer wieder. Sein Motor heulte auf, die Ketten klirrten.

Entschlossen packte ich die Panzerfaust, schob das Rückstoßrohr unter den rechten Arm und klappte das Visier hoch. Der Panzer war hinter den Nebelschwaden noch nicht zu sehen, aber ich hörte ihn. Er kam näher, daran gab es keinen Zweifel mehr. Unwillkürlich stellte ich mir vor, wie die amerikanischen Infanteristen jetzt aus dem Straßengraben herauskommen, an der Seite des Panzers vorgehen, an uns vorbeistoßen und zur Straßenbiegung vordringen würden. Allein aus diesem Grund lagen wir aber hier: um die Straßengabelung zu sichern!

Nochmals krachte es unten an der Böschung. Wieder wallte Nebel hoch, schob sich zu unserer Stellung hinauf. Leuschel schoß fast pausenlos, Gewehrschüsse knallten in hektischer Folge. Und der Panzer dröhnte! Vom Rand meiner Deckung bröckelte die Erde ab.

Da hielt ich in den Nebel hinein, peilte die Stelle an, von wo das Kreischen der Ketten kam, und drückte ab. Dann kauerte ich mich in die Hocke und lauschte zur Straße hinunter. Von dorther schallten englische Wortfetzen herauf. Sekunden später hörte ich es klicken, und auf einmal zuckte eine Stichflamme durch den Nebel. Die Schallwelle vibrierte über mich hinweg, doch sonst geschah nichts. Keine Stichflamme, keine Explosion! Verdammt, das war schiefgegangen! Ich raffte Handgranaten an mich, zog sie nacheinander ab, schleuderte sie in den Nebel hinein. Auf der Straße donnerte und blitzte es. Stimmen gellten, Schreie stiegen auf. Das MG streute wieder das Straßenstück ab, und mir fiel plötzlich auf, daß der Panzermotor verstummt war.

Allmählich lichtete sich der Nebel. Der Panzer stand mitten auf der Fahrbahn, auf gleicher Höhe mit meinem Deckungsloch! Der Turm aber fehlte. Er lag weiter hinten im Straßengraben. Daneben sah ich die Körper amerikanischer Soldaten liegen. Die Männer waren tot.

„Stopfen (Feuer einstellen)!" schrie Unteroffizier Groll. Gleich darauf kam er durch den Kriechgraben zu mir herüber, ein gequältes Grinsen auf dem rauchgeschwärzten, bärtigen Gesicht.

„Halt nächstens gefälligst tiefer", schnaufte er, aber in seinen Augen glänzte es. „Um ein Haar hättest du ihn verfehlt. Und was wäre dann passiert?"

Ich versuchte es ebenfalls mit einem Grinsen. „Dann hättest du ihn bestimmt erwischt, Unteroffizier!"

Im selben Augenblick heulte es in der Luft. Etwas rauschte durch die Baumwipfel am gegenüberliegenden Straßenrand. Der Knall sprang nach allen Richtungen. Qualm wallte auf, eine Baumkrone kippte langsam zur Seite und fiel krachend auf den turmlosen Panzer.

„Jetzt gibt's Zunder!" murmelte Groll und kauerte sich nieder. Granate auf Granate jaulte heran und schlug auf der gegenüberliegenden Böschung ein. Beizender Pulvergestank wehte herüber und drang auch mir in die Kehle. Drüben, im MG-Stand, hörte ich die Bedienung husten.

Dann traf es die Straße. Steinbrocken wirbelten umher. Groll starrte mich an, und ich ahnte, was er dachte. Schon Sekunden später geschah das, woran wir wahrscheinlich beide gedacht hatten: Granaten hieben in die Böschung unter uns ein. Um mich herum zuckten grelle Blitze. Der Feuerorkan wurde immer stärker. Die Eiche, die zwei Meter hinter meiner Deckung stand, zersplitterte. Die Krone rauschte herunter und stürzte über unseren Graben. Äste und Zweige prasselten um uns herum. Blätter tanzten wie Schneeflocken vor meinen Augen.

Immer wieder knallte es in den Hang hinein, sprühte Erde über unsere Deckungslöcher.

Auf einmal trat Stille ein. Irgendwo hörte ich das Summen eines Motors, gleichzeitig wurde mir bewußt, daß es hell geworden war. Ich hieb mit dem Seitengewehr die Äste über mich herum ab, fuhr mir über das Gesicht und sah, daß meine Hände mit Blut beschmiert waren. Offenbar hatten mir die Äste der gekappten Krone das Gesicht zerkratzt. Groll sah nicht besser aus, sein Gesicht war mit blutigen Kratzern bedeckt. Er sah komisch aus, und ich glaube, daß ich gelacht habe. Es kam einfach so über mich; vielleicht war es auch nur ein Irrtum meiner geschundenen Nerven gewesen.

„Dämlicher Hund!" schimpfte der Unteroffizier und riß seinen Ärmel von einem Ast los.

Da dröhnte es ganz tief über die Straße hinweg, gleichzeitig sah ich einen Schatten über die Fahrbahn huschen. Unmittelbar darauf pfiff es. Ein heftiger Schlag erfolgte. Die Erde schien sich zu wellen, die Bäume schüttelten sich.

„Jagdbomber!" seufzte Groll und krümmte sich zusammen. Wieder schien um uns herum die Welt unterzugehen. Ununterbrochen jaulte es durch die Luft, dröhnten die Jagdbomber (Jabos) über die Höhenzüge hinweg, detonierten die Bomben in allernächster Nähe. Es war, als liefe ein Ächzen und Stöhnen durch den Wald. Erneut hörte ich das Knirschen niederbrechender Wipfel, splitternder Stämme. Ich drängte mich an Groll heran, spürte seinen Herzschlag, seine hastigen Atemzüge.

Nun hämmerten die Bordwaffen. Die Maschinen heulten, als kämen sie im Sturzflug herab. Die ausgeworfenen Geschoßhülsen regneten durch die Baumwipfel, prasselten zu Boden wie Tannenzapfen.

Vierzig Minuten dauerte der Luftangriff, dann entfernte sich das Brummen der Maschinen. Über uns am Abhang knarrten Schritte. Kurz darauf zwängte sich Leutnant Obernolte durch das Geäst des heruntergebrochenen Eichenwipfels.

Er war unser Zugführer, ein stämmiger Mann Mitte Zwanzig, mit der breiten Aussprache der Ostpreußen. Unteroffizier Groll sprang hoch, bog die Äste hinter dem Graben auseinander, aber Obernolte winkte ab und ließ sich zu uns herabgleiten.

„Gute Arbeit", sagte er und blickte zur Straße hinunter, wo die beiden abgeschossenen „Shermans" dicht hintereinander standen. „Aber ich fürchte, dabei wird's nicht bleiben. Ich rechne jeden Augenblick mit einem neuen Angriff!"

„Die beiden Wracks blockieren die Straße", erwiderte Unteroffizier Groll. „Und wenn der Ami versucht, sich daran vorbeizumogeln, sind wir auch noch da, Herr Leutnant!"

Obernoltes Gesicht legte sich in Falten. „Das ist kein lokal begrenzter Angriff, Groll! Seit dem Morgengrauen greift der Feind auf breiter Front zwischen Gressenich und Rötgen an. Ziele sind offenbar der Rur-Stausee und die Staubachtalsperre! Er wird versuchen, durch den Hürtgenwald hindurchzustoßen ..." Er unterbrach sich, denn über uns surrte ein amerikanischer Hochdecker hinweg, vermutlich ein Artillerieflieger. „Hier, diese Straße", fuhr er fort, „ist der eine Zugang zum Hürtgenwald. Nördlich von uns, östlich von Neuenhammer, gibt es noch einen zweiten. Aber die Straße ist schlecht und für Panzer kaum befahrbar. Also wird der Ami sich ganz auf diese Gegend hier konzentrieren und hier den Durchbruch erzwingen wollen."

Noch einmal dröhnte eine Kette Jagdbomber über die Straße hinweg, wenig später krachten nördlich von uns im Wenauer Forst die Bombendetonationen.

„Sie wissen, was das bedeutet!" ergänzte der Zugführer. „Wir müssen halten, koste es, was es wolle! Unser Zug ist hangaufwärts in Stellung gegangen. Der zweite Zug hält die gegenüberliegende Höhe, der dritte liegt bei der Försterei in Reserve. Vom Bataillon sind Verstärkungen unterwegs, aber bis dahin müssen wir halten!"

Wir lagen den ganzen Tag über in schwerstem Beschuß. Amerikanische Artillerie nahm die Hügel beiderseits der Straße unter Trommelfeuer. Ununterbrochen krepierten Granaten aller Kaliber zwischen den Bäumen, rissen Krater in den Boden und entwurzelten die Stämme. Stellte die Artillerie ihren Beschuß ein, so heulten Jagdbomber heran und ließen ihre Bomben in die von gekappten Wipfeln, zersplitterten Stämmen und geborstenen Stümpfen bedeckte Landschaft fallen. Bordwaffenfeuer durchsteppte immer wieder das Gewirr ineinander verhakter Äste und Zweige, das wie ein riesiger Verhau über dem Gelände lag.

Und nach jedem Bombardement griffen sie an. Inzwischen hatten sie aber wohl begriffen, daß sie in diesem Gelände mit Panzern nicht viel erreichen konnten. Ihre Kampfwagen blieben nur auf der Straße einsatzfähig. Die Chaussee aber behielten wir im Griff, denn sie war von den Hängen aus gut einzusehen und leicht zu verteidigen. Darum schickte der Gegner Stoßtrupps gegen unsere Stellung vor, aber wir wiesen alle Durchbruchsversuche ab.

In den kurzen Gefechtspausen hörten wir das Kampfgetöse von Norden und Süden herüberschallen, und wir hatten den Eindruck, daß der amerikanische Vorstoß dort an Boden gewann, denn das Hämmern der Maschinenwaffen, das Krachen der Granatdetonationen und das Pauken von Handgranatenexplosionen schien näher zu kommen.

Wir atmeten auf, als die Dämmerung niedersank. Nun konnten endlich die Verwundeten zurückgebracht werden, darunter der Grenadier Schäfer und der Gefreite Gunske. Beide waren von Granatsplittern getroffen worden. Mit den Essenträgern kam auch Oberleutnant Verweyen, unser Kompaniechef, zu uns.

„Kopf hoch, Jungs!“ ermunterte er uns und reichte Zigaretten herum. „Wir sind jetzt nicht mehr allein. Ich habe soeben einen Pak-Zug hinter uns eingewiesen. Die Kanoniere liegen bei der Jagdhütte, dreihundert Meter östlich von hier. Nun werden wir es etwas leichter haben.“

Während die Kameraden ihre Suppe löffelten, stand ich in meinem Loch und spähte zur Straße hinunter. Die Leichen der gefallenen Amerikaner waren nicht mehr zu erkennen. Dunkelheit hatte sie eingehüllt. So weit mein Blick reichte, waren keine Bewegungen mehr wahrzunehmen. Dafür waren es jetzt vielfältige Geräusche, die an meinen Nerven zerrten. Überall knackte und knisterte es, ringsumher schienen gespenstische Wesen zu wispern und zu raunen. Obwohl ich mir immer wieder versicherte, daß die Geräusche von den zersplitterten Baumstämmen und den geköpften Wipfeln kamen, zuckte ich jedesmal erneut zusammen, sobald in der Nähe etwas knarrte. Als Leuschel kam, um mich abzulösen, war ich vor Anspannung in Schweiß gebadet, und von meiner Suppenration aß ich nur wenig. Meine Kehle war wie zugeschwollen, und in meinem Magen spürte ich einen krampfartigen Druck. Nur die Zigarette, im Mantelärmel geraucht, schmeckte mir noch.

Es war kurz nach 22 Uhr, als der Zugführer wieder in unsere Stellung kam.

„Hört mal her, Männer“, sagte er und winkte uns zu sich heran. „Nach unsere bisherigen Erfahrungen greift der Amerikaner bei Dunkelheit nicht an. Der Bataillonskommandeur nimmt aber an, daß der Gegner die Dunkelheit dazu benutzen wird, seine Kräfte hier an der Straße zu massieren. Wahrscheinlich wird er Pak oder Infanteriegeschütze bis zu der Stra-

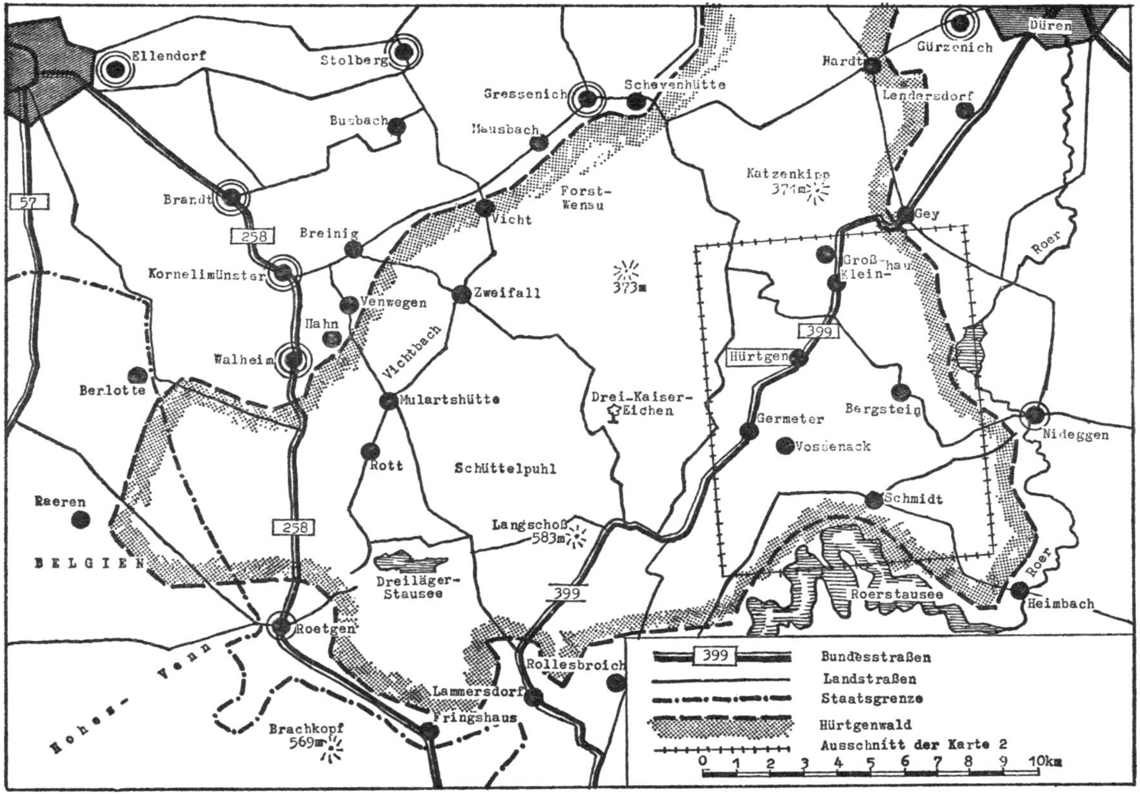

Ellendorf
Stolberg
Gressenich
Schevenhütte
Hardt
Gürzenich
Düren
Lendersdorf
Busbach
Mausbach
Katzenkipp
371m
Forst-
Wenau
Brandt
Vicht
Gey
57
258
Breinig
Groß-hau
Klein-
Kornelimünster
Zweifall
373m
Roer
Venwegen
Hahn
399
Hürtgen
Walheim
Vichtbach
Berlotte
Mulartshütte
Drei-Kaiser-
Eichen
Germeter
Bergstein
Nideggen
Vossenack
Rott
Schüttelpuhl
Raeren
Schmidt
Langschoß
583m
258
BELGIEN
Dreiläger-
Stausee
399
Roerstausee
Heimbach
Roetgen
Rollesbroich
Hohes Venn
Lammersdorf
Fringshaus
Brachkopf
569m
399
Bundesstraßen
Landstraßen
Staatsgrenze
Hürtgenwald
Ausschnitt der Karte 2
0 1 2 3 4 5 6 7 8 9 10km

ßenbiegung vorziehen und uns dann von dort aus unter Beschuß nehmen. Ich brauche euch nicht zu erklären, was passiert, wenn ihm das gelingt."

„Dann schießt er uns Mann für Mann hier aus den Löchern heraus", murmelte Unteroffizier Groll.

„Genau! Und darum hat der Bataillonskommandeur befohlen, einen Horchposten vorzuschicken." Er unterbrach sich, zog seine Generalstabskarte aus der Manteltasche, entfaltete sie und ließ das schwache, blaue Licht seiner abgeblendeten Taschenlampe darauffallen. „Hier, siebenhundert Meter vor uns, windet sich der Solchbach durch das Gelände. Am östlichen Ufer, hundert Meter waldeinwärts von der Straße, steht eine Hütte. Da hat mal ein Waldwärter gewohnt. Dahin begeben Sie sich mit Ihren Männern, Groll, und beobachten von dort aus, was sich beim Ami tut."

„Ich kenne die Hütte, Herr Leutnant", warf Groll ein. „Ich bin noch vor zwei Tagen bei einem Spähtruppunternehmen da vorbeigekommen. Von dort aus kann man die Straße bis kurz vor Zweifall überblicken ..."

„Gut. Sie bleiben bis zur Morgendämmerung dort. Sollte sich vorher etwas ereignen, schicken Sie sofort einen Melder hierher. Dasselbe gilt für den Fall, daß Sie auf einen feindlichen Spähtrupp stoßen ..."

„Macht euch fertig!" befahl der Gruppenführer und fertigte eine Handskizze nach der Generalstabskarte an.

Wir verließen unsere Deckungen, als die Gruppe Zülch, die unsere Stellung übernehmen sollte, den Hang herabkam. Vom Gegner war nichts zu hören und zu sehen.

Groll führte uns in Reihe am Straßenrand entlang, bis wir die Biegung erreichten. Von dort huschten wir in den Wald hinein und bewegten uns parallel zur Straße vorwärts. Ich ging dicht hinter Groll, schleppte zwei Panzerfäuste mit. Plötzlich sah ich, daß der Gruppenführer stehenblieb. Vor uns schnitt ein rechteckiges Stück Wiese in den Wald hinein.

„Volle Deckung!" zischte er und warf sich hin.

Auch ich machte mich flach und gab den Befehl nach hinten weiter. Trotz angestrengten Beobachtens konnte ich aber nichts erkennen. Daher kroch ich Zentimeter für Zentimeter weiter, bis ich mit dem Unteroffizier auf gleicher Höhe lag.

Groll deutete mit dem Kinn zur Straße hinüber. Ich folgte seinem Blick und erkannte im Mondlicht, das manchmal für Augenblicke zwischen der aufgerissenen Wolkendecke durchschimmerte, Bewegungen an der Stelle, wo der Wald an die Straße grenzte. Auf einmal sah ich es ganz deutlich: Von der Straße liefen Soldaten zur Wiese hin. Es mußten ungefähr zwei Züge sein, die da einsickerten. Sie gingen in Doppelreihen, die sich fast über die ganze Wiesenfläche hinzogen.

„Amerikaner!" hauchte Groll! „Die gehen in Bereitstellung. Zur Waldhütte kommen wir nicht mehr durch!"

„Was nun?"

„Zurück, aber vorsichtig. Der Ami muß hier Sicherungsposten stehen haben, vermutlich näher zur Straße hin!"

Ich gab den Befehl an meine Hintermänner weiter, und Meter für Meter schoben wir uns zurück. Mir lief schon nach kurzer Zeit der Schweiß an der Nase entlang, die Hände schmerzten unter der Last des Körpers, zerkratzt von herumliegenden Ästen. Mein Atem ging stoßweise, ich lauschte nach allen Seiten und hatte den Eindruck, daß man uns weithin hören mußte. Es ließ sich einfach nicht vermeiden, daß wir beim Zurückkriechen Zweige zerbrachen. Hoffentlich hatten wir bald das Straßenknie erreicht...

Plötzlich zerrissen nördlich und südlich von uns Feuerstöße die Stille der Nacht. Das Ploppen von Granatwerfern tönte heran, das Peitschen von Gewehrschüssen. Innerhalb von Sekunden hatte sich die Nachtstille in ein wahres Inferno verwandelt. Über dem Wenauer Wald und über Forst Rötgen zischten Leuchtkugeln in die Luft. Dazwischen erhellten grüne Sternbündelpatronen die Dunkelheit. Von allen Hängen hämmerte es, von den Höhenzügen perlten die glühenden Fäden der Leuchtspurgeschosse in die Täler. Gleichzeitig hörte ich es hinter uns tappen und knakken.

„Halt!" stieß Groll hervor. „Die Amis gehen hinter uns vor! — MG in den Trichter rechts, die anderen hinter die Bäume!"

Ich sprang auf, huschte hinter einen dicken Baumstamm und spähte in Richtung Wiese. Gleich darauf sah ich sie auch schon zwischen den Bäumen auftauchen. Sie gingen in Schützenlinie vor, Zweige an den Stahlhelmen, die Gewehre schräg vor der Brust.

„Feuer frei!" hörte ich da Grolls Stimme und riß das Gewehr an die Wange. Ratternd peitschte der Feuerstoß aus dem MG durch den Wald. Schreie klangen vor uns auf, dann waren die Amerikaner verschwunden.

Dafür blitzte es nun hinter den Bäumen auf, surrten Geschosse herüber, klatschten hinter uns gegen die Stämme. Zwei MG begannen bei den Amerikanern zu feuern, die Leuchtspurfäden zogen sich wie glühende Spinnengewebe von Baum zu Baum. Dicht vor mir krachte es. Qualm brodelte hoch. Verdammt, sie warfen Handgranaten!

Da zog ich eine Panzerfaust nach vorn und ging in die Hocke. Dann klemmte ich das Rückstoßrohr unter den Arm und visierte einen knorrigen Baum vor mir an, hinter dem ich die bläulichen Mündungsflammen eines MG beobachtet hatte. Nach kurzem Zielen drückte ich ab.

Ein greller Blitz zerriß die Nacht, ein fauchendes Brüllen sprang zwischen den Bäumen hoch. Ein Rauschen ertönte, und der Baum, auf den ich den Sprengkopf abgeschossen hatte, stürzte zur Seite. Schreie gellten, übertönt von den klagenden Rufen eines Verwundeten.

„Zurück!" schrie Groll. „Los!"

Ich warf mich herum, stieß mich vom Boden ab, klammerte aber die zweite Panzerfaust an mich. Geduckt lief ich zurück, huschte von Baum zu Baum, verharrte manchmal, gab einen Schuß nach hinten ab und hastete weiter. Rechts von mir, näher zur Straße hin, hämmerte unser MG, bestrichen die Leuchtspurbahnen die Räume zwischen den Bäumen.

Nun feuerten auch die Amerikaner wieder, ertönte das helle Gebelfer der Maschinenpistolen. Ich zog eine Handgranate ab, warf sie in aufzuckendes Mündungsfeuer hinein und rannte weiter. Schwer atmend kam ich bei Groll an, der gerade einen langen Feuerstoß aus seiner MPi abgab.

„Die Amis versuchen, über die Höhen durchzubrechen", keuchte er. „Wenn wir uns nicht beeilen, schaffen wir es nicht mehr."

„So wird es sein!" nickte ich erschöpft. Rechts und links der Straße, an den Hängen der Höhenzüge, peitschten Schüsse aus Maschinenwaffen. Dazwischen die Detonationen von Handgranaten. Im Norden, im Wenauer Forst, stiegen wieder die grünen Sternbündelpatronen hoch, versprühten flimmernde Sternchen nach allen Seiten.

„Näher zur Straße hin!" schrie Groll mir zu, packte mich am Ärmel und stieß mich vorwärts. Ich rannte hechelnd und im Zickzacklauf zwischen den Baumstämmen dahin. Völlig ausgepumpt stießen wir auf Leuschel und seine MG-Bedienung.

Hinter uns knisterte und knackte es, peitschten die Feuerstöße, pfiffen Gewehrgeschosse. Groll kam von der Seite heran und warf sich hinter einen Baumstumpf.

„Alles beieinander?" Sein Gesicht schillerte vor Schweiß.

„Paßmann fehlt und Echterling...!" rief Leuschel. „Zuletzt hab ich sie am Trichter vorbeilaufen sehen!"

Da ratterte es dicht vor uns los. Leuchtspur züngelte über uns hinweg. Sekunden darauf sprangen schemenhafte Gestalten hinter einem umgestürzten Baumstamm hervor. Groll schoß. Die Schatten verschwanden, aber das MG hämmerte weiter.

„Haut ab!" schrie Groll. „Ich geb euch Feuerschutz! Ich halte das MG nieder!"

Dicht vor dem Stubben, hinter dem Groll lag, blitzte es auf. Sprengstücke sirrten, Rauch waberte über den Boden. Handgranaten! Ich warf mich mit einem Sprung neben Groll und packte ihn am Arm.

„Hast du was abgekriegt?"

Er schüttelte den Kopf und gab über den Baumstumpf hinweg einen Feuerstoß ab.

„Hau doch ab!" schrie er. „Mach, daß du zur Straße kommst!"

Im nächsten Moment zwitscherte eine neue Garbe aus dem amerikanischen MG über unsere Helme hinweg.

„Warte!" zischte ich. Ich kroch ein Stück und tastete nach der zweiten Panzerfaust. Hinter einem entwurzelten Baum sah ich zu dem feindlichen MG hinüber. Es schoß Punktfeuer auf Grolls Standort. Da schob ich die Waffe vorsichtig über den Baum, klappte das Visier hoch, visierte das Mündungsfeuer an und drückte ab.

Wieder ein Blitz, ein hallendes Krachen. Glühende Gebilde stoben wie bei einem Vulkanausbruch in die Höhe. Das MG schwieg.

Groll tauchte neben mir auf. Er warf einige Handgranaten und kauerte sich dann neben mir nieder.

„Hau endlich ab!"

„Und du?" fuhr ich auf. „Was ist mit dir?"

„Ich muß Paßmann und Echterling suchen. Los, scher dich weg!"

Im Geäst der gefällten Baumkrone knackte es halblinks von uns. Ich riß das Gewehr an die Wange und drückte ab. Es plumpste und rauschte, dann der unterdrückte Fluch eines Amerikaners.

„Die beiden sind bestimmt schon an der Straße", zischte ich dem Unteroffizier zu. Er starrte mich sekundenlang an, sprang dann auf.

„Komm, sonst kriegen sie uns!"

Gebückt liefen wir zur Straße hinüber. Hinter uns war die Hölle los. Schüsse peitschten. Ich zog noch eine Handgranate ab, warf sie blindlings nach hinten und rannte weiter. Hinter mir hörte ich Grolls Keuchen, und vor mir sah ich die von Kratern aufgerissene Fahrbahn zwischen den Bäumen hindurch.

„Hierher!" vernahm ich Leuschels Stimme. „Hierher!"

Sekunden später kollerte ich in ein Granatloch hinein, Groll hinter mir her. Er sprang mir auf den Rücken. Über uns hinweg peitschte ein Feuerstoß aus unserem MG. Groll kroch sofort aus dem Loch heraus, schob sich an Leuschel heran, der mit seiner MG-Bedienung hinter einem Brombeergesträuch in Stellung gegangen war.

„Sind Paßmann und Echterling da?"

Ein Zischen ertönte, eine Feuerlohe sprühte gegen einen Strauch. Trokkenes Laub flammte auf, Flämmchen huschten über Astwerk.

Flammenwerfer! Eine lange Feuerschlange kroch durch das Gehölz. Es sah aus wie flüssiges Eisen. Verdammt, und keine Handgranate mehr! Ich schnellte aus dem Trichter, robbte weiter zur Straße hin, von panischer Angst getrieben. Lieber eine Kugel erwischen! Aber das? Nein, nur das nicht! Ich hatte Kameraden gesehen, die in einen flammenden Ölstrahl geraten waren. Um alles in der Welt, nur so was nicht!

Erst als ich unser Maschinengewehr hörte, faßte ich mich, rollte mich hinter ein Gebüsch und schoß in Richtung der Flammen. Vor mir hastete Groll mit den anderen heran. Ich jagte den letzten Schuß aus der Kammer, lief dann ebenfalls zurück und kam atemlos am Straßenrand an.

„Nichts wie weg!" krächzte der Gruppenführer. „Die ganze Gegend wimmelt von Amis!"

Wir rannten neben der Straße weiter zur Biegung hin. Um uns herum pfiff und hämmerte es. Rechts und links, wo sich die Hügel wölbten, tobte ein schweres Gefecht. Der Pfad tauchte vor uns auf, der zur Böschung hinaufführte...

„Geschafft!" röchelte ich und deutete mit dem Gewehrlauf zum Weg hin. Ich stolperte weiter und fiel über eine Baumwurzel. Groll riß mich hoch, stieß mich vorwärts. Hechelnd und keuchend rannten wir dahin, Schritt für Schritt, mit letzter Kraft.

Da blitzte es vor uns auf, Kugeln pfiffen über uns hinweg.

„Nicht schießen!“ brüllte Groll. „Herrgott noch mal, nicht schießen...!“

Ich blieb mit dem Stiefel im Geäst hängen und kippte in einen Busch hinein. Verzweifelt versuchte ich, mich herauszuwühlen, riß mir an Dornen Gesicht und Hände blutig. Irgendwer zerrte mich am Mantelkragen aus dem Gebüsch heraus, nahm mich am Arm und stieß mich weiter. Stahlhelme tauchten neben mir auf, Hände streckten sich mir entgegen und zogen mich in einen Kriechgraben,

„Hier, nimm einen Schluck“, forderte mich jemand auf, und ich sah, daß es einer von der Gruppe Zülch war, der mir die Flasche an die Lippen drückte. Ich trank und trank. Hustenreiz sprang mir in die Kehle, aber das Getränk rann mir wie flüssiges Feuer in den Magen und strömte eine beruhigende Wirkung aus. Ich erkannte Groll neben mir, Leuschel, Malunat und Hibbel. Hinter ihnen drängte sich Leutnant Obernolte heran.

„Gut, daß Sie da sind!“ stieß er hervor. „Vom Bataillon ist soeben der Befehl gekommen, auf Försterei ‚Jägersfahrt‘ zurückzugehen. Wir rücken sofort ab. Der Ami ist auf der gegenüberliegenden Straßenseite vor Höhe 357 durchgebrochen!“

„Ich hab' Paßmann verloren“, murmelte Groll, „und Echterling...“

„Vielleicht sind sie drüben beim zweiten Zug eingetroffen“, gab Obernolte zurück. „Wird sich herausstellen, sobald wir bei der Försterei angekommen sind!“

Als wir uns aus unserer Stellung lösten und an der Böschung entlang nach Osten zurückgingen, bemerkte ich, daß der Gefechtslärm rechts und links der Fernverkehrsstraße abgeflaut war. An den Hängen aber glühte und gloste es. Qualm zog über die Straße, Knistern und Prasseln wehte herunter. Offensichtlich hatten die Amerikaner die Höhenzüge überraschend angegriffen und Flammenwerfer nach vorn gebracht. Als wir uns der Försterei „Jägersfahrt“ näherten, sahen wir die Kameraden beiderseits der Straße von den Hängen herunterkommen. Die Verbände der Verwundeten leuchteten fahl durch die Dunkelheit.

Wir gingen dreihundert Meter nördlich der Straße, wo sich ein Zug Panzergrenadiere eingenistet hatte, in Stellung und setzten uns auf einem Höhenrücken fest. Zur Feindseite hin fiel die Anhöhe steil ab. Auf dem gegenüberliegenden Hang lag der Feind.

Während wir Granattrichter mit Kriechgräben verbanden, feuerte unsere Artillerie auf diesen Hügel. Im Lichtschein aufblitzender Detonationen sah ich, daß auch hier die Landschaft sich grauenvoll verändert hatte. Unzählige zerfetzte Baumstämme streckten ihre zersplitterten Stümpfe durch das verfilzte Unterholz.

Inzwischen war das Wetter umgeschlagen. Ein feiner Regen rieselte aus dem verhangenen Himmel, auffrischender Westwind strich singend über die Hügel.

Als wir mit der Schanzarbeit fertig waren, hatten sich unsere Mäntel mit Nässe vollgesogen. Wasser lief über unsere Gesichter, und die Stahlhelme glänzten wie nasser Asphalt. Wir krochen in die Löcher, zogen Zeltplanen über uns und spürten, wie die erste Kälte dieses Jahres sich in unsere Glieder schlich. Unteroffizier Groll hockte schweigend zwischen uns, kaute auf seiner kalten Pfeife und mied unsere Blicke. Wir alle hätten ihm gern gesagt, daß Paßmann und Echterding nicht durch seine Schuld verlorengegangen waren. Aber wir wagten es nicht. Wir wußten, daß er jetzt mit sich allein sein wollte, so gut das eben geht, wenn man zu fünft in einem Krater kauert.

Kurz vor Tagesanbruch blitzte es beim Gegner wieder auf; Lagen heulten heran, Granaten barsten im Astgewirr, Stämme, die gestern schon geköpft worden waren, wurden jetzt entwurzelt und zerschmettert. Bei den Nachbarzügen schrien die Verwundeten, Sanitäter und Hilfskrankenträger hasteten vorbei, kamen mit zuckenden Zeltplanbündeln zurück und verschwanden hinter uns im Tal, wo der Truppenarzt seinen Verbandsplatz eingerichtet hatte.

Was wir gestern erlebt hatten, wiederholte sich heute erneut: Schwärme amerikanischer Jagdbomber vom Typ Lightning dröhnten im Tiefflug über unsere Gräben hinweg, beschossen mit ihren Bordwaffen die Täler und warfen Bomben auf die Bergkuppen. Besonders die Stelle an der Straße, wo der Panzergrenadierzug einen Pak-Riegel errichtet hatte, war das Ziel ihrer Angriffe; dort stiegen pausenlos Explosionswolken auf. Als die Maschinen endlich nach Westen abgeflogen waren, krochen wir fröstelnd unter den Zeltplanen hervor. Fast gleichzeitig begannen an der rechten und linken Flanke die MG zu hämmern. Von der Straße schallte das Rasseln amerikanischer Panzer herüber, krachten die Abschüsse der Pak.

„Sie kommen!"

Ich warf mich gegen die gegenüberliegende Trichterböschung und spähte über den Rand die Steilseite hinab.

„Halbrechts vor uns!" schrie Groll. „Sie kommen gerade aus den Tannen heraus! Feuer — frei!"

Die Kugeln sprühten hinaus und sichelten in die Schonung hinein. Ich sah schemenhafte Bewegungen, wippende Zweige, riß das Gewehr an die Wange und schoß. Kurz darauf sah ich eine Gruppe Amerikaner am Rand des Holzabfuhrwegs heranhuschen, der vor uns den Forst durchschnitt und zu Tal führte. Meine Schüsse peitschten ihnen entgegen. Sie verschwanden sofort im Dickicht und schossen zurück. Geschosse summten mir wie Hummeln um die Ohren, fetzten hinter mir die Borke von den Ulmenstümpfen. Es knallte und hämmerte nun auf der ganzen Linie. Beim Nachbarzug, der die Front nach Norden hin verlängerte, platzten Handgranaten. Hinter uns, am ostwärtigen Abhang, feuerten die Granatwerfer. Die Geschosse plumpsten vor uns ins Unterholz, detonierten und wirbelten das nasse Laub zu grünlichen Wolken. Überall sprangen olivfarbene Gestalten zwischen den Büschen auf, huschten im Sprung vorwärts, tauchten wieder im Geäst unter.

Plötzlich krachte es dicht vor unserem Granatloch. Splitter fetzten. Etwas klatschte gegen meinen Helm. Der Feuerstoß aus Leuschels MG brach ab. Wir preßten uns hinter die Böschung. Auf einmal kollerte etwas über den Kraterrand. Leuschel stöhnte auf. Ich griff zu, umschloß das Gebilde mit der Faust, und erst als ich die geriffelte Oberfläche in meiner Hand spürte, begriff ich, daß es eine Eierhandgranate war. Entsetzen packte mich. Sofort schleuderte ich das Wurfgeschoß über den Trichter und kauerte mich zusammen. Sekundenbruchteile später hörte ich die Detonation in meinen Ohren grollen. Der Luftdruck fegte über mein Gesicht, und wieder knallte etwas gegen meinen Helm.

Ich sprang auf und sah herankommende Amerikaner; geduckt, mit Zweigen an den Helmen, Maschinenpistolen in den Fäusten. Leuschel warf sich schnaufend hinter das Maschinengewehr und riß den Abzug zurück. Ich zog Handgranaten ab, hielt sie zwei Sekunden in der Faust und warf sie dann. Maschinengewehre ratterten, Gewehrschüsse pfiffen durch die Luft. Eine Gruppe Amerikaner, die über den Holzabfuhrweg gestürmt war, stob auseinander. Ununterbrochen prasselte und knackte es in der Schonung. Aus dem Unterholz am Abhang gellten Stimmen. Ein schleifendes Geräusch klang durch den Gefechtslärm, als zöge man Verwundete den Hang hinab.

„Gegenstoß!“ wehte ein Schrei heran. „Durchrufen!“ Der Befehl sprang von Trichter zu Trichter. Leuschel warf sich das MG am Riemen über die Schulter.

„Raus!“ brüllte Groll und stieg die Kraterschräge hinauf. Ich stieß die Luft aus, drückte einen Patronenstreifen in die Gewehrkammer, zog das rechte Bein an und schnellte mich nach vorn. Der Gruppenführer schwang die MPi über seinem Kopf und lief in den Holzabfuhrweg hinein. Leuschel rannte hinterher, aus der Hüfte in das Unterholz feuernd.

Es ging steil abwärts. Der Boden war glitschig. Ich bremste mich an Baumstümpfen, damit ich nicht kopfüber den Abhang hinabfiel, spähte in die Büsche und schoß, wo immer ich eine Bewegung wahrzunehmen glaubte. Dann sah ich die Kameraden rechts und links durch das Gehölz stapfen. Amerikaner, die Hände über ihren Helmen, tauchten aus Büschen und hinter Wurzelstöcken auf. Dicht neben mir kroch einer hinter einem Stubben hervor, sah mich aus mißtrauischen Augen an, kaute dabei ununterbrochen und nahm die Hände hoch.

Ich winkte ihm zu, bedeutete ihm, den Hügel hinaufzugehen, und lief weiter. Da strich ein Feuerstoß über mich hinweg und zerfetzte das Geäst einer Tanne. Ich warf mich hin, rollte mich ins Gebüsch und zog das Gewehr nach vorn. Wieder pfiff es dicht über meinen Kopf hinweg. Borkenfetzen und Tannenzapfen regneten auf mich herab. Dicht neben mir brach Unteroffizier Groll durch die Zweige und warf sich nieder.

„Siehst du sie?" keuchte er. „Sie halten den Waldweg unter Kontrolle!"

Erneut peitschte ein Feuerstoß über uns hinweg.

„Da sind sie!" stieß ich hervor und deutete auf einen Holzstoß am linken Rand des Weges, etwa fünfzig Meter hangabwärts.

Groll schlängelte sich über Wurzelwerk feindwärts und spähte durch eine Schneise im Jungwald dorthin, wo sich der Holzstapel gegen das helle Grün kleiner Tannen abhob.

„Leuschel!" rief er unterdrückt. „Hierher!"

Hinter mir raschelte es. Der Gewehrführer schob sich mit dem MG durch das Gebüsch, Malunat und Hibbel robbten hinter ihm her.

Wieder blitzte es drüben an dem Holzhaufen auf, und kaum eine Handbreit über meinem Kopf zersägte die Garbe den Stamm eines Bäumchens. Mit stockendem Atem blieb ich reglos liegen, bis die MG-Bedienung neben Groll hinter einem dicken Baumstumpf in Stellung gegangen war.

„Wir müssen sie vertreiben", raunte Groll. „Leuschel, du nimmst sie von hier aus unter Beschuß und zwingst sie in Deckung. Martens, du kommst mit mir!"

Ich zog Hibbel zwei Handgranaten aus dem Stiefel und schlich hinter dem Gruppenführer zum Forstweg zurück. Leuschel gab kurze Feuerstöße ab, und ich sah, daß von den gestapelten Stämmen die Rinde abplatzte. Schwer atmend erreichte ich einen Wurzelstock am Rand des Weges und kauerte mich dahinter nieder. Groll blinzelte aus einem Gebüsch zu mir herüber.

„Paß auf!" zischelte er mir zu. „Ich spring zur anderen Seite hinüber! Sobald ich drüben bin, gehen wir weiter vor!"

Ich nickte, schob das Gewehr über den Stubben und preßte den Kolben an die Wange. Da sprang Groll auf, brach durchs Gebüsch und hechtete über mich hinweg. Im selben Augenblick sah ich über dem Holzstoß die Wölbung eines Stahlhelms auftauchen und drückte ab. Der Amerikaner zuckte zurück, während Groll über den Weg jagte und sich hinter einen zersplitterten Stumpf duckte.

Auf allen vieren schob ich mich weiter, bis ich die Wegmitte erreicht hatte. Groll starrte mich an

„Gib mir Feuerschutz!" krächzte ich.

Er riß die MPi hoch und schoß. Jetzt setzte auch Leuschels MG wieder ein. Ich stieß mich vom Boden ab, sprang einige Schritte und rutschte in eine Mulde hinein.

Stimmen vor mir! Getrappel hinter dem Holzstoß, Knistern im Gebüsch. MG-Kugeln zirpten über mich hinweg. Ich rollte mich am Boden der Senke zusammen und wartete ab. Endlich ging das Gehämmer zu Ende. Vorsichtig hob ich den Kopf. Da! Sie schossen wieder, aber nicht mehr hinter dem Holzstoß hervor. Sie hatten Stellungswechsel gemacht. Ich wälzte mich auf die Seite, zerrte eine Handgranate aus dem Koppel. Dann schleuderte ich sie in die Tannen. Die Detonation erfolgte sofort.

Hinter mir rauschte es. Unteroffizier Groll kam an. Wieder ein Feuerstoß, der hinter uns in Bäume prasselte.

„Halblinks!" zischte ich zu Groll hinüber. „Zwischen den kleinen Tannen!"

Er hob die Maschinenpistole, und die Waffe begann zu rattern. Ich schob mich hoch und warf eine weitere Handgranate.

Die Granate platzte mit grellem Schlag auseinander. Zweige und Äste flogen, Laub flatterte. Und dann ein schauriger Schrei!

Leuschels MG verstummte. Groll lief geduckt den Weg hinab, die MPi schußbereit in der Hand. Ich folgte ihm. Jetzt erst hörte ich, daß der ganze Forst vom Krachen der Handgranaten widerhallte, daß das Echo der Schüsse zwischen den Bäumen hin und her sprang, daß überall aus Büschen und Sträuchern Schreie aufflatterten.

Das feindliche MG, das den Fuhrweg gesperrt hatte, schwieg.

„Vorwärts!" schrie Groll. Leuschel zwängte sich durch das Gehölz, Malunat und Hibbel keuchten hinterher.

Beiderseits des Weges lichtete sich der Baumbestand, vor uns wellte sich eine Erdrinne, dahinter stieg das Gelände wieder an. Wir hatten das Tal zwischen unserer und der feindlichen Stellung erreicht!

Entlang der Erdfalte brachen die anderen Gruppen aus dem Dickicht hervor. Leutnant Obernolte sprang aus dem Unterholz. Er hatte den Stahlhelm verloren, sein blondes Haar war mit nassem Laub verklebt.

„Vorwärts! Die Anhöhe hinauf!"

Wir stürmten röchelnd über Stubben und Stämme den Hügel hinauf, wichen vor gefallenen Amerikanern zurück, passierten am Boden kauernde Verwundete, die bittend die Hände ausstreckten. Vorwärts! Weiter! Die Sanitäter werden sich um die armen Kerle schon kümmern!

Hinter einem Eichenstamm sprühte es plötzlich hervor. Hinter mir schrie jemand auf. Eine Handgranate detonierte weiter hangaufwärts. Hinter der Eiche taumelte ein Amerikaner hervor und rollte mir vor die Füße. Ich sprang über ihn hinweg, raffte seine Maschinenpistole an mich und hastete weiter.

Wenige Augenblicke später war ein schrilles Heulen in der Luft. Granaten jaulten heran. Die Erde wankte, Sprengstücke pfiffen. Der ganze Berghang schien zusammenstürzen zu wollen, Stichflammen fauchten aus dem Boden. Einschlagdonner grollte. Dicht vor mir blitzte es grell auf. Qualm hüllte mich ein. Luftdruckwellen brandeten über mich hinweg. Vor mir war ein Geschoß eingeschlagen. Ich robbte vorwärts, ließ mich in den Krater gleiten. Das Erdreich war noch warm von der Explosion. Ich bekam einen Hustenanfall, daß mir die Augen zu tränen begannen. Rings um mich herum tobte immer noch die Hölle. Äste rauschten polternd herab, Stämme schlugen entwurzelt um. Gekappte Wipfel flogen in Detonationen auseinander.

Groll fiel über den Kraterrand, das Gesicht pulvergeschwärzt, die Augen rot unterlaufen.

„Mein Gott!“ japste er, „wir sind ins Sperrfeuer geraten! Hast du Leuschel und die anderen gesehen?“

Mechanisch hob ich den Kopf und sah zurück. Aber da orgelte es wieder heran. Der Boden spuckte Flammen aus, Erdbrocken wirbelten durch die Luft. Baumstämme fielen reihenweise um, Wurzelknäuel platzten aus dem Boden.

„Leuschel!“ schrie ich in den Feuersturm. „He, Leuschel, Malunat! Wo...?“

Eine Detonationswelle grollte heran. Luftdruck zerquetschte mir die Laute im Hals. Ätzender Qualm trieb über die Berglehne, kroch in unser Deckungsloch hinein. Ein Wirbelsturm schien durch den Forst zu rasen. Die Erde dampfte. Durch wehende Dunstschleier sah ich drei Männer. Gespenstergleich wankten sie auf uns zu.

„Hierher!“ brüllte ich. „Kommt hierher!“

Die drei torkelten geduckt weiter und sanken ausgepumpt in den Explosionskrater. Hibbel blutete an der Stirn. Ich glitt zu ihm hin, wischte ihm das Blut aus den Augen und tastete nach den Verbandspäckchen.

„Schon gut!“ ächzte er. „Hab mir den Kopf an so ’ner Wurzel gestoßen!“

Ein Schatten tauchte am Kraterrand auf, rutschte die Schräge herab: der Zugführer. Sein Mantel war zerfetzt, das Gesicht verschrammt, die Schulterstücke hingen herunter.

„Die Kompanie ist unten in der Rinne steckengeblieben!“ hechelte er. „Es besteht keine Möglichkeit, daß die Kameraden bei dem Beschuß nachkommen. Und wir können weder vorwärts noch rückwärts. Wir müssen hier aushalten, bis es dunkel wird!“

„Und was dann?“ fragte Malunat mit verzerrtem, zuckendem Mund.

„Entweder kommt die Kompanie dann nach und wir jagen den Ami von der Höhe, oder wir gehen ins Tals zurück!“ Er nickte uns zu, kroch auf Händen und Füßen die Böschung hinauf und verschwand im aufwallenden Pulverqualm.

Das Trommelfeuer hielt an. Ununterbrochen feuerten zahllose Geschütze auf die Berglehne, als sollte der Wald dem Erdboden gleichgemacht werden. Wir drängten uns auf der Trichtersohle aneinander, duckten uns, wenn die Einschläge in unmittelbarer Nähe einhieben, ließen Erdbrocken und Holzstücke auf uns herabregnen und kauten auf trockenem Brot.

Gegen Mittag fielen wieder die Lightnings über uns her. Auf der Hügelkuppe schossen die Amerikaner Rauchpatronen ab und markierten den Fliegern die Zielräume.

Eine andere Form der Hölle hatte uns wieder aufgenommen. Die Bordwaffen ratterten, und die Geschoßgarben steppten lange Spuren in die Erde. Immer wieder strichen die doppelrumpfigen Maschinen mit heulenden Motoren über den Berghang, zogen hoch und stürzten sich erneut auf uns herab.

Eine Ewigkeit schien vergangen, als sie endlich wieder abdrehten. Unten an der Straße hörten wir heftigen Gefechtslärm. Maschinenwaffen knatterten, Panzerkanonen krachten, Einschläge wummerten. Dazwischen heulten Motoren, rasselten die Raupenketten der Kampfwagen und donnerten die Detonationen.

Leutnant Obernolte hatte inzwischen Melder zur Kompanie geschickt, denn wir hatten keine Verpflegung mehr, und auch die Munition wurde knapp. Aber keiner der Kameraden kam durch. Zwei von ihnen wurden getötet, als sie gerade aus ihrem Loch gekrochen waren. Der Gegner mußte oben auf der Hügelspitze Scharfschützen haben, denn sobald wir den Helm auch nur um einen Zentimeter aus der Deckung hoben, knallte es, und die Geschosse schwirrten uns wie Insekten um die Ohren.

Am Nachmittag füllte sonores Brummen die Luft. Amerikanische Schnellbomber tauchten über dem Walheimer Wald auf. Sie meinten aber nicht uns, sondern die Panzergrenadiere an der Fernverkehrsstraße. Von unseren Granattrichtern aus konnten wir beobachten, wie sich von den Bäuchen der Flugzeuge dunkle Punkte lösten und erdwärts taumelten. Ich hatte den Eindruck, daß alle Maschinen ihre Bombenlast auf einmal ausklinkten, denn unten an der Straße zuckten die Detonationen reihenweise auf. Eine Qualmwand schob sich hoch, und die Erde vibrierte im Rhythmus der Einschläge. Zweimal noch wiederholte sich der Vernichtungsangriff, dann flogen die Kampfflugzeuge ab. Zurück blieb eine fast reglos über den entwipfelten Bäumen hängende Rauchdecke.

Dreißig Minuten später ertönte wieder das Röhren von Motoren und das Knarren und Kreischen von Gleisketten. Panzer! Doch keine Pak feuerte mehr, kein MG hämmerte. Wir blickten einander an und wußten, was das zu bedeuten hatte.

„Bei denen ist Feierabend", stieß Unteroffizier Groll müde hervor. „Es ist zum Verzweifeln!"

Endlich senkte sich die Dämmerung über die Wälder, und mit dem Abendgrauen kroch Nebel aus den Tälern. Er schob sich die Hänge hinauf und hüllte die Höhenzüge ein. Die Amerikaner schossen zwar Leuchtkugeln ab, aber das Licht vermochte die weißen Schwaden nicht zu durchdringen.

Leutnant Obernolte wirkte erleichtert, als er zu uns in den Krater kroch.

„Das Wetter ist für uns äußerst günstig", sagte er. „Wir lösen uns gruppenweise aus der Stellung. — Groll, Sie übernehmen die Nachhut und brechen in dreißig Minuten auf. Sammelpunkt ist die Erdrinne unten im Tal!"

Wir hoben die Köpfe über den Trichterrand und spähten nach allen Seiten in die träge dahinschleichenden Nebelschleier. Links und rechts hörten wir das leise Tappen der Kameraden, die sich bereits absetzten. Aber zu sehen war nichts, und die Stille machte uns nervös.

Endlich war es soweit!

„Los!“ befahl Unteroffizier Groll. „Aber seid vorsichtig!“

Leuschel warf den Riemen des lMG über die Schulter und stieg aus dem Sprengloch. Malunat und Hibbel folgten ihm in den Dunst hinein. Groll nickte mir zu. Ich nahm das Gewehr unter den Arm und kroch ebenfalls heraus. Der Nebel war so dicht, daß ich bestenfalls fünf Meter weit sehen konnte. Die drei Männer vom MG-Trupp erkannte ich nur als Schatten vor mir. Mitunter wußte ich nicht, ob das, was sich hangabwärts schemenhaft aus dem Dunst hob, die Kameraden oder die Stümpfe zersplitterter Bäume waren.

Plötzlich ratschte es durch die Schwaden. Leuchtspurketten glühten an mir vorüber. Geschosse hagelten gegen Stämme.

Ich ließ mich fallen und kroch hinter einen aus dem Boden gerissenen Wurzelstock. Wieder hämmerte ein Feuerstoß über den Hang, und ich stellte fest, daß der Beschuß nicht von der Kuppe, sondern von der Seite kam. Offenbar waren also Amerikaner von der Straße auf die Anhöhe gekommen, um das Gelände zu durchkämmen.

Der Feuerstoß brach ab. Eine Stille hüllte mich ein, die so bedrückend war, daß ich das Gefühl hatte, völlig allein zu sein. Rufen durfte ich aber nicht, denn die Amerikaner konnten schon hinter dem nächsten Gebüsch lauern.

Langsam schob ich mich auf allen vieren weiter, blieb immer wieder sekundenlang liegen und lauschte zurück, denn Groll mußte ja noch hinter mir sein. Aber ich sah und hörte nichts von ihm.

Schweißtriefend erreichte ich eine Kuhle, schlängelte mich hinein, rang nach Atem und horchte nach allen Seiten.

Und da sah ich sie! Drei waren es! Hintereinander stapften sie durch das milchige Gewölk, mit randlosen Helmen auf den Köpfen, in hüftlangen Windjacken und Hosen mit ausgebeulten Taschen — Amerikaner!

Einer von ihnen, eine hünenhafte Gestalt, blieb kaum drei Meter vor mir entfernt stehen, deutete ins Tal und sprach halblaut mit den anderen. Es war eine weiche, fast singende Sprache. Es war seltsam, aber ich spürte keine Angst.

Mit angehaltenem Atem lugte ich zu ihnen hinüber. Sie sahen sich noch einmal nach allen Seiten um und verschwanden dann im Nebel.

Ich wartete noch ein paar Minuten, schob mich aus der Mulde und stieg vorsichtig hangabwärts.

Plötzlich hörte ich hinter mir ein Keuchen, das Knacken eines Astes. Mit einem Satz huschte ich hinter einen Baumstamm und riß das Gewehr hoch.

Hinter mir geisterte einer durch die Dunstwolken. Ich nahm den Kolben an die Schulter, setzte aber das Gewehr wieder ab. Wenn ich schoß, würde ich mich verraten. Wenn er mir zu nahe kam, mußte ich ihn niederschlagen.

Er kam näher! Ich sah, daß er zögerte, hinter Stämmen verschwand und wieder auftauchte.

Ich holte tief Luft, hob den Kolben und verlagerte mein Gewicht auf das linke Bein.

Aber dann sah ich, daß er einen langen Mantel und eine zerknautschte Feldmütze mit gebrochenem Schild trug. Es war also einer von uns. Jetzt war er knapp zwei Meter vor mir. Er trat auf einen Ast, es knallte wie ein Pistolenschuß.

Da erkannte er mich. Er erstarrte, stieß den Atem fauchend aus. „Mach kein Theater!“ rief er.

Ich atmete erleichtert auf, denn ich hatte seine Stimme erkannt.

„Mensch, Unteroffizier! Gut, daß ich dich noch gefunden hab'...“

Groll packte mich am Arm und zerrte mich weiter. „Komm!“ raunte er. „Der Wald wimmelt von Amis! Einer hat mich beinahe erwischt, ich hab' ihn zu Boden geschlagen.“

Wir zwängten uns durch Gebüsch, hasteten zwischen Stämmen abwärts. Hinter uns hörten wir gedämpfte Schritte, halblaute Pfiffe. Ein kurzer Feuerstoß flammte durch die Dunkelheit, dann wieder Stille. Schwer atmend langten wir im Tal an, aber vom Zug Obernolte war niemand mehr da.

„Sie haben sich auf die Ausgangsstellung zurückgezogen“, japste Groll. „Los, hinauf!“

Wir schleppten uns zur Höhe hinauf und erreichten den Holzabfuhrweg, wo ich am Morgen das feindliche MG-Nest ausgeschaltet hatte. Langsam schlichen wir am Unterholz entlang. Aber da ging es schon wieder los. Ich kannte das Geräusch nur zu gut, warf mich nach vorn und rollte mich ins Dickicht. Groll fiel lang über mich her. Sekunden später krepierte ein Geschoß auf dem Weg. Die Sprengstücke jaulten über uns hinweg.

„Wenn ich etwas im Leben hasse, dann sind es diese Miststücke von Granatwerfern!“ fluchte Groll, während er sich von meinem Rücken wälzte.

Noch einmal winselten Granaten durch den Nebel und detonierten auf dem Waldweg.

„Unteroffizier“, schrie ich, „das sind unsere! Die schirmen Obernoltes Rückzug nach hinten ab!“

„Da kannst du recht haben, Martens! Dann man los, die können noch nicht weit sein!“

Wir warteten die nächste Lage ab, sprangen dann auf und stolperten weiter hangaufwärts. Keuchend warfen wir uns hin, als die nächste Lage heranrauschte. Im selben Augenblick grollte es auf der Anhöhe, wo die Amerikaner sich festgesetzt hatten.

Geschosse kreischten heran und schlugen dröhnend vor uns ein. Blitze, beizender Qualm, fetzende Splitter...

„Jetzt mischen die Amis auch noch mit!“ keuchte der Unteroffizier wütend.

Das Orgeln und Fauchen, Blitzen und Krachen riß nicht mehr ab. Luftdruck fegte den Nebel hinweg, wirbelte Zweige und Äste durch die Luft. Mondlicht fiel manchmal durch das Gewirr der Stämme und warf geisterhafte Schatten über den Weg.

Etwa zehn Minuten tobte der Beschuß über den Abhang, ehe er endlich eingestellt wurde. Von unten aus der Erdrinne schlurften Schritte heran. Ein Ruf flatterte herüber: Amerikaner!

Ich sprang auf, aber Groll zog mich sofort wieder zu Boden.

„Bleib liegen, Mensch!"

„Aber da geraten wir doch zwischen zwei Feuer!"

„Wir stecken schon mittendrin! Jetzt können wir uns nur noch unsichtbar machen! Da, sieh doch!"

Amerikanische Infanteristen hasteten in Reihe den Waldweg herauf, bepackt mit Maschinenpistolen und Handgranaten. Ihr Keuchen und Schnaufen wehte zu uns herüber. Wir duckten uns tief im Unterholz und hofften nur, daß keine Gruppen durchs Dickicht kommen und uns aufstöbern würden.

Auf einmal platzten Leuchtpatronen über der Hügellinie. Milchiges Licht flutete über den Holzabfuhrweg. Sofort sprangen die Amerikaner auf beiden Seiten des Weges in die Büsche. Nur um Sekunden später hingen grüne Sternbündelpatronen über dem Waldhang.

„Unsere fordern Sperrfeuer an!" stieß Groll hervor. „Mann, da sitzen wir schön in der Tinte!"

Ich lauschte auf die Abschüsse, die aus Richtung Forst Hürtgen herangrollten, und ich spürte, daß mein Herz schneller schlug. Es war schon schlimm genug, in feindlichem Beschuß zu liegen, aber von eigenen Leuten unter Feuer genommen zu werden, das war noch viel furchtbarer.

Die Hölle brach erneut über uns herein. Granaten rissen die Walderde auf, brachen Stämme und wirbelten Geäst herum. Die erste Lage hatte den Waldweg getroffen. Zwischen den Detonationen waren schaurige Schreie zu hören. Die Amerikaner mußten schwere Verluste erlitten haben.

Lage auf Lage rauschte heran. Wieder einmal schien es, als ob die Welt untergehe. Die Luft war mit Erde und Holzstücken gefüllt. Ununterbrochen regnete es auf uns herab. Brocken polterten gegen meinen Helm, klatschten auf unsere Mäntel. Plötzlich fauchte es dicht vor uns. Ich kroch an Groll heran und drängte mich an ihn. Ein ohrenbetäubender Schlag folgte. Ich sah, daß es Groll die Mütze weggerissen hatte.

Halb betäubt lag ich da und wartete auf das Ende. Da hörte ich Grolls Stimme.

„Komm!" stieß er hervor und deutete mit dem Kinn auf den Krater, den die Explosion knapp fünf Meter links von uns in den Grund gerissen hatte. Wir sprangen auf und warfen uns gegen das Gebüsch. Da blitzte es wieder auf. Ich spürte den Luftdruck, fühlte mich angehoben, verlor den Halt und kippte nach vorn. Kopfüber fiel ich in den Sprengtrichter hinein.

Der Orkan wollte kein Ende nehmen. Ich dachte an Gott und versuchte zu beten. Aber nicht einmal dazu hatte ich mehr die Kraft. Alles an mir zitterte, denn ich spürte, wie nahe der Tod schon war.

Wieder schlug es in nächster Nähe ein. Eine riesige Pappel, die hinter unserem Loch aufragte, fiel rauschend zu Boden, und die Krone prasselte über unseren Trichter.

Grolls kalkweißes Gesicht wandte sich mir zu. Fluchend wühlte er sich aus dem Astgewirr, das ihn fast völlig eingeschlossen hatte.

Ich weiß nicht, wie lange das Sperrfeuer andauerte. Irgendwann hörte ich die Schreie der Amerikaner lauter gellen. Von der Anhöhe her peitschten Maschinenwaffen herunter. Die Garben hieben ins Gehölz und bestrichen den Waldweg. Gewehrschüsse knallten, Gebrüll wehte heran, dann das Krachen von Handgranaten, das Trappeln von Schritten.

„Die Kumpels treten zum Gegenstoß an!" zischte Groll und bog die Zweige des herabgestürzten Baumwipfels auseinander.

Amerikanische Flüche erschallten, Schritte knackten, Körper strichen an Büschen vorbei. Ich sah eine Gruppe Amerikaner hangabwärts hasten. Sie schleppten einen Verwundeten mit sich. Der Mann schrie seine Not hinaus. Es war entsetzlich anzuhören. Überall aus der Schonung kamen sie nun hervor, stolperten über herumliegende Stümpfe und ineinander verschlungenes Geäst.

Das MG-Feuer kam näher, auf dem Weg rechts von uns erfolgten Handgranatendetonationen.

„Schau mal!" keuchte ich, riß Groll am Ärmel und deutete zum Weg hinüber. Dort hatten sich zwei Amerikaner hinter einen umgerissenen Baumstamm gekauert und feuerten aus einem MG hügelaufwärts. Offenbar wollten sie den Rückzug ihrer Kameraden decken.

Groll sagte nichts dazu. Er schob seine MPi durch das Geäst und zielte auf die Stelle, wo die beiden Amerikaner hockten. Ich konnte sie im Mondlicht deutlich sehen, sie drehten uns ihre linken Körperhälften zu. Da ratterte die Maschinenpistole. In Sekundenschnelle war alles vorbei. Das große Morden hatte zwei weitere Opfer verschlungen. Sie lagen über dem Maschinengewehr, das zur Seite gekippt war.

Plötzlich huschten feldgraue Gestalten heran, schossen den Steig entlang, warfen Handgranaten abwärts.

„Raus!" schrie Groll.

Wir wühlten uns aus dem Geäst hervor und liefen zum Weg hinüber. Plötzlich knallte es dicht vor uns, Leuchtspurfäden zischten um uns herum ins Laub. Männer schrien auf. Ich rollte mich hinter einen Baumstumpf und spähte umher.

„Achtung!" brüllte ich. „Sie sitzen in den Bäumen!"

Im nächsten Moment hörte ich hinter mir Grolls MPi feuern. Sekundenbruchteile später hämmerten zwei MG in die Baumwipfel, die noch stehengeblieben waren. Schreie gellten von oben herab, es rauschte und krachte in den Ästen, menschliche Körper klatschten auf den Boden.

„Vorwärts!" hörte ich eine heisere Stimme rufen.

Wir stürzten aus den Büschen und rannten weiter abwärts. Vor uns schoß niemand mehr. Nur das Schreien Verwundeter und Sterbender schallte durch den Forst. Deutsche und amerikanische Stimmen gellten durcheinander, vereinigten sich zu einem Chor des Grauens.

Als wir wieder in der Erdrinne waren und die Gruppen sich sammelten, erkannten wir, daß wir in den Gegenangriff einer Pionierkompanie hineingeraten waren. Die Pioniere hatten den Auftrag, den hügelaufwärts führenden Waldweg zu verminen. Unteroffizier Groll erstattete dem Kompaniechef Meldung, erklärte, wie wir in seine Kompanie geraten waren, und daß wir am Kampf teilgenommen hätten. Daraufhin erhielten wir den Befehl, mit den Sanitätern, die die Verwundeten zum Verbandsplatz bringen sollten, zurückzugehen. Als wir wieder den zerschossenen Hang hinaufstapften, waren die Pioniere gerade dabei, Minen zu verlegen.

Wir erreichten unsere Kompanie bei Tagesanbruch. Sie lag etwa sechs Kilometer hinter der HKL (Hauptkampflinie) in dem Dorf Hürtgen. Die Häuser der Ortschaft säumten die Straße nach Großhau. Die verwitterten Häuser waren mit Truppen belegt, darunter befanden sich Männer einer im Erdkampf eingesetzten Fallschirmjägerkompanie. Der Kompaniechef wohnte in der Försterei am westlichen Ortseingang. Als wie uns bei ihm meldeten, vergaß er vor Überraschung, an seiner Zigarre zu ziehen.

„Ich war gerade dabei, eure Vermißtenmeldung zu schreiben", sagte er, nachdem Unteroffizier Groll Meldung erstattet und eine Bescheinigung vorgelegt hatte, daß wir am Kampf der Pionierkompanie teilgenommen hatten. „Aber nun trollt euch zu eurem Zug!"

Von unserem Zugführer, Leutnant Obernolte, erfuhren wir, daß die Kompanie inzwischen aus der Front gezogen worden sei. Wir hörten außerdem, daß Malunat, Leuschel und Hibbel als vermißt galten; niemand hatte sie gesehen, nachdem sie hangabwärts gelaufen waren. Offenbar waren sie von Amerikanern aufgestöbert worden, die die Hügelkette durchkämmt hatten.

„Ich glaub', ich bin auch bald an der Reihe", murmelte Groll, als er in dem Holzschuppen, wo der Zug untergezogen war, seine Decke ausbreitete. „Ich hab' schon zwei Gruppen überlebt, und das geht nicht gut..."

Komisch, mir selbst war nie der Gedanke gekommen, zu fallen. Lag es daran, daß ich zu sehr am Leben hing und mich darum nicht einmal in Gedanken mit dem Tod beschäftigte? Oder war ich zu sehr Optimist, um mich mit schwarzen Gedanken zu beschweren? Kurz bevor mir die Augen zuklappten, war ich davon überzeugt, beides zu sein: lebenshungrig und optimistisch. Oder ganz einfach zu müde, um mich mit Gedanken abzugeben, die über den Augenblick hinausgingen. Schließlich hörte ich noch mein eigenes Schnarchen und glitt in ein wohliges Nichts hinein.

Eine Detonation riß mich in die Wirklichkeit zurück. Gleichzeitig drang Dröhnen von Flugzeugen an meine Ohren! Diese dreimal verfluchten Lightnings! dachte ich noch.

Da hämmerte es auch schon, und leere Geschoßhülsen prasselten über das Schoberdach. Ein Heulen zerschnitt die Luft, da eine grelle Explosion. Der Holzschuppen ächzte im Luftdruck. Ringsum flitzten die Kameraden von ihren Decken hoch, tappten herum, tasteten nach Helm und Mantel.

„Raus!" hörte ich Unteroffizier Groll brüllen. „Alles ins Freie!"

Ich stülpte mir den Helm über, schlüpfte in den Mantel, packte mein Gewehr. Das Schuppentor kreischte; Licht flutete herein. Ich taumelte hinaus. Ein riesiger Schatten huschte über die Straße, ein Pfeifen schrillte herab.

Vor uns tauchte ein Dungwagen auf, ich warf mich darunter. Hinter mir krepierte eine leichte Bombe. Steine und Erdbrocken fetzten über mich hinweg. Ich hörte es auf den Boden des Wagens klappern. Qualm trieb heran, Staub sprühte mir ins Gesicht. Entsetzt kroch ich unter der Karre hervor und rannte weiter. Wieder huschte ein Schatten über die Straße, wieder heulte der Motor eines Jagdbombers, ein Feuerstoß ratterte. Ich sah eine Mauer, davor eine Holzmiete. Torkelnd sprang ich vorwärts und fiel hinter der Holzmiete zu Boden. Das Dröhnen der Maschine preßte sich überlaut gegen mein Gehör, die Holzscheite vibrierten, kamen ins Rutschen. Über mir klatschte es gegen die Mauer. Steinsplitterchen sprühten. Ziegelstaub überwölkte mich. Ich kroch in mich zusammen, hörte die Lightning in geringer Höhe über die Straße pfeifen. Mir war, als müßte sie mit ihren Flügelenden die Dächer streifen. Da aber bellte es hinter den Häusern: Vierlings-Flak!

Ich lugte hinter dem Holzstoß hervor und erkannte, daß sich eine anfliegende Maschine in einen Feuerball verwandelte. Brennend zog sie über die Häuserreihe hinweg und verschwand aus meinem Blickfeld. Doch nur Sekunden später hörte ich eine berstende Detonation. Wrackfetzen segelten durch die Luft und fielen auf die Dächer herab. Die Lightning war in der Luft auseinandergerissen worden.

Die anderen Piloten schien das nicht zu stören. Bomben rauschten weiterhin herab, Explosionen knallten. Beiderseits des Dorfes ratterten Vierlings-Flak-Geschütze. Immer wieder zischten Maschinen wie Komete über die Straße, zerplatzten in der Luft oder zerschellten am Boden.

Als das Brummen der Flugzeuge leiser wurde, wagte ich mich hinter der Deckung hervor. Eine Rauchwand wälzte sich über die Straße. Aus dem Schuppen, in dem wir untergebracht waren, züngelten Flammen und leckten über das Dach. Ich rannte zurück, stieß mit den Landsern zusammen, die aus Gärten und Ställen auftauchten.

Am Holzschuppen traf ich die Kameraden meines Zuges. Sie versuchten, in das Gebäude hineinzukommen, um wenigstens ihre Decken und Brotbeutel zu retten. Aber sie hatten gegen den Qualm, der in Wolken aus dem Tor herausquoll, keine Chance. Mit aufgesetzter Gasmaske einzudringen, war zu gefährlich, weil brennende Balken vom Dachstuhl herabstürzten.

Von irgendwoher stürzte Leutnant Obernolte heran. Er deutete aufgeregt nach Westen hinüber.

„Alles nach rechts ins Gelände!" schrie er. „Das Theater ist noch nicht zu Ende!"

Da schwirrten sie auch schon über den Hürtgenwald heran. Eine ganze Reihe dunkler Punkte hob sich gegen den Himmel ab, und das Lärmen der Motoren war schon deutlich zu hören.

„Das sind Viermots!" rief mir Unteroffizier Groll zu. „Nichts wie weg! Wo die wüten, wächst so schnell kein Gras mehr!"

Wir stoben auseinander, rannten zwischen den Häusern hindurch ins Gelände, das sich nach Norden hin mit kahlen Hängen zum Hürtgenbach hinzog. Als wir uns am Fuß der Hügel versammelt hatten, sahen wir die Viermots schon überdeutlich. Kurz darauf bebte die Erde, und mir stockte der Atem. Der ganze Hürtgenwald war in einer einzigen Feuerwolke verschwunden, in die unaufhörlich neue Bomben hineinrauschten. Detonationsfontänen stiegen träge in die Luft und verdunkelten den Himmel. Immer wieder durchlief ein Beben die Erde, und der Donner weiterer Explosionen schallte zu uns herüber.

Die „Fliegenden Festungen", die sich Hürtgen genähert hatten, drehten nach Süden ab. Kurz darauf stieg auch zwischen Germeter und Vossenack eine Rauchwand hoch. Es sah aus, als wüte dort unten ein Flächenbrand in den Wäldern. Ununterbrochen flogen neue Wellen amerikanischer Kampfflugzeuge heran und ließen ihre Bombenlasten über den Forstgebieten westlich und südlich von Hürtgen fallen. Bis hierher konnten wir das Ächzen brechender Bäume, das Rauschen vom Stamm gerissener Wipfel hören.

Und dann bemerkten wir etwas Furchtbares: Wolken von Vögeln erhoben sich über dem bombardierten Geländeabschnitt, kreisten flatternd und kreischend durch den Qualm, gerieten in die aufzuckenden Explosionen hinein...

Von den Hängen wimmelte etwas anderes heran. Es sah aus, als hätten sich Ameisenarmeen in Bewegung gesetzt, die nun das aufgerissene Land überfluteten. Durchdringendes Winseln und spitzes Schreien. Wir lagen wie erstarrt da und konnten unsere Blicke nicht abwenden, denn von den Höhen kamen dichte Scharen von Hasen und Rehen herab, die aus der Feuerhölle des Waldes geflohen waren.

Dreißig Minuten dauerte das Bombardement, dann verklang das Dröhnen der Flugzeuge. Dafür quoll nun das Wummern der Artillerie herüber, und es hörte sich an, als rumple eine riesige Dampfwalze über den Forst hinweg.

Kaum waren wir wieder zwischen den Häusern, da knatterten Kradmelder nach Hürtgen hinein. Pfiffe gellten. Kommandostimmen erschallten.

„Fertig machen! Abrücken in dreißig Minuten!"

Es dämmerte, als die Kompanie Hürtgen hinter sich ließ. Vor uns, über Forst Hürtgen, blitzte es ununterbrochen auf. Leuchtkugeln perlten in die Abenddämmerung. Feuerstöße belferten in der Ferne.

Ich marschierte im letzten Glied unserer Gruppe am linken Flügel, denn seit Malunat nicht mehr bei uns war, fungierte ich als stellvertretender Gruppenführer. Die anderen sechs Mann unserer Gruppe hatten gestern noch unter Unteroffizier Biermanns Führung gestanden, der beim Sturm auf die von den Amerikanern eroberte Höhe gefallen war.

Etwa zweihundert Meter hinter der Försterei bog die Kompanie von der Straße in einen Waldweg ein.

„Achtung!" kam von vorn ein Befehl, der von Mann zu Mann weiterwanderte. „Nicht vom Weg abkommen! Gelände ist links und rechts vermint!"

Hinter dem Wehbach ging es steil aufwärts durch einen zerbombten Forst. Endlich erreichten wir den Höhenzug, über den von Nord nach Süd ein Fahrweg verlief. Wir zwängten uns zwischen ausgebrannten Fahrzeugen hindurch. Darunter befanden sich auch Sanitätskraftwagen, die als zerfetzte Wracks am Abhang zwischen abgebrochenen Stämmen lagen. Durchdringender Karboldunst drang zu uns herauf. Kurz vor Höhe 312 löste sich die Kompanie in Züge auf. Einweiser schälten sich aus der Dunkelheit, und Gruppen abgelöster Fallschirmjäger trotteten an uns vorbei. Sie stützten sich auf Knüppel und schleppten verwundete Kameraden in Zeltplanen mit.

Der Zug Obernolte ging am westlichen Hang vor der Höhe 312 in Stellung. Unsere Gruppe kroch am nördlichen Flügel in die Gräben. Vor uns machte der Fahrweg, der von Westen her zur Höhe hinaufführte, eine Schleife. Die ganze Kehre befand sich im Feuerbereich des Zuges.

„Wir liegen hier in zweiter Linie", erklärte Leutnant Obernolte, als er durch den Graben ging. „Vor uns ist noch eine Kompanie Pioniere im Hürtgener Forst, dreihundert Meter von uns entfernt. Aber der Amerikaner soll nördlich davon durchgebrochen sein. Es ist also möglich, daß er plötzlich vor uns auftaucht!"

Wir richteten uns in Unterständen ein, in denen vor uns die Fallschirmjäger gehaust hatten.

Es war gegen Mitternacht, als ich hinausging, um die Posten zu kontrollieren. Während ich den MG-Stand betrat, vernahm ich das Dröhen von Panzermotoren.

„Hast du das Lärmen schon vorher gehört?" fuhr ich den MG-Schützen an.

Er schüttelte den Kopf. „Nee, krieg' ich jetzt auch zum erstenmal mit."

Ich lief zurück und holte Unteroffizier Groll aus dem Unterstand. Als wir beim MG eintrafen, kam Leutnant Obernolte von der anderen Seite heran.

„Scheint sich was zu tun beim Ami", murmelte er.

Da krachte es auch schon unter uns im Forst, wo die Pioniere lagen.

Rote Leuchtkugeln zischten hoch. MG rasselten, Pak feuerten. Dann wieder die Geräusche der Panzer, die harten Abschüsse ihrer Kanonen.

Aus Richtung Vossenack flimmerte Mündungsfeuer über den Himmel. Granaten orgelten über die Höhe 312 hinweg und hieben unter uns in den Forst hinein. Dort, wo sich zwei Waldwege gabelten, blitzte eine Detonation auf. Dorthin perlten auch die Leuchtspurfäden aus den Maschinenwaffen der Pioniere.

Kurze Zeit später ging es am linken Flügel unserer Kompanie los. Feuerstöße flammten durch die Nacht, Maschinenpistolen bellten, Handgranaten detonierten, ein Leuchtsatz fauchte hoch und warf gleißendes Licht über den Hang. Zersplitterte Baumstämme ragten gespenstisch in das Zwielicht.

„Passen Sie auf, Groll!" rief Leutnant Obernolte. „Der Ami muß durchgesickert sein! Das an der Straße da unten ist vermutlich nur ein Scheinangriff, um die Pioniere abzulenken!"

Er hastete nach links davon. Wir starrten über den Grabenrand und suchten das Gewirr der Stämme und Äste ab. Unten an der Straßengabelung krachten die Abschüsse der Panzerkanonen in rascher Folge. Die Geschosse schlugen in den Wald hinein, den die Pioniere besetzt hielten. Von hier oben sah es so aus, als flögen Leuchtkäfer durchs Gelände. Wo die Granaten einschlugen, sprühten feurige Geysire in die Höhe.

Der Gefechtslärm am linken Flügel war inzwischen stärker geworden. Rasendes MG-Feuer mischte sich in die grellen Schläge explodierender Handgranaten.

Und da schlug es dicht vor unserem Graben ein! Ich war vom Detonationsblitz so geblendet, daß ich gegen die rückwärtige Grabenböschung taumelte. Augenblicke später krachte auch hinter dem Graben eine Granate in den Boden. Überall sprühte und spritzte es.

Vor uns quollen Dutzende von Soldaten zwischen den Baumtorsi hervor.

„Sie greifen an!" schrie Groll, zog die Leuchtpistole und schoß schräg in die Luft.

„Nicht schießen!" gellte es da von unten herauf. „Kameraden, nicht schießen!"

Wir standen mit schußbereiten Waffen und beobachteten im Magnesiumlicht Menschenknäuel, die aus dem Forst herandrängten und auf die Straßenbiegung zuliefen. Inzwischen hatten einzelne die S-Kurve erreicht, liefen über die Fahrbahn zu uns herauf, und wir sahen, daß es Kameraden waren. Offensichtlich waren die Pioniere von amerikanischen Panzern überrumpelt worden. Von unten hörte man das Krachen und Rauschen der durchs Unterholz walzenden Panzer, das Knacken und Splittern umgedrückter Bäume.

Keuchend und schnaufend fielen die Pioniere in unsere Stellung und hockten sich ermattet nieder.

„Sie haben uns beim Minenlegen überrascht", stieß ein Unteroffizier hervor, der zu uns in den MG-Stand getaumelt war. „Sie sind von zwei Seiten gekommen, haben mit Panzergranaten in unseren Waldabschnitt geschossen. Das war vielleicht was, als die Teufelsdinger hochgingen."

Kurz darauf hämmerte es vor uns auf. Leuchtspurfäden züngelten über unseren Abschnitt. Neben dem MG feuerten auch Maschinenpistolen. Drei Leuchtkugeln zerplatzten am Himmel, und vor der Straßenbiegung sprangen Amerikaner heran.

„Ruhig!" erklang die Stimme unseres Unteroffiziers. „Ganz ruhig! Wir lassen sie erst mal näher kommen!"

Ich spürte ein Kribbeln auf der Kopfhaut, als ich sie unter uns auf die Straße zulaufen sah. Sie gingen sprungweise vor und verschwanden, sobald eine Leuchtkugel hochfauchte.

„Sobald sie an der Straße sind, feuern wir", rief Groll halblaut. „Haltet nicht zu hoch und verliert mir die Nerven nicht!"

Ich hielt den Kolben meines Gewehrs an der Wange, den Finger am Abzug.

Da waren sie! Sie tauchten an der Straße auf. Einer von ihnen geriet in meine Visierlinie. Ich drückte ab. Andere tauchten daneben auf, mit verzerrten Gesichtern. Menschen, die wußten, daß jede Sekunde die letzte ihres Lebens sein konnte.

Die Maschinenwaffen unseres Zuges rasselten, streuten die Straße ab. Die Angreifer waren in Deckung gegangen. Hinter Büschen und Baumstümpfen zuckten Blitze, und die Geschosse sirrten uns um die Ohren.

Plötzlich stieß Groll einen Schrei aus. Ich sprang zur Seite und erkannte, daß er taumelte. Entsetzt fing ich ihn auf. Er hing schwer in meinen Armen. Seine Knie knickten ein, sein Kopf fiel nach hinten.

„Groll!" keuchte ich und ließ ihn auf die Grabensohle gleiten. „Mein Gott, Unteroffizier! So sag doch was!"

Er sagte nichts mehr. Er röchelte nicht einmal. Er stierte mich nur an, und ich hatte den Eindruck, daß in seinem Blick nichts mehr war. Dann erkannte ich, daß es ihn genau zwischen den Augen getroffen hatte. Ein winziges Loch! Es blutete nicht einmal.

Hatte er mir nicht gestern erst gesagt, er wäre bald an der Reihe? Nun aber war ich der letzte Überlebende seiner Gruppe. War ich jetzt dran?

Ich fror plötzlich. In diesem Augenblick spürte ich, wie die Angst in mir hochkroch. Nein, es war keine Panik, keine Erregung. Mehr eine Art Lähmung, so als wäre ich bis ins Innerste hinein von eisiger Kälte gepackt worden.

Eine Granate krepierte vor dem Graben! Splitter fetzten, Qualm trieb herein. War es eine Handgranate?

Mit brennenden Augen sprang ich auf und hastete zum Maschinengewehrstand zurück. Der MG-Schütze torkelte mir entgegen, stöhnte und hielt sich die Schulter. Ich glitt an ihm vorbei, warf mich hinter das Gewehr und zog den Kolben an die Schulter. Überall blitzte es jetzt aus der Richtung, wo die Straßenbiegung lag. Handgranaten wirbelten heran, krepierten kaum zehn Meter vor unseren Köpfen. Augenscheinlich versuchte der Gegner, sich kriechend an unseren Schützengraben heranzuarbeiten.

Ich streute die Büsche ab, sah schemenhafte Gestalten über die Fahrbahn flitzen, im Gesträuch verschwinden und schoß jetzt Punktfeuer.

Da — eine Hemmung! Das Schloß saß fest, es ließ sich nicht mehr bewegen. Ich knirschte mit den Zähnen. Verzweifelte Wut stieg in mir hoch. Ausgerechnet jetzt mußte das passieren, wo alles auf des Messers Schneide stand.

„Stück Holz her!" brüllte ich. „Und den verdammten Gurt raus!"

Der Schütze II riß den Gurt zurück. Ich klappte den Deckel auf.

„Wo bleibt das Stück Holz?"

Natürlich! Holz gab es hier in Hülle und Fülle. Aber ein passendes Stück, um das vermaledeite Schloß zurückzuschieben, war nicht da. Es war zum Verzweifeln! Und der Gegner kam immer näher.

Ich zerrte und schlug mit der Faust auf dem Schloß herum. Meine Fingerknöchel bluteten bereits. Wütend zog ich mit dem Zuführerunterteil das Schloß an den Ansätzen des Gehäuses zurück.

Geschafft! Es schnappte wieder!

„Gurt her!" ächzte ich, dann drückte ich durch. Die Waffe hämmerte wieder. Während ich Busch für Busch unter Feuer nahm, sah ich zwei Panzer in der S-Kurve auftauchen.

Sekunden später flatterten grüne Leuchtsätze hoch, hingen sekundenlang über der Straße und verlöschten wieder.

Aus Richtung Vossenack irrlichterte kurz darauf das Mündungsfeuer unserer Artillerie über die tiefhängenden Wolken. Granaten orgelten heran und senkten sich der Erde entgegen. Werferbatterien!

Die Straßendecke zerbarst unter den Einschlägen der Geschosse. Büsche, Sträucher, die Ahornstämme am Straßenrand, die Stubben in der Kehre — alles wirbelte in die Höhe. Das Heulen und Jaulen, Kreischen und Fauchen riß nicht mehr ab. Es sah aus, als sei der Abschnitt um die Fahrbahnschleife ins Kochen geraten. Die Panzer verschwanden in den Einschlagfontänen, in Pulverschwaden und aufblitzenden Detonationen. Aus dem brodelnden Gewölk zuckte plötzlich eine Stichflamme hervor. Der Explosionsdonner grollte heran und wehte über die Höhe 312. Kurz darauf knallte es noch einmal, und aus dem Pulverqualm leckten die Flammen der in Brand geschossenen Panzer.

Zwanzig Minuten trommelten unsere Werfergeschütze auf die Einbruchstelle, pflügten den Boden um, fegten Baumstümpfe und Gesträuch hinweg. Als der Beschuß abbrach, sahen wir amerikanische Schützen zurückhasten. Wir schossen hinter ihnen her, bis das Licht der Leuchtkugeln sie nicht mehr erreichte und sie tiefer am Hang im Gehölz verschwanden.

Kurz darauf kam Leutnant Obernolte zu uns herüber. Ich stieß auf ihn, als er sich gerade über unseren gefallenen Gruppenführer beugte. Als er mich bemerkte, richtete er sich auf und schob langsam Erkennungsmarke und Armbanduhr des Toten in seine Manteltasche.

„Fahnenjunkergefreiter Martens...!"
„Herr Leutnant..."
„Sie übernehmen Grolls Gruppe, verstanden?"
„Jawohl, Herr Leutnant!"
Ich blickte ihm nach und hatte den Eindruck, daß er schwerfälliger als sonst durch den Graben stapfte. Er kannte Groll schließlich seit Frankreich. Im übrigen war er selbst aus der Unteroffizierslaufbahn zum Offizier aufgestiegen und hatte mit jedem Mann seines Zuges ein freundliches Verhältnis; ein Verhältnis, wie es nur Männer zueinander haben, die nicht wissen, ob sie die nächste Dämmerung noch erleben werden.

In der Nacht scheuchte mich ein Mann meiner Gruppe aus dem Halbschlaf. Ich zuckte zusammen, griff instinktiv nach der MPi, die ich von Groll übernommen hatte.
„Was ist los?"
„Da schreit einer. Dicht vor uns!"
„Ein Ami! Man kann es deutlich hören!"
Ich stolperte zum MG-Nest hinüber und lehnte mich über die Böschung. Und da hörte auch ich es, langgezogen und klagend:
„Help! Fellows — help...!"
Es hörte sich gräßlich an, denn es war zu dieser Stunde still vor der Höhe 312. Nur gelegentlich hauchte ein Windzug über das aufgerissene Gelände. Wenn dieser Luftstrom aber zu uns heraufwehte, war das Schreien noch schrecklicher. Da unten lag ein Soldat, einer wie wir. Er brauchte Hilfe.
„Wir holen ihn", entschied ich. „Wer geht mit? Ich brauche noch einen Mann!"
Wieder schrie der Amerikaner seine Not in die Nacht. Fast im selben Augenblick hoben sie alle die Hände. Ich deutete auf einen stämmigen Grenadier, einen Gewehrschützen aus meiner Gruppe.
„Du kommst mit! Helm hierlassen, Koppel ablegen. Gasmaske bleibt auch hier."
Nachdenklich drehte ich mich wieder um und lauschte den Hang hinunter. Dabei versuchte ich herauszufinden, wo der Verwundete lag.
„Er muß ungefähr dort sein, wo die Fahrbahn die Kurve macht", raunte mir der Schütze II zu. „Da! Hörst du?"
Ich instruierte die Männer, wie sie sich zu verhalten hätten, falls wir Beschuß bekommen sollten. Dann nickte ich dem Grenadier zu und schob mich über die Brüstung. Ich wälzte mich auf den Rücken und schob mich, mit den Beinen voraus, den Hang hinab. Aus dem Gehölz jenseits der Straße, wo die Amerikaner saßen, kam kein Laut.
Als ich die Hälfte des Weges hinter mir hatte, ließ ich mich in einen Krater gleiten und riß mir dabei den Mantelkragen auf. Der Grenadier, der mich begleitete, glänzte ebenfalls vor Schweiß.

„Wie heißt du?"
„Klages..."
„Und sonst?"
„Hubert..."
„Paß auf, Hubert: Ich krieche voraus. Du kommst nach, hältst aber immer einen Abstand von ungefähr fünf Metern. Und wenn die Amis eine Leuchtpatrone loslassen, machst du dich klein. — Klar?"
Er nickte. Ich sah es in seinen Augen glitzern.
„Dann los!"
Bis zu der Stelle, wo sich der Fahrweg krümmte, waren es noch etwa hundertfünfzig Meter. Die ganze Strecke war aber ein einziges Gefilz aus umgerissenen Bäumen. Doch glücklicherweise war es Jungbestand, und die abgefetzten Kronen waren nicht dicht. Trotzdem, als ich die Kurvenböschung vor mir sah, war ich am ganzen Körper in Schweiß gebadet. Ich blieb liegen und lauschte. Der Verwundete schrie nicht mehr, ich hatte es schon vorhin bemerkt. Ob er...? Aber da hörte ich ein leises Stöhnen, halblinks von mir!
Ich schob mich weiter, horchte immer wieder zur Seite und hörte ihn dann wieder. Er schien mit sich selbst zu sprechen — ganz nahe!
Vorsichtig, ganz vorsichtig! Nur jetzt kein Geräusch verursachen! redete ich mir zu.
Noch einmal blieb ich liegen und lauschte. Da — im Granatloch mußte es sein. Zwei, drei Meter noch — und ich war am Trichterrand. Langsam ließ ich mich hineinrollen.
Er saß aufrecht, den Rücken gegen die Böschung gelehnt. Der Stahlhelm hing ihm schräg auf dem Kopf, sein Gesicht leuchtete vor Blässe. Er starrte mich aus weit aufgerissenen Augen an. Offenbar konnte er nicht begreifen, daß Deutsche zu ihm gekommen waren.
Hinter mir scharrte es. Klages schlitterte ins Loch.
Ich kroch näher an den Amerikaner heran, sah ein Metallplättchen auf seiner Schulterklappe. Ein Offizier also, ein Leutnant. Dann fiel mir auf, daß er sich mit beiden Händen den Leib hielt. Ich blickte auf seine Hände. Er nickte, und ich bemerkte, daß ihm Tränen über die Wangen rannen. Mühsam hob er eine Hand. Sie war blutig. Bauchschuß also...
Ich riß meine Verbandspäckchen aus dem Waffenrockfutter. Klages reichte mir seines herüber. Dann nahm ich die Hände des Amerikaners, hob sie vom Bauch und legte sie ihm auf die Brust. Klages beugte sich herab, schnitt ihm mit dem Seitengewehr die Hose auf. Ich legte die Verbandspäckchen behutsam auf die Wunde, zerrte ihm die Hose wieder hoch, damit der Verband wenigstens für den Rückweg hielt.
Dann schleiften wir ihn aus dem Loch. Klages hielt ihn vorn unter den Armen fest. Ich lief hinten, seine Kniekehlen auf den Schultern. Er stöhnte, aber er schrie nicht. Er wußte, was los war.
Schließlich hatten wir ihn oben, legten ihn flach hin, hakten uns zu beiden Seiten unter seinen Armen ein und schleppten ihn zur Höhe hinauf.

Fast zwei Stunden brauchten wir, bis wir ihn im Graben hatten. Unten bei den Amerikanern hatte sich nichts gerührt. Nicht einmal eine Leuchtkugel hatten sie abgefeuert. Die Kameraden nahmen den Verwundeten sofort in Empfang, hüllten ihn in eine Decke und schleppten ihn zum Unterstand des Sanitätsoffiziers hinüber. Nur wenige Minuten später trugen ihn Hilfssanitäter durch den Kriechgrabem zum Verbandsplatz zurück. Als sie an unserem MG-Nest vorbeikamen, hob er den Kopf, streckte den Arm aus und hielt mir seine Armbanduhr hin.

„Take it (Nimm sie)!" hauchte er.

Ich schüttelte den Kopf. Die Taschenuhr, die ich von meinem Vater geerbt hatte, genügte mir. Was sollte ich mit zwei Uhren?

Als ich zum Unterstand zurückging, hielt Leutnant Obernolte mich an der Schulter fest.

„Martens, ich liebe solche Extratouren nicht. Halten Sie den Mund, ich weiß, was Sie mir antworten wollen. Aber ich brauche jeden Mann."

„Jawoll, Leutnant!"

„Ich werde mir noch überlegen, ob ich Sie nicht als Gruppenführer ablösen lasse. Eine bodenlose Dummheit, seine Gruppe allein zu lassen!"

„Jawoll, Leutnant!"

„Und im übrigen reiche ich Sie fürs EK (Eisernes Kreuz) ein!" Er grinste mich an, drückte mir eine Packung Zigaretten in die Hand und verschwand hinter der Brustwehr.

Wenn ich mich heute an die Höhe 312 erinnere, weiß ich nicht mehr, ob wir Tage oder Wochen dort gekämpft haben. Mir erschien es damals, als zerflössen die Stunden in stiebendem Regen, wallendem Nebel und fauchendem Wind. Der Feind griff pausenlos an. Wenn der Himmel aufriß, heulten Jagdbomber über uns hinweg, prasselte Bordkanonenfeuer auf uns herab. Mitunter flogen sie so tief, daß wir aus unseren Gräben die Piloten in den Glaskanzeln erkennen konnten. Zogen die Schlachtflieger endlich ab, dröhnten bereits Bomberverbände heran, und die Höhe 312 verschwand im Qualm krepierender Luftminen. War der Himmel aber so bezogen, daß Tiefflieger nicht angreifen konnten, dann pflügte amerikanische Artillerie den Forst um, und wenn der Wind die Rauchvorhänge aufriß und wir ins Tal blicken konnten, sahen wir eine von Kratern durchsetzte Landschaft vor uns, aus der die nackten Baumstümpfe wie Leichenfinger in die Höhe ragten.

Wie oft der Hürtgenwald in diesen Tagen den Eroberer wechselte, vermag ich ebenfalls nicht zu sagen. Ich weiß nur, daß wir unter dem Feuerschirm unserer Batterien aus unseren Stellungen aufbrachen, ins Tal rannten, zwischen den Sprenglöchern vorwärtshasteten, Hänge hinaufkeuchten und Hügel stürmten.

Anderntags griffen die Amerikaner wieder an: mit Schwärmen von Lightnings, Rudeln von „Sherman"-Panzern und Massen an Infanterie.

Einmal lagen wir im Tal und der Feind auf der Höhe, ein anderes Mal krallten wir uns auf der Kuppe fest und feuerten auf die an der Berglehne klebenden Amerikaner.

Die Landschaft war mit unzähligen Leichen bedeckt. Auf der Fernstraße, die von Zweifall aus heranführte, lagen sie so dicht nebeneinander, daß es aussah, als ziehe sich ein endloses Tuch quer durchs Gelände, auf dem die Körper der Gefallenen und Verwundeten zu Hunderten hingestreckt waren.

In den Nächten schrien sie, daß wir uns die Ohren zustopfen mußten. Sie riefen in Englisch und Deutsch. Doch weder wir noch die Amerikaner konnten an die Unglücklichen heran, denn sie lagen zumeist in Minenfeldern. Und da sich die von unseren und den feindlichen Pionieren verminten Abschnitte überlappten, wußte keiner, wohin er seinen Fuß setzen sollte. Wie oft erfolgten wahre Kettenreaktionen, wenn Hasen oder Rehe auf ihrer Flucht aus dem Inferno in die minenverseuchten Flächen hineinrannten.

Wir alle lebten nur noch dem Augenblick. Wir aßen, wenn wir etwas bekamen, schliefen, wenn es möglich war, und kämpften, wenn es sein mußte.

Das aber weiß ich noch genau: Nachdem der erste Frost gekommen war, räumten wir die Höhe 312 und marschierten über die Waldstraße, die vom Wehbach nach Osten führt, auf Germeter zurück.

Es war ein Tag von hinreißender Schönheit. Der Himmel floß in lichtem Blau über den Forst, der an dieser Stelle noch nicht geschändet worden war. Das Geäst der Buchen, das sich anschickte, die letzten Blätter abzustreifen, war bereift und funkelte in der Sonne wie Chrom. Die Luft prickelte auf der Haut, strömte belebend in unsere vom Pulverqualm ausgelaugten Lungen.

Hinter uns, in den zerschmetterten Wäldern, war es still. Über uns schreckte kein Motorenkreischen die Raben auf. Unter unseren Schritten knirschte und knisterte das Eis auf den Pfützen und den Reifenrinnen der Straße.

Unsere Kompanie war klein geworden. Von 137 Kameraden hatten 62 die Hölle unbeschadet hinter sich gebracht. Die anderen lagen stumm, mit Eis auf den starren Gesichtern, unter abgeknickten Baumstämmen. Jene, die noch Glück im Unglück gehabt hatten, waren mit durchbluteten Verbänden zum Verbandsplatz gebracht worden.

Es blieb weiterhin still, als wir bei Germeter in einen Fußweg einbogen und über eine kahle Höhe die kleinen Orte Wurzel und Bosselbach passierten. Eine Fallschirmjägerkompanie hatte sich hier eingegraben und nach Nordosten hin einen Pak-Riegel errichtet.

Einige Zeit später rückten wir in Vossenack ein, ein Straßendorf wie Hürtgen. Zwischen kahlen Hügeln eingebettet, dehnte es sich nach Osten bis zum Tiefenbach. Am Südrand des Ortes ragte die Höhe 419 auf. Obwohl Vossenack noch nicht schwer beschädigt war, lagen dort keine anderen Truppen. Das stille Dorf rief seltsame Eindrücke hervor, zumal in allen Häusern noch Vorhänge und Gardinen hinter den Fenstern hingen. Die Einwohner hatten vor der Räumung der Ortschaft die Türen sorgfältig verschlossen, als wollten sie nur nach längerer Abwesenheit wieder in ihre Wohnungen zurückkehren. Darum mußten wir die Türen mit dem Kolben einschlagen.

Unser Zug nahm Quartier in der Dorfschule. Dort hatte auch der Kompaniechef seinen Gefechtsstand eingerichtet. Die Feldküche fuhr auf dem Schulhof auf. Wir drängten uns sofort um die dampfende Gulaschkanone, weil wir immerhin seit drei Tagen keine warme Verpflegung mehr erhalten hatten.

Ich hatte mein Kochgeschirr kaum zur Hälfte geleert, als wieder das sattsam bekannte Heulen durch die Luft schallte. Nur Sekunden später waren Detonationen zu hören, dazwischen das Hämmern von Bordkanonen. Scharenweise huschten amerikanische Jagdbomber über Vossenack hinweg, streuten die Straße ab, zogen kurz vor dem Tiefenbach hoch und sprangen über den Hügelrücken, der sich längs des Bachs hinzieht.

Wir rannten in den Schulkeller und zogen die eiserne Luftschutztür hinter uns zu. Wenig später krepierte auf dem Schulhof auch schon die erste Bombe.

Als ich mich durch den Kellergang zwängte, hörte ich das Feldtelefon im Heizungskeller rasseln, in dem der Kompaniechef hauste.

„Hier Treibjäger! — Wie? — Panzer nördlich von Richelskaul? — Aber, wo kommen die denn her? — Ah, verstehe... Jawoll! Ende!“

Der Oberleutnant polterte aus seinem Verschlag und drückte sich die Feldmütze in die Stirn. Dann schrie er:

„Melder vom ersten und dritten Zug zu mir. Panzer im Straßendreieck vor Vossenack. Keine Bewegungen in den Stellungen. Nur dann schießen, wenn Abschuß sicher ist! — Leutnant Obernolte zu mir. — Obernolte, teilen Sie Ihre Männer in Zweiergruppen auf! Lassen Sie Panzerfäuste fassen! Wenn es dem Ami gelingt, durchzubrechen, fangen wir ihn hier im Dorf ab!“

Fünf Minuten später verließen wir die Schule, jeweils zwei Mann. Ich hatte mir Hubert Klages ausgewählt. Er hatte mit mir vor der Höhe 312 den verwundeten Amerikaner aus dem Niemandsland geholt, und ich wußte, daß er gute Nerven hatte. Und die mußte man haben, wenn man gegen Panzer bestehen wollte.

Wir postierten uns in einem Garten zwischen zwei Häusern, nur wenige Meter vom westlichen Ortseingang entfernt. Die Jagdbomber waren inzwischen abgeflogen, es war wieder still geworden.

„Verstehe ich nicht, wie die hier so plötzlich auftauchen können“, murmelte Klages vor sich hin. „Wo doch da ein Pak-Riegel auf der Höhe liegt...“

„Die kommen von Süden herauf, Hubert. Sind vermutlich bei der Försterei Raffelsbrand durchgebrochen.“

Wenig später hörte ich es im Westen dröhnen. Hinter uns tauchte Leutnant Obernolte auf, ebenfalls zwei Panzerfäuste unter dem Arm.

„Verfluchte Schweinerei!" schimpfte er. „Die kommen aus einer Richtung, aus der man sie nicht erwarten konnte. Die beiden anderen Züge liegen mit Front nach Norden an der Straße nach Bosselbach, und nun kommen die verfluchten Panzer von Süden herauf!"

Da rasselte es auch schon, brummten Motoren heran.

„Laßt euch nicht blicken!" rief der Zugführer uns zu. Er rannte über die Straße und verschwand hinter einem Leiterwagen. Ich spähte die Fahrbahn entlang und winkte Klages näher heran.

„Da ist der erste ‚Sherman'! Ich glaub', dahinter rollt ein Jeep..."

Ja, jetzt waren sie einwandfrei auszumachen: Ein Panzer röhrte daher, dahinter ein Jeep und hinter diesem wieder ein „Sherman".

Die Erde zitterte bereits. Es rasselte und klirrte.

„Hubert, geh ins Haus und verschwinde im Keller! Nimm den Jeep aufs Korn! Ich besorge den Panzer!" sagte ich.

Er huschte davon und verschwand in der rückwärtigen Tür des Hauses, an dessen Längsmauer ich lehnte. Ich äugte um die Mauerecke herum und sah den Panzer zwischen den ersten Häusern am Ortseingang auftauchen. Verflucht, er hielt jetzt, sein Luk klappte hoch! Der Jeep, der hinter ihm fuhr, schloß auf und stoppte ebenfalls. Sie schienen sich jetzt über irgend etwas zu unterhalten. Dann heulte der Panzermotor wieder auf. Auspuffqualm wölkte über die Fahrbahn. Der Kampfwagen ruckte an und rumpelte über das Kopfsteinpflaster. Dahinter holperte der Jeep dahin.

Noch ungefähr dreißig Meter!

Ich konzentrierte mich auf den „Sherman", hütete mich aber, die Gegend weiter straßenabwärts zu beobachten. Was da noch heranrollte, hätte mir vielleicht den Mut genommen. Denn dort röhrten weitere Panzer heran. Sie waren nicht zu überhören.

Zwanzig Meter!

Langsam ging ich in die Hocke, nahm eine Panzerfaust vom Boden und schob sie unter die Achsel. Mit bebender Hand klappte ich das Visier nach vorn. Der Panzer lärmte daher wie ein zorniges Ungeheuer. Das Pflaster vibrierte.

Jetzt!

In Sekundenschnelle schob ich den Sprengkopf um die Ecke, und der Koloß kam sofort ins Visier. Ich drückte ab, ließ mich zurückfallen und schleuderte das Ausstoßrohr zur Seite.

Sekunden später brüllte es auf! Es krachte, daß die Hausmauer schwankte. Ein Fauchen und Brausen zischte durch die Luft. Ich hatte den Koloß erwischt.

Nach wenigen Sekunden erfolgte eine weitere Explosion. Das mußte Klages gewesen sein. Ich sprang auf, riß die zweite Panzerfaust an mich und lief zur Rückseite des Hauses. Klages kam gerade aus der Hintertür heraus.

„Mensch. beide erwischt!“ kreischte er.

„Nichts wie weg! Komm!“ schrie ich.

Wir hasteten durch Gärten. Hinter uns knallte es erneut. Schüsse aus Panzerkanonen bellten durch das Dorf. Hinter uns barsten Mauern, Fassaden stürzten zusammen. Ausgepumpt warf ich mich hinter einen Misthaufen und sah zurück.

Ein weiterer „Sherman“ wühlte sich gerade durch das Mauerwerk des Hauses, hinter dessen Längsseite ich gelegen hatte. Gleichzeitig beobachtete ich, daß sich ein anderer Kampfwagen an den brennenden Wracks vorbeizwängte.

Doch da zerriß ein weiterer Donnerschlag die Luft. Ich sah, wie es dem „Sherman“ den Turm abriß und eine lange Flammenzunge vor der Karosserie hochzuckte.

„Das war der Leutnant!“ keuchte Klages.

Eine brausende Flammensperre lag jetzt quer über der Straße. Darüber hinweg fauchten Kanonenschüsse. Rauch brodelte.

Doch da war immer noch der „Sherman“, der sich vorhin durch das Haus geschoben und einen wirren Trümmerhaufen zurückgelassen hatte.

Klages sprang neben mir auf und huschte geduckt am Gartenzaun entlang.

„Hubert, bleib hier, verdammt noch mal!“

Er hörte nicht, sondern verschwand hinter einem Hühnerstall.

Der Koloß schaukelte nun hinter dem eingestürzten Haus auf den Stall zu. Es blitzte vor seiner Kanone. Die Granate pfiff vorbei und zerfetzte einen anderen Schuppen. Der Panzermotor brüllte auf, die Ketten schleuderten Erdbrocken in die Höhe.

Auf einmal hörte ich einen anderen Knall: das Anklatschen einer Panzerfaust. Das Luk des „Sherman“ klappte hoch. Ein Mann tauchte auf, von einer Brandlohe eingehüllt. Die Detonation grollte heran und die Druckwelle schleuderte mich zur Seite.

Plötzlich kam Klages hinter dem Hühnerstall zum Vorschein. Er kam in schnellen Sprüngen an und warf sich neben mir nieder.

Panzergeschosse fauchten durch die Luft. Ringsum schlug es ein: in Dachstühle, Fassaden, auf der Fahrbahn.

Wieder rumpelte ein „Sherman“ heran und walzte über die Trümmer des eingestürzten Hauses. MG-Feuer schlug in den Dunghaufen, hinter dem wir uns verbargen.

„Ab!“ schrie ich. „Rüber zur anderen Straßenseite!“

Der Panzer schwankte gerade über einen Ziegelblock hinweg. Da sprangen wir auf, liefen geduckt in einen Garten hinein und erreichten eine Lücke zwischen zwei Häusern. Ich blickte die Straße entlang, wo am westlichen Eingang die Wracksperre gegen den Himmel loderte. Es stank nach versengtem Leder, kochendem Öl und brennendem Benzin.

„Los! Rüber!“

Keuchend kamen wir drüben an und stürzten durch eine Haustür hinein. Fast im gleichen Augenblick schlug es über uns ein. Ziegelsteine polterten auf die Treppenstufen, rötlicher Staub quoll hoch.

Der Panzer, den wir vorhin hinter den Häusern auf der anderen Straßenseite gesehen hatten, walzte wie ein Ungeheuer heran. Eine Abschußflamme blitzte aus seinem Kanonenrohr. Dicht neben der Haustür riß es ein Loch in die Wand.

„In den Keller!“ hechelte ich.

Als wir drunten waren und aus dem Kellerfenster sahen, war der Koloß keine dreißig Meter entfernt.

„Hubert — den nehmen wir auch noch!“ schnaufte ich und schob vorsichtig die zweite Panzerfaust aus dem Luk. — „Paß auf“, sagte ich dann noch, „daß dich der Rückstoßstrahl nicht erwischt!“

Es war eng in diesem Keller, und ich wußte genau, wie gefährlich es war, eine Panzerfaust in einem Raum abzuschießen; der Rückstoßstrahl schlug dann an die gegenüberliegende Mauer und konnte zurückgeworfen werden.

Aber das teuflische Rasseln da draußen weckte einen verborgenen Instinkt in mir. Ich mußte ihn kriegen, es mußte gelingen.

„Hubert, verschwinde und paß auf, daß keiner in den Keller kommt!“

Plötzlich erfolgte draußen eine schmetternde Explosion, und eine Hitzewelle flutete durch die Kellerluke. Flammen prasselten. Das Heulen des Motors und das Klirren der Ketten waren verstummt.

„Da ist dir einer der Kumpels zuvorgekommen“, stellte Klages fest.

Brennendes Benzin rann jetzt über die Straße und wälzte sich auf unsere Luke zu.

„Raus! Da krebsen noch mehrere in der Gegend herum!“ schrie ich.

Als wir aus der Hintertür ins Freie stolperten, sah ich Männer des ersten Zuges vom Hang nördlich des Dorfes herunterkommen. Sie schleppten Panzerfäuste mit sich und eilten an einer Gebüschreihe entlang zur Ortsmitte hinüber.

Hinter den Häusern auf der anderen Straßenseite dröhnte und rumpelte es. Immer wieder krachten Panzerkanonen, jaulten die Geschosse in die Häuser hinein. Schindeln klatschten auf die Fahrbahn, Dachstühle stürzten zusammen, Balken polterten herab.

Leutnant Obernolte kam aus einem Garten und winkte.

„Zur Ortsmitte!“ brüllte er, als er uns sah. „Der Ami versucht, hinter den Häusern dort einzubrechen!“

Wir rannten hinter ihm her. In der Schule faßten wir neue Panzerfäuste und hasteten wieder hinaus. Es dröhnte in nächster Nähe. Ein kreischendes Geräusch erklang, als ob sich ein Turm im Drehkranz eines Panzers bewege. Ich schlich mich an der Mauer der Schule entlang zur Straße vor und sah einen „Sherman“. Er mußte durch einen Garten auf die Straße gekommen sein. Ich duckte mich und lauerte. Er jagte mir keine Angst mehr ein. Das war längst vorbei. Für uns war solch ein Ungetüm nur noch so etwas wie Großwild, dessen verwundbare Stellen wir genau kannten.

Plötzlich hämmerte es über mich hinweg, Kugeln prasselten gegen die Wand. Steinplitter sprühten herum. Ich warf mich hin und kroch zurück.

An der Mauerecke stieß ich mit Klages zusammen und zerrte ihn in eine Nische. Schweiß strömte mir über die Nase, ich schnappte nach Luft. An der Vorderseite der Schule hörte ich Handgranaten detonieren, dann das wilde Aufheulen eines Panzermotors. Kurz darauf hallten Abschüsse herüber, hart und trocken.

„Das ist Fünf-Zentimeter-Pak!" rief Klages mir zu. „Wahrscheinlich haben wir Verstärkung aus Bosselbach bekommen!"

Der Panzermotor drehte noch immer auf hohen Touren. Es hörte sich an, als bewege er sich auf der Stelle.

„Komm, wir sehen mal nach!" sagte ich.

Wir huschten über den Schulhof zurück und sahen zur Straße hinüber. Der Panzer wendete gerade vor der Hofeinfahrt! Und da erkannte ich, daß seine linke Kette gerissen war. Schlaff wie eine mächtige Bananenschale krümmte sie sich über das Kopfsteinpflaster. Der „Sherman" kreiselte auf der Stelle, der Turm quietschte im Drehkranz. Aus dem Kanonenrohr zuckte es auf, eine Granate fauchte zur Ortsmitte hin.

Es war eine hundertprozentige Chance! Ich kniete mich hinter die Ecke, klappte das Visier der Panzerfaust hoch und schob sie um die Mauerkante. Mit stockendem Atem wartete ich, bis der Panzer weiterdrehte und er mir seine Breitseite zeigte. Dann drückte ich ab.

Ein gleißender Blitz! Sofort blieb er stehen. Der Motor verröchelte. Irgend etwas rumorte im Leib des Stahlkolosses, dann ein dumpfer Schlag. Das Luk klappte auf, eine Stichflamme brodelte heraus. Glut flackerte aus allen Schlitzen. Innerhalb von Sekunden verschwand der Turm in prasselnder Lohe.

Kurz darauf schallten aus der Ortsmitte noch zwei Detonationen herüber. Dann wurde es still. Kein Motorendröhnen, keine Panzerabschüsse mehr.

Die Züge sammelten sich auf der Straße. Überall brannten Panzer aus. Neun „Shermans" hatten die Männer unserer Kompanie zur Strecke gebracht, außerdem drei Jeeps. Zwei Kampfwagen waren in Richtung Richelskaul entkommen.

Es war dunkel, als Leutnant Obernolte mich zu sich befahl. In dem Kellerverschlag sah ich Feldwebel Wichmann, den stellvertretenden Zugführer, neben dem Leutnant auf einer Handgranatenkiste hocken. Beide beugten sich über eine Generalstabskarte.

„Kommen Sie her, Martens!" rief mir der Zugführer zu. „Sehen Sie sich das auch mal an!"

Ich trat hinter sie und beugte mich ebenfalls über das Kartenblatt. Meine Blicke folgten dem Zeigefinger des Leutnants.

„Der Bataillonskommmandeur vermutet, daß der Amerikaner versuchen wird, Vossenack von Süden zu umgehen und dann gleichzeitig von Osten und Westen anzugreifen", erläuterte er. „Hier, zwei Kilometer südlich von Vossenack, liegt das kleine Dorf Simonskall. Durch den Ort verläuft eine Straße, die sich am Flüßchen Kall entlangwindet und östlich von Vossenack bei Lukas Mühle auf den Tiefenbach stößt. Wir sollen nun feststellen, ob Simonskall bereits vom Feind besetzt ist."

„Wir können uns beinahe gradlinig dem Dorf nähern", warf der Feldwebel ein. „Und wir können sogar die Straße, die von Richelskaul heranführt, meiden. Wir brauchen sie nur an einer Stelle überqueren, können sonst Waldwege benutzen."

„Achten Sie auf feindliche Spähtrupps", warnte der Zugführer. „Lassen Sie sie, wenn möglich, passieren. Nur wenn's gar nicht zu vermeiden ist, machen Sie von der Waffe Gebrauch."

Er hob den Kopf und drehte sich zu mir um. „Feldwebel Wichmann hat Sie für dieses Spähtruppunternehmen angefordert. Haben Sie schon mal Spähtrupp gelaufen?"

„Martens hat sich am Peipus-See bei mehreren Spähtruppunternehmen bewährt", enthob Wichmann mich einer Antwoet. „Er hat Nerven, darum brauche ich ihn ..."

„Na, dann nehmen Sie ihn mit. Und — wie gesagt: Lassen Sie feindliche Spähtrupps passieren ...!"

Wir brachen um zweiundzwanzig Uhr auf. Stahlhelme und Mäntel hatten wir abgelegt. Die fünf Mann, die außer mir für das Unternehmen ausgesucht waren, hatten Maschinenpistolen empfangen. Jeder von uns hatte eine Feldflasche mit heißem Grog dabei.

Es war wieder kalt geworden. Die Wiesen südlich von Vossenach schimmerten silbrig im Mondlicht, das durch treibende Dunstschleier gefiltert wurde. Am Ausgang des Tales, das sich zwischen Hügel kerbte und gegen einen Forst vorstieß, erfuhren wir von den dort liegenden Sicherungsposten, daß es im gegenüberliegenden Wald ruhig sei. Wir übersprangen einen schmalen Bach und betraten in Reihe den Wald.

Kein Laut, keine Bewegung. Vorsichtig, nach allen Seiten lauschend, gingen wir einen geraden Waldweg entlang und stießen auf die Straße, die sich von Richelskaul nach Simonskall durch den Wald wand.

Feldwebel Wichmann hob die Hand. Wir verharrten reglos, die MPi schußbereit in den Fäusten.

„Martens zu mir!" hauchte er.

Ich schloß zu ihm auf, kauerte mich neben ihn nieder. Vor uns flimmerte Reif auf der Fahrbahn. Am gegenüberliegenden Straßenrand ragten Eichenstämme auf. In den Wipfeln raschelte der Wind.

„Wir gehen ein Stück an der Straße entlang, Martens!" befahl Wichmann. „Vielleicht bemerken wir was ..."

„Fahrzeuge sind hier seit Einbruch der Dämmerung auf keinen Fall durchgekommen, Feldwebel! Sonst müßte man die Reifenspuren im Rauhreif sehen ..."

„Trotzdem, besser ist besser!"

Ich huschte zurück, gab den Befehl weiter. Vorsichtig bewegten wir uns zwischen den Eichen straßenabwärts, bis wir eine Kurve erreichten.

„Rüber!" befahl Wichmann. „Einzeln rüber!"

Er sprang als erster über die Straße, die Kameraden folgten. Als ich mich anschickte, als letzter über die Fahrbahn zu huschen, sah ich die Fußspuren der Kameraden in den Eiskristallen auf der Straßendecke. Verdammt, wenn das ein feindlicher Spähtrupp bemerkte und uns folgte, konnte er uns in den Rücken fallen! Ich suchte daher einen Ast mit vertrockneten Blättern, lief über die Straße, zog ihn hinter mir her und verwischte die Fußspuren.

„Man kann auch alles übertreiben", murmelte Wichmann grinsend, als ich drüben ankam.

„Besser ist besser, Feldwebel", gab ich zurück und wiederholte damit nur, was er gesagt hatte, bevor wir über die Straße gerannt waren.

Etwa eine Stunde nachdem wir die Straße überschritten und noch einen Bach überquert hatten, erreichten wir einen bewaldeten Höhenzug nördlich von Simonskall. Der Dunst hatte sich im auffrischenden Wind verflüchtigt. Der Mond glänzte so hell, daß wir das metallisch schimmernde Straßenband sehen konnten, das nach Osten hin zum Tiefenbach verlief.

„Siehst du ein Dorf?" fragte der Feldwebel ratlos und kniff die Augenlider zusammen.

„Kein Dorf zu sehen", gab ich zurück. „Vielleicht haben wir uns verfranzt?"

„Quatsch!" Er klappte die Karte auf, die ihm der Leutnant mitgegeben hatte, und deutete auf den Punkt, wo die von Richelskaul kommende Straße auf die nach Osten führende Fahrbahn stieß und eine Gabelung bildete. „Dort ist die Gabel! Und dort soll nach der Karte Simonskall liegen! Aber siehst du was von einem Dorf?"

Ich strengte meine Augen an, vermochte aber wahrhaftig keine Ortschaft zu erkennen.

„Los!" befahl Wichmann. „Sehen wir uns das Rätsel aus der Nähe an! Äußerste Vorsicht!"

Wir stiegen den Hang hinab und blieben immer im Mondschatten der Bäume. Schließlich hielten wir an der Straßengabel. Hinter uns und vor uns ragten Höhenzüge auf, aber von einem Dorf war immer noch nichts zu sehen.

„Die Kerle, die diese Karte angefertigt haben, sollte man mit einem nassen Lappen erschlagen!" zischte Wichmann. „So eine Schweinerei sollte man doch nicht für möglich halten! Martens, geh los und kläre ein Stück weiter an der Straße nach Osten auf! Aber nicht weiter als zweihundert Meter!"

Ich nahm meine MPi, trank einen Schluck Grog aus der Feldflasche und huschte davon, dicht am Straßenrand entlang. Die Bäume am rechten Wegrand traten zurück, gaben eine Wiese frei, die sich ungefähr dreihundert Meter nach Osten dehnte. Ich kauerte mich hinter einen Baumstamm und beobachtete das Gelände. Und da sah ich am gegenüberliegenden Waldrand ein einzelnes Haus; vermutlich eine Försterei. Sofort drehte ich um, ging zur Straßengabel zurück und meldete Feldwebel Wichmann, was ich gesehen hatte.

„Vielleicht gibt es kein Dorf, sondern nur eine Försterei Simonskall“, mutmaßte Wichmann. „Auf jeden Fall sehen wir mal nach ...“

Wir umgingen die Wiese, hielten uns immer unter Bäumen und stießen auf einen Waldpfad, folgten ihm und sahen das Forsthaus von der Rückseite her.

„Martens, du kommst mit mir! Ihr ...“, damit drehte er sich zu den Kameraden um, „... bleibt hier und haltet Augen und Ohren offen!“

Wir schlüpften durch Gesträuch, näherten uns dem Haus. Fensterscheiben blinkten im Mondlicht. Ein Stall lehnte sich gegen die Rückseite des Gebäudes. Plötzlich spürte ich Wichmanns Hand auf meiner Schulter. Ich erstarrte im Mondschatten eines Baumstamms, nur mein Blick huschte hin und her, suchte das Haus ab. Mein Herz schlug schneller: Ein Jeep stand vor dem Stall!

Wichmann legte einen Finger auf seine Lippen und kroch weiter. Ich folgte dichtauf.

Wenige Augenblicke später sahen wir eine Zigarettenglut. Sie kam von rechts heran und bewegte sich auf den Stall zu. Sollte mich nicht wundern, wenn das ein amerikanischer Neger wäre! Wie oft hatte ich beobachtet, daß die farbigen Amerikaner ihr Rauchverlangen selbst auf Vorposten und bei Spähtruppunternehmen nicht zügeln konnten. Wie oft hatten unsere Scharfschützen in der Nacht auf ein Pünktchen Zigarettenglut gefeuert — und bei Tagesanbruch einen toten Neger gefunden.

Kriechend erreichten wir ein Brombeergebüsch, vielleicht zehn Meter von dem Stall entfernt. Der Posten war nicht zu erkennen, nur die Zigarettenglut leuchtete in kurzen Abständen auf. Er stand im Schatten des Forsthauses. Dafür zeichnete sich der Jeep deutlich vor uns ab. Ein Verdeck überspannte die Sitze.

„Den Posten schnappen wir uns“, hauchte mir Wichmann ins Ohr. „Den nehmen wir mit. Vielleicht kann er dem Chef was erzählen ...“

Ich schätzte gerade die Entfernung zu einem Holzstoß ab, der neben dem Stall aufragte, als eine Tür knarrte. Die Zigarettenglut gondelte in weitem Bogen durch die Luft, zerperlte am Boden. Der Wachtposten trat aus dem Schatten, schlenderte am Jeep vorbei. Und da tauchte an der Seitenmauer des Hauses ein anderer Amerikaner auf, das Gewehr am Riemen über der Schulter. Er trug eine Wollmütze, hatte den Kragen seines knielangen Mantels hochgeschlagen.

Jetzt traf er auf den Posten. Ich hätte sie am liebsten beide geohrfeigt. Wie konnte er nur so leichtsinnig sein und sich dem Mondlicht aussetzen!

Deutlich war zu sehen, daß beide von dunkler Hautfarbe waren. Waren sie so gleichgültig, oder fühlten sie sich so sicher?

Sie schwatzten leise miteinander, dann verschwand der abgelöste Posten hinter dem Haus. Der andere schlenderte auf den Stall zu.

„Vielleicht steht noch ein Posten an der Vorderseite“, wisperte ich dem Feldwebel zu.

„Abwarten“, raunte er zurück. „Wenn er das Haus umrundet, ist das ein Beweis dafür, daß sie nur einen Posten ausgestellt haben!“

Der neue Wachtposten trampelte eine Weile auf der Stelle, stapfte dann am Stall vorbei und entfernte sich zur anderen Seite des Hauses. Ich richtete mich aus der Hocke auf, spürte aber sofort Wichmanns Hand auf meiner Schulter.

„Warte noch! Wir müssen ganz sicher sein ...“

Die Minuten rannen quälend langsam dahin. Das Forsthaus hockte still in der Dunkelheit, nur der Stall schwamm jetzt im Mondlicht.

Da kam er wieder! Er hatte das Haus inzwischen umrundet und kam an der Seitenwand wieder zum Vorschein. Gemächlich schlurfte er am Jeep vorbei, lehnte sich gegen die Stallwand und — blickte zu uns herüber!

Ich hielt den Atem an, weil ich fürchtete, er könne mich hören.

Der Amerikaner stieß sich jetzt von der Wand ab und trottete weiter, die Hände in den Manteltaschen, den Rücken gekrümmt; er fror.

Als er wieder hinter der Rückwand des Stalles untergetaucht war, stieß Wichmann mich an.

„Verkriech du dich hinter dem Holzstoß! Ich versteck' mich hinter dem Jeep. Ich schnapp' ihn mir. Sobald ich ihn habe, hältst du ihn in Schach. Kapiert?“

Ich nickte, packte meine MPi, richtete mich auf und hastete zum nächsten Baumstamm. Nach einem prüfenden Blick auf den Stall und die Rückseite des Hauses huschte ich geduckt weiter, erreichte den Holzstoß und kauerte mich nieder. Aus den Augenwinkeln sah ich, daß Wichmann gerade hinter dem Jeep verschwand.

Wieder schienen sich die Minuten zu Ewigkeiten zu dehnen, bis ich das Tappen der Gummisohlen hörte. Ich äugte zum Jeep hinüber, sah aber weder Wichmann noch den Amerikaner. Noch immer schlurften die Schritte. Jetzt schlenderte er an dem Wagen vorbei! Doch da huschte ein Schatten hinter dem Fahrzeug hervor. Der Posten stutzte, riß den Kopf zur Seite, knickte aber langsam in sich zusammen.

Ich hastete hinüber. Wichmanns Augen glühten vor Erregung. „Nimm meine MPi!“ keuchte er. „Ich lad' ihn mir auf die Schulter, und paß auf, daß er keinen Krach macht.“

Der Amerikaner lag ausgestreckt am Boden. Erst jetzt sah ich, daß er zwar groß, aber recht hager war.

Wichmann hob ihn rasch auf, zog ihn über die Schulter und verschwand zwischen den Bäumen. Ich tappte hinterher und flehte zum Himmel, daß er nicht so bald zu sich kommen möge.

Er stöhnte leise, als wir bei den anderen ankamen.

„Jetzt aber weg!“ keuchte Wichmann. „Wenn die den Jungen vermissen, ist der Teufel los!“

Wir trugen ihn abwechselnd, erreichten ungehindert die Straßengabel, schleppten ihn die Anhöhe hinauf. Als wir oben waren, wurde er wach. Sein Mund klaffte auf, seine Augen rollten. Ich hielt ihm die MPi vor die Brust. Er verstand sofort, sein Mund klappte zu. Aber die Augen! Mein Gott, diese Angst in seinen Augen!

Wichmann legte ihm seine Pranke auf die Schulter. „Keine Angst, Johnny! Wir tun dir nichts. Weißt du, unser Chef will sich mal mit dir unterhalten. Und dann kannst du das Kriegsende in Ruhe abwarten!“

Der Amerikaner starrte uns der Reihe nach an. Er verstand sicher kein Wort. Aber die Angst wich aus seinen Augen. Wichmanns tiefe Stimme schien ihn beruhigt zu haben.

„Gib ihm mal einen Schluck Rum!“ befahl der Feldwebel. „Der ist ja ganz außer sich.“

Ich hakte die Feldflasche ab, schraubte sie auf und hielt sie ihm hin. Er nahm sie, setzte sie an den Mund. Sein Adamsapfel hüpfte, und er hörte nicht eher auf, bis alles ausgetrunken war. Grinsend wischte er sich den Mund ab und reichte mir die Flasche zurück.

„Jetzt hat er einen sitzen“, murmelte Wichmann. „Hoffentlich macht er nicht schlapp, dann müssen wir ihn tragen ...“

Gegen zwei Uhr morgens trafen wir bei unseren Sicherungsposten am Südrand von Vossenack ein. Unser Gefangener schwankte unsicher zwischen uns, denn er hatte noch zwei fast volle Feldflaschen ausgetrunken, aber dafür hatte er sich auch still verhalten. Nur das breite Grinsen war nicht mehr von seinen Lippen gewichen. Jetzt, als wir zwischen den Häusern des Dorfes zur Schule gingen, brabbelte er etwas vor sich hin. Und als wir ihn bei Leutnant Obernolte ablieferten und Feldwebel Wichmann Meldung erstattete, taumelte er auf Obernoltes Strohschütte und schlief sofort ein. Kurz darauf dröhnte sein Schnarchen durch den Kellerverschlag. Sein Atem roch durchdringend nach Rum, und als er dann noch unbekümmert rülpste, brach der Leutnant in ein Gelächter aus, daß ihm die Tränen über die Wangen kullerten.

„Jedenfalls haben wir jetzt eine Gefangenen, der uns Auskunft geben kann, was sich südlich von uns tut“, sagte er dann.

Noch vor dem Morgengrauen marschierten wir von Vossenack ab. An der Straßenabzweigung von Richelskaul, wo gestern die amerikanischen Panzer überraschend durchgebrochen waren, erwarteten uns Einweiser. Wir stapften in Reihe durch zerschossenen Mischwald, über zerschmetterte Baumstämme, an klaffenden Trichtern vorbei. Immer wieder kam von vorn der Zuruf: „Achtung, Minen! Nicht vom Pfad abkommen!“

An einem Waldweg, der von Nord nach Süd den Forst durchschneidet, stießen wir erneut auf Einweiser. Sie geleiteten die Gruppen zu ihren Stellungen.

„Klappern abstellen! Pfeifen und Zigaretten aus!" wurde befohlen.

Westlich von uns kletterten Leuchtkugeln hoch, zerperlten in der Luft. Weiter im Norden, tiefer im Hürtgenwald, grollten Artillerieeinschläge.

Krankenträger schlichen an uns vorbei, stöhnende Menschenbündel in Zeltplanen, die nach Karbol oder etwas Ähnlichem rochen.

Es begann zu nieseln, Dunst wob Schleier zwischen die Baumstümpfe. Die Erde war aufgeweicht. Wir schlitterten über glitschiges Laub, stolperten über Geäst. Es stank nach Fäulnis und Verwesung.

Durchnäßt sammelten wir uns auf einer Lichtung, liefen durch eine Schneise. Wasser gluckerte unter unseren Sohlen.

„Halt!" klang es von Mann zu Mann.

Ich sah mich um, erkannte aber nichts anderes als geköpfte Bäume, zersplitterte Wipfel, gebrochene Äste. Feldwebel Wichmann wuchs neben mir aus dem Dunst, packte mich am Arm, führte mich weiter von der Schneise weg. Deckungslöcher öffneten sich vor mir, mit Brettern ausgeschalt.

„Hier", murmelte Wichmann. „Die Löcher übernimmst du mit deiner Gruppe! Links von dir liegt die Gruppe Hofmeister, nach rechts schließt sich die Nachbarkompanie an. Übrigens: in zehn Minuten zum Kompaniechef an der Schneise!"

Meine Männer ließen sich in die Löcher gleiten, krochen in sich zusammen und fluchten unterdrückt, denn in den Vertiefungen gluckste Grundwasser. Als ich zur Lichtung zurückging, kamen die drei Zugführer und die anderen Gruppenführer aus dem Gehölz heraus und gruppierten sich um den Kompaniechef, der auf einem Stubben eine Karte ausgebreitet hatte. Er erklärte uns, daß dreihundert Meter voraus der Amerikaner auf einer hufeisenförmigen Anhöhe liege, die im Dunst allerdings nicht zu erkennen sei. Das Bataillon trete in dreißig Minuten zum Angriff gegen den Höhenzug an. Eigene Do-Werfer-Batterien (Nebelwerfer) würden in zehn Minuten mit Trommelfeuer beginnen. Nachdem wir unsere Uhren verglichen hatten, eilten wir zu unseren Gruppen zurück.

Genau zehn Minuten später rauschte es von Osten heran, und die feuerschwänzigen Geschosse heulten über uns hinweg. Der Waldboden vibrierte unter den Einschlägen, aber sehen konnten wir davon nichts, da der Dunst sich inzwischen weiter verdichtet hatte.

Zwanzig Minuten lang wüteten die Werfergranaten vor uns auf dem Höhenzug, jaulten die Granaten über uns weg. Dann trat Stille ein. Von links und rechts gellten Pfiffe durch die Dunstschwaden. Ich umklammerte die Maschinenpistole, kletterte aus meiner wassergefüllten Dekkungsgrube.

„Auf! Marsch, marsch!"

Rechts und links tauchten Stahlhelme im Nebel auf. Ich hastete davon, sprang über Äste, rutschte aus und glitt in einen Trichter hinein. Wasser spritzte und klatschte mir ins Gesicht, nahm mir den Atem. Prustend und fluchend krabbelte ich wieder hinaus und rannte weiter. Um mich herum keuchende und schnaufende Männer, naß schimmernde Stahlhelme.

Das Gelände vor uns stieg an. Felsquader glitzerten feucht über dem Waldboden. Überall Stümpfe und Stubben, Löcher und Krater.

Links von mir hämmerte es durch den Dunst, Leuchtspur irrlichterte die Hügellehne herab. Es prasselte im Geäst, klatschte gegen Stämme, Baumrinde wurde abgefetzt.

Über uns fauchte etwas durch die Luft. Da war es wieder, dieses höllische Geräusch! Ringsum patschte es in den Boden. Verfluchte Granatwerfer! Sekunden später zwitscherte eine MG-Garbe über uns hinweg.

„Einzeln vorarbeiten!" brüllte ich, warf mir den Riemen der MPi über den Kopf und schob mich auf allen vieren vorwärts. In einer Kuhle versuchte ich, mir einen Überblick zu verschaffen, sah aber nur die brodelnden Nebelschwaden. Weiter!

Links und rechts wurde erbittert gekämpft. Maschinengewehre bellten, Granatwerfergeschosse rauschten herab und detonierten mit dumpfen Knallen.

Über mir zuckte plötzlich die Mündungsflamme eines Maschinengewehrs aus dem Dunst. Ununterbrochen krachte und knatterte es in der näheren Umgebung. Ich drückte mich in das faulige Laub, langte nach einer Handgranate im Stiefelschaft und schleuderte sie vor die zuckende Mündungsflamme der amerikanischen Maschinenwaffe.

Es dröhnte. Das Hämmern verstummte. Ich schnellte hoch und rannte hangaufwärts. Eine Grabenstellung verlief vor mir über die Höhe. Mit Netzen bedeckte Stahlhelme ragten in die Höhe, Köpfe fuhren herum. Meine Maschinenpistole feuerte. Links neben mir kam eine Gruppe Landser hoch, Hände reckten sich uns entgegen. Verzerrte Gesichter, weiße und schwarze.

Mit einem Satz sprang ich über den Graben. Meine Gruppe folgte. Klages' keuchender Atem streifte mich. Wir kurvten um Trichter, warfen Handgranaten hinein. Um uns herum schlich Nebel, trieb Qualm, wehten Schreie. Dazwischen das Hämmern der MG, das Krachen der Handgranaten.

Da war der Hauptgraben! Sandsackwälle ragten mir entgegen. Aus Schießscharten pfiffen uns Kugeln entgegen. Ich lag wie festgenagelt am Boden.

Plötzlich huschten amerikanische Soldaten über die Sandsackwälle hinweg. Maschinenpistolen belferten, Bajonette schimmerten drohend im Zwielicht. Ich warf Handgranaten, neben mir feuerte Klages.

Ohrenbetäubendes Geschrei brandete über uns hinweg. Menschen sanken zu Boden, schreiend, röchelnd! Furchtbare Bilder reihten sich aneinander.

Leutnant Obernolte lief an mir vorbei. Auch er schleuderte Handgranaten hinter die Sandsäcke.

„Vorwärts!“ gellte seine Stimme durch den Gefechtslärm.

Meine Lungen jagten, meine Kehle war wie zugeschnürt, und ich hatte das verfluchte Gefühl, als hätte sich ein Eisenband über meine Brust gezwängt. Schmerz stach in meine Leisten, und die Beine zitterten vor Anstrengung. Da schnellten Stahlhelme über die Sandsackmauer. Eine Handgranate torkelte hinüber. Es krachte, Qualm wehte mir entgegen.

Die Einbruchsentfernung war erreicht. Ich warf mich nach vorn, mit einem letzten, verzweifelten Schwung. Mein Körper prallte gegen einige Sandsäcke. Sie gaben nach, stürzten zusammen und polterten von der Brustwehr.

Leutnant Obernolte sprang dicht neben mir in die feindliche Stellung, seine MPi ratterte. Ich ließ mich ebenfalls nach unten rutschen, schnellte herum und feuerte nach rechts in den Graben hinein.

Nacheinander kamen auch meine Männer herein, zusammen mit den Kameraden von der Gruppe Hofmeister.

„Martens, rollen Sie nach rechts auf, bis Sie auf unsere Nachbarkompanie stoßen! Alles andere kommt zu mir!“ brüllte Obernolte mir zu.

„Mir nach!“ keuchte ich und stolperte davon.

Die Tür eines Unterstands klappte vor mir auf. Ein MPi-Feuerstoß sprühte in die Öffnung. Klages sprang vor, wirbelte eine Handgranate hinein.

Wir kämpften uns von Brustwehr zu Brustwehr. Die Amerikaner wehrten sich hartnäckig, schossen aus ihren Schnellfeuergewehren, bewarfen uns mit Eierhandgranaten. Aber dann reckten sie weiße Lappen an Ästen hoch und kamen uns mit erhobenen Armen entgegen. Wir ließen sie an uns vorbei, lehnten an der Grabenbrüstung und rangen nach Atem.

Kurz darauf stieß ich auf einen Zug der Nachbarkompanie, die erst vor wenigen Minuten in die amerikanische Stellung eingebrochen war. Anschließend ging ich mit meinen Männern wieder zurück. Dabei traf ich Feldwebel Wichmann, der mir einen Grabenabschnitt zur Verteidigung zuwies.

Klages schlich strahlend aus einem Unterstand heraus, Zigarettenstangen unter den Armen, Whiskyflaschen in den Manteltaschen. Kurz darauf kollerten aufgebrochene amerikanische Konservendosen über die Grabensohle, flatterte Silberpapier herum, stieß süßlich duftender Zigarettenrauch in die Luft. Ich steckte mir auch eine von den Camels an, aber schon nach den ersten Zügen warf ich sie wieder weg. Eine Schwäche war urplötzlich in meinen Knien, dunkle Punkte tänzelten vor meinen Augen, und ich hatte nur den Wunsch, mich hinzulegen.

Aber kaum zwanzig Minuten später kreischte es von Westen heran. Granaten barsten vor und hinter der Stellung, Böschungen stürzten ein, Erdbrocken plumpsten in den Graben. Wir krochen in die Unterstände, in denen eine wohlige Wärme herrschte, und stopften Weißbrot mit dicken Scheiben Corned beef in uns hinein. Schließlich fielen wir trotz der draußen berstenden Granaten in einen tiefen Schlaf.

In der Nacht verlegte der Feind sein Artilleriefeuer nach Osten. Die Granaten schlugen nicht mehr auf der von uns eroberten Anhöhe, sondern in dem Forst ein, durch den wir gestern hergekommen waren. Die krepierenden Geschosse brachten auch die Minenfelder, die von unseren Pionieren dort angelegt worden waren, zur Detonation. Von unserer Höhenstellung konnten wir beobachten, wie im Tal Blitze aus dem Boden schossen und Erdbrocken in dunklen Fontänen hochgeschleudert wurden. Immer wieder flackerte im Westen das Mündungsfeuer über die niedrig hängenden Wolken, orgelten Granaten über unsere Gräben hinweg, die hinter uns im Talgrund einschlugen.

„Der Ami hat was vor", bemerkte Leutnant Obernolte, als er im Morgendämmern durch unseren Abschnitt kam. „Ich habe den Eindruck, daß er uns nicht angreifen, sondern umgehen wird ..."

Als es tagte, brach der Beschuß ab. Statt dessen war jetzt das Dröhnen amerikanischer Jagdbomber in der Luft. Scharenweise brummten sie südlich an unserer Hügelstellung vorbei und flogen mit Ostkurs weiter.

„Das gilt Vossenack", sagte Feldwebel Wichmann und äugte mißmutig in den Himmel. „Bin mal gespannt, wie lange wir hier noch liegenbleiben!"

Etwa eine Stunde später rief uns der Kompanierfüher in seinen Unterstand. Er teilte uns mit, daß im Morgengrauen amerikanische Panzer erneut bei Richelskaul durchgebrochen und in Vossenack eingedrungen seien. Zwei Pionierzüge stünden in erbittertem Kampf mit den Eindringlingen.

„Wir brechen in einer Stunde auf, um Vossenack zu entsetzen", schloß er. „Es wird für uns auch verdammt höchste Zeit. Wenn es dem Ami nämlich gelingt, Verstärkungen heranzuführen, ist nicht nur Vossenack futsch, dann schließt er uns auch von Süden her ein."

Auch diesmal war unsere Kompanie die letzte, die von der Höhe abzog, um den Rückzug der anderen zu decken. Als wir gerade die Gräben verlassen hatten und uns gruppenweise hangabwärts bewegten, pfiffen die Schlachtflieger über uns hinweg. Bomben rauschten herunter und krepierten im Wald. Qualmwolken quollen aus der Senke und krochen die Berglehne hinauf.

Überall hinter Stämmen und Stümpfen kauerten die Landser, schossen aus Maschinengewehren und Karabinern auf die tief fliegenden Maschinen. Doch bald wußten wir nicht mehr, wohin wir feuern sollten. Wie Krähenschwärme kreisten die Lightnings über den Wäldern, feuerten aus Bordkanonen gegen die Hänge, warfen Bomben in die Täler. Das Krachen der Sprengkörper, das Hämmern der Kanonen und das Heulen der Motoren schwollen zu einem donnernden Getöse an. Die Lichtung, auf der wir uns gestern zum Angriff bereitgestellt hatten, existierte nicht mehr. Der ganze Forst war ein einziger Wirrwarr aus Kratern, zersplissenen Baumstümpfen und herumliegendem Geäst. Wie die Ameisen wühlten wir uns vorwärts, hieben uns mit Seitengewehren Pfade durch dicke

Asthaufen, kollerten in wassergefüllte Trichter und warfen uns in faulendes Laub, wenn die Bomben zu nahe detonierten.

Verdreckt und erschöpft vor Anstrengung erreichten wir eine von Büschen durchsetzte Weide vor Richelskaul. Die Jagdbomber waren inzwischen abgeflogen. Von Vossenack wehte Gefechtslärm herüber. Wir sammelten uns am Rand der Weide. Kurz darauf rückten die beiden Nachbarkompanien nach Norden ab; offenbar sollten sie über Bosselbach in Vossenack eingreifen.

Wenig später brach unsere Kompanie nach Richelskaul auf. Es war unsere Aufgabe, die in Vossenack eingebrochenen Amerikaner abzuschneiden und von Westen her zusammenzudrängen.

Gerade als wir uns anschickten, über die Straße zu setzen, brummte es von Süden heran. Leutnant Obernolte senkte wiederholt den rechten Arm tief nach unten.

„Alles hinlegen!" hieß das.

Wir rollten uns in den Straßengraben und lauschten gespannt in die Richtung, aus der sich die Motorengeräusche näherten.

„Durchrufen: Feindliche Fahrzeugkolonne nähert sich von Süden! Feuererlaubnis abwarten!"

Ich blickte kurz zu meiner MG-Bedienung hinüber, die hinter einem Ebereschengestrüpp in Stellung gegangen war. Dann beobachtete ich zahlreiche Jeeps, mit amerikanischer Infanterie beladen, die aus Richtung Försterei Raffelsbrand anrollten.

„Keine Bewegung!" warnte Leutnant Obernolte, der zu meiner Gruppe herangekrochen war. „Wir lassen sie dicht herankommen!"

Sie kamen rasch näher, schon war das Schnurren der Räder zu hören. Ich war unter einen Brombeerstrauch gekrochen und spähte zu ihnen hinüber. Die ersten beiden Jeeps mußten jetzt schon den rechten Flügel der Kompanie erreicht haben. Da peitschte ein Feuerstoß auf.

„Diese verdammten Idioten!" brüllte unser Zugführer. „Da hat doch so 'n Stiesel die Nerven verloren!"

Die Garbe schien den vordersten Jeep getroffen zu haben. Die Bremsen quietschten, der Wagen schleuderte über die Asphaltdecke. Die Soldaten purzelten über den Boden. Dahinter rollte das zweite Fahrzeug heran. Der Fahrer versuchte ebenfalls zu stoppen, aber der Jeep geriet ins Kreiseln und prallte an der gegenüberliegenden Straßenseite gegen einen Baumstamm. Die nachfolgenden Fahrzeuge krachten aufeinander und verkeilten sich. Bremsenkreischen, Motorenheulen und Schreien gellten durcheinander.

„Feuer frei!" schrie Obernolte und riß seine MPi hoch. Ich nahm eine Panzerfaust, klappte das Visier hoch und feuerte sie ab. Ein greller Blitz, ein Fauchen, ein Krachen. Die Wirkung des Geschosses war furchtbar. Neben mir ratterte das MG. Qualm und Flammen prasselten über die Fahrzeugkolonne, Munitionskästen und Handgranatenkisten flogen in die Luft. Amerikanische Soldaten sprangen aus der Glutwolke heraus, rannten zum Straßengraben hinüber und kamen von einer Hölle in die andere.

Minuten später war der Konvoi zerstört. Sieben Jeeps brannten, und wieder einmal hörte ich das schreckliche Schreien Verwundeter, während überlebende Amerikaner im Gebüsch jenseits der Straße untertauchten.

Die Kompanie sammelte sich wieder. Der Chef schickte den ersten und dritten Zug über die Straße in Richtung auf den Südrand von Vossenack vor. Wir vom zweiten Zug sollten uns über Richelskaul der Ortszufahrt nähern und gingen beiderseits der Fahrbahn vor. Meine Gruppe marschierte am rechten Straßenrand, hinter mir liefen die Männer von Hofmeister. Man hörte, daß der Gefechtslärm in Vossenack heftiger geworden war. Vor uns hoben sich drei oder vier Häuschen gegen den Waldhang der Höhe 449 ab. Und da ratschte es auch schon über uns hinweg und klatschte auf den Straßenbelag.

„Gruppenweise vorarbeiten!" schrie Leutnant Obernolte von der anderen Seite herüber.

„Vorwärts!" rief ich meinen Kameraden zu. Doch da stöhnte schon einer der Gewehrschützen auf und wälzte sich in ein Gebüsch. Sofort war ich über ihm, riß ihm den Waffenrock auf. Es war nichts mehr zu machen. Er war schon tot! Ich brach seine Erkennungsmarke durch, stopfte sie in die Tasche und rannte weiter. Um uns herum platzten pausenlos Granatwerfergeschosse.

„Einzeln vorarbeiten!" brüllte ich. „Bis zum Wacholderbusch rechts von uns!"

Aus Richtung Richelskaul bellte nun ein schweres MG herüber. Die Garbe strich über die Fahrbahn und fetzte in die Sträucher am Straßenrand hinein. Ich robbte vorwärts, schob die MPi vor mir her und erreichte völlig ausgepumpt den Wacholderstrauch.

Gewehrgeschosse zirpten durch die Zweige. Hinter mir hörte ich die Männer vom MG keuchen. Ich hob den Feldstecher an die Augen und blickte zu den Häusern hinüber. Vor mir gabelte sich die Straße. An der linken Fahrbahn erhob sich ein einzelnes Gehöft, zwischen den beiden Straßenbändern stand ein langgestreckter Schuppen, und rechts an der Chaussee nach Vossenack sah ich ein Wohngebäude, aus dem die Geschosse herauszischten.

Klages schob sich zu mir heran, dann die anderen.

„Geradeaus gelbes Haus!" rief ich zum Gewehrführer hinüber. „Giebelfenster! Visier 200, Punktfeuer. Feuer — frei!"

Das MG hämmerte. Ich beobachtete das Ziel durch den Feldstecher. Rings um das Fenster herum stäubte Putz auf, zeigten sich Löcher. Schon nach kurzem Beschuß verstummte das feindliche MG.

Drüben, auf der anderen Straßenseite, huschte Leutnant Obernolte mit den beiden anderen Gruppen vorwärts. Nach einigen Sprüngen tauchten sie wieder im Graben unter, dann ratterten auch von dort die Maschinenwaffen gegen das Haus.

„Stopfen (Feuer einstellen)!“ befahl ich. „Einzeln vorarbeiten bis zur Birkengruppe!“

Wir krochen unter dem Feuerschutz der Nachbargruppen weiter, und obwohl noch immer Gewehrgeschosse um uns herumjaulten, erreichten wir die Birken ohne Ausfälle. Es waren jetzt noch etwa hundert Meter bis zu den Häusern. Unteroffizier Hofmeister kam mit seiner Gruppe nach. Das Gebäude, in dem das feindliche MG lag, wurde nun auch von ihnen unter Feuer genommen.

„Sprungweise vorarbeiten!“ schrie ich meinen Kameraden zu.

Mit angeschlagener MPi huschte ich davon, warf mich in eine Furche, robbte weiter und rutschte in ein Granatloch, das bis zur Hälfte mit Wasser gefüllt war. Im selben Augenblick hörte ich das Aufheulen eines Jeeps. Sofort wühlte ich mich aus dem Morast und sah über den Kraterrand. Das kleine Wägelchen rollte von der Rückseite des Hauses weg. Da riß ich die MPi hoch und schoß auf das Fahrzeug, das offenbar nach Vossenack wollte. Schon nach dem ersten Feuerstoß sah ich Qualm aus der Motorhaube quellen. Der Wagen schleuderte in den Straßengraben und kippte um. Soldaten sprangen heraus. Ich schoß, bis sie irgendwohin verschwunden waren.

„Vorwärts!“ rief ich zu meinen Männern zurück „Sie wollen abhauen. — Los!“

Wir liefen geduckt auf die Häusergruppe zu. Obernolte hatte mit den beiden Gruppen auf der anderen Straßenseite inzwischen bereits das Einzelgehöft erreicht. Seine MPi hämmerte, einige Handgranaten krepierten. Hofmeister befahl seine Männer auf die Fahrbahn und rannte zum Schuppen hinüber. Ich führte meine Gruppe auf das Wohngebäude zu.

Plötzlich war ein Heulen in der Luft. Kurz darauf brach der Dachstuhl des Schuppens in einer Qualmwolke auseinander. Balken und Bretter wirbelten umher! Weitere Granaten rauschten heran, und rings um uns zischten Detonationen aus dem Boden. Eine Explosion vor dem Wohnhaus riß die Fassade auf. Herumstiebender Ziegelstaub, ätzender Qualm, sirrende Splitter. Drüben, auf der anderen Straßenseite, stiegen Schreie auf. Ich warf mich hin. Dicht vor mir wuchsen Fontänen aus dem Boden. Sekunden später hastete ich geduckt über die nach Vossenack abzweigende Fahrbahn und zog mich die Straßenböschung hinauf.

Da war das Wohnhaus — dicht vor mir! Ich sprang in ein Sprengloch, riß eine Handgranate aus dem Koppel und schleuderte sie gegen die Tür. Über mir heulte wieder ein Geschoß heran. Einschlag, Rauchschwaden, prasselnde Mauerbrocken. Ich krümmte mich zusammen. Ein Hustenreiz schüttelte mich. Halb benommen keuchte ich die Böschung hoch, sprang auf das Haus zu, stolperte über herabstürzende Fassadenbrocken und warf mich in den Hausflur. Da schien eine Riesenfaust nach mir zu greifen. Ich flog gegen die Flurwand, fühlte einen stechenden Schmerz in der Brust und sah flammende Punkte vor meinen Augen.

Als ich wieder erwachte, zog mich Klages unter der eingedrückten Tür hervor. Eine Granate war in der Nähe detoniert, hatte die Außenmauer eingedrückt und mich unter der Tür begraben.

Draußen tobte der Kampf weiter. Ich wischte mir den Staub aus den Augen und holte behutsam Luft, denn die Rippen schmerzten höllisch. Kurz darauf kam Klages die Treppe vom Obergeschoß herunter.

„Oben liegt ein toter Amerikaner", schnaufte er. „Er sieht schrecklich aus..."

„Alles in den Keller!" drängte ich. „Sie geben keine Ruhe..."

Wir waren kaum unten, da hieb es wieder in allernächster Nähe ein. Mörtelstaub wehte durch das Kellerloch, Splitter fetzten herein, prallten gegen die Wände. Dann herrschte Stille. Aber schon Sekunden später war erneut die Hölle los. Diesmal kamen aber keine Granaten, sondern Jagdbomber. Die Motoren grölten höhnisch, Bordwaffen hämmerten, Bomben krepierten. Durch den Krach hindurch hörte ich laute Schreie.

„Draußen liegen welche!" rief ich. „Los, wir holen sie herein!"

Wir jagten die Treppe hinauf, drängten uns in den Flur. Gerade ging wieder eine Bombe nieder, und das Heulen eines Motors röhrte über uns hinweg.

„Jetzt!" schrie ich und sprang hinaus. Der erste Mann, über den ich fast gestolpert wäre, war Feldwebel Wichmann. Er lag auf dem Bauch, das Gesicht in die Armbeuge gepreßt. Ich drehte ihn vorsichtig auf den Rücken, aber da merkte ich, daß er bereits tot war. Ich konnte es nicht fassen. Sekundenlang vergaß ich die tödliche Gefahr, in der wir schwebten.

Wir holten alle herein, die wir draußen fanden. Nachdem die Jagdbomber abflogen, hatten wir acht stöhnende Männer im Keller liegen. Ich rannte wieder hinaus, um Leutnant Obernolte zu suchen. Dabei erfuhr ich, daß es die ganze Gruppe Hofmeister im Schuppen erschlagen hatte. Volltreffer! Vom Zug waren also noch zwei Gruppen übriggeblieben.

„Wir lassen die Verwundeten hier zurück", entschied Leutnant Obernolte. „Die Leichtverwundeten müssen für die schweren Fälle sorgen, anders geht es nicht!"

Die Kameraden wurden verbunden, dann gingen wir in Richtung Vossenack vor. Von dort schepperte das Geratter von Maschinenwaffen herüber, dazwischen das Bellen von Panzerkanonen. Vor uns brannten zwei Bauernhäuser, die links und rechts der Straße lagen. Als wir die beiden Brandherde passiert hatten, hörten wir dicht vor uns MG-Feuer. Obernolte hob den Arm und drehte die gespreizte Hand herum (Zeichen für: Unterführer zu mir!)

„Volle Deckung!" befahl ich den Kameraden. „Keiner rührt sich, bis ich zurückkomme!"

Ich kroch zum Zugführer hinüber, der bei der Gruppe Vössing in einem Holundergebüsch kauerte. Der Obergefreite Vössing hockte neben ihm. Obernolte setzte den Feldstecher ab, als ich mich in das Gebüsch hineinzwängte.

„Vor uns liegt der erste Zug fest", erklärte er und deutete mit dem Kopf in Richtung zur Straße, wo sich Ödland gegen einen Hügelbuckel senkte. „Der erste Zug ist dicht vor der Chaussee, kommt aber nicht weiter, weil der Ami das Gelände kontrolliert ..."

Plötzlich hörten wir die charakteristischen Abschüsse von Granatwerfern, die am nördlichen Straßengraben liegen mußten.

„Also!" knurrte Obernolte. „Es gibt nur eine Möglichkeit: Wir fallen den Amerikanern ins Kreuz und hauen den ersten Zug heraus. Vermutlich ist dann der Zugang nach Vossenack auch für uns offen."

Er erläuterte anschließend das Vorgehen des Zuges, dann verließ die Gruppe Vössing das Holundergehölz, um die Granatwerfer auf der anderen Straßenseite anzugreifen. Ich zog meine Gruppe nach, und dann warteten wir, bis Vössing auf den Feind gestoßen sein würde.

Da hämmerte es auch schon! Maschinenpistolen ratterten, Handgranaten detonierten. Amerikaner verließen die Granatwerferstellung, hetzten über die Straßenböschung und überquerten die Fahrbahn.

„Vorwärts!" schrie Leutnant Obernolte und brach aus dem Gebüsch hervor. Neben mir rannte der MG-Schütze, er schoß aus der Hüfte auf die über die Straße hastenden Gegner. Ich lief am Straßengraben entlang, erkannte plötzlich eine Reihe amerikanischer Stahlhelme und hörte ein MG in nächster Nähe feuern. Eine Garbe zischte haarscharf über mich hinweg. Ich rollte mich in ein Gestrüpp und wartete. Drüben auf der anderen Seite der Straße hatte das MG-Feuer aufgehört, und auch die feindlichen Granatwerfer waren verstummt. Da sah ich auch schon Vössings Männer über die Böschung huschen und die Fahrbahn überqueren. Im selben Augenblick hämmerte vor mir wieder das amerikanische Maschinengewehr. Es lag in einem Panzerdeckungsloch an der linken Straßenseite, etwa zwanzig Meter von mir entfernt. Hastig zog ich eine Handgranate aus dem Stiefel, rollte mich auf die Seite und wirbelte sie in flachem Bogen in Richtung MG. Es verstummte sofort, nachdem das Wurfgeschoß detoniert war.

Kurz darauf sah ich, daß der erste Zug aus dem mit Büschen durchsetzten Gelände südlich der Straße vorprellte. Amerikaner sprangen aus dem Straßengraben und rannten auf Vossenack zu.

Leutnant Obernolte tauchte neben mir auf und schoß eine Rauchpatrone schräg in den Himmel. Wenige Minuten später traf der erste Zug vor uns am Chausseerand ein.

„Lassen Sie sammeln, Martens, und stellen Sie die Verluste fest!" befahl mir der Leutnant. „Ich geh' eben zum ersten Zug hinüber ..."

Als er zurückkehrte, winkte er Vössing und mich zu sich heran.

„Der Feind ist jetzt in Vossenack eingeschlossen", erklärte er. „Er hält ungefähr die westliche Hälfte des Dorfes besetzt. In der östlichen haben sich unsere Pioniere festgesetzt. Der dritte Zug versucht gerade, die Amerikaner nach Norden zu drücken. Der Feind kann sich nicht mehr lange halten, aber wir müssen uns beeilen, damit wir es noch vor Einbruch der Dunkelheit schaffen. Los, vorwärts!"

Wir gingen vor dem ersten Zug auf die Ortschaft zu, hörten den rasenden Gefechtslärm zwischen den Häusern, sahen Flammen hochzüngeln. Hinter der Straßenabzweigung nach Germeter erreichten wir das erste Haus, das zum Dorf Vossenack gehörte.

Während Vössing mit seiner Gruppe im Straßengraben blieb, um uns Feuerschutz zu geben, liefen wir geduckt auf das Gebäude zu. Ich gelangte an die Fassadenmauer, huschte zur Tür weiter — und prallte mit einem Amerikaner zusammen. Entsetzte Augen starrten mich an. Darüber ein Stahlhelm, auf dem ein Rotes Kreuz aufgemalt war. Er hob sofort die Hände und sagte:

„Ich Doktor — versteh'n?"

Obernolte keuchte heran, packte den Arzt am Arm und drückte ihn in die Tür hinein.

„Komm!" stieß er hervor. „Zeig uns unsere Kumpels!"

Ich befahl meinen Kameraden, nach vorn zu sichern, und ging hinter dem Zugführer in das Haus hinein. Es stank betäubend nach Blut und Desinfektionsmitteln. Der Amerikaner zündete sich nervös eine Zigarette an und führte uns dann in den Keller. Zwei amerikanische Sanitäter mit Rotkreuzzeichen auf Rücken und Ärmeln erstarrten in ihren Bewegungen, sahen uns kurz an, beugten sich dann aber wieder über die Verwundeten. Im Licht der flackernden Kerzen sah ich drei feldgraue Bündel in der Mitte des Raumes liegen. Sie rührten sich nicht, als wir auf sie zutraten. Der amerikanische Truppenarzt hob bedauernd die Schultern.

Plötzlich Schrittegetrappel auf der Treppe. Es war Klages.

„Herr Leutnant!" schrie er in den Keller hinein. „Die Amis versuchen nach Westen auszubrechen!"

„Los!" zischte Obernolte und riß mich mit sich.

Als wir aufatmend ins Freie stolperten, hörten wir das Brummen von Fahrzeugen. Kurz darauf tauchten zwei Jeeps zwischen den Häusern auf.

„Feuer frei!" brüllte der Leutnant zu Vössing hinüber, und Sekunden später peitschte vom gegenüberliegenden Straßengraben das MG los. „Martens, gehen Sie bis zum nächsten Haus vor und setzen Sie sich dort fest!"

Aus dem verwitterten Gebäude peitschte uns plötzlich der Feuerstoß einer Maschinenpistole entgegen.

„Nimm die Panzerfaust!" zischte ich Klages zu. „Ich geb dir Feuerschutz!"

Ich warf mich hinter einen zusammengebrochenen Leiterwagen und schoß in die Fenster des Hauses hinein, während Klages an einem windschiefen Zaun entlangkroch und hinter einem Hühnerstall verschwand. Kurz darauf sah ich hinter dem Stall den Rückstoß der Panzerfaust aufleuchten, und der Sprengkopf fauchte in das nächstliegende Fenster hinein. Sekundenlang rührte sich nichts. Dann aber erfolgte eine schwere Explosion. Flammen zischten aus allen Fenstern heraus und sprangen auf das Dach über.

Auf der Straße waren unterdessen beide Jeeps umgeschlagen. Amerikaner liefen zurück und tauchten zwischen den Häusern unter.

„Weiter!“ schrie ich und lief voraus, die MPi im Hüftanschlag. Die Kameraden folgten mir sofort. Von allen Seiten brandete nun der Gefechtslärm gegen Vossenack an. Rechts und links der Straße brannten Wohnhäuser und strahlten eine grelle Hitze aus. Vor uns schien der Gegner weiter ins Dorfinnere zurückzuweichen. Wir liefen an ausgebrannten Panzern und eingestürzten Häusern vorbei, ohne beschossen zu werden.

Auf einmal kamen sie aus Vorgärten und Höfen auf die Straße, die Hände über dem Stahlhelm gefaltet, hier und da ein Mann mit einem Hemdfetzen oder einem Laken in der Hand.

„Feuer einstellen!“ schrie Leutnant Obernolte und rannte auf die Amerikaner zu. Er bedeutete ihnen, auf der Mitte der Fahrbahn zu gehen. Sie liefen an uns vorbei, dem dritten Zug entgegen, der hinter uns die Trümmer durchkämmte. Kurz darauf trafen wir in der Ortsmitte mit den Pionieren zusammen, die den Ostteil von Vossenack gegen die überraschend eingebrochenen Gegner gehalten hatten. Erst da merkte ich, daß es in Strömen goß.

In der darauffolgenden Nacht starb das Dorf Vossenack einen schnellen Tod. Amerikanische Artillerie trommelte nach Anbruch der Dunkelheit mit Granaten schwersten Kalibers die Häuser zusammen. Es rauschte, pfiff und jaulte durch den prasselnden Regen. Gegen Mitternacht war das ganze Straßendorf nur noch ein Haufen schwelender Trümmer.

Im Keller eines Sägewerkes hatten wir den Befehl bekommen, am Fuß der Höhe 419 in Stellung zu gehen. Wir waren durch den Beschuß nach Süden ins Ödland gelaufen, hatten uns in die Erde gewühlt, von Regenböen umheult, von niedergehenden Artillerielagen immer wieder zu Boden gedrückt. Schließlich krochen wir in die Deckungslöcher hinein, drängten uns aneinander und zogen Zeltplanen über die Köpfe, konnten aber trotzdem nicht schlafen, denn wir waren alle so durchnäßt, daß wir vor Kälte zitterten.

Kurz vor dem Morgengrauen verstummte die amerikanische Artillerie, dafür sahen wir im Süden, etwa aus Richtung Försterei Simonskall, orangefarbene Sternbündelpatronen aufsteigen, und durch den Morgennebel schwoll das Brummen von Panzermotoren heran.

„Der Ami will vermutlich durch Vossenack nach Osten durchstoßen“, erklärte Leutnant Obernolte, als er uns den Befehl zum Abrücken überbrachte. „Unsere Kompanie hat den Befehl, die durch das Dorf führende Straße abzuriegeln ...“

Kragen hochgeschlagen, Gewehre und Maschinenpistolen umgehängt, wankten wir dahin, stolperten durch das zerstörte Dorf, kletterten über Ziegelhaufen, sprangen über verkohlte Balken. Die Ruinenmauern waren von unzähligen Geschoßeinschlägen zersiebt. Über unsere Köpfe hinweg jaulten die Lagen der eigenen Artillerie. Sie beschoß die Verbindungsstraße Hürtgen—Raffelsbrand, wo amerikanische Panzer heranrumpelten.

Kurz vor dem Haus, wo wir gestern den amerikanischen Verbandsplatz gefunden hatten, krochen wir in Panzerdeckungslöcher, legten die Panzerfäuste bereit und starrten in den Dunst, der über das Gelände trieb. Das Rollen der Panzer war inzwischen wohl näher gekommen, aber die Amerikaner schienen noch immer zu zögern. Vermutlich trauten sie sich nicht, in den Dunst hineinzustoßen.

Plötzlich knallte es aus nördlicher Richtung: Abschüsse einer Pak, das Rasseln eines MG, das Bellen einer Panzerkanone.

„Das kommt aus Richtung Bosselbach", vermutete Leutnant Obernolte. Er kniff die Augen zusammen und blinzelte in den Nebel hinein. „Sollte mich gar nicht wundern, wenn ..."

Die nächsten Worte blieben unausgesprochen. Von Norden her dröhnte es heran, und durch den Dunst perlten Brandgranaten nach Vossenack hinein.

„Martens, gehen Sie mit Ihrer Gruppe zur Wegabzweigung Bosselbach vor!" stieß der Leutnant hervor. „Ich hole Verstärkung vom ersten Zug!"

Wir liefen, mit Panzerfäusten beladen, über die Fahrbahn, kletterten über die Böschung und stapften durch aufgeweichtes Ackerland auf den nach Bosselbach führenden Weg zu. Hinter einer Strohmiete, die wie ein Betonklotz aus dem Nebel ragte, ließ ich halten. Das Dröhnen der Panzer war nun schon ganz nahe. Sie kamen tatsächlich über die Anhöhe bei Bosselbach.

Rasch verteilte ich meine Kameraden hinter den Büschen am Weg und ging selbst ein Stück weit nach Norden hinauf.

Plötzlich tauchte vor mir der wuchtige Umriß eines „Sherman" aus dem Dunst auf. Ich sprang hinter einen Baum, peilte ihn mit der Panzerfaust an und drückte ab. Kurz darauf klackte es. Sonst nichts! Verdammt, der Sprengkopf hatte nicht gezündet! Leuchtspurgeschosse glühten durch den Nebel, peitschten rechts und links des Weges in die Büsche und klatschten gegen Birkenstämme, daß die Rinde in Fetzen umherflog.

Mit jagenden Pulsen kroch ich zurück. Hinter mir hörte ich den Kampfwagen heulen und die Ketten rasseln. Als ich mich umsah, stockte mir der Atem. Ich erkannte, daß der Panzer mit seiner linken Kette die Büsche am Wegrand zusammenwalzte und die Birkenstämme abknickte. Der Koloß war schon verdammt nahe, nur der Dunst schützte mich. Da sprang ich auf, rannte ein Stück weg und kauerte mich in eine Mulde hinein.

Jetzt war er auf gleicher Höhe mit mir, und in diesen Augenblicken fiel die lähmende Angst von mir ab. Ich zog zwei Handgranaten aus dem Koppel und warf sie kurz hintereinander gegen den linken Kettenkasten. Es krachte. Der Kampfwagen kurvte herum und drehte mir seinen Bug zu. Im gleichen Moment stach der Feuerstrahl einer Panzerfaust durch den

Nebel. Ich hörte es wieder klacken, preßte mich instinktiv zu Boden. Sekunden später fauchte auch schon die Detonation über mich hinweg, klatschten Eisenteile links und rechts von mir in den nassen Boden. Der Panzer verschwand in prasselnden Flammen.

Auf einmal hämmerte es von der Anhöhe herunter. Leuchtspurfäden durchstießen die Nebelschwaden und streuten den Weg ab. Ich kroch weiter zurück, bis ich die klotzige Miete wieder vor mir sah, sprang dann auf und hastete zum Weg zurück.

Von der Anhöhe schallte wieder das Quietschen von Panzerketten heran. Ein MG feuerte durch den Nebel. Der Abschuß einer Panzerkanone krachte, das Geschoß jaulte den Weg entlang und prallte weiter unten an der Straßenböschung gegen eine Birke. Kurz darauf zischte vor mir wieder ein Rückstoßstrahl einer Panzerfaust durch die Dunstschwaden. In einiger Entfernung erfolgte eine Detonation, eine Stichflamme zuckte hoch.

Keuchend langte ich bei Klages an. Er lag unter einem Ginsterstrauch, zwei Panzerfäuste neben sich.

„Ich hab' beide erwischt", sagte er mit bebender Stimme. „Hoffentlich geben sie jetzt Ruhe..."

„Hau hier ab!" befahl ich ihm. „Geh zum MG zurück! Ich bin sicher, daß da mindestens noch einer kommt!"

Er sprang auf, packte seine Panzerfäuste und lief wegabwärts. Im selben Augenblick rasselte es wieder aus Richtung Bosselbach heran. Sekunden später peitschten Garben aus Maschinenpistolen in die Büsche hinein, krepierten Handgranaten beiderseits des Weges. Der Panzer war also nicht allein, sondern wurde von Infanterie begleitet, die das Gelände durchkämmte. Nach kurzem Überlegen kroch ich ebenfalls zurück. Klages kauerte hinter einem Birkenstamm und hielt eine Panzerfaust im Anschlag.

„Laß das sein!" zischte ich ihm zu. „Alles zurück! Sonst packen sie uns!"

Kaum hatte ich die Worte heraus, da brüllte der Abschuß einer Panzerkanone. Ein Geschoß fauchte heran. Hinter mir knallte die Granate in den Strohhaufen hinein.

„Los!" drängte ich. „Höchste Zeit!"

MG-Kugeln ratschten über uns hinweg, sichelten Äste aus der Birkenkrone. Wir huschten wegabwärts und näherten uns der Straßenböschung. Doch da flammte vor uns MG-Feuer auf. Leuchtspurgeschosse glühten durch den brodelnden Dunst.

„Halt!" raunte ich. „Die Amis sind auf der Straße anscheinend wieder nach Vossenack durchgebrochen. Wir sitzen in der Falle!"

Ein Kettenfahrzeug klirrte auf der Fahrbahn vorüber. Weiter östlich belferte eine Maschinenpistole und eine Handgranate explodierte. Hinter der Böschung ertönte ein amerikanisches Kommando. Dann stieg dicht vor uns eine grüne Sternbündelpatrone hoch. Hinter uns rasselte ein Panzer, von der Anhöhe her zischte ebenfalls ein grüner Leuchtsatz in den Nebel hinein.

„Über den Weg!“ befahl ich. „Die Amis müssen jeden Moment hier aufkreuzen. Wir müssen versuchen, weiter hinten Anschluß zu finden!“

Ich nahm zwei Panzerfäuste unter den Arm, hetzte über den Weg und landete in einem Gebüsch. Klages kam hinterher. Auf der Höhe erfolgte ein weiterer Abschuß. Ich hörte das Rauschen des Geschosses und preßte mich an den nassen Boden. Wumms! Splitter und Dreck, Qualm und beizender Geruch.

„Es hat die Kumpels vom MG umgerissen!“ schrie Klages herüber. „Mensch, da guck doch!“

Sie lagen wie umgemäht auf dem Weg. Die Granate war mitten unter ihnen krepiert. Ich raffte mich hoch, lief zurück und sah nun ebenfalls das furchtbare Bild. Verzweifelt riß ich die Waffe hoch und warf sie in die Büsche, denn der Kolben war zerschmettert und der Lauf eingedrückt.

Ratternd zirpten Kugeln über mich hinweg. Die geduckten Gestalten herankommender Amerikaner zeichneten sich vor mir im Dunst ab. Ich riß die MPi hoch und drückte durch. Dann lief ich über den Weg zum Gebüsch hinüber. Ich stürzte, fiel auf etwas Weiches — und blickte in Klages' Gesicht. Entsetzt erkannte ich die beiden kleinen Löcher in seiner Stirn; eines über dem linken Auge, das zweite dicht unter dem Haaransatz. Um mich herum fetzten Geschoßgarben ins Gebüsch. Ich rollte mich zur Seite, kollerte in eine Mulde hinein. Das Motorengeräusch eines Sherman-Panzers ertönte in allernächster Nähe, und ich sah, daß er an der Stelle vorbeirollte, wo es die drei Kameraden erwischt hatte. In den Büschen hörte ich es knacken und brechen. Amerikaner gingen dort vor. Kurz darauf sah ich sie in Schützenreihe den Hang herabkommen und zur Straße hinabeilen.

Instinktiv rollte ich mich zusammen und hielt die Luft an, weil ich fürchtete, sie könnten meinen Herzschlag hören. Zwei weitere Panzer kamen den Weg herab und walzten die Büsche nieder. Ich blinzelte zu ihnen hinüber und wartete, bis sie vorbei waren. Dann robbte ich ins Gelände hinein. Als sich hinter mir die Nebelmauer schloß, sprang ich auf und rannte davon.

Hinter einem umgestürzten Buchenstamm warf ich mich wieder nieder. Erst jetzt bemerkte ich, daß in Vossenack Gefechtslärm tobte. Panzer loderten wie Fackeln, MPi ratterten, Handgranaten platzten.

Verdammt! Meine ganze Gruppe war weg. Verzweiflung packte mich. Plötzlich sah ich Unteroffizier Grolls Gesicht vor mir, als er seine Kameraden verloren hatte. Ja, jetzt verstand ich ihn. Es gibt Momente, in denen man sich fast wünscht, ebenfalls nicht mehr da zu sein. Denn es ist ein erbärmliches Gefühl, allein überlebt zu haben.

Mit zitternden Fingern zog ich eine zerdrückte Zigarette aus der Tasche, zündete sie hinter dem vorgehaltenen Stahlhelm an und rauchte in langen Zügen. Nein, ich war nicht schuld, daß es so gekommen war! redete ich mir ein. Ebensogut hätte es mich packen können. Denn in einer solchen Hölle war alles Zufall.

Ich wurde ruhiger. Es fiel mir ein, daß ich versuchen mußte, wieder Anschluß an Kameraden zu finden. Wie hatte ich als Rekrut diese Gemeinschaft gehaßt! Das ständige Beieinandersein! Und jetzt sehnte ich mich nach dem Haufen wie ein verirrtes Kind nach seiner Mutter...

Ich rauchte die Zigarette zu Ende und spähte umher. Aber ringsum war nur Nebel. Der Gefechtslärm war weiter nach Osten zurückgewichen. Offenbar war es den Amis gelungen, in Vossenack weiter vorzudringen!

Schließlich nahm ich meine MPi auf und stapfte nach Osten. Links von mir lag die Anhöhe von Bosselbach, rechts verlief die Straße, auf der ich Kettenfahrzeuge hörte. Ich war mitten zwischen den Amerikanern, und nur der Nebel schützte mich vor dem Entdecktwerden.

Plötzlich wuchs eine Baumreihe vor mir auf. Dazwischen schlängelte sich ein Pfad hangaufwärts. Ich hörte Schritte, sah Gestalten in deutschen Uniformmänteln. Mein Herz machte einen Satz, und ich wäre beinahe auf sie zugestürmt, wenn ich nicht im letzten Augenblick zwei Amerikaner gesehen hätte, die mit aufgepflanztem Bajonett den seltsamen Zug begleiteten. Dann bemerkte ich, daß die Kameraden Tragen zwischen sich trugen. Sie schleppten amerikanische Verwundete zurück — und sich selbst in Gefangenschaft.

Todmüde preßte ich mich an einen Baumstamm und wartete, bis sie vorüber waren. Dann sprang ich über den Weg und kroch in ein Tannendickicht. In der Zwischenzeit hatte sich der Nebel noch mehr verdichtet. Obwohl noch Vormittag war, lag dämmeriges Licht über der Landschaft. Der Gefechtslärm in Vossenack war noch lauter geworden. Die Amerikaner schienen laufend Verstärkungen zu bekommen, denn auf der Straße hörte ich immer wieder das Brummen von Lastwagenkolonnen.

Plötzlich schlängelte sich vor mir ein Kabel über den Boden: die Leitung eines Feldtelefons. Sie führte vermutlich von der Anhöhe bei Bosselbach zum Nordrand von Vossenack und verband wohl einen Artilleriebeobachter mit seiner Feuerstellung. Kurz entschlossen riß ich das Seitengewehr heraus, schnitt das Kabel durch, warf die Enden in entgegengesetzte Richtungen und stapfte weiter.

Etwa auf der Höhe der Ortsmitte hörte ich Gewehrschüsse aus naher Entfernung. Vorsichtig kroch ich auf Händen und Knien weiter, hielt immer wieder an und beobachtete nach allen Seiten. Schließlich erreichte ich die Ansitzhütte eines Jägers, die wie ein Eskimo-Iglu am Hang klebte. Wenig später peitschte es vor mir im Nebel. Einige Handgranaten krepierten, jemand schrie. Ein Klirren und Poltern erklang.

Hastig duckte ich mich in die Hütte, trat an die Schießluke und sah den Hang hinab. Der Gefechtslärm war heftiger geworden. An der Schußfolge hörte ich, daß es eine deutsche Waffe war, die da feuerte.

Und dann kamen Amerikaner! Sie liefen hangaufwärts auf die Hütte zu und warfen Handgranaten hinter sich.

Da schob ich den Lauf der MPi durch die Schießluke und behielt den Finger am Abzug. Die Amerikaner waren schon deutlich zu erkennen. Einer von ihnen, ein korpulenter Mann mit einem aufgemalten Stern am Stahlhelm, blieb stehen und deutete auf die Tannenschonung, aus der ich vorhin herausgekrochen war. Augenblicke später rannten sie alle darauf zu.

Der Feuerstoß aus meiner MPi sprühte hinaus. Die Soldaten stoben auseinander und verschwanden im Jungwald.

Hinter ihnen kamen andere hangaufwärts: Männer in langen Mänteln und deutschen Stahlhelmen, ein spindeldürrer Offizier an der Spitze, die Maschinenpistole in der Faust.

Sie liefen direkt auf mich zu. Ich wartete, bis sie herangekommen waren, sprang dann heraus und deutete auf die Tannenbäume.

„Da sind sie hinein!" schrie ich.

Der Offizier, ein Leutnant, starrte mich an. „Kümmern Sie sich um ihn!" rief er einem Unteroffizier und zwei Männern zu, winkte den anderen und verschwand mit ihnen in Richtung Wald. Kurz darauf hörte ich dort das Krachen von Handgranaten und das Rattern von Maschinenpistolen.

Eine halbe Stunde später war ich im Gefechtsstand einer Pionierkompanie in einem Gehöft an der Straße nach Wurzel. Ich hatte es wieder einmal geschafft. Auf meine Bitte hin durfte ich bei den Pionieren bleiben. Wo sich meine Kompanie befand, war im Augenblick nämlich nicht herauszufinden.

Wir traten am Nachmittag zum Gegenstoß an. In einer Mulde hart südlich des Dorfes Wurzel bezogen wir Bereitstellung. Wir sollten die Amerikaner in Vossenack überrennen und die Verbindung zur Höhe 419 südlich des Dorfes herstellen, wo sich eine deutsche Kampfgruppe gegen starke feindliche Kräfte wehrte.

Granatwerfergeschosse zogen über uns hinweg, als wir aus der Mulde stiegen und hangabwärts glitten. Ich war dem dritten Zug zugeteilt worden, der auf zwei Bauernhöfe angesetzt war. Nach deren Einnahme sollten wir auf einen Weg stoßen, der direkt zur Höhe 419 führte.

Bäume tauchten vor uns aus dem Nebel auf. Es dauerte nicht lange, bis die ersten MG-Garben über uns hinwegzwitscherten. Ich warf mich hin, glitt an einer Erdrinne entlang und spähte nach vorn. Vor uns zuckte die Mündungsflamme eines MG auf, züngelte über den Boden. Dicht neben mir rissen die Geschosse den Boden auf. Der Gruppenführer, ein Unteroffizier, keuchte heran und warf sich dicht hinter mir nieder.

„Wir müssen das Biest ausschalten", schnaufte er, „ehe es den Amis gelingt, Verstärkung heranzubringen!"

„Ich arbeite mich von der Seite heran", gab ich zurück. „Lenken Sie die Amis ab!"

Er nickte und schlug mir mit der Hand zustimmend auf den Stiefel. Ich rollte mich zur Seite, erreichte ein Gestrüpp und huschte daran entlang. Kurz darauf nahm eines unserer Maschinengewehre den Beschuß auf und hielt die feindliche MG-Stellung unter Punktfeuer.

Lauernd sah ich zu den Amerikanern hinüber. Sie lagen offenbar in einem Trichter.

Vorsichtig schob ich mich auf die Bäume zu, wand mich durch ausgewaschene Rinnen, glitt durch Mulden und erreichte einen quer zu den Gegnern am Boden liegenden Baumstamm. Langsam robbte ich daran entlang — und sah vor mir aus den Nebelschwanden eine Gruppe Amerikaner auftauchen. Sie schleppten ein MG mit sich. Da war also schon die Verstärkung! Sofort riß ich die MPi hoch und feuerte. Für keinen der Männer gab es eine Chance mehr.

Als das Rattern der Schüsse verstummte, hörte ich unsere Maschinengewehre schießen. Die Stimme des Zugführers klang herüber. Dann flogen Handgranaten und krepierten zwischen den Bäumen.

Das feindliche MG-Feuer wurde eingestellt.

Vom Fuße der Hügellehne krachte es jetzt ununterbrochen, und ich erkannte schemenhafte Bewegungen. Offenbar arbeiteten sich die Kameraden im Sprung vorwärts. Plötzlich pfiff es durch die Luft, etwas plumpste in den Granattrichter hinein, in dem ich lag. Eine Eierhandgranate rollte vor meine Füße. In blitzschneller Reaktion packte ich das Satansei und schleuderte es zurück. Es detonierte noch in der Luft. Aus dem Loch, in dem die Gegner lagen, gellten Schreie auf. Ich zog mich an der Kraterböschung hoch und sah die Kameraden zwischen den Bäumen heranhasten. Kurz darauf rannte ich auf die Stelle zu, wo vor Sekunden noch das gegnerische MG gefeuert hatte. Zwei Amerikaner wankten heran, sich gegenseitig stützend. Der eine von ihnen hielt einen weißen Lappen hoch, der andere stöhnte gequält.

Der Unteroffizier tauchte auf. Er bedeutete den beiden GIs*, den Hügel hinaufzugehen, und stieß dann einen schrillen Pfiff aus. Die MG-Bedienung keuchte heran, einer der Gewehrschützen schleppte ein Bündel Panzerfäuste mit sich.

„Vorwärts!“ schrie der Gruppenführer. „Die Häuser müssen dicht vor uns liegen!“

Ich hielt mich hinter ihm und schob ein neues Magazin in meine MPi. Da! Das mußten die Höfe sein; windschiefe Behausungen, von krepierenden Granaten halb zerfetzt.

Und da blitzte es schon wieder auf, und Kugeln summten uns um die Ohren.

„Hierher!“ brüllte der Unteroffizier und sprang hinter einen Schuppen. Ich sah eine MG-Garbe vor mir die Erde aufsteppen, schnellte zur Seite, erreichte atemlos den Schuppen und drängte mich mit den anderen an die

---

* Abkürzung für amerik. Soldaten, von dem Begriff „Government Issue“ herstammend.

Rückwand. Um uns herum zirpten Geschosse und klatschten gegen die Vorderseite des verwitterten Bauwerks. Rechts und links von uns arbeiteten sich die anderen Gruppen heran, kamen aber nur langsam vorwärts.

Einer jähen Eingebung folgend, riß ich das Seitengewehr aus der Scheide, drückte die Klinge in die Ritze zwischen zwei Brettern und versuchte, das Klingenblatt herumzudrehen. Es klappte. Ein Brett an der Rückseite des Schuppens lockerte sich und gab den Blick ins Innere frei. Ich sah sofort, daß die Tür herausgebrochen war. Der Unteroffizier grinste mich an und riß ein weiteres Brett aus der Wand, so daß ein Mann durchkriechen konnte.

„Los, geh rein!" zischte er dem Gewehrführer zu. „Bring dein MG in Stellung. Warte aber mit dem Schießen, bis ich nachgekommen bin."

Die MG-Schützen krochen durch die Spalte und brachten ihre Waffe in Stellung. Nach ihnen kroch auch der Unteroffizier hinein. Ich blieb mit den beiden anderen Kameraden zurück, ließ mir eine Panzerfaust geben und klemmte sie unter den Arm.

Wenig später rasselte das MG, und die Leuchtspurgeschosse zischten feindwärts. Noch ein schnelles Atemholen, dann rannte ich zickzackend davon und warf mich hinter einen Holzstapel. Das eine Haus war noch knapp zehn Meter von mir entfernt. Aus dem dunklen Türloch blitzte die Mündungsflamme eines Maschinengewehrs.

Unsere MG-Geschosse stanzten Löcher in die Fachwerkwand. Auf einmal brach der Beschuß ab. Vermutlich Ladehemmung oder Trommelwechsel.

Da schob ich die Panzerfaust hoch, sah die Türöffnung durchs Visier gleiten und zog ab. Zischend löste sich der Sprengkopf vom Rückstoßrohr. Ein Blitz, dann brach die Hauswand in sich zusammen, und eine Flammenkaskade sprühte aus zusammenkrachenden Trümmern.

Zu beiden Seiten gingen nun die anderen Gruppen vor. Rechts von uns, wo sich das andere Haus im Nebel abzeichnete, zuckte eine schwere Detonation hoch, und Trümmerbrocken wirbelten bis zu uns herüber.

Wir hasteten an den Ruinen vorbei. Maschinenpistolenschüsse bellten, Handgranaten krachten. Amerikaner krochen aus den Trümmern, hoben die Hände. Hier und da kauerten Verwundete am Boden und blickten aus stumpfen Augen zu uns auf.

An der Straße, die durch Vossenack führte, vernichteten wir zwei amerikanische Lastkraftwagen, die gerade mit aufgesessener Infanterie herangerollt waren. Die GIs waren so verblüfft, daß sie nicht an Gegenwehr dachten.

Auch die Amerikaner am Südrand von Vossenack wurden von uns überrascht. Erst als wir die Straße erreichten, die von der Hauptstraße abzweigte und zur Höhe 419 führte, hämmerte uns schweres Feuer entgegen. Der Feind hatte sich wieder gefangen.

Von Haus zu Haus kämpften wir uns vorwärts. Wir mußten jeden Keller und Dachstuhl durchsuchen. Die Gruppen waren durcheinandergeraten. Jeder sprang da ein, wo sich gerade Widerstand zeigte. Was bis jetzt den Bomben und Granaten widerstanden hatte, ging nun in Flammen auf. Panzerfäuste knallten in die Trümmer hinein und zerstörten feindliche Widerstandsnester.

Es wurde dunkel. Da der Nebel immer noch nicht gewichen war, war es so finster, daß man kaum die Hand vor den Augen erkennen konnte. Die Amerikaner wehrten sich mit Flammenwerfern und spritzten aus ihren Schlupfwinkeln brennendes Öl gegen unsere Stellungen. Grauenhafte Schreie durchgellten die Nacht, keuchende Männer schleppten röchelnde Verwundete zurück. Dazwischen peitschten Gewehrschüsse, belferten Maschinenpistolen, zeichneten Handgranaten flammende Blitze in die Dunkelheit.

Nach einiger Zeit begann es zu regnen, und der Nebel schmolz in sich zusammen. Als der Morgen dämmerte, wuchs die massige Silhouette der Höhe 419 vor uns auf. Sternbündelpatronen funkelten über uns wie Wunderkerzen am Himmel, verzischten im Regen, und als das Morgengrauen wich, stießen wir auf eigene Infanteriesicherungen am Fuße der Anhöhe.

Ich stellte fest, daß ich wieder einmal der einzige Überlebende einer Gruppe war. Konnte es noch lange so weitergehen? War ich nicht schon längst fällig?

Am Mittag dieses Tages fand ich zu den Resten meiner alten Kompanie zurück. Der Chef war gefallen, Leutnant Obernolte mit dem größten Teil seines Zuges vermißt, nachdem uns amerikanische Stoßtruppen am Westausgang von Vossenack überrascht hatten. Die Kompanie bestand nicht mehr. Die vierundzwanzig Mann, die davon übriggeblieben waren, nannten sich nun Sturmzug. Führer dieses Haufens war Oberfeldwebel Lollat, der bis gestern noch den ersten Zug befehligt hatte.

Die nächsten Tagen waren ein einziger Alptraum. Wir wurden überall da hineingeworfen, wo Gefahr drohte. Wir waren übermüdet und schliefen selbst im strömenden Regen, wo und wann immer die Gelegenheit dazu günstig war. Wir litten Hunger und fielen wie verwilderte Tiere über amerikanische Beuteverpflegung her, die wir manchmal in den Ruinen von Vossenack fanden.

Nachts drückten wir die Amerikaner aus den Trümmern, jagten sie gegen die Anhöhen nördlich und südlich des Dorfes. Sobald es tagte, griff der Gegner mit Jagdbombern an, wühlte die Trümmer um, schoß mit schwerer Artillerie von jenseits des Wehbaches in die Ruinen und griff mit Panzern und Infanterie an. Wir krallten uns in der Steinwüste fest, jagten Sherman-Panzer mit Sprengladungen und Panzerfäusten in die Luft, zogen uns schrittweise vor der überwältigenden Übermacht zurück, krochen in die Gräben vor Höhe 419 und warteten, bis die Dunkelheit einfiel. Zu diesem Zeitpunkt setzte deutsche Artillerie das Höllenkonzert fort.

Dann stiegen wir wieder aus unseren Löchern, warfen den Gegner aus Trichtern und Trümmern und jagten ihn wieder aus Vossenack hinaus.

Wenn ein neuer Tag graute, begann das Entsetzen jedesmal von vorn. Vossenack war wie ein abgenagter Knochen, um den sich zwei ausgehungerte Wölfe balgten.

So gut es ging, führte ich mein Tagebuch weiter. Ich notierte mir, wie oft wir das Dorf zurückerobert hatten und wie oft es vom Gegner wieder gestürmt worden war. Doch nach dem zwanzigsten Sturmangriff gab ich es auf, weil meine Hände vor Kälte und Erschöpfung einfach nicht mehr mitmachten. Außerdem schien es, als wollte der Himmel uns ertränken. Es goß tagelang in Strömen. Wenn es einmal nicht regnete, kroch weißgrauer Nebel die Hänge herab und hüllte das Trümmerfeld von Vossenack in ein gespenstisches Zwielicht.

Aber der Kampf ging weiter, gnadenlos und ohne Erbarmen; auf beiden Seiten. Der Feind wollte den Durchbruch in den Raum Köln—Bonn erzwingen, und wir sollten den Vorstoß so lange aufhalten, bis der Amerikaner gezwungen sein würde, seine Offensive einzustellen. Außerdem hatten wir gehört, daß hinter uns frische Verbände herangeführt wurden, die zum Gegenangriff antreten sollten. So erschöpft und ausgemergelt wir im November 1944 auch waren, ohne Hoffnung waren wir noch nicht.

In den ersten Dezembertagen wurden wir aus Vossenack herausgezogen und 1500 Meter südwestlich des Dorfes am Rand einer sumpfigen Wiese in Stellung gelegt. Vor uns wölbte sich ein felsiger Höhenrücken, auf dem die Wassermühle von Mestrenger lag. Sie war von den Amerikanern besetzt.

Zwischen unserer Stellung und dem Fuß der Anhöhe floß der Kallbach. Es war eine verfluchte Gegend. Die Panzergrenadiere, die sich schon seit längerer Zeit hier befanden, hatten schwere Verluste. Der Gegner hatte auf der Anhöhe Scharfschützen postiert, die auf jede Bewegung schossen.

Aus diesen Gründen lagen wir meistens völlig reglos im wassergefüllten Graben und blinzelten durch die Schießscharten in den Sandsackwällen zur Höhenlehne hinauf. Wenn einer von unserem Sturmzug den Helm auch nur zwei Zentimeter über den Wall hob, knallte es sofort, und das Geschoß schurrte genau über die Stahlhelmwölbung hinweg. Essenholer und Munitionsträger kamen nur bei Nacht nach vorn. Sobald es hell wurde, erstarrte im Hinblick auf die zielsuchenden Augen der amerikanischen Scharfschützen jede Bewegung.

Am Abend stapfte Oberfeldwebel Lollat gebückt durch das Grabenstück, das ich mit drei Kameraden hielt, und blieb bei mir stehen.

„Hast du schon mal ein Stoßtruppunternehmen mitgemacht, Martens?"

Ich bejahte, und er sagte nach kurzem Nachdenken:

„Dann komm um acht in meinen Unterstand!" Dann ging er weiter.
„Was hat der denn von dir gewollt?" fragte mich ein Gefreiter, der neben mir hinter dem Sandsackwall lag und sich dabei etwas aufrichtete. Da krachte es auch schon oben auf der Höhe. Es knallte dumpf. Der Gefreite blickte mich starr an und sank dann in sich zusammen. Als ich mich über ihn beugte, sah ich ein kleines Loch in seinem Helm.

Als es Zeit war, ging ich zu Oberfeldwebel Lollat hinüber. In seinem Unterstand saßen schon fünf Kameraden um einen grobgezimmerten Tisch. Er schenkte ihnen gerade Steinhäger in ihre Feldbecher, dann wandte er sich an mich:
„Komm, Martens, nimm auch einen", sagte er, „und setz dich her...!"
Ich nippte nur und blickte ihn dann erwartungsvoll an.
„Die Sache ist die", begann er, nachdem er seinen Schnaps hinuntergekippt hatte. „Der Ami liegt über uns auf der Höhe in einem Bunkerstützpunkt. Der Bataillonskommandeur wünscht, daß dieser ausgehoben wird. Darum sind wir hierher verlegt worden. Ich habe euch zusammengeholt, weil ihr in solchen Dingen eine gewisse Erfahrung habt. Aber ich zwinge niemand. Wer nicht will, kann zurücktreten..."
Wir blickten einander an, aber es stand keiner auf und ging hinaus. Wer gibt schon vor den anderen zu, Angst zu haben?
„Gut!" stellte Lollat fest. „Also, hört zu: Es ist im Grunde ganz einfach..."
Anschließend erläuterte er, wie wir es anstellen sollten. Wir würden nicht aus unserer Stellung heraus den Hang hinaufkriechen, sondern die Höhenstellung umgehen und uns durch eine Regenrinne von Süden her auf die Kuppe vorarbeiten. Auf diese Weise konnten wir in den Rücken des amerikanischen Stützpunktes gelangen und den Feind überraschend angreifen. War dies gelungen, hatten wir die Bunkerstellung zu sprengen und über den Abhang wieder in unsere Stellung zurückzukehren. Vor diesem Zeitpunkt sollten wir noch eine Leuchtkugel schießen. Dann würden eigene Batterien unseren Abzug mit Sperrfeuer decken und gleichzeitig der Nachbarkompanie, die südlich von uns am Weg nach Froidscheidt lag, Gelegenheit geben, die Höhe zu besetzen.
Eine Stunde später trafen wir uns wieder im Unterstand des Zugführers. Es regnete nicht mehr. Ein klarer Himmel spannte sich über Wälder und Hügel. Die Wiese, an deren Rand wir lagen, schimmerte im Rauhreif. Irgendwie war ich davon überzeugt, daß das Unternehmen gelingen würde. Oberfeldwebel Lollat bepackte uns nun mit Sprengladungen und Zündschnüren.
„Seid ihr fertig?" fragte er und blickte auf seine Armbanduhr. Wir nickten.
„Na, denn man los! Und laßt nichts liegen. Wir brauchen jede Ladung!"

Wir stapften durch den Graben. Beim Gegner war es still, nur aus Richtung Vossenack dröhnte es herüber. Dort trat offenbar wieder irgend jemand gegen irgendeinen zum Sturmangriff an.

Leuchtkugeln stiegen in diesem Abschnitt auf und illuminierten die Finsternis.

Dort, wo unsere Stellung mit der der Nachbarkompanie zusammenstieß, stiegen wir aus dem Graben, durchquerten eine Tannenschonung und passierten eine enge Schlucht, in der eigene Sicherungsposten lagen. Vor uns öffnete sich ein von Höhen gesäumtes Gelände. Noch etwa fünfhundert Meter, und wir waren jenseits der Wassermühle von Mestrenger. Oberfeldwebel Lollat tauschte Beobachtungen mit den Sicherungsposten aus und nickte uns dann zu.

„Leise, Herrschaften! Ganz leise!"

Langsam schlichen wir vorwärts und sickerten Mann für Mann in das Niemandsland hinein.

„Halt!" wisperte Lollat plötzlich. „Genau rechts von uns, hundert Meter entfernt, ist die Regenrinne. Einzeln bis dorthin vorarbeiten!"

Auch ich schob mich auf Händen und Füßen weiter. Die Sprengladungen waren ziemlich hinderlich. Man durfte sich nur vorsichtig bewegen, um keine Geräusche zu verursachen. Ich spürte, daß es kalt geworden war. Meine Hände waren fast gefühllos. Meter für Meter kroch ich durch Geröll, das der Regen von den Hügeln gespült hatte.

Am Anfang der Rinne sammelten wir uns wieder. Die Vertiefung führte wie eine Rutschbahn aufwärts, war aber nicht sehr steil, sondern verlief in schwachen Windungen nach oben.

„Kurz vor der Kuppe ragt eine verkrüppelte Eiche auf", flüsterte der Oberfeldwebel. „Dort liegenbleiben und auf amerikanische Posten aufpassen!"

Der Aufstieg wurde zu einer wahren Qual. Eine dünne Eisschicht hatte hier den Boden überzogen. Steine lagen herum, und ein Prickeln lief mir über die Kopfhaut, wenn ich daran dachte, daß solch ein Stein abwärts poltern könnte...

Hatte ich vorhin noch gefroren, so pulsten jetzt Hitzewellen durch meinen Körper. Schweiß rann mir über den Nasenrücken. Wenn nur nicht die verfluchten Sprengladungen gewesen wären! Außerdem pendelte die Maschinenpistole vor der Brust herum, die Handgranaten drückten gegen den Bauch...

Gierig schnappte ich nach Luft, während Lollat aufwärts kroch und endlich die verkrüppelte Eiche erreichte.

„Volle Deckung!" hauchte der Oberfeldwebel.

Wir lagen dicht vor der Kuppe. Wind strich über uns hinweg, meine Ohren begannen zu kribbeln, die Nasenlöcher waren verklebt. Hinter mir hörte ich die Kameraden keuchen.

„Vor uns muß ein Posten liegen", raunte Lollat. „Paßt auf!"

Behutsam legte ich die Sicherung meiner MPi um und kroch hinter dem

Oberfeldwebel her. Plötzlich stieß ich mit dem Gesicht gegen seine Stiefelabsätze, und dann erkannte ich den Posten. Er ging durch einen Laufgraben und war nur von der Hüfte aufwärts zu sehen. Lollat starrte mich beschwörend an und glitt weiter. Ich hielt die MPi schußbereit. Notfalls konnte ich den Rückzug der Kameraden decken.

Ich sah, wie Lollat sich durch niedriges Gebüsch wand. Der Amerikaner blieb stehen und schlug den Mantelkragen hoch. Von unserem Zugführer war nichts mehr zu erkennen.

Doch da zuckte er plötzlich aus einer Kuhle hoch und flog auf den Posten zu. Es klickte, als die beiden mit den Helmen zusammenstießen, dann waren sie wieder verschwunden.

Noch ein kurzes Lauern, dann kroch ich vorwärts und erreichte den Graben. Ich ließ mich hineinrutschen und fiel dicht neben dem Amerikaner zu Boden. Er rührte sich nicht mehr. In kurzen Abständen kamen die Kameraden nach.

Lollat deutete nach Norden. „Voraus liegen drei Bunker! — Martens, sobald du den ersten erreicht hast, räucherst du ihn aus. Die anderen laufen weiter und nehmen sich die weiteren Unterstände vor. — Kalinka...", damit wandte er sich an einen kleinen Grenadier, „... du verblockst hier eine Sprengladung und zündest sie, wenn Verstärkungen durch den Graben kommen! — Also los!"

Wir hasteten durch den Graben. Vor uns hoben sich drei hügelartige Gebilde gegen den sternklaren Himmel ab. Das mußten die Bunker sein! Ich drängte mich an Lollat vorbei, stemmte mich aus dem Graben und huschte geduckt weiter.

Plötzlich flog die Bunkertür auf. Eine hochgewachsene Gestalt trat heraus. Im nächsten Augenblick schmetterte der Feuerstoß einer MPi. Ich sprang vor und schoß in den Bunker hinein. Hinter mir tauchte Lollat auf. Er schleuderte eine Handgranate in die Öffnung. Ein Blitz, ein Schlag!

Zur gleichen Zeit war auch bei den anderen Bunkern die Hölle los. Maschinenpistolen ratterten, Handgranaten detonierten. Einer der Kameraden legte die Sprengladungen, rollte die Knallzündschnur ab. Lollat zog die Leuchtpistole, schoß eine rote Leuchtkugel hoch. Sekundenlang war die Hügelkuppe mit blutrotem Licht überflutet, dann fiel die Dunkelheit wieder herab. Einer von uns keuchte heran und stopfte ein Sprengpäckchen in die Schießscharte.

Da blitzte es auch schon im Osten auf. Unsere Artillerie griff ein!

Nacheinander flogen die Bunker in die Luft. Die Amerikaner hatten keine Gelegenheit gehabt, sich zu wehren. Der Gefreite Kalinka tauchte auf, das Ende einer Zündschnur in der Hand.

„Sie kommen durch den Graben!" schrie er. „Sie sind kurz vor dem Knick!"

„Dann laß doch die Ladung hochgehen!" befahl Lollat. „Und dann ab und den Hang hinunter!"

Kurz darauf ging die verblockte Ladung in die Luft. Wir sammelten uns in einem Trichter. Von Westen her dröhnten die Einschläge unserer Artillerie, die das Gelände abriegelte.

„Alles da?" keuchte Lollat.

„Höllriegel fehlt!" stieß einer der Kameraden hervor. „Ich hab' ihn zuletzt vor dem mittleren Bunker gesehen!"

„Suchen!" fauchte der Zugführer. „Wir müssen ihn mitnehmen!"

Keuchend tappten wir über die Höhe, brachen durch Büsche und schrien nach Höllriegel. Aber er meldete sich nicht. Plötzlich kam Kalinka angerannt, einen schlaffen Körper auf seinem Rücken.

„Er lag am mittleren Bunker. Ist wahrscheinlich in eine Sprengladung hineingerannt!"

„Tragt ihn abwechselnd!" befahl Lollat. „Und jetzt ab! Den Hang hinunter! Martens, du übernimmst die Rückensicherung!"

Ich kauerte mich hin und ließ die Kameraden an mir vorbei. Hinter mir hörte ich sie durch das Geröll poltern und folgte ihnen in einigem Abstand.

Plötzlich heulte es in der Luft! Ein greller Blitz, ein ohrenbetäubender Knall! Der Luftdruck schleuderte mich zu Boden, Dreck, Geröll, Äste und Erdbrocken prasselten auf mich herab. Mir war, als explodiere der ganze Hang. Immer wieder kreischte es heran, hieb auf der Hügellehne in den Grund. Blitze zuckten auf, Qualm wallte und Rauch trieb vorbei.

In panischem Entsetzen glitt ich ein Stück abwärts, stieß gegen einen leblosen Körper, sah die Schulterstücke mit den Abzeichen des Oberfeldwebels und schrie auf. Der Anblick, der sich mir bot, war grauenhaft. Er raubte mir beinahe den Verstand. Zwei Schritte weiter sah ich Kalinka liegen. Der Verwundete, den er geschleppt hatte, war verschwunden. Um mich herum fetzte es den Abhang auf. Ich rollte mich in einen Trichter und bemerkte nach einiger Zeit, daß der Beschuß sich auf den Anfang der Hügellehne konzentrierte. Offenbar hatte der Amerikaner einen Sturmangriff auf die Höhe angenommen und den Hang daher abgeriegelt...

Nach einer Weile glitt ich aus dem Sprengloch, krabbelte umher und suchte nach den Kameraden. Außer den beiden Toten fand ich niemanden. Dann schleppte ich mich wieder zur Kuppe hinauf, lief an den gesprengten Bunkern vorbei, stolperte über tote Amerikaner und gelangte an die Regenrinne. Ich ließ mich hinabgleiten und landete in einer Mulde. Meine Maschinenpistole hatte ich verloren. Jeder Knochen schmerzte. Mein Gesicht brannte, als hätte ich es mit Sand gewaschen.

Humpelnd schleppte ich mich weiter auf die enge Schlucht zu und hoffte, dort auf die zum Angriff vorgehende Nachbarkompanie zu stoßen. Aber da peitschten Gewehrschüsse auf. Eine Stimme brüllte einen Befehl in amerikanischer Sprache.

Ich hinkte weiter. Ich mußte die Schlucht erreichen!

Eine MPi bellte hinter mir. Plötzlich spürte ich einen schweren Hieb gegen den linken Arm und fiel zu Boden. Ein höllischer Schmerz durchzuckte meinen Körper. Ich stöhnte, Tränen liefen mir aus den Augen.

Und dann waren sie über mir! Sie schleiften mich über den Boden. Ich schrie, halb besinnungslos vor Schmerzen. Ein MG-Feuerstoß prasselte aus Richtung Schlucht über uns hinweg. Man zerrte mich in ein Gebüsch.

Ich schrie, bis ich die Besinnung verlor. Daß mir Zweige ins Gesicht peitschten, war das letzte, was ich noch bemerkte.

Irgendwann erwachte ich. Ich lag jetzt in einem amerikanischen Verbandsplatz. Um mich herum verwundete Amerikaner und Deutsche. Sie schrien und stöhnten, jammerten und flehten.

Das also war das wahre Gesicht des Krieges! Was ich bisher erlebt hatte, schien nur ein Vorspiel der grausigen Wahrheit gewesen zu sein. Ich lag stundenlang, bis sich endlich zwei Farbige um mich kümmerten, mich auf eine Trage legten und in ein Zelt schleppten. Einer schnitt mir die Uniform vom Leib, preßte mir eine Injektionsnadel in den rechten Arm. Angenehme Leichtigkeit breitete sich in mir aus. Ich blieb aber bei Bewußtsein und sah sie an mir herumhantieren. Dann bekam ich eine Armschiene und noch eine Spritze. Später lud man mich in einen Kraftwagen, und ich schlief ein.

Es war auf dem Marktplatz von Aachen, wo wir wieder ausgeladen wurden. Zu Fuß führte man mich in eine Gasse. Ich erkannte ein großes eisernes Tor, darüber eine Inschrift in eisernen Buchstaben: ein ehemaliges Knabengymnasium.

Auch hier lagen sie zu Hunderten in den Klassenräumen. Man zog mich ganz aus, schleppte mich in einen Operationsraum. Dort assistierten gefangene deutsche Sanitäter und ein deutscher Unterfeldarzt. Ich erfuhr, daß ein Geschoß mir den Oberarmknochen zerschlagen hatte; keine gefährliche Sache, aber langwierig.

Ich blieb etwa eine Woche in Aachen, dann brachte man mich mit meinem schweren Gipsverband, der nicht nur den Arm schiente, sondern auch den ganzen Oberkörper vom Hals bis zum Bauch bedeckte, zu einem Lastwagen. Eine hektische Hast schien an diesem Tage in Aachen zu herrschen. Ich sah, daß amerikanische Kradmelder laufend herandonnerten und wieder davonstoben. Amerikanische Stabswagen, hoch beladen mit Koffern und Kisten, brausten davon.

Irgend etwas war geschehen, das spürte ich mit seltsamer Deutlichkeit.

Unser Wagen fädelte sich in eine lange Kolonne ein. Sie fuhr über Vaals nach Holland. Während einer kurzen Pause hörte ich dort von einem Holländer, der sich mit dem Fahrer unterhielt, eine alarmierende Nachricht.

In der Frühe des 16. Dezember 1944 waren deutsche Verbände zwischen Monschau und Echternach zur Offensive angetreten und angeblich schon tief ins amerikanische Hinterland eingedrungen.

Die Ardennen-Offensive hatte begonnen.

K. Alman

Panzerschlacht

Sommer 1944
Duell der Stahlkolosse
in der Todeslandschaft
der Invasionsfront

Am frühen Morgen des 6. Juni 1944 rasselte im Regimentsgefechtsstand des Panzerregiments (PR) 22 der Feldfernsprecher. Der Unteroffizier am Klappenschrank nahm ab.

„Hier Feuchtinger. — Ich bitte, Oberst von Oppeln an den Apparat zu holen.“

„Jawohl, Herr General, sofort!“

Der Unteroffizier beugte sich zu dem leise schnarchenden zweiten Mann der Nachtwache hinüber, rüttelte ihn an der Schulter und zischte ihm zu:

„Hau ab! Sofort unseren Chef holen. Es ist der Divisionskommandeur!“

Der Mann verschwand, und als er nach einer Minute mit dem Panzeroffizier zurückkam, in dessen Halsausschnitt das Ritterkreuz blinkte, sprang der Unteroffizier auf.

„Der Herr General!“ sagte er und reichte Hermann von Oppeln-Bronikowski den Hörer.

„Hier Oppeln!“ meldete sich der schlanke Reiteroffizier, der als Dressurreiter 1936 in Berlin eine Goldmedaille errungen hatte.

„Morgen, Oppeln. Die Invasion rollt! Alles sofort alarmieren. General Marcks hat Alarmstufe zwei befohlen.“

„Danke Herr General, ich lasse sofort Alarm geben.“ Dies war leichter gesagt als getan, denn das alte Panzerregiment 100, dem man hier in Frankreich die Bezeichnung „Panzerregiment 22“ gegeben hatte, um Verwechslungen mit der ebenfalls in Frankreich liegenden selbständigen „Panzerabteilung 100“ zu vermeiden, lag auf der Linie Tours—Le Mans verstreut. Der Regimentsgefechtsstand befand sich in Falaise.

„Rufen Sie die I. Abteilung, Hauptmann von Gottberg, Müller!“

Der Unteroffizier nickte und steckte durch. Sekunden später meldete sich Gottberg. Aber er brauchte nicht mehr alarmiert zu werden.

„Ich habe mitgehört, Herr Oberst, und die Abteilung sofort alarmiert. In genau 15 Minuten steht sie einsatzbereit.“

„Danke, Gottberg, Ende!“

Der Unteroffizier steckte zur II. Abteilung durch. Major Vierzig meldete sich nach einer Minute, denn die Abteilung war gerade zu einer Nachtübung aufgebrochen.

„Hören Sie zu, Vierzig!“ schärfte von Oppeln dem Abteilungskommandeur ein. „Sie brechen sofort die Übung ab, fassen Munition bis unter die Turmluken und melden mir Vollzug.“

Damit war alles klar. Herrmann von Oppeln kleidete sich vollständig an und fuhr zur I. Abteilung hinaus, um nach dem Rechten zu sehen, danach zur II.

Eine Stunde nachdem er aus dem Schlaf gerissen worden war, stand das Regiment 22 der 21. PD (Panzerdivision) einsatzbereit.

„Was stehen wir noch so herum, Herr Oberst?“ fragte Major Vierzig verwundert, als nichts geschah. „Inzwischen geht es droben rund, und wir stehen hier Gewehr bei Fuß. Das ist doch nicht der Sinn der Eingreifdivisionen."

„Natürlich nicht, Vierzig."

Vier Stunden vergingen in lähmender Unschlüssigkeit. Dann erst, nachdem Hermann von Oppeln immer wieder drängte, entschloß sich Generalmajor Edgar Feuchtinger, auf eigene Faust loszuschlagen.

„Also, dann los."

„Gottberg, es geht los!" befahl Hermann von Oppeln dem Kommandeur seiner I. Abteilung. „Ich komme sofort zu Ihnen herüber. Fliegerabstand von 30 Meter einhalten. Sprungweise von Deckung zu Deckung rollen."

„Panzer — maaarsch!" Hauptmann von Gottberg stieß den Arm in die Höhe. Von ihren Plätzen und Bereitstellungen rollten die Panzer an. Es waren P IV mit der 7,5-cm-Langrohrkanone. Die Kommandanten standen noch in den Turmluks. Es war inzwischen taghell geworden. Der Marsch ging genau nach Nordosten. In seinem Befehlswagen, gefolgt vom Gefechtsstab, rollte Oberst von Oppeln zu seiner I. Abteilung hinüber. Von rückwärts passierte er auf der linken Flanke die einzelnen Panzer, deren Kommandanten ihm zuwinkten.

„Weiter, Männer, nicht aufhalten lassen, vorwärts!" mahnte der Regimentskommandeur immer wieder zur Eile, denn jeden Augenblick konnte die feindliche Luftwaffe auftauchen.

Bei Caen stiegen dicke Rauchsäulen empor, und aus dem Qualm sprangen immer wieder grelle Flammen in die Höhe. 80 Panzer rollten dem Gegner entgegen. Wären sie unmittelbar nach dem Alarm abgefahren, dann hätten sie den feindlichen Landungsversuch wahrscheinlich mühelos abgewehrt, nun aber hatte sich der Gegner festgesetzt und Truppen über Truppen nachgelandet.

Als die ersten Gegner auftauchten, erhielt die an der Spitze fahrende IV./PR 21 unter Hauptmann Hoffmann Befehl, in Unterstellung unter die Kampfgruppe des Oberstleutnants von Luck die gelandeten Fallschirmjäger anzugreifen und zu vernichten.

Inzwischen war auch die II. Abteilung nahe an den Gegner herangekommen. Ihre 40 Panzer erreichten den Rand des Luftlandegebietes, als Oberst von Oppeln Befehl erhielt, nicht die Luftlandetruppen der Alliierten ostwärts der Orne, sondern den Hauptgegner westlich der Orne anzugreifen.

Durch diese Drehung geriet der Führungsstab der I./PR 21 mit Hauptmann von Gottberg an das Ende der Marschgruppe, und Oberst von Oppeln kam mit seinem Regimentsgefechtsstab noch hinter die II./PR 21.

Es gelang ihm dennoch, diese Marschänderung reibungslos abzuwikkeln. Die Ornebrücke bei Le Rouville wurde erreicht. Sie war nicht vom Feind besetzt und noch intakt. Über diese Brücke ging das PR 21 über die Orne und stellte sich wenig später zum Angriff nach Norden, in Richtung Nouville—Beuville, bereit. Und zwar mit der II. Abteilung. Die Verbindung mit der I. Abteilung war unglücklicherweise abgerissen. Es war inzwischen 14.30 Uhr geworden. Zum Glück für dieses Regiment hatten die alliierten Jagdbomber das Panzerregiment noch nicht ausgemacht.

„Melder, Offiziere zur I. Abteilung, wir müssen sie wieder unter einen Hut bekommen!" befahl der Oberst.

Wenig später hielt der schwere Kommandowagen von General Marcks, dem Kommandierenden General des LXXXIV. AK (Armeekorps), neben dem Gefechtsstab des Panzerregiments. General Marcks stieg aus, kam zu Hermann von Oppeln herüber, dieser meldete.

„Danke", sagte General der Artillerie Marcks. „Wenn es Ihnen nicht gelingt, die Engländer ins Meer zu werfen, haben wir den Krieg verloren."

„Ich greife an, Herr General!" erwiderte der Oberst.

Wenig später stieß von Oppeln-Bronikowski zum ersten und letzten Mal auf seinen Divisionskommandeur, der sich nie wieder an der Front blicken ließ.

„Stoß zur Küste? — Männer, jetzt gilt es! — Panzer maaarsch!"

Gefolgt vom Regiments-Stabszug, rollte Oberst von Oppeln mit der II. Abteilung seines Regiments vor. Sein Stoß zielte genau in die Lücke zwischen den beiden Landeabschnitten „Juno" und „Sword". Die Panzer rollten vor. Vor ihnen tauchte die Höhe von Bieville auf. Als die Spitzenpanzer des Stabszuges bis auf 1500 m herangekommen waren, blitzte es rechts und links und dann auch in der Mitte auf.

„Achtung! — 1 400, zwölf Uhr — Feuer!"

Aus der Mündung der Siebenfünf-Kampfwagenkanone spritzte die Feuerlanze des Abschusses. Der Panzer des Feldwebels Hillers ruckte unter dem Abschuß etwas zurück. Die Granate jagte der Höhenstellung entgegen, hämmerte in die Böschung unmittelbar unter der erkannten Pak (Panzerabwehrkanone) hinein.

„Vorziehen, Kühl!"

Der Fahrer ließ den Stahlkoloß anrollen. Sie überwanden fünf, sechs Meter, als eine grelle Flamme in den Kampfraum hineinstob und dicker, wabernder Pulverdunst nachschwappte. Stahl und Dreck polterten gegen die Seitenschürzen. Links von ihnen wurde der Führungspanzer des Regiments-Stabszuges von einem Volltreffer erwischt. Flammen schlugen aus dem Innern heraus. Männer booteten mit brennenden Uniformen aus.

„Feuer!" rief Feldwebel Hillers.

Unteroffizier Kühlkens drückte den Abfeuerungsknopf. Sie alle spürten den Rückstoß ihrer Kanone, und der Feldwebel sah durch das schußsichere Kinonglas des Ausblicks, daß diese Granate in die Pak-Stellung hineinschlug. Munition flog dort in die Luft. Sekunden später schrie der Feldwebel auf, auch der Fahrer, und dann ging alles in einem mächtig hallenden Einschlag unter, der den Panzer zwischen Turm und Unterwagen traf und ihm den Turm herabriß.

Der Feldwebel spürte nichts mehr. Er war sofort tot. Unteroffizier Kühlkens, der eben wieder den nächsten Gegner anvisieren wollte, ebenfalls. Fahrer Kühl und Ladeschütze Steffen sowie der Funker Wiczorek booteten aus und bargen die toten Kameraden. Sie warfen sich zu Boden, als ein MG zu tacken begann. Dreck spritzte empor, aus vielen Panzerkanonen bellten die Abschüsse, und von der Höhe antworteten die Pak des Gegners, die hier eine ideale Stellung erreicht hatten.

Der dritte, vierte und fünfte deutsche Panzer gingen in Flammen auf.

„Da kommen wir nicht durch, Herr Oberst!" schrie Major Vierzig, das Getöse des Feuerkampfes überschreiend. „Die machen uns zur Sau!"

„Wir rollen zu dem Waldstück vor, Vierzig! Dort müssen wir abwarten, bis Verstärkung rankommt und Gottberg mit seinen Panzern da ist."

„Das ist zu kurzes Schußfeld, Herr Oberst", ließ sich der Abteilungskommandeur vernehmen.

„Stimmt. Aber dorthin werden die englischen Schiffsgeschütze nicht hinlangen, weil sie befürchten müssen, in die eigenen Stellungen zu schießen! Auch die Bomber können uns dort nicht sehen."

Sie fuhren bis dicht an das ebenfalls vom Feind besetzte Wäldchen heran. Die Panzerbesatzungen gruben ihre Panzer so weit ein, wie sie dies vermochten. Nur 100 m hinter der HKL (Hauptkampflinie) wurde auch von Oppelns Befehlspanzer eingegraben. Der Oberst arbeitete sich sprungweise zu den einzelnen Kompaniechefs vor, jedem sagte er:

„Was auch von der Feindseite her erfolgt, wie er auch angreift, wir halten und bleiben hier stehen. Er darf keinen Meter Bodengewinn mehr erzielen."

Hier, nördlich von Caen, steigerte sich das Trommelfeuer von See her zu einem Orkan. Dann griffen die Soldaten der 27. englischen Infanteriebrigade an.

„Da kommen sie!" rief Leutnant Rollmann, der als Zugführer in der 5. Kompanie auf der linken Flanke im eingegrabenen Panzer hockte.

Hubert Finger, Richtschütze des Panzers, nickte. Er hatte Sprenggranaten geladen, wie alle anderen Panzerbesatzungen auch. Durch die Optik sah er den anrennenden Gegner, wie er über der Hügelwelle auftauchte, auf der Kammlinie erschien und dann in einer breiten Welle hügelabwärts rannte. Die MG-Schützen waren bereit, und als der Feuerbefehl kam, sprühte aus Panzerkanonen und MG das deutsche Abwehrfeuer.

Sprenggranaten schlugen in die dichtgedrängten, tiefgestaffelten Gruppen der Angreifer hinein. Die ausgebooteten überlebenden Soldaten des Panzerregiments 21 sahen sie fallen. Sie sahen die Schneisen, die von den MG in die Reihen gerissen wurden.

Der erste Angriff brach keine fünfzig Meter vor den deutschen Stellungen zusammen. Wenige Minuten darauf war hinter den Panzern die Hölle los. Weiter rückwärts schlugen schwere Schiffsgranaten in den Grund und rissen Riesenkrater. Wenn sie sich dort eingegraben hätten, wäre die gesamte II./PR 21 vernichtet worden.

Als der zweite Angriff des Gegners vorgetragen wurde, ließ von Oppeln die Angreifer noch näher herankommen, ehe er den Feuerbefehl gab. Auch diesmal wurde der Gegner abgewiesen. Damit war die Kraft dieser am weitesten vorgedrungenen englischen Brigade erschöpft.

Was Oberst von Oppeln aber nicht wußte, war die Tatsache, daß die I./PGR (Panzergrenadierregiment) 192 bei Lion-sur-Mer die Küste erreicht hatte und auf ihre Panzerunterstützung wartete, während die Panzer, die sie hätten unterstützen sollen, hier bei Bieville festlagen. Die II./PGR 192 hielt rechts vom PR 21 bei Benouville. Hier ging alles glatt. Aber am Strand wartete seine 8./PGR 192, die in höchster Bedrängnis war, auf die Rettung durch die eigenen Panzer.

Das PR 21 war liegengeblieben. Es hatte sich um mindestens vier Stunden zu spät auf den Weg zur Küste gemacht. Generalmajor Feuchtinger hatte auf den Befehl des OKW (Oberkommando der Wehrmacht) gewartet, dem diese Division direkt unterstellt worden war, anstatt die Order von Generalleutnant Richter zu befolgen, der Feuchtinger bereits um 01.20 Uhr des 6. 6. befohlen hatte, die luftgelandeten feindlichen Verbände mit den am nächsten zum Feind liegenden Kräften seiner Division anzugreifen und zu vernichten.

Um 02.00 Uhr hatte Generalleutnant Richter — der als Kommandeur der 716. ID (Infanteriedivision) für die Verteidigung dieses Küstenabschnittes zuständig und dem die 21. PD für den Fall einer überraschenden Invasion unterstellt worden war — Feuchtinger gar befohlen:

„Sie greifen mit der gesamten Panzerdivision den luftgelandeten Feind ostwärts der Orne an und kämpfen den Raum frei.“

Die Befolgung dieses Befehls hätte zum einen den Gegner an dieser Stelle vernichtet und deshalb auch die hohen Opfer der Grenadierregimenter der 716. ID vermindert. Aber Feuchtinger wollte kein Risiko eingehen. Er verlangte einen Befehl vom OKW.

Damit war von den drei Panzerdivisionen, die als OKW-Reserve bereitgestellt worden waren, um eine alliierte Invasion sofort ins Meer zurückzuwerfen, nur eine zum Ansatz gekommen, und das auch mit vielen Stunden Verspätung.

Was war denn mit den beiden übrigen Panzerdivisionen los? Warum marschierten sie nicht?

Die beiden übrigen Divisionen waren: die 12. SS-Panzerdivision „Hitlerjugend“ und die Panzerlehrdivision (PLD). Letztere war als einzige deutsche Panzerdivision voll mit Panzern und Motorfahrzeugen ausgerüstet. Sie verfügte über 260 Panzer und 800 armierte Kettenfahrzeuge.

Der Generalinspekteur der Panzertruppe, Generaloberst Heinz Guderian, hatte die Aufgabenstellung dieses von ihm veranlaßten Divisionsverbandes in einem Gespräch mit dessen Kommandeur, Generalleutnant Fritz Bayerlein, folgendermaßen umrissen:

„Bayerlein, Ihr Ziel ist nicht die Küste. Ihr Ziel ist das Meer!“

Doch diese Division war in einem Bereitstellungsraum untergezogen, der über 150 Kilometer hinter der Küste lag.

Die dritte Division der OKW-Reserve, die SS-PD „Hitlerjugend“, war am Invasionstag um 04.00 Uhr marschbereit. Gruppenführer Fritz Witt, der Divisionskommandeur, hoffte auf einen schnellen Angriffsbefehl und möglicherweise auf die Unterstellung unter das Kommando des I. SS-Panzerkorps. Alle drei Divisionen hätten am Abend des 6. Juni bei Caen im Einsatz stehen und den immer noch sehr schwachen Gegner vernichten können. Doch dazu kam es nicht. Warum nicht, das sei am Beispiel der PLD dargestellt.

*

Es war 02.30 Uhr, als in Nogent-le-Retrou, dem Gefechtsstand der PLD, ebenfalls der Feldfernsprecher schrillte. General Warlimont war am anderen Ende der Leitung.

„Wecken Sie den General, Hartdegen“, sagte er, als sich der Ordonnanzoffizier der PLD meldete. Alexander Hartdegen weckte den General und blieb im Raum, als Bayerlein ihm einen Wink gab.

„Hier Bayerlein, was gibt es, Herr Warlimont?“ meldete sich der Kommandeur der PLD.

„Feindliche Fallschirmlandungen an der Calvadosküste und an der Ostküste der Halbinsel Cotentin. Es ist mit aller Wahrscheinlichkeit die erwartete Invasion. Möglicherweise befinden wir uns hier aber auch im Bereich des Scheinangriffes, denn die Flugmeldezentralen Kap Gris Nez und Kap d'Albrecht, ferner die Funkmeßstation Le Touquet—Paris—Plage melden ebenfalls Annäherung großer feindlicher Verbände über See. Die Panzerlehrdivision ist zum Vorstoß nach Caen in Alarmzustand zu versetzen.“

„Wie ist die neue Unterstellung?“ fragte der Divisionskommandeur, denn eines war klar: Seine Division konnte ebensowenig wie die beiden übrigen direkt dem OKW unterstellten Panzerdivisionen vom OKW geführt werden, denn dann verstrich von einem Befehl zum anderen zu viel Zeit.

„Neues Unterstellungsverhältnis ist die Heeresgruppe B. Von dort erhalten Sie Ihre nächsten Befehle, Bayerlein.“

In den Dörfern und Weilern an der Huisne, 60 Kilometer nordostwärts von Le Mans, wurde die Division zusammengetrommelt, und nun rächte sich ein Befehl des OKW, der die drei Eingreifdivisionen, die einen gelandeten Feind ins Meer zurückwerfen sollten, völlig falsch aufgestellt hatte. Und zwar standen die schnellen Verbände vorn, während die langsamen am weitestens von Caen entfernt waren. Mehrmals hatte General Bayerlein darauf hingewiesen, daß immer und stets die langsamsten Verbände vorn zu stehen hätten. Nun aber war es zu spät.

Eine Stunde nach der Alarmierung stand die ganze Division marschbereit. General Bayerlein ließ sofort die schwere Panzerabteilung, die ihm fortgenommen und nach Polen in Marsch gesetzt werden sollte, stoppen. Er befahl, die bereits verladenen Panzer aufzuhalten. Die Einheiten, die noch auf die Verladung warteten, wurden sofort in den Aufmarschraum befohlen.

„Wir müssen in der Dunkelheit fahren!" Das war die Meinung von Leutnant Kühne, und das war auch die einhellige Ansicht aller. Doch die Stunden verstrichen in lähmender Untätigkeit. Immer wieder rief General Bayerlein an. Doch die Heeresgruppe B sowie das OKW ließen die Division einfach stehen. Im Oberkommando der Wehrmacht war man noch immer nicht davon überzeugt, daß sich die Invasion in der Normandie abspielen würde. Man vermutete hier noch immer den Scheinangriff, während der Hauptstoß am Pas de Calais erfolgen würde.

Diese falsche Meinung wurde durch die Operation „Fortitude" bestärkt. Eine Täuschungsoperation des Gegners, der in diesem Unternehmen alle Ziele zwischen Calais und Le Havre angreifen ließ. Vor allem die Straßenbefestigungen und Küstenbatterien von Kap Gris Nez, Fort Mahon, Pointe du Blanc und einige andere strategisch wichtige Punkte wurden angegangen.

Die Nacht verstrich. Die Panzerbesatzungen, die in Sitzbereitschaft seit Stunden in ihren Stahlkästen hockten, waren wütend und müde. Die Sonne ging auf. Heiß brannte sie vom Himmel auf die Panzer herunter und lud die Stahlflächen mit Hitze auf.

„Jabos! Jabos!" riefen die vorn wacheschiebenden Soldaten. Die Panzerbesatzungen warteten auf einen Angriff, doch die Feindflugzeuge entdeckten sie nicht und flogen vorüber.

„Los, Hartdegen, wir fahren ins Hauptquartier der 7. Armee!" befahl Bayerlein, als er das untätige Warten nicht mehr ertrug.

Sie schwangen sich in den Befehlswagen und fuhren nach Le Mans. Unteroffizier Kartheuß, der Fahrer, schaukelte sie in schnellster Fahrt durch die Gegend. Als sie dort eintrafen, erwartete Fritz Bayerlein eine neue Überraschung. Und zwar empfing Generaloberst Dollmann, der Armeeoberbefehlshaber, sie mit der Nachricht, daß die PLD ab sofort dem Oberbefehl der 7. Armee unterstellt sei. Ebenso die 12. SS-PD „HJ". Generaloberst Dollmann befahl den Abmarsch der PLD um 17.00 Uhr.

Fritz Bayerlein, der die verheerende Wirkung alliierter Luftangriffe aus Afrika kannte, schlug dem Generalobersten vor, doch bis Einfall der Dunkelheit zu warten. Doch Generaloberst Dollmann bestand auf diesem widersinnigen Befehl. Nachdem die Division 14 Stunden untätig herumgestanden hatte, sollte sie nun *unbedingt* maschieren. Als Bayerlein dafür eine Erklärung verlangte, verlas Generalmajor Pemsel, der Chef des Generalstabes des AOK (Armeeoberkommando) 7, einen vor wenigen Minuten eingegangenen Funkspruch:

„Der OB (Oberbefehlshaber) West weist auf Wunsch des OKW darauf hin, daß der Gegner im Brückenkopf noch am 6. Juni abends vernichtet wird, da Befürchtungen verstärkter Luftlandungen und Seenachlandungen bestehen. Gemäß Befehl Generaloberst Jodl sind alle Truppen auf die Einbruchstelle an der Calvadosküste in Marsch zu setzen. Der dortige Einbruch muß heute noch bereinigt werden."

„Wir können mit diesem Befehl nur eines erreichen", erklärte Generalleutnant Bayerlein, „nämlich, daß wir die PLD sinnlos verheizen, ohne auch nur das geringste damit zu erreichen."

Generaloberst Dollmann erwiderte:

„Die PLD muß mit den frühen Morgenstunden des 7. Juni im Raume südlich von Caen stehen. Die 185. britische Brigade ist bei den Höhen von Perieres durchgebrochen und marschiert auf Caen zu. Caen aber ist für uns von größter Wichtigkeit. Wir müssen diese Stadt unter allen Umständen halten."

„Herr Generaloberst", entgegnete Bayerlein, sich nur mit Mühe beherrschend, „meine Division kann bei der erhöhten Luftgefahr kaum mehr als 8 Kilometer Stundengeschwindigkeit erreichen. Der Raum südlich Caen aber liegt 150 Kilometer weiter oben im Norden. Der Versuch, diesen befohlenen Raum bis morgen früh zu erreichen, ist sinnlos und nicht durchführbar."

„Dann müssen Sie eben Ihre Division umdirigieren und auf direktem Wege nach Caen marschieren", sagte Generaloberst Dollmann. Bayerlein starrte ihn an, als habe er zwei Köpfe. Daß ein Mann mit einem so hohen Rang eine so widersinnige Forderung stellen konnte, ging ihm nicht ein. Eine Division wie die PLD mit über 1000 Fahrzeugen umdirigieren zu wollen, hätte einen ganzen Tag gedauert, und selbst *dann* wäre noch alles durcheinandergeraten.

Generalleutnant Bayerlein fuhr in sein Hauptquartier zurück. Er ließ die Kommandeure im Gefechtsstand zusammenrufen und teilte ihnen mit, was zu geschehen habe. Und zum Schluß schärfte er ihnen noch ein:

„Sehen Sie zu, daß Sie auf oder neben der Straße möglichst schnell und ungerupft durchkommen!"

Die PLD setzte sich in Bewegung. Sie rollte los, um der 21. PD zu Hilfe zu eilen, die schon am Feind stand.

Panzer, Kettenfahrzeuge und solche, die mit Ketten und Rädern ausgerüstet waren, setzten sich getarnt in Bewegung. Es sah so aus, als wandere ein Wald nach Norden. Von Deckung zu Deckung ging es weiter. Doch so gut diese Tarnung auch war, die von den vielen Fahrzeugen aufgewirbelten Staubwolken wurden vom Gegner und seinen Aufklärern erkannt. Generalleutnant Fritz Bayerlein berichtete in seinem persönlichen Tagebuch über diesen ersten Tag des Vormarsches:

„Ich fahre mit zwei Pkw und zwei Funkstellen meines Gefechtsstabes vor der mittleren Kolonne — dem Panzergrenadier-Lehrregiment 901 — auf der Straße Alencon—Argentan—Falaise. Schon bei Beaumont-sur-Sarthe zwingt uns der erste Jaboangriff in Deckung. Es geht noch einmal gut. Aber die Kolonnen werden immer weiter auseinandergerissen. Da die Armee Funkstille befohlen hat, besteht nur Melderverbindung. Als ob diese Funkstille verhindern könnte, daß uns die Jabos und die Aufklärer, die am Himmel hängen, erkennen. Dafür aber wird die Divisionsführung daran gehindert, sich ein Bild vom Stand des Vormarsches zu machen, ob er rollt, ob es Stauungen gibt oder Verluste und wo die Spitzen stehen. Dauernd muß ich Offiziere losschicken oder selbst zu den Verbänden fahren.

Alle fünf Marschstraßen sind von meinen Einheiten belegt. Natürlich ist der Vormarsch durch die feindliche Luftaufklärung erkannt worden. Und bald hängen Bomber über den Straßen, zerschlagen Kreuzungen, Dörfer und Städte, die im Vormarschbereich liegen, und stürzen sich auf Fahrzeugschlangen.

Um 23.00 Uhr durchfahren wir die Ortschaft Sees. Sie liegt unter ‚Christbaumbeleuchtung', und schwere Bomben krachen in das bereits brennende Städtchen hinein. Durch, nichts wie durch!

Gegen 02.00 Uhr nähern wir uns Argentan. Es ist taghell — von Bränden und Explosionen. Die Stadt bebt unter dem Bombenhagel der rollenden Angriffe. Wir gelangen bis in den südlichen Vorort, dann ist es unmöglich, weiterzukommen. Ganz Argentan brennt. Wir befinden uns in einem Hexenkessel. Auch hinter uns ist die Straße nun blockiert. Wir sind im brennenden Argentan eingeschlossen. Staub und Rauch nehmen uns jede Sicht.

Funken sprühen über die Fahrzeuge. Glimmende Balken und eingestürzte Häuser versperren die Wege. Noch immer hängen die Flugzeuge am nächtlichen Himmel. Ihre Leuchtbomben hüllen die brennenden Häuser in strahlendes Licht. Beißender Qualm verschlägt uns den Atem. Wir müssen zu Fuß einen Ausweg erkunden. Pioniertrupps arbeiten an der schwerbeschädigten Orne-Brücke. Um 03.00 Uhr gelingt es uns, aus dem brennenden Gefängnis über die Felder in Richtung Flers auszubrechen. Die Bombardierung läßt gegen Morgen etwas nach. Die Straße über Ecouche—Briouze—Flers ist gut zu befahren. Wir sind um 04.00 Uhr in Flers, das auch schwer gelitten hat. Um 05.00 Uhr erreichen wir Conde-sur-Noireau. Von den Marschkolonnen der Division ist weit und breit nichts zu sehen. Sie quälen sich mühselig über die zerbombten Wege. Wie Argentan, waren alle anderen Knotenpunkte hinter der Invasionsfront zusammengebombt, offensichtlich mit dem Ziel, den Vormarsch der Reserven zum Einsatz bei Caen zu verhindern." (Caen sollte nach dem alliierten Angriffsplan am D-Tag plus 1, also am 7. Juni, genommen sein, deshalb diese weitgehenden Bombardierungen.)

Wie der Marsch des Panzerlehrregimentes 130 an diesem Abend des 6. und in der Nacht zum 7. 6. 1944 nach Norden zur Front aussah, ist aus dem Bericht des Regimentsschreibers ersichtlich.

„Dröhnend rollen die Panzer nach Norden. Die Besatzungen suchen unentwegt den Himmel ab. Plötzlich sind sie da! Niemand weiß, woher sie gekommen sind. Röhrend kommen die Jabos (Jagdbomber) heran. Im Tiefflug flitzen sie über Büsche und Heckenreihen hinweg. Eine uns begleitende Vierlings-Flak eröffnet das Feuer. Durch konzentrierten Beschuß werden die anfliegenden Maschinen aus dem Kurs gebracht. Vorn an der Kolonnenspitze wankt die Erde unter den Detonationen. Die das Getöse hören, sehen sich fragend an: Ist das einer der unseren?

Man kann diesen Gedanken von den Gesichtern der Panzermänner ablesen. Vorrollend sehen wir neben der Straße einen abgeschossenen Jabo. Das ausgelaufene Benzin brennt lichterloh. Bordmunition zerplatzt mit lautem Geknatter.

Doch der Tod hat auch in den eigenen Reihen zugeschlagen, das sehen die Panzerkommandanten, die wieder aus den Luks aufgetaucht sind. Ein Kübelwagen ist das erste Opfer dieser Angriffe. Zwei Männer finden dabei den Tod. Der Richtkanonier der Begleit-Flak ist gefallen. Die ersten Toten der Division im Kampf um die Normandie.

Noch drei Fliegerangriffe muß das Panzerlehrregiment 130 über sich ergehen lassen, bevor die Dunkelheit einfällt. Aber an Rast ist nicht zu denken. Der Marsch geht weiter. Erst um Mitternacht zwingt der Spritmangel zu einem kurzen Halt. Panzerbesatzungen tanken ihre Kampfwagen auf. Die Gefechtsfahrzeuge werden ebenfalls aufgetankt. Kettenbolzen müssen ausgewechselt werden. Motordeckel knallen zurück. Die Fahrer beugen sich darüber, arbeiten hier und da. Nach einer Stunde wird wieder aufgesessen."

Das Panzergrenadier-Lehrregiment 901 rollte auf der befohlenen Marschstraße Illier—Domfront—Rennes—Falaise—Conde St. Marie (Caen). Wo die Einheiten durch die Städte fuhren, waren diese schon von den alliierten Bombern heimgesucht worden. In Falaise waren ganze Straßenzüge dem Erdboden gleichgemacht. Erst am 8. 6. traf das Regiment in St. Marie, hart südlich von Caen, ein.

Caen brannte lichterloh. Schwere Schiffsartillerie der Alliierten streute das gesamte Aufmarschgebiet der PLD ab.

Das dritte Regiment der Division, das Panzergrenadier-Lehrregiment 902, war unter Führung von Oberst Gutmann am 6. 6. um 17.00 Uhr von Vibraye aufgebrochen. Am frühen Morgen des 7. 6. begann der Leidensweg des Regiments. Mit dem ersten Tageslicht kamen die Jabos. In ihren offenen Schützenpanzerwagen wurden die Panzergrenadiere immer wieder angeflogen und förmlich hinausgeschossen. Besonders hart traf es das I. Bataillon, dem schließlich nichts anderes übrigblieb, als in einem Waldstück unterzuziehen und die Dunkelheit abzuwarten.

Einige Kilometer von Brouay blieb das gesamte Regiment 902 liegen. Oberst Gutmann errichtete den Regimentsgefechtsstand, der aus einem Deckungsloch von eineinhalb Meter Tiefe bestand. Darüber kreiste schon wenig später ein Artilleriebeobachter, und knapp eine Minute danach eröffnete die feindliche Schiffsartillerie das Feuer.

Eine Stunde lang trommelten Geschütze aller Kaliber auf das Regiment ein. Es erlitt schwere Verluste, ohne in den Kampf überhaupt eingegriffen zu haben.

Was aber war mit der dritten Division der Eingreifreserve des OKW? Wo stand die 12. SS-PD „Hitlerjugend"?

Die Division, die unter dem Befehl von SS-Gruppenführer Witt stand, war bereits im April aus Belgien in die Normandie verlegt worden. Der erste Bereitstellungsraum, der ihr zugewiesen wurde, war Lisieux. Wäre sie dort wirklich untergezogen, hätte sie am Morgen des 6. Juni wenige Stunden nach der Landung der ersten Gegner an der Küste sein und diesen Feind zerschlagen können, denn von Lisieux bis zur Küste waren es nur 30 Kilometer.

Doch die Division kam nicht in den Raum Lisieux, sondern wurde 50 Kilometer weiter südlich verlegt.

Als Gruppenführer Witt drei Stunden nach Mitternacht des 6. 6. 1944 die Meldung über feindliche Truppenlandungen in der Normandie erhielt, alarmierte er, ohne erst den Einsatzbefehl abzuwarten, seine Truppe. Eine Stunde später stand die gesamte Division marschbereit und wartete auf den Befehl. Doch dieser traf nicht ein.

Während Witt Teile seines Panzergrenadierregiments 25 in Richtung Caen aufklären ließ, erhielt er wenig später — es war inzwischen gegen sieben geworden — vom Kommandierenden General des I. SS-Panzerkorps, Obergruppenführer Sepp Dietrich, den Befehl, sich zur Verfügung des LXXXI. AK zu halten und sich im Raume Lisieux zu versammeln.

„Das ist doch Unsinn, Gruppenführer!" erboste sich der Regimentskommandeur des Panzerregiments der Division, SS-Obersturmbannführer Wünsche. „Die Aufklärungsergebnisse zeigen doch einwandfrei, daß der Feind bei Caen steht und sich anschickt, in diese Stadt hineinzustoßen."

„Stimmt, Wünsche", entgegnete Witt, „der Feind ist beiderseits der Orne gelandet und drückt mit aller Kraft auf Caen. Aber Befehl ist Befehl. Wir müssen neue Marschpläne ausarbeiten, und zwar auf die Schnelle!"

Zwischen 10.00 Uhr und 11.00 Uhr hatten die Einsatzbefehle und Marschpläne die einzelnen Verbände durch Kurier und Ordonnanzoffizier erreicht. Die Gruppen traten zum Marsch gegen den gelandeten Feind an. Ein rascher und energischer Vorstoß direkt zur Küste hatte immer noch Aussicht auf Erfolg, das sagte sich auch Gruppenführer Witt, der energisch zum Weiterstoßen antrieb.

Es wurde 15.00 Uhr, als ein Funkspruch der Heeresgruppe B eintraf. In diesem war ein Befehl an Witt enthalten, daß er nun nicht nach Lisieux, sondern in den Raum westlich von Caen zu gehen habe.

„Sie haben mit Ihrer Division einen Gegenangriff des LXXXIV. AK zu unterstützen."

„Ja, sind die denn total übergeschnappt!“ rief Witt empört, als der Ordonnanzoffizier ihm diesen Befehl vorlas. „Wir können doch die einzelnen Marschgruppen überhaupt nicht erreichen.“

Dennoch wurde alles versucht, diese Umgruppierung durchzuführen. Melder fuhren los. Sie erreichten das PGR 25 um 16.00 Uhr bereits im Raum westlich von Lisieux. Von hier aus hatte das Regiment, das sich am Ziehl wähnte, noch einmal 70 Kilometer in den neuen Bereitstellungsraum zurückzulegen.

Von der Ausgangsstellung des Regiments wären es am Morgen dieses Tages nur knapp 35 Kilometer bis zum neuen Bereitstellungsraum gewesen. So aber war das Regiment durch das Gelände gejagt worden und konnte den neuen Einsatzraum am 6. 6. 1944 nicht mehr erreichen.

Wenig später erhielt Gruppenführer Witt die Nachricht, daß seine Division wieder dem I. SS-PK unterstellt sei.

Obergruppenführer Sepp Dietrich erteilte Witt den Befehl, am Morgen des 7. 6. einsatzbereit zu sein und um 12 Uhr zusammen mit der rechts von ihm stehenden 21. PD zum Angriff nach Norden anzutreten und den gelandeten Gegner ins Meer zu werfen.

Ein ganzer Tag war sinnlos vertan worden. Alle drei Eingreifdivisionen des OKW standen am frühen Morgen des 6. 6. 1944 marschbereit, aber sie hatten keinen Befehlshaber, der sie direkt zum Gegenstoß auf den Strand hin angesetzt hätte.

Eine Stunde vor dem vorgesehenen Angriffsbeginn am 7. 6. standen die Truppen der 12. SS-PD „Hitlerjugend“ am Westrand von Caen bereit. Am Morgen hatte noch eine Besprechung zwischen Gruppenführer Witt und Generalmajor Feuchtinger stattgefunden, an der auch Oberst Hermann von Oppeln-Bronikowski teilgenommen hatte. Die Aktionen der beiden Panzerdivisionen waren aufeinander abgestimmt worden, und es wurde beschlossen, daß sich von Oppelns PR 22 dem Angriff der Waffen-SS-Division nach Norden in *dem* Augenblick anschließen sollte, wenn beide Divisionen auf einer Höhe waren. Dann sollte gemeinsam der Stoß zum Meer durchgeführt werden.

Vom vorgeschobenen Gefechtsstand im Kloster Ardenne sah der Kommandeur des SS-PGR 25, SS-Oberführer Kurt Meyer, seinen Soldaten nur als „Panzer-Meyer“ bekannt, das gesamte Vorfeld der Division bis hin zur Küste. Er spähte durch sein Zeiss-Glas und erblickte plötzlich einen Feindpanzer, der sich zögernd vorschob und nun höchstenfalls noch 200 m von den vordersten Stellungen seiner Panzergrenadiere entfernt war.

Die Feuerdisziplin bewährte sich auch hier. Kein Schuß fiel, der Panzer drehte plötzlich nach Osten und rollte quer vor der Front her. Sekunden später zeigte es sich, daß es nur die Flankensicherung für einen soeben aus dem Dorf Buron herausrollenden feindlichen Panzerverband war, der nun auf der Straße in Richtung Caen-Bayeux zurollte und wahrscheinlich den Flugplatz Carpiquet erreichen wollte.

„Feueröffnung nur auf meinen Befehl!“ ließ Oberführer Meyer durchgeben. Dann meldete er seinem Freund Max Wünsche:

„Max, feindlicher Panzerverband, der quer zu unserer Front rollt, laß deine Panzer sich auf einen warmen Empfang vorbereiten.“

„Danke, Kurt, alles klar!“

Wünsche hatte eine schwere Panzerkompanie im Klostergarten ganz in seiner Nähe bereitstellen lassen. Das Gros des Regiments aber war im Gelände verteilt; eine weitere Kompanie stand an einem Hinterhang dicht an jener Straße, über welche die Feindpanzer anrollen mußten.

„Feind hat Stärke eines Panzerregiments und einer Infanteriebrigade!“ meldete Meyer weiter. „Wir sollten diesen Feind vernichten und dann in einem Zuge weiter vorstoßen!“

„Geht klar, Kurt!“ entgegnete Wünsche und gab die Befehle an seine Panzerkommandeure durch.

Das Rasseln der vielen Panzerketten der gegnerischen Streitmacht wurde lauter und lauter. Fehlzündungen knallten. Und noch immer war von den Soldaten der 12. SS-PD „Hitlerjugend“ kein einziger Schuß gefallen.

„Melder zur 21. PD, daß wir uns erst diesen Gegner vornehmen. Danach läuft alles wie besprochen ab!“

Der Ordonnanzoffizier kritzelte die Meldung auf den Block, und schon lief der Melder los. Wenige Minuten später war es soweit, gleichzeitig erklangen die Stimmen der beiden Regimentskommandeure:

„Angreifen!“ befahl „Panzer-Meyer“.

„Achtung, Panzer — maaarsch!“ hallte die klobige Stimme von Max Wünsche über die Sprechfunkverbindung.

Die Pak eröffnete das Feuer. Mit der ersten Salve traf sie zwei Panzer. Der Spitzenpanzer des Gegners flog mit einer krachenden Detonation in die Luft. Ein zweiter Feindpanzer brannte, schlug nach rechts ein und rollte auf die Panzergrenadiere zu, bis ein zweiter Treffer ihn stehenbleiben ließ.

Die deutschen Panzer rollten vor, verließen ihre Deckungen und eröffneten das Feuer. Der erste deutsche Kampfwagen blieb getroffen liegen. Dann traf es fünf Sherman-Panzer des Panzerregiments 27 der 2. kanadischen Panzerbrigade. Die Kolosse blieben qualmend liegen.

Als Kurt Meyer sah, daß die Begleitinfanterie des Gegners — die 9. Highlander Brigade — zurückwich und in Richtung Authie rollte, befahl er seinem III. Bataillon, zu folgen und diesen Gegner zu überholen.

In den SPW (Schützenpanzerwagen) rollten die Soldaten in schnellster Fahrt nach vorn. Sie passierten den Gegner, an seiner linken Flanke vorbeirollend und im Fahren aus MG 42 schießend, erreichten Authie und setzten sich in der Ortschaft fest. Als die Highlander hier ankamen, wurden sie von einem wahren Feuerhagel empfangen.

Mit seinen Panzern fuhr Max Wünsche mitten in den Keil des Gegners hinein. Der entbrennende Panzerkampf wurde immer heftiger. Die rauschenden Schnüre der Granaten zogen hinüber und herüber, dazwischen die MG-Garben.

Immer mehr feindliche Kampfwagen blieben getroffen liegen. Schützenpanzer und Begleitfahrzeuge flogen in die Luft. Doch auch deutsche Panzer ereilte das gleiche Schicksal.

Der Gegner wich zurück. Er versuchte sich abzusetzen, wurde verfolgt. Als Kurt Meyer auf seinem Krad nach vorn rollte, stellte er plötzlich fest, daß sein I. Bataillon, das dem Gegner am weitesten gefolgt war, auf der rechten Flanke völlig ohne Deckung war. Ein Gegenstoß weniger Panzer würde es vernichtet haben.

Ein Melder der 21. PD, die hier rechts hätte aufschließen müssen, kam gerade rechtzeitig, um zu melden, daß die 21. PD nicht weiter durchgekommen sei, sondern bei Epron vor einer dicht- und tiefgestaffelten Pak-Sperre festliege. Als dann auch tatsächlich Feindpanzer in diese ungedeckte Flanke hineinstießen und die Grenadiere die ersten Verluste erlitten, mußte Meyer den Angriff stoppen.

„Panzerabwehrkanonen zu mir!" befahl er und führte die Kanonen an die gefährdete Stelle. In hartem Einsatz konnte die Pak den Durchstoß der Feindpanzer verhindern.

Der Vorstoß aber war zum Erliegen gekommen, zumal auch Wünsches Panzer Verluste erlitten hatten und sich nun auch noch teilen mußten, weil auch auf der linken Flanke Feindpanzer auftauchten. Es waren dies Teile der 7. kanadischen Panzerbrigade, die westlich des Muebaches angriffen und auf die Straße Caen—Bayeux zuhielten. Wenn sie dort durchbrachen, stießen sie mitten in den Aufmarschraum des SS-PGR 26 hinein. Dieses Regiment war soeben mit den Spitzenverbänden erst im Aufmarschraum eingetroffen.

„Angriff einstellen!" befahl „Panzer-Meyer". Die Kanadier hatten 30 Prozent ihres Bestandes verloren und zudem noch 28 Sherman-Panzer, den Durchstoß der 12. SS-PD „Hitlerjugend" zum Meer aber verhindert.

Was war nun mit der 21. PD geschehen?

Diese Division war am 7. 6. nicht zur Entfaltung gekommen, weil der Gegner vor ihrer Front zu stark war und sich an diesem zweiten Tag noch weiter verstärkt hatte.

Nun mußte der 8. Juni 1944 die Entscheidung bringen, und es sah ganz so aus, als sollte an diesem Tag erstmals die gesamte Eingreifreserve zum Einsatz kommen.

*

Die Panzerlehrdivision war am Morgen des 7. Juni noch auf dem Weg in den Einsatzraum. In fünf Kolonnen rollte sie in Richtung Caen. Um 05.00 Uhr erreichte der Divisionskommandeur Conde-sur-Noireau. Von hier aus waren es immer noch 50 Kilometer bis Caen. Generalleutnant

Bayerlein hatte kurze Zeit vorher von der 7. Armee neue Befehle angefordert und gehofft, daß die Division bis zum Einfall der Abenddämmerung hier stehenbleiben könne, um den zu erwartenden Jabo-Angriffen zu entgehen. Doch Generaloberst Dollmann hatte auf seinem Befehl beharrt: „Die PLD marschiert weiter!"

Um 05.30 Uhr tauchten die ersten Bomberverbände, von Norden kommend, vor der Division auf. Nahe Falaise wurden die ersten Einheiten der PLD von ihnen gebombt. Britische und amerikanische Bomber flogen „wie in einem ‚Parteitag-Geschwader'" heran und warfen ihre Bomben auf Straßen und Knotenpunkte. Raketenbomben heulten der Erde entgegen und schlugen Wagen und Fahrzeuge zusammen. Tankwagen standen brennend am Straßenrand. Mit ihren Bordwaffen fetzten die Jabos die Straßengräben leer. Vor Conde blieben die Einheiten endgültig liegen.

Nachdem Fritz Bayerlein inzwischen verständigt worden war, daß die PLD dem I. SS-Panzerkorps unterstellt sei, versuchte er, zu diesem Korps Verbindung aufzunehmen, vergeblich. Erst am Nachmittag dieses 7. Juni gelang es, den Korpsgefechtsstand bei Thury-Harcourt zu entdecken.

Sepp Dietrich gab der PLD Befehl, mit jeweils einer Kampfgruppe bis zum Morgengrauen des nächsten Tages die Einsatzräume von Norrey und Brouay — an der Bahnlinie Caen—Bayeux — zu erreichen.

„Sie müssen bis morgen früh dort sein, Bayerlein. Von dort aus werden Sie zusammen mit der 12. SS-PD und der 21. PD auf breiter Front zum Angriff antreten, mit dem Ziel, den Gegner ins Meer zu werfen", schloß Dietrich seinen Befehl ab.

Der Beginn des Angriffs wurde auf 12.05 Uhr angesetzt. Das Panzerregiment 100 unter Oberst von Oppeln-Bronikowski sollte gemeinsam mit dem PGR 25 den Stoß nach Norden führen.

Generalleutnant Bayerlein fuhr in Richtung Proussy zum neuen Divisionsgefechtsstand. Auf der Fahrt dorthin sahen die Männer im Stabswagen bereits die verheerende Wirkung der alliierten Luftangriffe. Die ganze Straße war von ausgebrannten und zerschossenen Fahrzeugen gesäumt. Feldküchen lagen neben umgekippten Zugmaschinen. Tankwagen glühten, und über ihnen standen schwarze Rauchwolken. Die Straße Chaumont—Villers Bocage glich einer Höllenszenerie.

Es war 22.00 Uhr, als der Stabswagen die Höhe 238 erreichte. Plötzlich tauchten drei Jabos am Himmel auf, stießen herunter und flitzten dicht über der hier schnurgerade verlaufenden Straße auf den Wagen zu.

„Drei Jabos, Herr General!" rief Hauptmann Hartdegen.

„Stoppen, Kartheuß! Raus!"

Die Bremsen kreischten. Der BMW schlitterte am rechten Straßenrand entlang. Weit voraus noch, aber rasch näher kommend, sah Bayerlein die einschlagenden 2-cm-Granaten den Boden aufreißen. Mit einem Satz schwang er sich aus dem Fahrzeug und landete der Länge nach im Straßengraben. Vor sich sah er Hauptmann Hartdegen, der in eine Drainageröhre kroch. Eben schwang sich Kartheuß aus dem Wagen.

In diesem Augenblick begannen die Bordkanonen der drei Jabos abermals ihr bellendes Konzert. Geschosse spritzten den drei Männern um die Ohren und zwangen sie in Deckung. Nach einigen scheppernden Einschlägen stand der Wagen in Flammen.

„Weiter vom Graben wegrobben, Herr General!" rief der Fahrer.

Alles andere ging in einem Furioso von Granateinschlägen und im hektischen Geschnatter der Bord-MG unter. Der zweite Jabo flog genau über dem Straßengraben entlang. Neben, vor und hinter Bayerlein schlugen Geschosse in den Grund. Splitter surrten, fester preßte er sich an den Boden.

Zweimal, dreimal wiederholten die Jagdbomber ihren Angriff, dann drehten sie ab und verschwanden in nördlicher Richtung.

Generalleutnant Bayerlein raffte sich auf und ging auf die Straße zurück. Hauptmann Hartdegen kam aus seiner Deckung hervor. Als rauchendes Wrack stand der Wagen am Straßenrand.

„Kartheuß?" rief der General. „Kartheuß, wo stecken Sie?"

Der General wischte sich das Blut aus dem Gesicht. Er bemerkte, wie Hartdegen plötzlich im Graben niederkniete, eilte dorthin und sah, daß sich der Ordonnanzoffizier um den hier liegenden Fahrer kümmerte.

„Wie steht es, Hartdegen?" fragte Bayerlein.

„Kartheuß ist tot, Herr General. Ihm ist nicht mehr zu helfen."

Hauptmann Hartdegen zog seinen Pullover aus und bedeckte damit das Gesicht des Fahrers, der sie durch so viele Gefahren hindurchgesteuert hatte. Beide Offiziere erwiesen dem Toten eine Ehrenbezeigung. Dann wandte sich der Ordonnanzoffizier seinem Divisionskommandeur zu.

„Herr General, wir müssen von diesem Rauchzeichen wegkommen. Vielleicht, daß sie uns noch Bomber auf den Hals schicken."

Bayerlein nickte, sie gingen hundert Schritte weiter und ließen sich in dem Graben nieder. Die Abenddämmerung verdichtete sich, dann wurde es Nacht.

„Das beste wird sein, wenn ich bis nach Coulvain zum Gefechtsstand des Regiments 902 gehe und von Oberst Gutmann einen Wagen beschaffe", schlug der Ordonnanzoffizier vor. Bayerlein nickte. Doch Hartdegen brauchte nicht mehr zu gehen, denn eben kam ein Kübelwagen in voller Fahrt aus Richtung Coulvain angebraust. Oberst Gutmann hatte den Jabo-Angriff von seinem Gefechtsstand aus beobachtet und vorsorglich — nach Abflug der drei Maschinen — einen Wagen nach vorn geschickt.

In schneller Fahrt fuhr der „Kübel" nach Proussy, wo Oberstleutnant Kauffmann, Ia (I. Generalstabsoffizier) der Division, bereits seit 24 Stunden auf den Kommandeur wartete. Auf dem Divisionsgefechtsstand hatte der Ia inzwischen die einlaufenden Verlustmeldungen zusammenstellen lassen. Vom Unterkunftsraum bis hierher waren bis 19.30 Uhr des 7. 6. 1944 verlorengegangen: 5 Panzer; 40 gepanzerte Benzin-Tankwagen mit jeweils zweieinhalb Tonnen Sprit; 84 Halbkettenfahrzeuge und Geschütze auf Selbstfahrlafette; 90 Kraftwagen.

Damit hatte die PLD über ein Zehntel ihres Gesamtbestandes an Fahrzeugen verloren, noch ehe auch nur eine Einheit im Einsatz gestanden hatte.

Am Morgen des 8. Juni wurde Oberst von Oppeln-Bronikowski in seinem Gefechtsstand durch das eben wieder einsetzende Trommelfeuer der Schiffsgeschütze geweckt.

„Das wird ein Angriff, Herr Oberst", meinte Oberleutnant Cordes. Von Oppeln nickte. Er fuhr in die Stiefel und trat dann ins Freie. Granaten gingen in der Runde nieder. Die mächtigen Brocken der schweren Schiffsartillerie aber heulten glücklicherweise hoch über die Köpfe der Panzersoldaten hinweg und schlugen weiter rückwärts in den Grund.

„Der Gegner greift mit Panzern an, Herr Oberst!"

„Kommen Sie, Cordes!" befahl von Oppeln und rannte nach vorn. Vor einer Salve Schiffsgranaten mußten sie in einem ausgeworfenen Graben in Deckung geben. Dann sprangen sie wieder auf und erreichten die ersten eingegrabenen Panzer des Regiments.

Voraus, aus einem Wald, schoben sich Feindpanzer heraus. Sie wurden angerichtet, gleichzeitig eröffneten die Panzer das Feuer. Zwei der Angreifer blieben getroffen liegen. Die anderen machten halt und schossen. Granaten flitzten den deutschen Panzern entgegen, schlugen in die aufgeworfenen Dreckberge. Oppeln hörte das Heulen eines Abprallers. Unwillkürlich zog er den Kopf ein.

Der Gegner verschwand, aber nur, um der Infanterie Platz zu machen, die in breiter Front zum Angriff antrat.

Aus MG und Panzerkanonen schlug diesem Angreifer das Feuer der hier haltenden Panzer entgegen. Die Männer in der Enge der Stahlkästen schwitzten, wuchteten Granaten in die Kammern, schossen und luden neu.

Der Gegner wurde abgewiesen, und von Oppeln ging mit Cordes zum Gefechtsstand. Eben setzte das Bombardement leichterer Geschütze wieder ein, und dann fielen auch die schweren Schiffsgeschütze in das Feuer ein.

Sekunden nachdem von Oppeln-Bronikowski den Gefechtsstand betreten hatte, erschütterte ein schwerer Einschlag den provisorischen Bunker, und als sie aufatmen wollten, schlug eine zweite Granate hinein. Der Luftdruck schleuderte den Regimentskommandeur zu Boden. Männer schrien, und dann knisterten Flammen, die rasch größer wurden.

Von Oppeln sprang auf. Er sah seinen Fahrer, Oberfeldwebel Spangenberg, schwer verwundet auf dem Boden liegen und schleppte ihn mit Cordes' Hilfe ins Freie.

Er war unverletzt geblieben. Adjutant, Ordonnanzoffizier und Nachrichtenoffizier waren nur leicht verwundet.

In Oppelns Armen starb Oberfeldwebel Spangenberg, der den Oberst seit vielen Jahren gefahren hatte. Eine Stunde später nahm Oberst von Oppeln mit einem neuzusammengestellten Stab seine Arbeit wieder auf. Die Funkstellen ließ er einen Kilometer weiter rückwärts einrichten.

Der nächste Angriff des Gegners wurde ebenfalls abgeschlagen. In den weiteren 15 Tagen, die folgten, sollte das PR 22 an dieser Stelle nicht weniger als fünfzig schweren Angriffen der sich täglich mehr verstärkenden Truppen Montgomerys (brit. Marschall) ausgesetzt sein.

Am Morgen dieses 8. Juni wurde von Kurt Meyer eine starke Kampfgruppe zusammengestellt, die auf Bretteville vorstoßen und dann den erkannten Gefechtsstand der Kanadier im Handstreich nehmen sollte.

Eine „Panther"-Kompanie und die schnelle Aufklärungskompanie des PGR 25 wurden zusammengefaßt und stellten sich zum Angriff bereit.

Eine Stunde später erfolgte der Angriffsbefehl. Die Panzer rollten los. In schneller Fahrt stießen sie auf Bretteville vor. Als sie Feuer erhielten, wichen die schnellen Fahrzeuge der Aufklärungskompanie auf beide Flanken aus und rollten dort weiter. So zwangen sie das Feuer der Pak auf sich, dem sie durch Zickzackfahren entgingen. Die Panzer aber rollten im Zentrum weiter. Ein Zug machte Schießhalt, die Granaten aus den Siebenfünf-Kampfwagenkanonen zerfetzten die Deckungen der Feind-Pak. Sie ließen drei, vier, dann fünf Pak aufbrennen, während immer ein Zug Schießhalt machte und die beiden anderen weiterrollten.

Als sie bis auf vierhundert Meter herangekommen waren, blieben sie noch einmal stehen. Aus den Mündungen der Kanonen spritzten die Flammen der Abschüsse. Granaten zerschlugen die Feindstellungen. Und dann kam über Sprechfunk der Befehl an alle:

„Durch und hinein!"

Sie rollten auf Bretteville zu. Rasend schnell kamen feuernde MG-Nester näher. Dann rollten die „Panther" darüber hinweg.

Bretteville war erreicht. Sie stießen in die Ortschaft hinein, wurden von Pak aus den Querstraßen unter Feuer genommen, drehten, rissen Hauswände um und walzten Zäune zusammen.

„Weiter durchstoßen, dem fliehenden Gegner nach!"

Der Befehl erreichte die „Panther"-Kommandanten, und nun rasselten sie hinter dem weichenden Gegner her und erhielten noch einmal heftiges Abwehrfeuer. Panzerbüchsengeschosse knallten gegen die Seitenschürzen der Kampfwagen. Drehend und visierend, schießend und dann im aufheulenden Klang des Motors vorwärtsfahrend, erreichten sie den Gefechtsstand der „Regina Rifles" und schossen ihn zusammen. Sie rollten weiter und wurden schließlich durch einen Feuerorkan gestoppt, der aus scheinbar allen erreichbaren Geschützen auf sie niederhagelte.

Feindangriffe abwehrend, hielten sie sich den ganzen Tag über in der Ortschaft. Im Morgengrauen des 9. Juni aber befahl „Panzer-Meyer" seiner Kampfgruppe den Rückzug auf die eigenen Linien. Der Gegner war an dieser Stelle bereits zu stark geworden.

Am Nachmittag dieses 8. Juni 1944 erschien der Oberbefehlshaber der Panzergruppe West, General von Geyr, auf dem Gefechtsstand von Oberführer Meyer.

Kurt Meyer gab ihm einen Bericht über die augenblickliche Lage, und dann sagte der General:

„Ich bin skeptisch, Meyer! Dennoch werde ich morgen früh den Großangriff anlaufen lassen. Dazu steht die 21. PD rechts, die 12. SS-PD in der Mitte und die Panzerlehr links. Das Ziel ist: Durchbruch bis zur Küste."

Am selben Nachmittag, an dem General von Geyr auf dem Gefechtsstand von „Panzer-Meyer" den Befehl gab, hatte auch Generalleutnant Bayerlein in Le-Mesnil-Patry Besuch. Es war Generalfeldmarschall Erwin Rommel, der seinem früheren Chef des Generalstabes in Afrika mitteilte, daß die 50. britische ID, die „guten Bekannten aus Afrika", Bayeux eingenommen hätten. Danach setzte Rommel dem Freund auseinander, daß er — wieder einmal mehr — umgruppieren müsse, und zwar noch in der kommenden Nacht.

„Beide Kampfgruppen müssen aus dem Raum Norrey-Brouay heraus in den Raum Tilly verlegt werden. Am Morgen des 9. 6. ist das neue Ziel Bayeux. Die Stadt ist zu nehmen."

Mit Einbruch der Dunkelheit wurde der Befehl ausgeführt, und als der Morgen graute, war die Bereitstellung vollzogen. Da jedoch bereits die ersten britischen Panzerrudel auf der Straße von Bayeux nach Tilly rollten, mußte der Angriff westlich der Straße angesetzt werden.

An der Spitze der PzAufkl.-Lehr-Abt. 130 unter Hauptmann Gerd von Born-Fallois trat Bayerlein mit den Offizieren seines Gefechtsstabes zum Angriff auf Bayeux an. Mittags umging die Abteilung Ellon und erreichte — daran vorbeistoßend — eine Stunde später Arganchy.

Hier richtete sich der Divisionsstab in einem Gehölz ein, um den letzten umfassenden Angriff auf Bayeux von hier aus zu leiten. Bis Bayeux waren es noch genau fünf Kilometer. Und diesmal — so wollten sie es alle — mußte es klappen.

Britische Schiffsgeschützte feuerten in den Aufmarschraum hinein. Die abgesessenen Panzergrenadiere suchten hinter den vorrollenden Panzern Schutz. Dichter Pulverdampf zog über das Gelände, aus dem immer wieder die Einschlagfontänen schwerer Granaten emporstoben. Doch die Panzer waren dadurch nicht mehr aufzuhalten. Sie schoben sich weiter und weiter vor.

Die I./PzLehr-Abt. 130 unter Oberstleutnant Prinz von Schönburg-Waldenburg rollte mit sämtlichen vier Kompanien vor. Gegen Mittag tauchte im Norden der Kirchturm von Ellon auf. Der flache Hügel davor war das erste Ziel.

„Achtung, Feindpanzer links und rechts der Höhe!" warnte eine Stimme die Chefs der vier Kompanien über UKW-Sprechfunk.

Leutnant Heiermann, Zugführer der Sechsten, sah den Gegner, der keine 1200 Meter vor ihm stand und aus dessen Kanone der scharfe Feuerstrahl eines Abschusses blitzte.

„Vorziehen!“ rief er seinem Fahrer zu. Röhrend kam der Motor auf Touren. Die Granate schlug seitlich hinter ihnen ein.

„Entfernung tausend! Elf Uhr!“

Der Wagen hielt. Der linke Arm des Ladeschützen glitt über den Kopf und entsicherte die Waffe. Der Turm drehte sich etwas links, bis er die Uhrzeigerstellung 11 erreichte. Der Richtschütze visierte etwas nach.

„Feuer!“ rief Heiermann.

Die grellrote Mündungsflamme spritzte aus dem Rohr. Die ausgeworfene leere Hülse klirrte gegen den Auffänger, fiel in den Hülsensack, und unmittelbar danach rief Heiermann: „Volltreffer! Schnell hundert Meter vorziehen!“

Links und rechts Abschüsse und das Gerassel von Ketten. Grelle Flammen stoben in den Kampfraum, als eine Granate dicht neben ihnen detonierte. Splitter krachten gegen die Seitenschürzen, Qualm waberte. Sie ruckten vor, machten wiederum Schießhalt, um danach erneut vorzuprellen. Detonationsflammen beim Gegner zeigten, daß auch die übrigen Panzer ihre Ziele fanden. Im Vorrollen sah Leutnant Heiermann, wie rechts vor ihm einer der eigenen Panther-Panzer getroffen wurde, wie es dem stählernen Koloß den Turm herunterschlug und die Kameraden ausbooteten.

Endlich waren sie vorbei. Sie machten Schießhalt, hörten die Stimme des „Prinzen“ und schossen, um abermals mit Vollgas vorzuziehen und den Schüssen der wenigen, noch immer feuernden Feind-Pak zu entgehen.

„Achte Kompanie umholt links!“ befahl der Abteilungskommandeur.

Eine Kompanie schwenkte aus dem Breitkeil heraus, drehte seitlich weg, erhielt Feuer von drei oder vier Panzern, die um den Fuß des Hügels herumschwenkten.

Wieder das Duell Panzer gegen Panzer, und auch diesmal zeigten sich die „Panther“ mit ihren Besatzungen den feindlichen Sherman-Panzern überlegen. Alle vier „Shermans“ wurden abgeschossen. Dann hatte das Gros den Hügel erreicht.

Leutnant Heiermann sah ein paar Männer, die mit Sprengmitteln zu ihnen heruntergelaufen kamen. Der MG-Schütze ließ einen Feuerstoß hinauspeitschen. Der Gegner verschwand. Sie rumpelten höher hinauf, waren schließlich auf der Kuppe und rollten in schneller Fahrt über Büsche und eine Hecke hinweg weiter. Erst als sicher war, daß die Nachkommenden ebenfalls Platz genug hatten, machten sie Schießhalt.

Plötzlich grellte keine zweihundert Meter halblinks vor ihnen ein vierfacher Abschußblitz. Unwillkürlich zuckte Heiermann zusammen. Ein feuriger Streifen kam direkt auf sie zu. Mit ohrenbetäubendem Gehämmer schlug die Granate auf die schräge Panzerung, glitt ab und heulte beinahe senkrecht hoch.

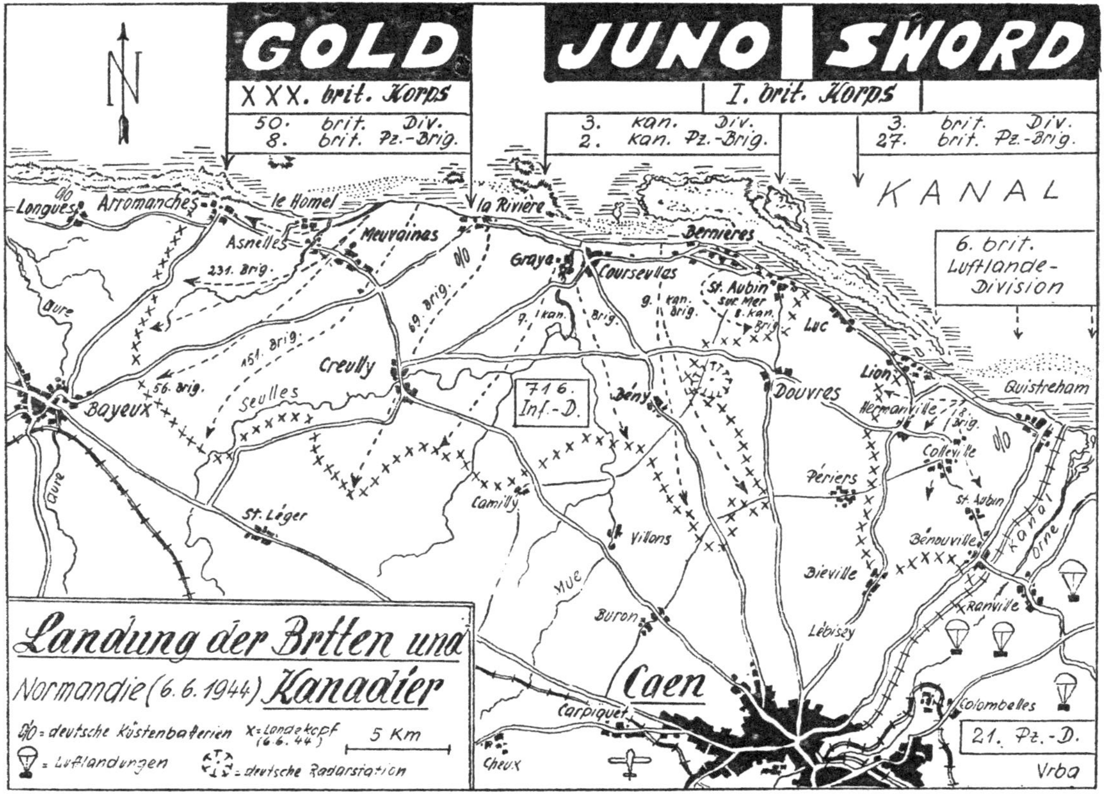
GOLD
JUNO
SWORD
XXX. brit. Korps
50. brit. Div.
8. brit. Pz.-Brig.
I. brit. Korps
3. kan. Div.
2. kan. Pz.-Brig.
3. brit. Div.
27. brit. Pz.-Brig.
KANAL
6. brit. Luftlande-Division
Longues
Arromanches
le Homel
la Rivière
Asnelles
Meuvaines
Bernières
Graye
Courseulles
St. Aubin sur Mer
Luc
Lion
Quistreham
Hermanville
Douvres
Colleville
Périers
St. Aubin
Bénouville
Bieville
Ranville
Lébisey
Colombelles
Caen
Carpiquet
Cheux
Buron
Villons
Camilly
Bény
Creully
Bayeux
St. Léger
Seulles
Aure
Mue
Orne
Kanal
231. Brig.
69. Brig.
151. Brig.
56. Brig.
7. kan. Brig.
9. kan. Brig.
8. kan. Brig.
8. Brig.
716. Inf.-D.
21. Pz.-D.
Vrba
Landung der Briten und Kanadier
Normandie (6.6.1944)
= deutsche Küstenbatterien
X = Landekopf (6.6.44)
5 Km
= Luftlandungen
= deutsche Radarstation

Rechts von ihnen wurde der Wagen des Führers des zweiten Zuges getroffen. Oberfeldwebel Richter gab durch, daß er ausbooten müsse. In diesem Moment schoß Richtschütze Willer. Seine Granate schlug in die feindliche Batterie, und dann schmetterten sechs Granaten in die Stellung. Eine haushohe Explosionsflamme und das nachfolgende Geknatter auseinanderplatzender Munition zeigte ihnen, daß sie die Munitionsvorräte getroffen hatten.

„Nicht hängenbleiben, weiter vorrollen bis zum Nordende der Höhe!"

Sie zogen an, schossen den Gegner aus seinen MG-Ständen, überrollten sie, fuhren hinter den Fliehenden her, und dann standen sie am Nordende des Hügels. Sie hatten es geschafft.

Jetzt erst wurden sie gewahr, daß die Grenadiere des PGR 901 immer Anschluß gehalten hatten, keuchend zu Boden sanken und nach Luft rangen, während die nachfolgenden Einheiten die noch in den Löchern liegenden, nun aber mit erhobenen Händen herauskommenden Gegner in Empfang nahmen und zurückschickten.

Eine schnelle Befragung ergab, daß es Soldaten der britischen 49. ID waren und daß die ganze Division sich in Ellon befand, das sie vor sich im Glast der Mittagssonne deutlich erkennen konnten.

Von dort her blitzten mit einem Male Artillerieabschüsse, und wenig später ging ein Granatenregen auf die Höhe nieder.

„Männer!" dröhnte die Stimme des „Prinzen" durch die Funksprechverbindung. „Dort vor uns liegt Ellon, das müssen wir haben!"

In breiter Front stürmten die Panzer hügelabwärts der Ortschaft entgegen. Leutnant Heiermann öffnete das Luk. In schneller Fahrt unterfuhren sie die Feindgranaten, die immer noch auf der Höhe niedergingen und die nachfolgenden Panzergrenadiere in volle Deckung zwangen.

„Da, Panzer!" rief Feldwebel Jürgensen, Kommandant des Panzers 604. Der englische Tank, das sah Heiermann, kam aus dem Zentrum des Dorfes hinter der niedrigen Kirche hervor.

Sein Richtschütze kurbelte ein, drückte den Abfeuerknopf. Sie sahen die rauchende Spur, die sich zum Gegner hinzog. Die Kette und eine der Lenkrollen zersprangen. Der Feindpanzer war bewegungsunfähig geschossen.

Der zweite Schuß traf ihn an der schwachen Stelle zwischen Turm und Unterwagen. Rauch stob aus dem Innern des Kampfwagens empor, und dann schlug das Luk zurück. Männer booteten aus, eine lange Flammenlanze stob hinterher.

„Achtung, Tommys!"

Eine Gruppe von vielleicht zehn Engländern kam hinter einer Bruchsteinmauer zum Vorschein. Sie rannten auf die Panzer zu, schleuderten Handgranaten, die wirkungslos verpufften. Ein MG-Feuerstoß aus dem Wagen 602 warf sie zu Boden.

In der Ortschaft peitschte ein Pak-Abschuß durch eine Seitengasse. Die Granate streifte den Turm von Heiermanns Kampfwagen.

„Achtung, erster Zug an alle: Aus Seitengasse rechts hinter dem Eckhaus Pak-Feuer!"

Nach zweihundert Metern sahen sie die Kanone, die gerade wieder feuerte.

Der Panzer hielt. Richtschütze Berkes zielte, dann der Abschuß, unter dem der „Panther" zurückzuckte. Die Granate wurde ein Volltreffer.

Die Panzer hatten Ellon erobert. Panzergrenadiere durchkämmten die Häuser. Alles sammelte.

Doch lange sollten sie sich nicht des Besitzes dieser Ortschaft freuen, denn nun setzte ein verheerendes Artilleriefeuer auf Ellon ein. Das Feuer verstärkte sich mehr und mehr. Dichter und dichter wurde der Regen der Granaten aller Kaliber. Stahlbrocken prasselten gegen die Panzer. Häuserwände krachten zusammen und stürzten auf die untergezogenen Panzer. Das Pflaster schien Feuer zu speien, und dann heulten überschwere Flügelbomben aus Granatwerfern heran, schlugen auf und streuten todbringenden Stahl in flachen Sprengkegeln umher. Die Seitenschürzen der „Panther" wurden förmlich durchlöchert.

„Achtung, hier Chef. Befehl für Siebte und Achte: Vorrollen zum Nordrand von Ellon. Panzergrenadiere ziehen nach und nehmen die noch umherschwirrenden Gegner gefangen."

Das Artilleriefeuer verstummte schließlich. Die Männer der im Zentrum der Ortschaft zurückgebliebenen 5. und 6. Kompanie stiegen aus und sahen sich ihre Panzer an. Sie entdeckten zerrissene und durchlöcherte Seitenschürzen und zerbeulte Stirnpanzerungen. Die Sanitäter trugen die Schwerverwundeten zusammen und legten auch die Toten nebeneinander.

Major Prinz Schönburg-Waldenburg ging zu seinen toten Kameraden. Er nahm seine verblichene Panzermütze ab und stand lange stumm vor jenen Männern, die auf seinen Befehl angegriffen hatten und diesen Angriff mit dem Tode bezahlen mußten.

Da war auch Görges, und da lag Ziemer, die unter ihm als jungem Hauptmann in der 1. Kompanie des Panzerregimentes 31 auf dem Balkan gekämpft hatten.

Als Generalleutnant Fritz Bayerlein bei ihm in Ellon erschien, setzte der Divisionskommandeur sofort die Panzerspähtrupps der Aufklärungslehrabteilung 130 ein. Major Gert von Born-Fallois wollte die Aufklärung selbst fahren, doch Bayerlein winkte ab.

„Sie brauche ich für die Abteilung", sagte er.

Der Major nickte und ließ dann seinen alten Vertrauten, Oberfeldwebel Zünkley, mit drei Wagen losbrausen.

Der Oberfeldwebel setzte sich an die Spitze dieser kleinen Gruppe. Er rollte zunächst durch eine Bachsenke, hielt sich hinter einer dichten Hecke verborgen und überquerte dann ein Geländestück, das mit hohen Weidenbüschen bestanden war. So kam er in einer Stunde ungesehen bis auf fünf Kilometer an Bayeux heran.

„Da drinnen sitzen die ‚Kameraden' der 50. britischen Division, Sepp", sagte der Oberfeldwebel zu seinem Fahrer. „Weißt du noch, bei der 15. Panzerdivision, als wir hinter der Gazala-Stellung standen und uns von Osten nach Westen durchschlagen mußten, um nicht mitten im Feind eingekeilt zu sein?

„Klar, Hubert, Got el Ualeb, verdammt, das war eine Sache. Die Tommys kämpften wie die Berserker, und sie werden es auch hier wieder tun."

„Na, dann wollen wir mal melden!"

Sie rollten durch die buschbestandene Senke nach Ellon, und der Oberfeldwebel meldete dem Abteilungskommandeur.

Eine Minute später stand von Born-Fallois vor dem Divisionskommandeur. Nach der Meldung sprang Fritz Bayerlein auf.

„Mensch, wir könnten also bis dicht an Bayeux herankommen und dann nur noch fünf Kilometer?"

Born-Fallois nickte.

„Also dann Angriff! Hartdegen, versuchen Sie die Division geschlossen zum Ansatz zu bringen. Wir erobern Bayeux zurück!"

„Das wird laufen, Herr General!" entgegnete der Ordonnanzoffizier. „Wir haben offensichtlich das Loch zwischen den englischen und den amerikanischen Truppen gefunden und können durchzischen, ehe es dichtgemacht wird. Wenn wir hier durchkommen und bis ans Meer gelangen, haben wir die beiden Gruppen voneinander getrennt, und wenn dann die anderen beiden Divisionen nachziehen, sind wir aus dem Schneider, das steht fest."

Die Division wurde mit den beiden Panzergrenadierregimentern nach vorn gezogen. Die Panzerjägerabteilung unter Major Barth erreichte rechtzeitig ihren zugewiesenen Abschnitt, und das Gros der Panzerpioniere unter Major Brandt war auch zur Stelle.

In dieser Situation traf der Befehl des I. SS-Panzerkorps ein:

„Angriff auf Bayeux einstellen. Division auf Tilly zurücknehmen!"

Die Männer der PLD fluchten. Sie hatten das Ziel so greifbar nahe vor sich gesehen. Nun war alles zu Ende, und umsonst waren auch die Opfer, die hier bei Ellon gebracht wurden.

„Hauck, Sie müssen sofort die Kampfgruppen verständigen, daß sie nicht selbständig losschlagen", sagte Bayerlein. Der Kommandeur der Divisionsnachrichtenabteilung 130 nickte. Er verließ den provisorischen Gefechtsstand der Division und eilte zu seiner Funkstelle hinüber.

Kurze Zeit darauf erfuhren die Männer der Division des Rätsels Lösung. Starke kanadische Kräfte waren in der Nahtstelle zwischen der 12. SS-PD „Hitlerjugend" und der PLD eingesickert und in den Raum Tilly—Audrieu—Christot eingedrungen.

„Uthe, Sie bleiben mit der I./PGR 901 hier in Ellon liegen und sichern. Die 5. und 6. Panzerkompanie werden Sie unterstützen. Sie, Schönburg, werden mit der 7. und 8. Kompanie zum Angriff auf den eingebrochenen Gegner antreten."

Major Prinz Schönburg-Waldenburg sagte:
„Ich werde mich im Bereitstellungsraum Fontenay um 14.00 Uhr zum Angriff sammeln.“

Während Generalleutnant Bayerlein zu Obergruppenführer Sepp Dietrich auf den Korpsgefechtsstand fuhr und hier den Auftrag erhielt, sich mit der PLD im Raum Tilly zur Verteidigung einzurichten, rollten die beiden Panzerkompanien nach Fontenay. Hauptmann Reche, Chef der 8./PLR 130, führte seine Kompanie dorthin. Er war seit einigen Tagen schwer erkrankt, wollte aber dennoch dabeisein. Doch schließlich brach er zusammen und wurde von Oberleutnant Walter vertreten.

Die Linie Christot—Verrieres, so erfuhr Generalleutnant Bayerlein weiter, sei mit dem Mittelpunkt Tilly unbedingt zu halten. Auch dann, wenn der Gegner mit der 50. und 51. ID gleichzeitig angreifen sollte.

Die beiden Panzerkompanien rollten vor. Der Nachmittag ging in den Abend über. Das Getöse der Panzergeräusche verstärkte sich in der Nacht um ein Vielfaches. Weit auseinandergezogen rollten die „Panther“ der Front entgegen.

„Wenn wir jetzt Major Markowski mit den ‚Tigern‘ hier hätten“, meinte Leutnant Stöhr, Kommandant im Panzer 801 und zugleich Zugführer des ersten Zuges.

Aber die I./PLR 130 war ja auf dem Wege nach Osten begriffen, und wenn auch Generalleutnant Bayerlein die Verladung sofort angehalten hatte, so waren doch eine Kompanie und Teil des Trosses bereits unterwegs gewesen und erst in Paris gestoppt worden.

Vor den „Panthern“ der beiden Kompanien tauchten die schemenhaften Umrisse von Audrieu und Chouain auf. Zwischen den beiden Dörfern hielten die Panzer auf einer buschbestandenen Ebene noch einmal an. Eineinhalb Kilometer voraus mündete das Gelände, in dem sie nun gut gedeckt standen, in zwei dichte Waldstücke. Nur ein schmaler Streifen von etwa 300 Meter Breite führte schnurgerade hindurch.

„Wenn das keine Falle ist, will ich Ewald heißen“, ließ sich Leutnant Stöhr wieder vernehmen. Der Panzer 801 rollte auf der äußersten linken Flanke, als es weiterging.

Sie erreichten die ausgeworfenen Stellungen der Engländer, doch dort war niemand. Der Tommy hatte sich beim Aufklingen der Panzergeräusche zurückgezogen und sich wahrscheinlich weiter rückwärts wieder festgesetzt.

„Wir müssen durchrollen!“ befahl Major von Schönburg-Waldenburg. Er setzte sich im Führungspanzer an die Spitze. Sie erreichten den Wald, und alle Panzer schlossen unwillkürlich dichter als sonst auf.

„Verdammter Mist!“ fluchte Leutnant Stöhr und starrte in die Nacht. Nichts war zu entdecken, aber er glaubte das nahende Unheil fühlen zu können. Mit einem Schlag brach an dieser Stelle die Hölle los.

Mindestens zwanzig englische Geschütze begannen gleichzeitig zu feuern. Granaten schlugen links und rechts in den Wald, rissen Baumwipfel herunter und schleuderten sie auf die Panzer.

„Chef an alle: Mit Vollgas durch!"

Drehen konnten sie nicht mehr, dann würden sie sich nur ineinander verkeilen, also hieß es so schnell wie möglich durchrollen.

Stöhr sah Flammen, die aus den Auspufftöpfen des vorausrollenden Spitzenpanzers schlugen. Er sah grelle Detonationsblitze, tauchte nach dem Befehl des Abteilungskommandeurs im Luk unter und schlug es dicht.

Sie durchfuhren das Waldstück, zwei Panzer blieben beschädigt liegen. Voraus tauchte die Höhe 103 auf.

„Los, hinauf!" befahl der Prinz seinem Fahrer. Der „Panther" röhrte hügelaufwärts. Er wurde von dem Wagen des 1. Zuges gefolgt, während Hauptmann Ritgen, Chef der 7./PLR 130, Befehl erhielt, den Hügel rechts zu umfahren.

Als der Panzer des „Prinzen" die Höhe erreicht hatte, stoppte der Fahrer einige Sekunden. Dann erhielt er Befehl, weiterzufahren. In dem Augenblick, als er anrollte, peitschte keine 200 Meter entfernt aus der Deckung eines Gebüsches der Abschuß einer Pak. Die Granate durchschlug, frontal auftreffend, den Turm des Panzers.

Prinz Wilhelm Schönburg-Waldenburg fiel zur Seite. Er war sofort tot. Alle übrigen Männer des Wagens waren schwer verwundet. Leutnant Stöhr vernichtete die Pak, und seine anderen Wagen erwiderten das einsetzende Feuer des Gegners.

Panzerkanonen krachten. Artillerie funkte dazwischen. Hauptmann Ritgen kam mit der Siebten hügelaufwärts und fiel dem Gegner in die Flanke. Die Pak auf der Höhe wurde abgeschossen. Ritgen übernahm die Führung der Abteilung.

Das feindliche Artilleriefeuer verstärkte sich zu einem dichten Vorhang. Jedes weitere Vordringen, das zeigten drei Versuche, wäre Selbstmord gewesen. Hauptmann Ritgen entschloß sich, die Panzer von der Höhe zurückzunehmen, um sie nicht nacheinander vernichten zu lassen.

Am Abend dieses Tages zeigte sich deutlich, daß sich der Schwerpunkt der englischen Operationen in den Raum Tilly verlagert hatte. Nachdem es Marschall Montgomery nicht gelungen war, Caen im Frontalangriff zu nehmen, wollte er nunmehr aus dem Raum Bayeux auf Tilly vorstoßen, die Höhen von Villers Bocage gewinnen und dann auf Caen eindrehen.

Ein neuer Abschnitt in der Geschichte der Invasion begann. Die Landungen waren beendet, der Gegner hatte einen weiten Brückenkopf errichtet, und nun wollte er bei Tilly den Durchbruch erzwingen. Und noch immer war die I./PLR 130 unter Major Markowski nicht zur Stelle.

In der Nacht zum 10. Juni wurde die inzwischen vollzählig im Kampfraum eingetroffene PLD in der Linie Christot—Tilly—Nord,

23. Volksgrenadier-Division

Aufstellung: Im September 1942 erfolgt die Neuaufstellung der unter der Bezeichnung „Gruppe Dänemark“ zusammengefaßten Truppenteile zur 23. Infanterie-Division. Den Stamm bildete das IR 68 und die III./AR 23.
Wehrkreis X

Gliederung:

GR	9	AA	23	FEB	23
GR	67	PzJg	23	San	23
FüsR	68	Pi	23	VersTr	23
AR	23	NA	23		

Kampfeinsatz:

Rußland: Nach beendeter Aufstellung — Verlegung an die Nordfront.

1943 Stellungskrieg am Wolchow im Raum Tschudowo. Abwehrschlachten südl. des Ladoga-Sees und an der Newa. Verlegung zum Kampfraum Newel. Abwehrschlachten im Raum Newel.

1944 Abwehrkämpfe im Raum Newel. Abwehrschlacht im Raum Pustoschka — Opotschka. Rückzugskämpfe auf die Panther-Stellung. Einsatz im Raum Ostroff. Abwehrkämpfe im Raum Dünaburg—Aquieste. Sicherung im rückwärtigen Operationsgebiet. Abwehrkämpfe im Raum Ostroff, bei Modohn. Sicherung der baltischen Inseln Moon, Dagö und Ösel. Verteidigungskämpfe auf der Halbinsel Sworbe. Verlegung nach Ostpreußen und Auffrischung im Raum um Lyck. Hier sollte die Division den Namen 23. Volksgrenadier-Division „Friedrich der Große“ erhalten, doch die beginnende Winterschlacht um Ostpreußen gestattete diese Umorganisation nicht.

1945 Winterschlacht in Ostpreußen. Abwehr- und Rückzugskämpfe in Südostpreußen Raum Lyck—Johannisburg, Rückzug über Lötzen—Nikolaiken—Sensburg—Rastenburg auf Heiligenbeil. Abwehrkämpfe im Kessel Heiligenbeil, Raum Heilsberg — Zinten. Rückzug auf Frauenburg, Übergang auf die Frische Nehrung. Teile der Division gelangen zum Samland. Sammlung der Division in der Weichselniederung. Stellungskrieg im Raum Gottswalde.

Divisionskommandeure:

Gen.Maj. v. Schellwitz, Gen.Lt. Gurrau, Lt. Schirmer, Oberst v. Mellenthin.

GR = Grenadierregiment; AR = Artillerieregiment, Pi = Pioniere; FEB = Feldersatzbataillon; PzJg = Panzerjäger; NA = Nachrichtenabteilung; San = Sanitäter.

Verrieres—Bernieres—La Belle—Epine—Torteval—St. Germain—d'Ectot eingewiesen. Damit hatte diese Division einen 17 Kilometer breiten Streifen erhalten.

In Sermentot richtete Generalleutnant Bayerlein seinen Gefechtsstand ein. Die Funkstelle ließ er zwei Kilometer entfernt unterziehen, damit sie nicht vom Gegner eingepeilt und mit Bomben belegt wurde, wie dies mit dem Gefechtsstand der „Panzergruppe West" in La Caine geschehen war. Dort hatte der gegnerische Horchfunk die große Funkstelle angepeilt und sie dann — in der richtigen Vermutung, einen großen Stab hier zu treffen — mit einem ganzen Geschwader von Jabos angreifen lassen. Bei diesem Angriff waren zwölf Stabsoffiziere getötet und eine Reihe weiterer verletzt worden. General von Geyr wurde bei diesem Angriff ebenfalls schwer verwundet.

Am 10. Juli bereitete sich der Gegner zum Angriff auf Tilly vor. Mit schwerer Schiffsartillerie in bis dahin noch nicht erlebter Konzentration eröffneten die Alliierten den Höllentanz um Tilly. Danach setzten massierte Luftangriffe ein.

Die beiden übrigen Panzerdivisionen der Eingreifreserve standen an ihren Verteidigungslinien in schweren Abwehrkämpfen. Sowohl die eingegrabenen Panzer der 21. PD unter Oberst von Oppeln als auch die Panzer der 12. SS-PD „Hitlerjugend" kamen nicht mehr zu einem Angriff in Richtung Küste. Auch sie mußten sich des Gegners erwehren, der an dieser Stelle durchzubrechen versuchte.

Am frühen Morgen des 10. Juni begann um 05.00 Uhr das vorbereitende Artilleriefeuer der Alliierten. Der Vire-Grund wurde wenig später von den Einschlägen der Granaten emporgeschleudert. Major Uthe, Kommandeur des I./PGR 901, ging mit zwei Meldern nach vorn. Er besprach sich mit Oberleutnant Mersiowski, der mit der 2./PGR 901 am oberen Hinterhang in schnell ausgehobenen Deckungslöchern lag. Dann ging es sprungweise zwischen dem Granatfeuer zur 1./PGR 901 hinüber, wo ihm Hauptmann Salzmann meldete, daß sich der Gegner in der vor ihnen liegenden Ferme (Bauernhof) „Cheval rouge" festgesetzt habe und von dort aus mit Pak schieße, sobald sich ein Fahrzeug zeige. Major Uthe ließ sofort die Artillerie verständigen, welche die Ferme unter Feuer nahm.

Besonders schwer hatte die 5./PGR 901 unter Hauptmann Philipps zu leiden. Hier trommelte der Gegner pausenlos, denn die Kompanie lag unmittelbar vor der Stadt Tilly. Doch die Panzergrenadiere ließen sich nicht hinausschießen.

Schwieriger war die Lage beim Schwesterregiment, dem PGR 902, das nördlich von Tilly in beinahe deckungslosem Gelände lag. Fast ungedeckt lagen zum Beispiel die 1. und 3. Kompanie im 45 Minuten andauernden Trommelfeuer der Engländer. Als einige Männer zurückgehen wollten und sich ihnen bereits größere Gruppen anschlossen, warf sich ihnen Oberleutnant Ritter, Chef der 4./PRG 902, entgegen und hielt sie auf. Eine weitere kritische Situation entstand, als gegen Mittag dieses 10. Juni fünf Feindpanzer plötzlich in schneller Fahrt beim PGR 902 durchbrachen und bald darauf vor dem Gefechtsstand der I./PGR 902 standen.

Hier war es die 1./PJAbtl. 130, die mit ihren soeben erhaltenen neuen Selbstfahrlafetten unter Führung von Leutnant Werner durch das Feuer nach vorn rollte und das Duell mit den fünf Panzern aufnahm.

Eine Minute nach dem Gegenstoß stand der erste Feindpanzer in Flammen. Dem zweiten wurde die Kette zerschossen; eine weitere Granate besiegelte sein Schicksal. Dann traf es einen dritten Panzer, er stand bald darauf als glosendes Fanal der Vernichtung auf dem Gefechtsfeld. Die beiden letzten Panzer fuhren sich bei dem Versuch, diesem vernichtenden Feuer so rasch wie möglich zu entkommen, rettungslos fest. Sie wurden lahmgeschossen. Die Besatzungen booteten aus und versuchten, an dem deutschen Gefechtsstand vorbei zu ihren Truppen zurückzugelangen. Sie wurden von den Soldaten der Begleitstaffel niedergekämpft. Der Rest gab sich gefangen.

Als die Nachricht vom überraschenden Auftauchen dieser kleinen Panzergruppe im Gefechtsstand der PLD einlief und man befürchten mußte, daß weitere Überraschungsschläge folgen würden, ließ Generalleutnant Bayerlein sofort den Stabswagen vorfahren. Er wußte nur zu gut, wie unendlich wichtig es war, ganz genau zu wissen, was sich in diesem unübersichtlichen Gelände alles tat. Mit Hauptmann Hartdegen fuhr er persönlich Aufklärung. In schneller Fahrt verließ der Wagen den Bereich der eigenen Verteidigungslinien und erreichte das freie Gelände nördlich von Tilly.

Wenn der Gegner auch hierher seine Panzer vorgezogen hatte, stand es endgültig fest, daß der feindliche Großangriff bald erfolgen würde. Der Wagen rollte rasch durch eine Senke. Der Fahrer stoppte plötzlich auf der Höhe und ließ das Fahrzeug im Sichtschatten einer Hecke aus Haselsträuchern stehen.

„Panzer, Herr General!" meldete er.

„Verdammt!" entfuhr es Bayerlein. „Das sind ja so viele, daß es wie ein ganzes Regiment aussieht, Hartdegen!"

„Und sie lagern hier wie im tiefsten Frieden!" ließ sich der Ordonnanzoffizier vernehmen.

„Holen Sie vor, was Sie greifen können, Hartdegen! Die müssen wir packen! Ich bleibe hier und beobachte weiter. Bringen Sie vor allem Achtacht-Flak mit, klar?"

Hartdegen salutierte, und als der Generalleutnant ausgestiegen und hinter einem Heckenvorsprung in Deckung gegangen war, rollte das Fahrzeug zurück. Generalleutnant Bayerlein lag allein auf dieser Höhe, gewissermaßen vorgeschobener Beobachter.

Es dauerte eine knappe halbe Stunde, bevor die ersten Panzer und die beiden „Achtacht" (8,8-cm-Flugabwehrkanonen) die Höhe erreichten und in günstige Schußpositionen vorrollten. Der lagernde Panzerfeind hörte aus der Distanz von knapp zwei Kilometern nichts.

Als die Ziele anvisiert waren, gab Bayerlein den Feuerbefehl. Fast gleichzeitig schossen alle Panzer und die beiden Flak, die herangeschafft werden konnten. Den dumpferen Abschüssen folgten die knallenden Aufschläge und die Detonationen, die vom Gegner herüberbrüllten.

Binnen weniger Sekunden verwandelte sich dieser feindliche Panzerbereitstellungsraum in ein Inferno. Schon die ersten Einschläge lagen dekkend. Panzermotoren röhrten auf. Die ersten Feindpanzer versuchten dieser Hölle zu entkommen, kurvten wild herum, kollidierten mit anderen Panzern, ruckten zurück und vor, verkeilten sich ineinander und wurden wieder und wieder getroffen.

Einigen Panzern gelang es schließlich, aus dieser Hölle zu entkommen, in der immer wieder Volltreffer aufbrüllten und Panzer in Flammen aufgehen ließen. Benzin- und Dieseltankwagen brannten lichterloh. Flammen stoben mit rotem Gezüngel in die Höhe. Dicke Rauchwolken standen darüber.

„Da kommen Feindpanzer auf uns zu, Herr General!“ rief Hartdegen, als er sah, daß drei der Panzer direkt auf ihre Höhe zuhielten.

„Die beiden Flak richten den Angreifer an!“

Die beiden 8,8-cm-Geschütze eröffneten das Feuer. Nach drei Salven lagen alle drei Panzer brennend am Fuß der Höhe fest. Rauch stieg empor, flammen waberten, Männer rannten um ihr Leben, als auch noch die Panzer-MG in das Feuer einfielen.

Doch dann brach die Hölle auch über diese kleine deutsche Kampfgruppe herein. Der Gegner lenkte sein Schiffsgeschützfeuer auf die Höhe, von der aus ihm Tod und Verderben entgegengepeitscht waren. Die ersten Lagen schlugen bereits mitten auf dem Hügel ein. Ein Tankwagen flog unten beim Gegner noch in die Luft, dann ein weiterer. Doch dann war die Höhenstellung in ein Meer aus Stahl und Flammen getaucht. Einschläge wirbelten Sträucher und Bäume durch die Luft. Brüllend barst Stahl auseinander, klirrte gegen die Panzerungen der „Panther“ und gegen die Schutzschilde der „Achtacht“.

„Schiffsgeschützfeuer, Herr General“, rief Hauptmann Hartdegen, als er sah, wie weiter vorn die gewaltigen Kaliber der schweren Schiffsartillerie einhieben, Tonnen von Erde und Fels hochrissen und über das Gelände verteilten.

„Rückzug zu den eigenen Stellungen!“ befahl Bayerlein.

Verfolgt vom Dröhnen und Pauken der Einschläge und dem kreischenden Heulen der durch die Luft sirrenden Granatsplitter, rollten die Panzer rückwärts zum Hinterhang, drehten hier und jagten zurück. Die beiden „Achtacht“ folgten.

Als sie die Höhe verlassen hatten, verdichtete sich dort der Orkan der Einschläge noch mehr. Meter um Meter wurde die Erde umgepflügt. Doch nun waren die Panzer bereits wieder in den Deckungen bei Tilly verschwunden.

Das bereitgestellte feindliche Panzerregiment, das die Stellungen der

PLD bei Tilly am anderen Morgen angreifen sollte, mußte aus der Front herausgezogen werden; es hatte zu hohe Verluste erlitten.

Am Nachmittag des 10. Juni entdeckte der Spähtrupp der 9./PGR 901 westlich von Tilly in einem Birkenwäldchen den Bereitstellungsraum eines schottischen Bataillons. Hauptmann Hennecke ließ seine schweren Infanteriegeschütze unter Zusammenfassung der gesamten Feuerkraft schlagartig auf dieses Wäldchen schießen. Die Schotten zogen sich fluchtartig zurück.

Die Nacht verlief bis auf das andauernde Schiffsgeschützfeuer ruhig. Am frühen Morgen des 11. Juni ließ Generalleutnant Bayerlein seine Kommandeure nach Sermentot in den Gefechtsstand rufen.

„Die im Rücken des Gegners bei Douvres sich immer noch haltende eigene Funkmeßstation meldet bei Anguerny die Versammlung von bisher 200 Panzern des Gegners mit nach Süden aufgestellter Transportstaffel. Anhaltende weitere Bewegungen schwerer und mittlerer Feindpanzer in südlicher Richtung wurden ebenfalls erkannt. Es wurden in einer Stunde über 80 Panzer gezählt."

„Das heißt, daß der feindliche Großangriff heute noch erfolgen wird, Herr General!" ließ sich Hauptmann Oventrop vernehmen, der die Panzerjäger führte.

„Genau das!" bestätigte Bayerlein. „Uth, Sie halten mit Ihrem Bataillon bei Fontenay. Philipps, Sie bleiben mit der 5. Kompanie und Teilen der II./PGR 901 in der vordersten Linie hart nördlich von Tilly liegen. Die Panzerreserve wird südlich davon bereitgestellt, damit sie für alle Einbruchstellen, die es möglicherweise geben wird, gleich schnell gerufen werden können. Ihre Panzerjäger, Oventrop, und Ihre 9. Kompanie mit den Selbstfahrlafetten, Hennecke, kommen hinzu. Born-Fallois, Sie halten mit der Aufklärungslehrabteilung La Belle-Epine. — Das ist alles!"

Eine Stunde später rollte der feindliche Großangriff auf Tilly.

*

Der Hauptstoß dieses morgendlichen Angriffs des 11. Juni 1944 richtete sich gegen die Panzergrenadiere von Hauptmann Philipps. Ein Trommelfeuer setzte ein, das die vorhergehenden in den Schatten stellte. Dann sprangen die Männer der 49. und 50. britischen ID aus ihren Löchern auf und stürmten vorwärts. Dazwischen röhrten Jagdbomber über das Gefechtsfeld und stürzten sich auf die schießenden MG-Gruppen.

Die leichte Flak-Abteilung 311 der PLD eröffnete aus Tilly das Feuer auf die Jabos. Einer der Jagdbomber wurde voll getroffen. Er platzte im Getöse seiner ebenfalls detonierenden Raketenbomben auseinander. Die anderen aber stießen noch tiefer herunter. In vierzig Meter Höhe rasten sie über die Kraterlandschaft, und aus ihren Bordwaffen spritzten Flammen und Geschosse in schneller Folge. Dann fielen Raketenbomben.

Der Stand eines VB (vorgeschobener Beobachter) wurde durch Volltreffer vernichtet. Eine Pak erhielt ebenfalls Volltreffer. Pioniergruppen und Grenadiere gingen im Höllenorkan der Raketenbomben-Einschläge unter. Einer der Maschinen wurde Sekunden vor dem Wurf durch einen Feuerstoß der 2-cm-Flak die rechte Tragfläche abgesägt. Sie stellte sich auf den Kopf, raste der Erde entgegen, um in einer wuchtigen Detonation auseinanderzuplatzen.

Der Gegner griff durch den Vire-Grund an. Die Panzergrenadiere schossen aus ihren MG 42. Dazwischen hämmerten die Abschüsse der schweren Infanteriegeschütze auf Selbstfahrlafette. Aber der Gegner schien nicht mehr aufzuhalten zu sein. Er drang weiter und weiter vor. Das Ende von Tilly und damit auch das der PLD war offenbar gekommen.

Doch da eröffnete die 7. Werferbrigade unter Oberst Tzschökell das Feuer. Die 24 Raketengeschosse des Kalibers 30 Zentimeter aus den vier Riesenwerfern heulten, lange Feuerschweife hinter sich herziehend, über die Panzergrenadiere hinweg. Sie schlugen mitten in die zweite, tiefgestaffelte Welle der Angreifer hinein und rissen eine breite Lücke in die Sturmgruppen. Alles, was im Detonationsbereich dieser schweren Werfergeschosse lag, wurde niedergeworfen.

Der Gegner blieb liegen, und als die zweite Salve herüberheulte, wich er zurück. Doch nun kamen die Panzer! Es waren schnelle, neue „Cromwell"-Panzer.

„Los, zum Schloß! Meldung an Hauptmann Philipps!" rief Oberfeldwebel Brombach einem seiner Melder zu.

Der Mann verschwand. Nachdem Hauptmann Philipps diese Meldung erhalten hatte, war er auch schon auf dem Weg zum Bereitstellungsraum der Panzerjäger.

„Hör zu, Oventrop, du mußt mit ein paar Panzerjägern herüberkommen, sonst überkarren die Feindpanzer meine Grenadiere."

„Geht klar, Karl", entgegnete Oventrop und befahl sechs Panzerjägern V, durch den Bachgrund zu fahren und bis in die Hinterhangstellung vorzurollen.

„Ihr eröffnet das Feuer, sobald ihr sicher seid, mit jedem Schuß einen ‚Cromwell' zu erledigen!" schärfte er seinen Männern ein.

Als die sechs Panzerjäger die zugewiesene Stellung erreichten, hatten die angreifenden Feindpanzer bereits zwei Drittel des Weges hinter sich gebracht und eröffneten das Feuer auf die deutschen MG-Bedienungen. In dichter Formation rollten die „Cromwell" nach vorn, einzelne blieben zum Schießhalt stehen. Granaten heulten den Verteidigern entgegen.

„Feuer frei!" befahl Oventrop, der mit nach vorn gefahren war.

Aus sechs Siebenfünf-Kanonen (lang) jagten dem Panzerbreitkeil Granaten entgegen. Der vorderste „Cromwell", der eben aus einem Einschlagtrichter auftauchte, erhielt einen Treffer und blieb sofort liegen. Seine Bereitschaftsmunition detonierte. Zwei weitere wurden lahmgeschossen. Die übrigen kamen jedoch weiter.

Hinter diesen Panzern tauchte die englische Infanterie auf; in breiter Front, tiefgestaffelt. Tackend setzte MG-Feuer ein. Der von Norden wehende Wind trieb den Männern den Gestank siedenden Öls und von Kordit entgegen.

Bis auf vierzig Meter waren die Spitzenpanzer an die Stellungen der Panzergrenadiere herangekommen. Sie erhielten nach wie vor Feuer der schweren Infanteriegeschütze, aber zwei davon waren bereits ausgefallen.

Nun fauchten aus den Deckungen die Abschüsse von Panzerfäusten. Treffer blafften, Panzer blieben stehen, brannten, detonierende Munition flirrte umher.

Hauptmann Oventrop stand vorn in einem Trichter und leitete über Funk das Feuer seiner Panzerjäger. Aus den Langrohrkanonen zuckten Abschüsse; Granaten hämmerten in Panzerstahl, fraßen sich hindurch, ließen die anrollenden Gegner aufbrennen. Dann gab Oventrop den Angriffsbefehl für die bereitgestellte Sturmgruppe, und die Panzerjäger der 3. Kompanie unter Leutnant Schönrath rollten los.

Den zweiten Jäger fuhr Oberfeldwebel Erich Stolz, mit dem Richtschützen Eduard Job. Es war jener Eduard Job, der mit der Panzerjägerabteilung 13 der 13. PD unter Hauptmann Barth bis zum Kaukasus vorgerollt war und beide Eisernen Kreuze erhalten hatte. Drei schwere Verwundungen hatte er überstanden, und hier fuhr er nun wieder gegen den Feind. Er zeichnete sich hier abermals durch große Kaltblütigkeit aus. Sein erster Schuß ließ einen „Cromwell"-Panzer in Flammen aufgehen, der gerade wieder auf ein MG-Nest schießen wollte. Dann sah „Ede", wie Job von seinen Kameraden genannt wurde, den zweiten „Cromwell" im Visier seines Zielgerätes. Er feuerte, die Granate fraß sich in die Bugpanzerung des Gegners und tötete die gesamte Besatzung.

„Halbrechts, Ömmes!" wurde der Fahrer Krenstedt angerufen. Er ließ den Panzerjäger herumrucken. Wieder reagierte Job auf den ins Visier rukkenden Panzer. Wieder der Abschuß, und der dritte „Cromwell" blieb vernichtet liegen. Funker und Ladeschütze Heller arbeiteten mit schweißüberströmten Gesichtern. Job visierte den vierten Gegner an.

Die sechs Panzerjäger unter Leutnant Schönrath rollten durch. Der Gegner floh, rannte zurück. Die Feindpanzer, die noch fahrbereit waren, folgten ihnen. Einer wurde noch von einer Granate getroffen. Er blieb qualmend liegen.

Der Feindangriff war abgeschlagen. Die Panzergrenadiere atmeten auf. Sie sammelten ihre Verwundeten und schafften sie zurück. Die 7. Kompanie des PGR 901 hatte noch 43 Mann, alle übrigen waren verwundet oder tot.

Stabsarzt Dr. Selzer, der Bataillonsarzt, arbeitete pausenlos. Alle Verwundeten im Kampfraum Tilly landeten zuerst bei ihm. Weiter rückwärts kämpfte auch der Divisionsarzt, Oberstabsarzt Dr. Wolfgang Schmidt, einen erbitterten Kampf gegen den Tod. Mit ihm versuchten Stabsarzt Dr.

Wilhelm Heinemann und Stabsarzt Dr. Hans-Joachim Schulz-Merkel verwundete Kameraden zu retten.

Doktor Schulz-Merkel hatte während seines Einsatzes mit der 4. Panzerdivision in Rußland als einziger Arzt des Heeres das Ritterkreuz erhalten.

Als der Gegner gerade zum drittenmal das Schloß angriff, in welchem Hauptmann Philipps den Bataillonsgefechtsstand eingerichtet hatte, gelang es Leutnant Stöhr, Zugführer in der 8./PR 130, mit seinen vier Panzern gerade noch rechtzeitig, zum Schloßparkrand zu rollen. Hier blieben sie stehen und kämpften die vorrollenden Kampfwagen der 7. britischen Panzerdivision — der „Wüstenratten" aus Nordafrika — nieder.

Lediglich westlich von Tilly gelang es einer Brigade der 50. ID der Engländer, unterstützt von Panzern der 7. brit. PD, durchzustoßen und Berrieres zu erobern. Schon rollten die Panzerspähwagen des Gegners aus dem großen Wald nördlich der Straße auf die Landstraße hinaus und schoben sich durch Wiesen und Obstgärten weiter auf Lingevres zu. Wenn sie diese Ortschaft erreichten, dann war das I./PGR 902 eingekesselt.

Nun rollten die 6. und 7./PR 130 vor. Leutnant Richard Ernst, Zugführer in der 6. Kompanie, fuhr diesen Gegenstoß als Kommandant des Panzers „Zitrone" mit. Er erlebte das Grauen der Schlacht um Tilly und berichtete darüber:

„Es war Sitzbereitschaft befohlen worden. Dann wurden wir alarmiert, und der Alarmruf ließ uns vorrollen. Aus den unübersichtlichen Hecken mit den uralten Dornbüschen, den kleinen, engen Wiesenstücken mit den breitkronigen Apfelbäumen darüber, ragte nur der massive, aus rohen Feldsteinen gefügte Kirchturm von Lingevres hervor.

Ein Fernlenkpanzer des Gegners stand unter einer Linde in der Dorfmitte. Britische Panzertruppen waren bis an das große Waldstück nördlich der Ortschaft vorgestoßen, und einer ihrer Aufklärungspanzer fühlte fast bis zu der großen, den Ort durchquerenden Landstraße vor, ohne daß wir ihn im Dschungel der Gärten, Wiesen und Apfelbäume hätten erwischen können. In diesem Augenblick erreichten wir Lingevres. Sofort wurden wir zum Gegenstoß angesetzt.

Mit ohrenbetäubendem Lärm ihrer Motoren und Raupenketten wälzten sich unsere Stahlkolosse durch die engen Gassen des Städtchens, kurvten quietschend vor der Kirche auf die breitere Landstraße ein und verließen sie wieder dort, wo der abgeschossene Fernlenkpanzer stand. Auf einem Feldweg fuhren wir dem 300 Meter entfernt liegenden Waldstück entgegen.

‚Gefechtsbereitschaft!' befahl Hauptmann Ritgen.

‚Luken dicht!' kam sofort der nächste Befehl.

Nun war von den Hecken und Gräben, den Wiesen und dem Waldrand durch das handbreite, schußsichere Kinonglas der Gefechtsluken im Kommandoturm nur noch ein schmaler Ausschnitt zu sehen. Alle Geräusche von Motoren und Ketten waren angenehm abgedämpft, und im Innern des Kampfraumes herrschte eine spannungsgeladene Stille.

‚Beide Waffen geladen und gesichert!' meldete sich der Ladeschütze über Bordfunk. Er meinte damit das MG und das lange 7,5-cm-Hochrasanzgeschütz, das den Bug drohend überragte.

Vor uns fuhren drei Wagen. Alle in Kiellinie. Sie waren auf einen dieser Feldwege angewiesen, von dem aus sie am Südrand des Waldes auf einen Seitenweg nach links — also nach Westen — abbogen.

Es stellte sich bald heraus, daß dieses Waldstück, außer einigen riesigen Laubbäumen, hauptsächlich aus einem Gewirr mannshoher Hecken und Büsche, verwilderten Apfelbäumen und immer wieder sichtbar werdenden kleinen Wiesenstücken bestand.

Plötzlich bog der Spitzenpanzer scharf nach rechts in ein freiwerdendes größeres Wiesenstück dieses Wäldchens ab. Der zweite Wagen folgte sofort. Dann der dritte. Doch er war noch nicht halb herumgeschwenkt, als ich im gleichen Augenblick durch den Kopfhörer erregte Meldungen und Befehle mehrerer Kommandanten gleichzeitig vernahm:

‚Achtung Feindpanzer!' klang es und: ‚Feindpanzer — Richtung elf Uhr — Feuer!'

Mehrere Abschüsse unserer Panzerkanonen dröhnten durch die doppelte Abdichtung von Panzerwand und Kopfhörer.

‚Rechts einschlagen!' befahl ich.

Als wir mit harter Drehung ebenfalls in das Waldstück einbogen, sah ich unmittelbar vor mir unsere drei Panzer. Fünfzig Meter weiter vorn stand ein qualmender, abgeschossener Churchill-Panzer. Hinter ihm wurden die Umrisse weiterer Gegner sichtbar, die sich hinter der aufsteigenden Rauchwolke eines Nebeltopfes zurückzogen. Sie verschwanden hinter einer dichten Hecke. Im gleichen Augenblick sah ich, daß sich auch rechts von uns hinter der Hecke ungefüge Panzerumrisse bewegten, die nach einigen Metern deutlich als englische Panzer auszumachen waren. Und fast gleichzeitig erkannte ich im Gebüsch links neben mir scharfe, kantige Linien. Im selben Augenblick feuerte der rechts von mir stehende ‚Cromwell'.

‚Feuer!' befahl ich dem Richtschützen.

Unsere Granate rasierte haarscharf über den Turm des ‚Cromwell'-Panzers hinweg. Der Gegner rollte hinter die Hecke zurück. Unmittelbar darauf erhielt ich auch Feuer von links.

‚Links einschlagen!'

Ruckend und tuckernd rumpelte der ‚Panther' herum. Die Umrisse des Feindpanzers wuchsen ins Visier. Mit mächtigem Rückstoß, der den ‚Panther' wippen ließ, sauste das Geschoß aus dem Rohr ins Gebüsch. Eine Trefferdetonation erklang. Rauch quoll in die Höhe. Doch nichts rührte sich dort. Offensichtlich hatte der Gegner — ebenso überrascht wie wir — seinen Panzer nach seinem ersten Schuß fluchtartig verlassen und war so der Vernichtung entgangen.

Die ‚Cromwells' zogen sich zurück. Das Feuer der deutschen Panzerkanonen folgte ihnen. Der britische Durchbruch war vorerst gescheitert.

In den nächsten zwei Tagen ging der Kampf um dieses Wäldchen weiter. Kurze, erbitterte Zusammenstöße forderten auf beiden Seiten Opfer. Und immer wieder hämmerte die Artillerie zu Land und zu Wasser und bombten Flieger Tilly und die Umgebung. Auch auf Lingevres heulten Granaten und Bomben herunter. ‚Panther' und ‚Tiger' beschlichen ihre Gegner im unübersichtlichen Dickicht bis auf nächste Schußentfernung. Und mit der damit verbundenen unfehlbaren Treffsicherheit wurden Freund oder Feind abgeschossen. Es kam nur allein darauf an, wer eher den Finger am Abfeuerknopf hatte.

Dann ging das heißumkämpfte Waldstück verloren. Die zahlenmäßige Überlegenheit des Gegners erwies sich als durchschlagender. Die vorderste Linie — dort, wo sich die Panzergrenadiere des Regiments 902 eingegraben hatten — klammerte sich an den Feldweg, der zur Kirche führte. Wir spürten, daß der Feind bald zum entscheidenden Schlag ausholen würde.

Dann kam dieser Tag. Wir lagen mit einem anderen Panzer zusammen in Ruhestellung an der Landstraße, die durch das Dorf Lingevres führte. Gerade hatten wir ein gewaltiges Bauernfrühstück für uns fünf Mann der Panzerbesatzung auf dem Feuer brutzeln, als ein fürchterlicher Feuerüberfall im zusammengefaßten Feuer aller Schiffsgeschütze auf Lingevres niederging. Unmittelbar darauf erklangen im Kopfhörer unserer beiden eingeschalteten Funkgeräte dringende Hilferufe:

‚Kirsche an Zitrone: sind von feindlicher Infanterie eingeschlossen und selber bewegungslos. Zitrone, sofort kommen! — Zitrone, sofort kommen!'

Wir waren damit gemeint! Das Bauernfrühstück flog in die Kochgeschirre. Unsere Decken, Brotbeutel, Waschzeug in den Panzer, und wir selbst hinterher. Motoren anlassen und sich im Vorfahren gefechtsbereit machen. Wie oft hatten wir das in den vergangenen zwei Tagen hier in Lingevres exerziert.

Am Fernlenkpanzer kurvten wir in den Feldweg ein und brauchten an seinen Hecken nicht sehr weit vorzufahren. Dicht vor uns stand unser Sicherungspanzer — bewegungslos. Am Heckenrand waren die Tellerstahlhelme und die dunklen Gestalten der Tommys sichtbar. Wir setzten einige MG-Garben zwischen sie, bekamen aber vom Waldrand her selber Feuer mit panzerbrechenden Waffen. Nun war der kritische Augenblick gekommen, wo wir die Gefechtsluken öffnen und im direkten Beschuß aussteigen mußten, um den havarierten Panzer vor uns abzuschleppen, während unser zweiter Panzer den Feuerschutz übernahm. Ich sah jedoch, wie er einen Volltreffer bekam, ohne allerdings sein eigenes Feuer deshalb einzustellen. Dann spannten wir mit Hilfe der Männer des Panzers vor uns die Stahltrosse aus. Im gleichen Augenblick tauchte vor mir ein Schütze auf, dem eine Granate beide Arme weggerissen hatte und der Unverständliches in dem ohrenbetäubenden Gefechtslärm stöhnte. Wir hoben ihn auf unseren Panzer, um ihn in Sicherheit zu bringen.

Nun unternahmen wir den ersten Abschleppversuch. Langsam, vorsichtig zogen die Kolosse an. Schrittweise ging es einige Meter, da riß das Seil auch schon. Der Panzerbeschuß vom Waldstück her wurde immer heftiger, äußerste Eile war geboten. Dies sind solche Augenblicke, in denen im Kriege gegen jede Erfolgswahrscheinlichkeit gehandelt werden muß. Ein junger Funker half mir, während Einschlag auf Einschlag mit ohrenbetäubendem Bersten gegen den Heckenwall neben uns krachte. Mir war es rätselhaft, daß der Gegner nicht höher richtete, aber wahrscheinlich spielte sich alles in Sekundenschnelle ab. Eine Stimme in mir sagte:

‚Es geschieht nichts!'

Und ich war mit einem Male völlig ruhig und kaltblütig, als ich diesen Panzertreck durch die jetzt nutzlosen Hindernisse vor dem Dorf zu Fuß einwies. In solchen Sekunden befällt uns ein merkwürdige innere Stille. In diesem Augenblick interessierte mich nur das mit mehr Glück als Verstand auszuführende Durchschleusen der schief ziehenden Panzer; um Millimeterbreite gelang es, und nach wenigen weiteren Metern waren wir in Sicherheit.

Mit Mühe wurde in den nächsten Tagen die HKL gehalten. Immer noch war Lingevres in unserer Hand. Schöner und schöner zog der Juni herauf, die grüne Fülle der Hecken und Wiesen leuchtete in saftigen, satten Farben. Der feuchte Duft der dunklen Erde und der Tau der Wiesen eines kleinen Gärtchens erfrischten uns, als unsere Schützen an einem Abend durch die dichte Hecke feindliche Panzerabwehrgeschütze ausgemacht hatten. Wir wechselten mit diesen einige Schüsse, traten dann aber zu einem Gegenstoß westlich Lingevres an.

Unser Kompaniechef fuhr vor mir, verfolgt von einigen Pak-Geschossen, über eine Wiese, und ich folgte in schnellster Fahrt. Der Richtschütze verstand mein Kommando, den Turm gerade zu drehen, nicht richtig, und mit Entsetzen bemerkte ich, wie ein Apfelbaum sich mit rasender Geschwindigkeit dem Winkel zwischen Panzer und überlangem Geschützrohr näherte. Auch der Fahrer — irritiert durch die links und rechts von uns einhauenden Pak-Geschosse — war nicht zu einer Kursänderung zu bringen.

Und so geschah das Unvermeidliche, daß der fünf Tonnen schwere Gefechtsturm mit furchtbarem Ruck durch Apfelbaum und Geschützrohr nach hinten gedreht wurde.

Im gleichen Augenblick schlug mit donnerndem Einschlag eine Phosphorgranate in die Flanke unseres Panzers, und eine meterhohe, schmale Flamme stieg unmittelbar neben mir steil empor.

Was nun geschah, weiß ich nicht, ich war durch den Einschlag wie gelähmt. Ich fühlte mich völlig kraftlos und von dem Gluthauch der riesigen Flamme umgeben. Kameraden berichteten mir später, ich wäre im Augenblick des Einschlages sofort abgesprungen.

Zwei weitere Panzer von uns ereilte das gleiche Schicksal. Wir versuchten, die brennenden Kameraden zu retten, es gelang, einige aus ihrer qualvollen Lage zu befreien. Aber es war ein fast aussichtsloses Unterfangen, ihnen schnell genug die brennenden Uniformen vom Leibe zu reißen oder das Feuer mit Decken zu ersticken.

Inmitten dieser Bemühungen und des wilden Tohuwabohus betrat völlig ruhig, aber vollkommen nackt, ein Mensch die Szene dieses Schrekkensbildes, der auf unsere entsetzten Fragen nur antwortete:

‚Ich bin doch der Schmielewski! — Ich bin doch der Schmielewski!'

Wir hatten keine Zeit. Inmitten des nun einsetzenden Artilleriefeuers packten wir ihn mit den anderen Verwundeten auf den letzten, einsatzbereiten Panzer, der im Kampfraum und auf dem Heck mit Panzermännern überfüllt war und rauschten mit voller Pulle zurück.

Diese letzte Fahrt von Lingevres wird mir unvergeßlich bleiben. Auf dem Heck lagen und hockten die Verwundeten, die meisten mit schweren Brandwunden. Sie schrien auf, als die großen Auspuffrohre des mit höchster Geschwindigkeit rollenden Panzers zu glühen begannen. Sie mußten sich anklammern, wenn der Fahrer in scharfen Rucken zackte, um den überall um den Panzer herum einhämmernden Artilleriegranaten zu entgehen.

Unmittelbar neben mir lag Schmielewski mit weit offenen Augen. Ohne einen Ton von sich zu geben und offenbar im letzten Stadium, schwer verbrannt.

Meine linke Hand hatte durch die große Stichflamme in meinem Panzer Brandwunden davongetragen. Jetzt erst empfand ich den vollen Schmerz. Ich zählte die Minuten, bis wir endlich den Verbandsplatz erreichten und erste Hilfe erhielten.

Dann wurden wir zum Hauptverbandsplatz zurückgeschafft, einem schönen Herrensitz aus Frankreichs besseren Tagen. Eine große, gotische Halle empfing uns, notdürftig durch einige Kerzen erhellt. Im flackernden Licht mit seinen huschenden Schatten erkannte ich ein fast lebensgroßes Porträt einer Dame aus der Renaissancezeit.

Während draußen das Grollen der nächtlichen Schlacht noch drohend rollte, herrschte hier eine fast feierliche Stille. Die meisten Verwundeten waren nun mit schmerzstillenden Spritzen versorgt; auch meiner bemächtigte sich eine lösende Entspannung. Die Ärzte und Sanitäter sprachen nur im Flüsterton, und so konnte ich nur hören, wie ein Arzt neben mir wisperte:

‚Ich kann nicht spritzen, die Haut ist völlig ausgedünstet!'

Dort lag unser Kamerad Schmielewski, bewegungslos und schweigend. Der Soldatentod erlöste ihn noch in derselben Nacht. Durch ihn, diesen Kameraden, den ich kaum gekannt hatte, wurden mir endgültig die Augen darüber geöffnet, was der Krieg ist und was er aus Menschen machen kann.

So endeten für uns die ersten Tage der Normandieschlacht. Die Landung des Feindes war nicht verhindert worden, aber die deutsche Abwehr zwang den Gegner, eine der größten Schlachten des vergangenen

Krieges zu schlagen. In Angriff und Verteidigung wurde Übermenschliches gefordert und — dem Zwange der Stunde und des Selbsterhaltungstriebes folgend — auch gegeben."

*

Während die 49. und 50. britische ID unablässig gegen Tilly und Lingevres anrannten und „Fliegende Festungen" das Angriffsgelände und die deutschen Stellungen immer wieder bombten und Krater neben Krater setzten, von denen diejenigen der 38-cm-Schiffsgeschütze haustief waren, machte die Divisions-Begleitkompanie der PLD unter Oberleutnant Ernst Erich Thies — die den Flankenstützpunkt St. Germain-d'Ectot hielt — einige Gefangene, die zur „Springmaus-Division" (7. englische Panzerdivision) gehörten.

Generalleutnant Bayerlein kannte diese Division aus Afrika gut genug. In einem Kübelwagen fuhr er zur Begleitkompanie und holte diese drei Gefangenen persönlich ab, um sie im Divisionsgefechtsstand zu befragen.

Einer dieser Gefangenen packte aus. Es war übrigens der Chef-Totengräber des Londoner Friedhofs Kensal-Green. Er berichtete:

„Unsere Division hat einen Sonderauftrag erhalten. Sie soll sich entlang ihrer linken Flanke ins Land hineinschieben und durch die Lücke zwischen dem britischen und dem amerikanischen Landebereich durchbrechen und Ihre Division von rückwärts angreifen, während die Infanteriedivisionen frontal stürmen."

„Wenn das stimmt!" ließ sich wenig später Major Werncke, der Ib der PLD vernehmen, „dann ist unsere Lage verteufelt ernst. Wenn die ‚Wüstenratten' in unseren Rücken gelangen, ist es ihnen möglich, unsere Front zum Einsturz zu bringen."

Am nächsten Morgen bewahrheitete sich diese Aussage des Gefangenen. Die 7. brit. PD war mit einer starken Kampfgruppe an der linken Flanke der PLD vorbei bis auf Villers Bocage vorgestoßen. Nur ein Zufall und das entschlossene Zupacken eines einzelnen Panzerkommandanten verhinderten ein Desaster. Und das kam so:

Mit der SS-PD „Hitlerjugend" war am frühen Morgen des 6. 6. 1944 auch die schwere SS-Panzerabteilung 501 als „Korpsfeuerwehr" in Marsch gesetzt worden. Sie gehörte an und für sich zur 12. SS-PD „Hitlerjugend", wurde aber in den ersten Tagen als „Feuerwehr" des I. SS-Panzerkorps eingesetzt.

Nach den vielen Pannen und Verzögerungen der ersten Tage der Invasion lagen die drei Panzerdivisionen der Eingreifreserve des OKW in folgender Aufstellung:

Die Panzerlehrdivision: von St Germain-d'Ectot über Verriers bis ostwärts Tilly.

Die 12. SS-PD „Hitlerjugend": von Christot bis einschließlich Caen.

Die 21. Panzerdivision: vom Ostrande Caen bis nach Lisieux.

Am 12. Juni erreichte auch die schwere „Tiger"-Abteilung 501 der Waffen-SS (es gab auch eine gleiche Abteilung des Heeres) den Kampfraum. Die Kompanie unter dem Befehl von SS-Obersturmführer Michael Wittmann gehörte dazu.

Wittmann hatte am 13. Januar 1944 das Ritterkreuz erhalten und war bereits 17 Tage später als 380. deutscher Soldat mit dem Eichenlaub zum Ritterkreuz ausgezeichnet und wegen Tapferkeit vor dem Feind zum Obersturmführer (Oberleutnant) befördert worden.

Nun führte er die 2. Kompanie der schweren „Tiger"-Abteilung. Die 1. Kompanie wurde von Hauptsturmführer Möbius befehligt.

Von Beauvais über Paris zur Invasionsfront waren Wittmanns „Tiger" vom 7. bis zum 12. 6. unterwegs gewesen. Am Morgen des 8. 6. war Wittmanns Kompanie bei Versailles von alliierten Jagdbombern angegriffen worden. Mehrere „Tiger" fielen aus und mußten vom Instandsetzungstrupp abgeschleppt und repariert werden.

Untersturmführer Stamm, einer der Zugführer, meinte dazu:

„Wenn wir so weitermachen, sind wir erledigt, noch bevor wir die Front gesehen haben, Michel!"

„Wir sollten nur noch bei Nacht marschieren, Obersturmführer", warf Oberscharführer (Feldwebel) Ernst Krieg ein.

Wittmann beschloß, dies zu tun, und so schoben sich die schweren „Tiger"-Kompanien dieser Abteilung in den Nächten näher ans Ziel und blieben tagsüber in Gärten und Waldstücken gedeckt stehen.

Am frühen Morgen des 13. 6. 1944 erreichten sie den Raum Villers Bocage. Hier sollte ein letztes Mal Rast eingelegt werden. Nachdem dann im Laufe des Tages die Schäden an den Panzern repariert waren und alles aufgetankt war, sollte der Angriff der schweren Panzer beginnen. Doch es kam ganz anders.

„Stamm, Schäden beheben!" sagte Wittmann dem Untersturmführer (Leutnant) am frühen Morgen des 13. Juni. Es war eben hell geworden, und binnen kurzem würde die Sonne aufgehen

„Spätestens gegen mittag wird alles wieder klar sein, Obersturmführer."

„Ausgezeichnet, Stamm! Ich fahre jetzt mit fünf Wagen Aufklärung und melde mich über Funk alle Stunde, damit du weißt, wo ich stecke."

Wenig später fuhr Wittmann mit seinem Panzer los. Die vier übrigen folgten. Nach 119 Panzerabschüssen im Osten rollte er nunmehr im Westen einem Einsatz entgegen, von dem er nicht wußte, wie er enden würde. An Bord waren neben dem alten Ladeschützen Sepp Preintl auch der Richtschütze Balthasar Woll, der als bester Richtschütze des Panzerregiments 1 der „Leibstandarte Adolf Hitler" im Januar 1944 das Ritterkreuz erhalten hatte.

Langsam rollten sie vor. An einem schmalen Waldstück blieben sie stehen. Wittmann holte die Karte hervor und sah nach, ob die beiden Wege, die sich hier kreuzten, eingezeichnet waren.

„Hör zu, Berger", rief er dem Fahrer zu. „Wir rollen hier durch das Wäldchen hindurch und fahren den Hügel hart nördlich Villers Bocage hinauf. Von dort aus haben wir einen prächtigen Überblick über das Gesamtgelände, in dem unsere Panzer stehen müssen."

„Balleroy ist schon vom Gegner besetzt", warf Oberscharführer Woll ein. „Vielleicht sehen wir die ersten Tommys."

„Da kommt keiner durch. Dort steht die Panzerlehrdivision", entgegnete Hauptscharführer Berger, der vom Stab zu ihnen gestoßen war.

„Stimmt, Berger!" gab Wittmann zu. „Aber was wir selber sehen, ist wichtiger als das, was sein müßte. Also los!"

Sie fuhren weiter, und während sie auf das Wäldchen zurollten, nahm der Funker des Panzers Verbindung zum Abteilungschef auf.

Die vier „Tiger", die Wittmanns Chefpanzer bis hierher gefolgt waren, blieben zurück, um zu sichern. Durch sein Scherenfernrohr suchte Wittmann während der langsamen Weiterfahrt nach Nordwesten das Gelände voraus ab. Sie passierten den Wald, rollten an einer Weißdornhecke entlang und erreichten einen Feldweg, der nach Villers Bocage führte. In diesen bogen sie ein.

Als sie versuchten, eine der quer zum Weg verlaufenden Hecken einfach zu überrollen, blieben sie hängen. Berger fluchte, und Wittmann dirigierte ihn rückwärts wieder heraus. Dann erreichten sie den Fuß des Hügels, welcher der Höhe 213 nach Südosten vorgelagert ist. Langsam zog der „Tiger" den Hügel empor. Büsche wurden in den Grund gewalzt. Noch zehn Meter bis zur Kuppe, von der aus sie eine gute Sicht auf die Straße von Alleroy nach Süden auf Caumont und von dort nach Osten auf Villers Bocage haben mußten.

Michael Wittmann erwartete nichts Außergewöhnliches, möglicherweise einen feindlichen Spähtrupp, dem es gelungen war, an der Flanke der Panzerlehrdivision vorbei diesen Raum zu gewinnen, um die Truppenstärke der Deutschen zu erkunden.

„Halt!" befahl er, als sie oben waren und sich im Morgenlicht die Ebene schräg unter ihm ausbreitete. Noch stand der Panzer zur guten Hälfte am Hinterhang, Büsche deckten auch seinen Aufbau mit Turm und Kanone. Der Motor verstummte. Wittmann suchte den Horizont ab.

Im Norden, nahe Sermentot, erkannte er Bewegungen. Dort lag der Stab der Panzerlehrdivision. Dann zuckte er unwillkürlich zusammen und stieß einen leisen Pfiff aus.

„Siehst du etwas Besonderes, Michael?" fragte Woll.

„Feindpanzer auf der Straße nach Villers Bocage und auf dem Weg zur Höhe 213. — Kampfbereitschaft herstellen, Woll!"

Wittmann ließ den Panzer ein paar Meter unter den Hang rückwärts zurückziehen und dann drehen. Nun rollte der schwere „Tiger" mit der überlangen Kampfwagenkanone in Richtung des Wäldchens zurück, von dessen Nordwestspitze aus sie den abdrehenden Verband genau beobachten konnten.

Sie umrundeten den Hügel, erreichten das deckende Wäldchen, fuhren hindurch und hielten etwa fünfzehn Meter vor dessen Ausgang, wo sie noch nicht genug gedeckt wurden. Von hier aus beobachtete Wittmann die anrollenden Panzer.

„Ein ganzer Panzerverband, Männer", berichtete er den Kameraden. „Sie rollen eben nach Villers Bocage hinein und werden — wenn sie weiterfahren — hierherkommen und an der Straße nach Caen eindrehen. Funkspruch an 2. Kompanie: ‚Fertig machen und Richtung Höhe 213 fahren. Weitere Befehle folgen!'"

Die Gegenstelle bestätigte, und Ladeschütze Preintl fragte seinen Kompaniechef, was sie denn machen würden. Wittmann lächelte leicht.

„Angreifen", entgegnete er dann. „Panzergranaten laden! — Wir lassen sie dicht herankommen und eröffnen dann Schnellfeuer auf sie. Wenn wir das Überraschungsmoment ausnützen, werden wir ihnen einen schönen Empfang bereiten können."

Das Wetter war an diesem Tage diesig, deshalb waren wahrscheinlich auch noch keine Jabos in der Luft. Die Feindpanzergruppen und die Schützenpanzer und Kräder, die Wittmann deutlicher herauskommen sah, rollten ohne Sicherung vorn und auf den Flanken weiter. Es war der Spitzenverband der 7. brit. PD mit der 22. Panzerbrigade sowie Teilen der 1. Schützenbrigade. Zwei Kompanien des berühmten 8. Husaren- und Teile des nicht weniger ruhmreichen 1. Panzerregimentes gehörten dazu.

„Wenn es diesem Panzerpulk gelingt, hinter den Rücken unserer Divisionen zu kommen und der Gegner gleichzeitig auch vor der Front angreift, ist die Sache hier gelaufen", erklärte Wittmann, dem die Kameraden im Panzer wortlos zuhörten. „Deshalb dürfen wir nicht warten, bis alle Waffen hier sind, sondern müssen den Gegner so früh wie möglich angreifen."

Balthasar Woll spähte durch seine Richtoptik. Er sah Panzer, SPW (Schützenpanzerwagen) und die Selbstfahrlafetten der 5. britischen Artillerieabteilung, die unverdrossen weiterfuhren.

„Sieh dir das an, Michael! Jetzt macht der Haufen doch glatt auf offener Straße Rast!" rief er verblüfft aus. „Die tun so, als hätten sie den Krieg schon gewonnen."

Es war ein Teil der Marschkolonne, der ausscherte und am Straßenrand rastete. Die übrigen Panzer und Fahrzeuge fuhren weiter. Die vorn rollenden Panzer waren inzwischen bis auf 200 Meter herangekommen.

Der im Leerlauf arbeitende Motor des „Tigers" dröhnte nun auf Vollgas, was der Gegner bei den vielen eigenen Geräuschen nicht hören konnte. Woll hatte den ersten Panzer anvisiert, Preintl hielt bereits die zweite Panzergranate in seinen mächtigen breiten Händen.

„MG klar, Köllner?" Der Funker und MG-Schütze bestätigte.

Noch 100 Meter zu dem Spitzenpanzer!

„Los!" befahl Wittmann.

Der Panzermotor röhrte auf. Der „Tiger" setzte sich in Bewegung, verließ sein Waldversteck, erreichte die Straße und blieb stehen. Mit mächtigem Knall fetzte die erste Panzergranate aus dem über sechs Meter langen Rohr. Sie schlug dem vorn fahrenden Panzer den Turm herunter. Schon hatte Preintl die nächste Granate in die Kammer geschoben und den Verschluß zugeschnickt. Woll hatte den nächsten Gegner angerichtet, wieder der blaffende Schlag des Abschusses und abermals ein Volltreffer, der den Gegnerpanzer durchschlug und ihn Sekunden in Flammen stehen ließ.

Der „Tiger" rollte langsam weiter. Die Feindkolonne war jäh zum Halten gekommen. Wittmann gab seine Befehle. Jeder Schuß aus dieser geringen Entfernung war ein Volltreffer. Ladeschütze Preintl mannte Granaten, so schnell es ging. Mit raschen Feuerstößen schoß Köllner auf die absitzenden Schützen und zwang sie in die beiden Straßengräben.

Panzer, Lastwagen, Kräder und Halbkettenfahrzeuge und Schützenpanzer passierte der vorrollende Panzer, und jedes der anvisierten Fahrzeuge platzte unmittelbar nach dem Schuß auseinander. Brände loderten. Explosionen gellten. Männer schrien und warfen sich brennend auf den Boden, um durch Herumrollen die Flammen zu ersticken.

Im Panzer arbeitete jeder wie besessen. Rumpelnd und dröhnend rollte er über zwei Kräder hinweg, die unmittelbar vor ihm die Straße kreuzten. Weit legte sich der Stahlkasten über. Es krachte und knirschte. Einer der „Cromwell"-Panzer scherte aus der Reihe aus und schoß. Die Granate traf die Frontpanzerung des „Tigers" und — heulte als Querschläger in den Himmel.

Zwei Minuten dauerte dieser erste Feuerschlag, zwei Minuten, die den Engländern wie zwei Stunden vorgekommen sein mußten. Danach war die gesamte Panzerkolonne des Gegners nur noch ein qualmender Trümmerhaufen, aus dem sich verwundete und unverwundete Soldaten in panischem Schrecken zu retten versuchten.

Funker Köllner schoß mit dem Bord-MG auf angreifende Infanteristen und zwang sie zum Abdrehen. Ein Befehlswagen der Engländer, an seinem Stander zu erkennen, versuchte über das freie Feld auf die Höhe 213 zu entkommen. Die Kanone schwenkte herum; Woll faßte den Wagen auf. Der Schuß peitschte hinaus, die Granate schmetterte in das Heck des Wagens hinein und riß ihn in Stücke.

Wieder schwenkte Woll zurück auf die „Cromwell"-Panzer. Mit der ersten Granate durchbohrte er jenen, der eben auf sie schießen wollte und nun um eine Sekunde zu spät gekommen war.

Der „Tiger" ruckte an, rollte weiter, schoß nun mit Sprenggranaten, wenig später wieder Panzergranaten. Er allein vernichtete jenen Verband, der hier die Panzerlehrdivision umholt hatte und die Entscheidung bei Tilly erzwingen wollte. Wahrscheinlich hätten die Männer der 7. britischen PD dies auch geschafft.

In diesem Augenblick knackte es in Wittmanns Kopfhörer, und er vernahm die Stimme des Untersturmführers:

„Hier Stamm. Haben die Höhe 213 erreicht, eröffnen das Gefecht. Haben feindlichen Aufklärer abgeschossen!“

„Vorwärts und durch, Stamm!“ rief Wittmann zurück.

Untersturmführer Stamm rollte mit seinen vier Kolossen gegen die 8. Husaren. Seine Panzer schossen zielsicher. Bald drehten diejenigen Feindpanzer, die dieses Inferno überstanden hatten, ab und rollten in wilder Flucht zurück. Sie verschwanden nach Villers Bocage, wo das Gros der Umgehungstruppe noch lagerte.

Das Gefecht vor Villers Bocage war zu Ende. Fünfundzwanzig Panzer und Panzerspähwagen lagen zerschossen, brennend, vernichtet im Gelände. Dazwischen viele Kräder und Lastwagen.

In dieser Sekunde meldete sich auch Hauptsturmführer Möbius:

„Komme mit acht ‚Tigern‘! — Bitte einweisen!“

„Feind hat sich nach Villers Bocage zurückgezogen. Wir greifen die Ortschaft aus Richtung Höhe 213 an. Dreht ihr nach Süden ein und kommt von dort frontal!“

Wittmann rollte in schneller Fahrt zur Höhe 213. Dort stieß er auf seine vier Panzer.

„Stamm, jetzt nach Villers Bocage hinein! Paßt auf die Bazooka-Schützen auf und Vorsicht vor der Pak!“

Sie griffen weiter an, doch nun hatte der Gegner diese Überraschung überwunden und verteidigte sich aus guten Stellungen zwischen den Häusern. Pak und Bazookas (eine Art Panzerabwehr-Rakete) schossen auf jeden „Tiger“, der sich zeigte. Es war die Pak-Abteilung unter Major French, die hier in Villers Bocage versuchte, die Stahlkolosse der Deutschen zum Stehen zu bringen.

Dreizehn „Tiger“ griffen nun Villers Bocage von drei Seiten an. Sie drangen in die Stadt ein, rissen Mauern um, walzten Zäune zusammen und brachten Häuser zum Einsturz. Wo sie hinschossen, verstummte das Feuer des Gegners.

Wittmann dirigierte seinen „Tiger“ in eine der Seitenstraßen, als er auf der Hauptstraße die schmetternden Abschüsse hörte. Sie schwenkten, sahen eine Pak, die auf einen von Stamms nachgeführten Panzern schoß, und brachten sie durch einen Schuß zum Schweigen. Die 8,8-cm-Granaten der Langrohrkanonen durchschlugen alles, was der Gegner an Panzern und Stahlschutzschildern zur Verfügung hatte.

Dann traf es den Panzer von Untersturmführer Stamm. Kein Mann der Besatzung kam mehr aus dem brennenden „Tiger“ heraus.

Drei Minuten später ging der „Tiger“ von Oberscharführer Ernst Krieg in Flammen auf. Zwei Bazooka-Schützen hatten ihn aus einem Keller heraus unter Feuer genommen und vernichtet. Auch hier kam kein Mann der Besatzung mit dem Leben davon.

Die übrigen aber schlugen den Pak-Riegel auf. Sie vernichteten ein Geschütz nach dem anderen. Wittmann fuhr in seinem Kampfwagen weit vor den anderen. Er erkannte sehr bald, daß Villers Bocage stark von Infanterie belegt war. Sie mußten ebenfalls Infanterie haben, um die durchfahrenen Stadtteile auch sichern zu können. So schwenkten sie auf die Hauptstraße zurück, als plötzlich aus der gegenüber einmündenden Nebenstraße ein Abschußblitz aufzuckte.

Mit ohrenbetäubendem Krachen schlug eine Pakgranate in die vordere rechte Laufrolle des „Tigers“ und zerschmetterte diese mitsamt der Kette.

„Panzer ist lahmgeschossen, Obersturmführer!“ meldete Berger.

„Alle Waffen mitnehmen und ausbooten“, befahl Wittmann.

Sie sprangen aus den Luken und rannten — vom Feuer des Gegners verfolgt — hakenschlagend zu einer niedrigen Mauer hinüber, hinter der sie sich in Deckung warfen.

„Alle hier?“ fragte Wittmann und blickte sich um. Sie lagen alle hinter ihm, und Woll fluchte unterdrückt, als er sah, daß sich die übrigen „Tiger“ zurückzogen.

„Das ist vielleicht eine Sauerei!“ rief Berger. „Wir sitzen jetzt hier abgeschnitten. Warum rollen sie nicht weiter vor?“

„Weil sie dann ebenso wie wir abgeschossen würden“, erklärte Wittmann. „Ohne Begleitinfanterie gegen die Bazooka-Schützen geht es hier nicht.“

Sie krochen entlang der Mauer weiter, erreichten ein Haus und pirschten sich an der Rückfront durch die Gärten zurück bis zum Ortsausgang. Dort kam ihnen ein „Tiger“ der eigenen Kompanie entgegen, der noch einmal zurückgefahren war. Sein Kommandant, Scharführer Zackl, hatte gehört, daß der Chef noch in Villers Bocage sei.

„Aufsitzen, Obersturmführer!“ rief Zackl, der Holzfäller aus dem Erzgebirge. „Aber paßt fein auf, daß euch der Hintern nicht angesengt wird.“

So wurde Wittmann mit seiner Besatzung aus dem Gefechtsfeld zurückgekarrt, auf dem er so erfolgreich gekämpft hatte. Als sie bei der Kompanie ankamen, wußte Sepp Dietrich, der Kommandierende General, bereits über Wittmanns Einsatz Bescheid. Eine Stunde später war Dietrich — Panzerkommandant des I. Weltkrieges — auf dem Abteilungs-Gefechtsstand und ließ sich von Wittmann Bericht erstatten. Als dieser geendet hatte, meinte Sepp Dietrich nur:

„Gut gemacht, Wittmann. Was wünschst du dir?“

„Ich möchte meinen ‚Tiger‘ bergen!“ erwiderte der Obersturmführer mit einem Seitenblick auf Woll, der energisch nickte.

„Ich glaube, das kann ich versprechen“, entgegnete der Generaloberst, „denn vor einer Viertelstunde“, sagte er mit einem Blick auf seine Uhr, „hat der Angriff der 2. Panzerdivision unter General von Lüttwitz auf Villers Bocage begonnen. Eine Kampfgruppe der Panzerlehrdivision ist daran beteiligt. Sobald die Stadt in unserem Besitz ist, fährt der Instandsetzungstrupp los!“

Am Abend dieses Tages erreichte die Männer um Michael Wittmann die Nachricht, daß der Gegner Villers Bocage geräumt habe. Mit dem I-Trupp (Instandsetzungstrupp) fuhren Wittmann und Woll sofort nach

Villers Bocage. Sie fanden ihren „Tiger“ dort, wo sie ihn verlassen hatten, und machten sich an die Arbeit. Kurz vor Mitternacht meldete der I-Zugführer:

„Obersturmführer! Alles ist fertig zum Einsteigen. Die Kiste ist wieder wie neu!“

Dieses Gefecht, an dem zuerst nur ein einziger „Tiger“, dann zwölf weitere teilgenommen hatten, ging in die Kriegsgeschichte der Briten als die „Schlacht bei Villers Bocage“ ein. Insgesamt waren nach englischen Zählungen der gesamte Divisionsstab, die vorn fahrende A-Panzer-Kompanie mit 27 Panzern sowie sämtliche Ketten- und Räderfahrzeuge der Panzerbrigade 22 verlorengegangen. Der Kommandeur der 22. Panzerbrigade, Brigadier W. R. N. Hinde, war verzweifelt. Er hatte 16 Offiziere und 176 Soldaten zu beklagen. Die 1. Schützenbrigade verlor ihren Kommandeur, drei Offiziere und 60 Mann. Die von Feldmarschall Bernard Montgomery angesetzte Operation „Perch“ war fehlgeschlagen. Caen, das Ziel dieser Operation, war nicht erreicht worden. Die Stadt mußte nun frontal und vermutlich mit hohen Verlusten erstürmt werden.

Für diesen einmaligen Panzerangriff in der Geschichte des II. Weltkrieges erhielt Michael Wittmann am 22. Juni 1944 als 71. deutscher Soldat die Schwerter zum Ritterkreuz.

*

Der Gegner war bis zum Abend des 12. Juni 1944 durch den Einsatz jener insgesamt vier Panzerdivisionen gestoppt worden, die an und für sich eine ganz andere Aufgabe erhalten hatten, nämlich: den Gegner ins Meer zurückzuwerfen. Aber es reichte nur zum Aufhalten, und am späten Abend dieses Tages meldete Generalfeldmarschall Erwin Rommel dem OKW:

„Die Heeresgruppe muß sich zunächst damit begnügen, mit den nur allmählich herankommenden Kräften eine zusammenhängende Front zwischen Orne und Viere zu bilden und den Gegner anlaufen zu lassen. Dabei können die restlichen Panzerverbände nachrücken.

Die Heeresgruppe strebt an, die eingesetzten Panzerverbände baldigst durch Infanterieverbände ablösen zu lassen und mit ihnen wieder bewegliche Reserven zu bilden. Den Schwerpunkt der eigenen Operationen beabsichtigt die Heeresgruppe in den kommenden Tagen in den Raum Carentan—Montebourg zu verlegen, um den dort befindlichen Feind zu vernichten und die Gefahr von Cherbourg abzuwenden. Erst wenn dies gelungen ist, kann der zwischen Orne und Viere liegende Gegner angegriffen werden.“

Feldmarschall Sir Bernard Montgomery hingegen meldete am selben Tag an das Kriegsministerium:

„Meine Taktik ist es, den Feind an die 2. britische Armee zu fesseln und es so der 1. amerikanischen Armee leichter zu machen, sich auszubreiten.“

In einer Besprechung mit Großadmiral Dönitz gelangten Feldmarschall Keitel ebenso wie der Oberbefehlshaber der Kriegsmarine zu dem Schluß, daß ganz Frankreich verloren sei, falls es dem Gegner gelänge, aus dem jetzigen Brückenkopf heraus die operative Freiheit zum Bewegungskrieg zu gewinnen.

Am Abend des 13. Juni 1944 war die Feindlage an der Invasionsfront wie folgt:

Es war dem V. US-Korps gelungen, den Südzipfel des Waldes von Cerisy bei Litteau zu erreichen. Deutlich zeichneten sich hier die Bemühungen des Gegners ab, den deutschen Eckpfeiler St. Lo, an der Front der 3. Fallschirmjägerdivision, zu umfassen und auf breiter Basis eine geradlinige Front und damit eine sichere Verbindung mit der britischen 2. Armee herzustellen.

Bei Carentan stellte sich die 17. SS-PD „Frundsberg" zum Gegenangriff auf Carentan bereit, das von dem dezimierten Fallschirmjägerregiment 6 unter Oberstleutnant von der Heydte geräumt werden mußte. Der Gegenangriff mißlang.

Im Raume Cherbourg waren vier deutsche Divisionen durch Führerbefehl festgelegt: Die 77., die 243. und 709. ID. Ferner noch die neuaufgestellte 91. Luftlandedivision.

Als die Amerikaner nach der Zurückweisung des deutschen Panzerangriffes bei Carentan von dort aus mit ihrer 9. ID und der 82. Luftlandedivision nach Westen auf Haye du Puits vorstießen, drohten sie damit das LXXXIV. AK aufzuspalten.

Im britischen Abschnitt versuchte Feldmarschall Montgomery nach dem Fehlschlagen der Fesselungsoperation der 7. PD, bei Tilly eine Durchbruchsschlacht zu entwickeln. Der Kampfraum Tilly—Caen wurde von der PLD und der 12. SS-PD „Hitlerjugend" gehalten.

In diesem Kampfraum stellten sich wiederum die 49. und 50. britische ID bereit.

Am Morgen des 15. Juni 1944 eröffnete ein orkanartiges Schiffsgeschützfeuer im Kampfraum um Tilly einen neuen Angriffstag. Es war genau 03.40 Uhr, als die ersten Granaten einschlugen. Binnen zweier Minuten hatte sich dieses Feuer zu einem wahren Höllenorkan ausgeweitet. Jeder einzelne Mann des Panzergrenadierregiments 901 unter Oberst Scholze wußte, was nun auf ihn zukommen würde.

Es schien ihnen, als feuerten die Schiffsgeschütze auf jedes Loch einzeln. Schließlich verlegte das Artilleriefeuer zurück, und in breiter Formation flogen drei Jagdbombergeschwader im Tiefflug an. Raketenbomben heulten der Erde entgegen, schlugen mit mächtigem Getöse ein und schmetterten alles zusammen, was zu schießen versuchte.

Nun rollten die britischen Panzer vor. Major Uthe, der seine Männer warnen wollte, hatte zu diesem Zeitpunkt jede Verbindung zu ihnen verloren. Ausgeschickte Melder kamen ohne Erfolg zurück. Sie waren vom Bataillonsgefechtsstand im Schloß Fontenay nicht zu den Kameraden durchgekommen, die nur wenige hundert Meter weiter vorn lagen.

Der Schlachtenlärm hallte zu den wenigen Männern im Schloß herein. Major Uthe sah sich um. Da waren seine Funker und Nachrichtenleute, da stand sein Adjutant, Oberleutnant Gehrke, neben ihm die drei Gefechtsmelder. Der Pionierzug, der ihm zugeteilt worden war, lag unter Trümmern in seinen Löchern verschüttet.

„Fertig machen!" befahl der Major. „Wir gehen zu unseren Panzergrenadieren!"

Major Uthe griff zur MPi und hängte sie um. Der Schreiber-Oberfeldwebel raffte die Bataillons-Unterlagen zusammen und verstaute sie in dem SPW. Der stand im Keller des Schlosses, der durch eine Rampe erreicht werden konnte. Der Unteroffizier ließ den Wagen an und rollte nach oben. Nun schwangen sich alle hinauf, und in wilder Fahrt rollte der SPW die zum Schloß führende Allee hinunter. In halsbrecherischer Slalomfahrt wurden umgestürzte Bäume umfahren. Dann erreichten sie die große Ost-West-Straße.

„Voraus Engländer, Herr Major!" meldete der Adjutant.

„Schießen, Gehrke!" erwiderte Konrad Uthe.

Der Oberleutnant hinter dem Schutzschild des Bord-MG begann zu feuern. Die übrigen Männer schossen aus MPi und Sturmgewehren. Der Gegner verschwand in den Deckungen.

Mit einer jähen Fahrtänderung riß der Unteroffizier den SPW herum, als er einen Abschuß weiter vorn sah. Auf kreischenden Ketten ruckte der Wagen aus dem Kurs und raste in wilder Fahrt weiter. Die Granaten erreichten ihn nicht mehr. Im Dorf schwenkte der Fahrer abermals ein. Am Waldrand hielt er an.

Auf einmal tauchten hier die ersten versprengten und zurückgeworfenen Panzergrenadiere auf. Sie krochen aus Verstecken und Granattrichtern heraus, und Major Uthe organisierte hier eine Verteidigungslinie.

In diesem Augenblick, da jede Sekunde der Gegner auftauchen konnte, stieß eine Kompanie der anschließenden 12. SS-PD „Hitlerjugend" zu ihnen durch. Es war die Divisionsbegleitkompanie, die von Fritz Witt in diesen bedrohten Abschnitt geschickt worden war. Von rechts herkommend, rollten sie mit rasselnden Ketten aus dem Frühdunst heraus und drangen bis zum Waldrand vor.

„Was ist los, Major?" fragte der Kompaniechef im vordersten Panzer.

In knappen Worten unterrichtete Major Uthe den Kameraden und berichtete von seiner Absicht, die alten Stellungen einige hundert Meter weiter vorn, die besser zur Verteidigung geeignet seien, zurückzugewinnen.

„Wenn ihr vorfahrt und tüchtig mitmacht, werden wir es schaffen. Aber fahrt nicht zu schnell, damit wir nicht abgehängt werden, klar?"

„Geht in Ordnung!" sagte der Obersturmführer.

„Fertig machen. Den Panzern folgen, nicht so dicht und in so dicken Trauben dahinterklemmen!"

Dröhnend setzten sich die „Tiger"-Panzer in Bewegung. Dahinter gingen Major Uthe und seine Panzergrenadiere vor. Sprenggranaten schlugen in die Stellungen ein, die der eingedrungene Gegner bereits bezogen hatte. Wo sich Widerstandsnester am Blitzen der Abschüsse zu erkennen gaben, wurden sie mit Punktfeuer ausgeschaltet. Die Panzergrenadiere säuberten die Stellung von den Engländern, die sich hier verkrochen hatten, um erst einmal die Panzer vorbeizulassen.

Major Uthe riß die Sturmreihen vorwärts, wenn sie einmal ins Stocken gerieten. Schon erreichten sie den Erdwall, zweihundert Meter hinter der eigenen HKL. Hier ließ Uthe halten, um die Lage zu erkunden. Männer tauchten hier aus den Trümmern auf, verwundet zumeist. Sie hatten sich vom Gegner überrollen lassen und sich totgestellt. Fast alle befanden sich am Rand der totalen Erschöpfung, aber sie wollten trotzdem weiter vorgehen und die alte HKL wieder in Besitz nehmen.

In diesem Augenblick kamen aus einer schmalen Baumreihe einige durchgebrochene Feindpanzer heraus. Sie machten Schießhalt, und schon sahen die Panzergrenadiere die grellen Abschußflammen aus den Rohren hinausspritzen.

„Volle Deckung!" brüllte Major Uthe.

Einschläge hämmerten in den Erdwall. Dreck und Gestein spritzten empor. Ein harter, berstender Schlag schleuderte Oberleutnant Gehrke zu Boden. Als er sich wieder aufrappelte, sah er Major Uthe neben sich. Ein Splitter hatte ihm den Ärmel aufgerissen.

„Alles klar, Gehrke?"

„Nichts passiert, Herr Major!"

Die „Tiger"-Panzer schossen auf die durchgebrochenen Gegner. Zwei von ihnen blieben qualmend liegen. Die übrigen drehten und verschwanden weiter rückwärts in einer Senke.

„Jetzt in einem Sprung durch! Die Panzer so schnell wie möglich vorrollen, und wir hinterher! — Sprung auf — maarsch!"

Als erster war der Major auf dem Erdwall. Ihm folgten die Panzergrenadiere. Sie rannten um ihr Leben. Die rechts und links in schneller Fahrt vorrollenden Panzer warfen dicke Dreckbrocken nach hinten. Sie schossen aus Kanonen und MG im Fahren; und dann erreichten sie ihre eigenen Stellungen. Handgranaten flogen in die Gräben. MPi schickten Feuerstöße in die Richtung, aus der ihnen Schnellfeuer entgegenschlug. Die Panzer hatten die eigene HKL bereits überrollt. Sie schossen aus der rechten Flanke in die dichten Feindmassierungen und brachten die Front ins Wanken. Die Panzergrenadiere sprangen in ihre früheren Deckungen. Engländer kamen mit erhobenen Händen und waffenlos heraus. Sie wurden nach hinten geschickt.

Selbst als englische Panzerstoßgruppen den weichenden Infanteristen entgegenfuhren, um sie im sofortigen Gegenstoß wieder in die eroberten Gräben und Stellungen zurückzubringen, hielt die Tommys nichts. Sie hatten die Nase anscheinend voll.

Hinter diesen Panzern tauchten jetzt aber frische Infanteriekräfte auf, in vier Wellen.

Die Panzergrenadiere richteten sich zur Verteidigung ein. Ein paar Panzerfäuste wurden gefunden. Schon eröffneten die vorrollenden Feindpanzer das Feuer. Näher und näher kamen sie heran.

Die ersten Flammstrahlen zischten nach rückwärts und trieben die Sprengköpfe der Panzerfäuste dem Feind entgegen. Einer bohrte sich durch die Frontpanzerung des zunächst stehenden Gegners und vernichtete ihn. Dann wurde noch einer getroffen. Die Situation wurde dennoch kritisch, denn mittlerweile waren drei eigene Panzer verlorengegangen, und mehr und mehr Feindpanzer zeigten sich.

In diesem Augenblick rollten die Panzerjäger heran. Es war die 3. Kompanie. In seinem Kübel stehend, seinen Jägern voran, Hauptmann Oventrop, der über Funk den Angriff dirigierte.

Das Duell Panzerjäger gegen Feindpanzer war kurz. Drei, vier, fünf Feindpanzer gingen in Flammen auf. Die Panzerjäger hatten wieder einmal das Zünglein an der Waage gebildet und den Angriff gestoppt.

An zwei Stellen war der Gegner durchgebrochen. Er wurde abgeriegelt und vernichtet. Ein Teil dieser feindlichen Sturmkompanien ging in Gefangenschaft.

Für diesen Einsatz, den er an vorderster Stelle geleitet hatte, erhielt Major Konrad Uthe am 25. August 1944 das Ritterkreuz. Er konnte diese Auszeichnung nicht mehr selbst in Empfang nehmen, denn in den Julikämpfen fiel er an der Spitze seines Bataillons bei dem Versuch, einen feindlichen Durchbruch abzuwehren.

In den Trümmern von Tilly hatten sich die Panzergrenadiere der II./PGR 901 unter Major Schöne und insbesondere die Kompanie von Hauptmann Philipps gehalten. Hauptmann Karl Philipps, der seit dem 15. April 1944 das Ritterkreuz trug, war die Seele der Verteidigung. Wo er mit seinen Panzergrenadieren stand, kam niemand mehr durch.

Auch im Abschnitt der 12. SS-PD „Hitlerjugend“, die rechts an die PLD anschloß und den Raum Putot-Balleroy verteidigte, war der Gegner in Divisionsstärke angetreten. Hier versuchte die 49. ID der Engländer durchzubrechen. Auch hier hielt der Verteidigungsriegel den Angriffen stand. Aber wie lange noch?

Am 16. Juni meldete der Wehrmachtsbericht:

„Im Kampf gegen drei der besten englischen Infanteriedivisionen hat sich die Panzerlehrdivision unter Führung des Generalleutnants Bayerlein hervorragend bewährt.“

Aber die Division hatte schwere Schläge erlitten. Am Abend des 15. Juni war Lingevres verlorengegangen. Am selben Tage war auch La-Belle-Epine nach einem letzten, verzweifelten Aufbäumen der Panzeraufklärungs-Lehrabteilung 130 gefallen. Es war den Männern um Major von Born-Fallois nicht gelungen, den Gegner aufzuhalten.

Gleichzeitig gelang es den Engländern an diesem Tage, auch noch in breiter Front über die Straße Tilly–Balleroy vorzustoßen, wo das Panzergrenadier-Lehrregiment 902 unter Major Willi Welsch stand und opfervoll kämpfte. Bei Major Welsch befanden sich jene Panzer der I./PR 130 unter Major Markowski, die noch vor dem Abtransport nach Polen hatten entladen werden können.

Generalleutnant Bayerlein war in den bedrohten Abschnitt gefahren, als Major Welsch ihm meldete, daß die Gefahr der Einschließung bestehe. Er wußte in Willi Welsch einen Soldaten an der gefährdeten Stelle der Front, auf den er sich verlassen konnte. Bereits im September 1941 hatte Welsch als Oberleutnant und Chef einer Schützenkompanie im Rußlandfeldzug das Ritterkreuz erhalten und sich seitdem immer wieder als umsichtiger und besonnener Offizier erwiesen, der auch einen Regimentsverband zu führen verstand. Dennoch wollte sich der Divisionskommandeur von der Lage überzeugen, um entscheiden zu können, was hier getan werden mußte.

Als er neben Willi Welsch an die Karte trat, erklärte dieser:

„Hottot ist gefallen, Herr General. Wenn der Gegner hier durchstößt, dann wird es verdammt brenzlig! Wir müssen Hottot zurückgewinnen, sonst hat er dort ein ideales Aufmarschgelände für seinen Durchstoß über uns hinweg!“

„Stimmt, Welsch“, pflichtete Bayerlein dem Major bei. „Deshalb wird Markowski Hottot zurückgewinnen! Er hat 22 Panzer seiner Abteilung zur Verfügung. Wenn er dazu zwei Kompanien Panzergrenadiere von Ihnen bekommt, wird er es schaffen.“

„Er kann die 2. Kompanie und Teile der 3. Kompanie haben, Herr General. Alles andere liegt fest.“

Als Major Markowski verständigt wurde, hatte er seine Abteilung bereits alarmiert. Seine 22 „Panther“ standen zum Angriff bereit.

An der Spitze dieser stählernen Phalanx rollte er im Befehlspanzer vorwärts. Sie durchfuhren eine Schlucht, und dann tauchte vor ihnen das Dorf Hottot auf, in dem einige Häuser zerschossen waren. Die Divisionsartillerie schoß über die eigenen Panzer hinweg in die Ortschaft hinein.

Starkes britisches Abwehrfeuer peitschte den 22 „Panthern“ und den dahinter vorgehenden Panzergrenadieren entgegen. Aus Kellerlöchern, hinter Hecken und Gemäuer blitzten Abschüsse von Pak, Panzerbüchsen und MG-Salven.

„Feuer frei!“ befahl Markowski über die Sprechfunkverbindung seinen Panzerkommandanten.

Aus den Mündungen der „Panther“ flitzten die Granaten, heulten dem Gegner entgegen, zerschmetterten Pak- und MG-Stellungen und rissen Mauern ein. Die Widerstandsnester des Gegners, aus denen dieser die nachfolgenden Panzergrenadiere bekämpfte, wurden Schlag um Schlag außer Gefecht gesetzt. Schritt für Schritt rollten die 22 „Panther“ weiter vor. Doch plötzlich hallte die Meldung eines Kommandanten über den Sprechverkehr:

„Panzer von vorn!"
Da sahen die Panzerkommandanten und auch Major Markowski den Gegner, der hinter einer Hecke hervorrollte und eben stehenblieb. Aus seiner Kanone sprang der Feuerstrahl des Abschusses. Die Panzergranate dieses „Cromwell"-Panzers flitzte links am Befehlspanzer vorbei.
„Ein Uhr — 1 200 — Feuer!"
Der Richtschütze visierte, drückte den Abfeuerknopf, und die Granate zischte in den Gegner hinein.
„Treffer!" berichtete Markowski seinen Männern, als er sah, daß die Granate den Panzer außer Gefecht setzte. Doch da krachte der Abschuß aus dem Geschütz des Gegners. Es mußte dem Richtschützen trotz des erhaltenen Treffers also noch gelungen sein, zu schießen. Zehn Meter vor dem Befehlspanzer Markowskis schlug diese Granate in den Boden. Dreck und Gestein prasselten gegen die Panzerung.
„Noch einmal!"
Die zweite Granate verließ das Rohr. Der Panzer wippte vom Rückstoß zurück. Das Geschoß schlug unterhalb des Turmes in den Gegner hinein und vernichtete ihn endgültig.
Alle „Panther" hatten nun in das Gefecht eingegriffen. Aus 22 Panzerkanonen und ebenso vielen MG schlugen dem Gegner Geschosse entgegen. Der Feind wich. Die Panzer zogen sich nach Hottot zurück. In konzentrischem Angriff rollten die „Panther" nach und erreichten den Dorfeingang.
Hausecken wurden angefahren, Wände donnerten auf die Panzer herunter. Balken stürzten vor den Raupenketten auf die Straße und wurden zermalmt. Und immer wieder krachten die Abschüsse, kreischte Stahl, dröhnten die Einschläge.
Der Nachmittag dieses Tages wurde zum Inferno. Flammen stiegen über Hottot in die Höhe. Im Häuserkampf räumten die nachdrängenden Panzergrenadiere die Stellungen des Gegners aus.
Major Markowski versuchte einen Überblick zu gewinnen. Er rief die Chefs seiner Kompanien, erhielt ihre Meldungen. Dann sah er plötzlich den flammenden Abschußstrahl einer Feind-Pak, die den Befehlspanzer unter Feuer genommen hatte.
„Links einschlagen!" schrie der Major.
Hart ruckte der „Panther" herum und rollte etwa zwanzig Meter weiter. Dann blieb er stehen. Der Schütze hatte die Panzerkanone bereits in die Richtung des Gegners gedreht. Er sah das Geschütz in der Optik auftauchen und drückte den Abfeuerknopf. Mit hartem Rückstoß verließ die Granate das Rohr und schlug rechts neben der Pak ein. Der Richtschütze drehte etwas nach. Schon hatte der Ladeschütze die nächste Granate in die Kammer gemannt und den Verschluß zugeschnickt.
In dem Augenblick, als die Hand des Richtschützen sich dem Abfeuerknopf näherte, blitzte drüben der nächste Abschuß. Die Granate hämmerte mit ohrenbetäubendem Getöse in den Panzer hinein.

Major Markowski spürte einen harten Schlag in der Seite. Er vernahm die Schreie der getroffenen Männer. Dann roch er Benzindunst.

„Ausbooten!" befahl er noch.

Der Fahrer und der Ladeschütze bemühten sich um ihn und halfen dem Verwundeten hinaus. Der Funker war auf die Seite gekippt. Als sie sich ihm zuwandten und ihn hinauswuchteten, merkten sie, daß er tot war. Auch der verwundete Richtschütze wurde hinausgeschleppt und in die nächste Deckung gebracht. Der Major winkte ab, als man ihm helfen wollte. Doch dann brach er bewußtlos zusammen.

Die übrigen Panzer drangen tiefer in die Ortschaft ein. Einige Feindpanzer stellten sich ihnen in den Weg. Sie wurden in hartem Duell vernichtet, das auch auf deutscher Seite herbe Verluste kostete. Die schnellen, wendigen „Panther" mit ihrer gefürchteten Kanone schalteten den Gegner schließlich aus.

Zwei „Panther" wurden von Bazooka-Schützen angeschossen. Doch dann waren die Panzergrenadiere zur Stelle und kämpften den Feind in den Häusern nieder. Hottot war wieder fest in deutscher Hand. Die Grenadiere gingen bis zum Nordrand vor und richteten sich zur Verteidigung ein.

Zwei Stunden darauf rief Generalleutnant Bayerlein alle verfügbaren Panzer aus Hottot zurück. Der neue englische Großangriff auf Tilly und die Stellungen der PLD rollte, und jeder Panzer wurde zur Abwehr dieses massierten Angriffs benötigt.

In breiter Front griffen die Briten an und stießen im ersten Ansturm bis über die Straße Tilly-Balleroy hinaus vor. Im Wald südlich der Straße setzten sie sich fest. Aber hier saßen auch die Panzergrenadiere der PLD. Sie hielten ihre Stellungen und verteidigten sich verbissen.

Um diesen feindlichen Widerstand endgültig zu brechen, wurden alle gegnerischen Geschütze zu einem bisher nicht erlebten Trommelfeuer zusammengefaßt. Die anglo-amerikanische Invasionsflotte vor der Küste trommelte nun mit allem, was sie hatte, auf Tilly herunter.

Von den Häusern der Stadt und der Umgebung stand keines mehr.

Nach zweistündigem Trommelfeuer griff der Gegner an. Die Männer um Hauptmann Philipps standen wieder auf ihren Posten. Wo keine Menschenseele mehr lebendig durchgekommen zu sein schien, erhoben sich die Panzergrenadiere aus den Trümmern. Den Angriffswellen der 49. und 50. Infanteriedivision schlug das deutsche Abwehrfeuer entgegen. Die Panzerjäger auf ihren Selbstfahrlafetten rollten heran. Dann kamen die übriggebliebenen Panzer der I. Abteilung und schließlich auch die „Panther" der II. Abteilung. Oberst Rudolf Gerhardt (der als Major und Abteilungskommandeur im PR 25 am 22. September 1941 in Rußland das Ritterkreuz erhalten hatte) warf sein gesamtes Panzerregiment nach vorn und fuhr selbst im Kommandowagen mit.

Es wurde ein verzweifeltes Ringen. Richtschütze Eduard Job, im

Kampfwagen des Oberfeldwebels Stolz, schoß drei Feindpanzer ab und vernichtete zwei Pak. Leutnant Schönrath, Zugführer in Oventrops 3. Kompanie, schaltete ebenfalls drei Feindpanzer aus. Feldwebel Dükkert brachte zwei „Cromwells" zur Strecke.

Die Panzerpioniere von Major Brandt hielten den Gegner auf. Allen voran der Kommandeur.

Mit Sprengmitteln und Panzerfäusten sprangen sie den Gegner an und vernichteten die eingebrochenen Panzer. Tilly wurde gehalten, denn Tilly war der Schlüssel zur Stadt Caen.

Am 5. August 1944 erhielt Major Walther Brandt für diese Abwehrleistung das Ritterkreuz.

Danach aber kamen sie wieder: die wilden „Hornissen", die Jabos! Mit aufheulenden Motoren stürzten sie sich auf die deutschen Stellungen, um den Widerstand doch noch zu brechen. Jedoch auch dieser Angriff aus der Luft vermochte nichts an der Tatsache zu ändern, daß die PLD hielt. Die deutsche Front stand.

*

Beim Panzerregiment 22 war Oberst von Oppeln-Bronikowski schon am frühen Morgen des 17. Juni bei den eingegrabenen Panzern, deren Kanonen sich gerade über die Deckungen erhoben.

„Wie sieht es aus, Vierzig?" fragte Oberst von Oppeln den Kommandeur der II. Abteilung seines Regiments.

„Panzerbereitstellungen, Herr Oberst! Viele Panzermotoren gehört, die in der Nacht näher heranrückten."

„Dann wollen wir mal!" entgegnete von Oppeln und ging zu seinem Chefpanzer hinüber.

Sie hatten eben die Panzer erreicht, als auch das Schiffsgeschützfeuer wieder einsetzte.

„Kommen Sie, Herr Oberst!" rief der Fahrer seines Panzers durch die geöffnete Fahrerluke.

Hermann von Oppeln-Bronikowski rannte hinüber und schwang sich durch das Turmluk ins Innere des Wagens. Keine Sekunde zu früh, denn die sporadisch einhauenden Granaten fielen nunmehr dicht bei dicht. Durch die Ausblicke sah der Regimentskommandeur die aufstiebenden Einschlagfontänen und die riesigen Dreckbrocken, die gegen die Panzer klatschten. Stahlsplitter sirrten dazwischen.

Endlich verlegte das Feuer weiter zurück, und Sekunden später sah der Regimentskommandeur durch die dicken Schwaden aus Dreck, Staub und Pulverdunst die ersten Feindpanzer.

„Kommandeur an alle: Feuerbereit machen. Schießen erst auf meinen ausdrücklichen Befehl. Einzelne Zielabschnitte beachten!"

Jeder der hier eingegrabenen Panzerbesatzungen wußte, wohin sie zu schießen hatte, jeder Wagen hatte im Rahmen der Kompanie seinen bestimmten Abschnitt. Nun hockten die Richtschützen hinter den Zieloptiken und suchten ihren Gegner, und die Ladeschützen hielten bereits die nächste Granate in der Hand. Es waren Panzergranaten, die sie geladen hatten.

Näher und näher kamen die Stahlkolosse des Gegners. Deutlicher drangen die Geräusche in die Panzer hinein, groß wuchsen die Kolosse aus dem Frühdunst. Noch vierhundert Meter, und nun mußte eigentlich der Befehl...

„Achtung — Feuer!"

Aus 26 Panzerkanonen schmetterten gleichzeitig die Abschüsse. Sechsundzwanzig Granaten zischten zum Gegner hinüber, fanden ihre Ziele.

Danach die zweite Salve und wieder Treffer, Brände, Explosionen und Detonationen.

„Infanterie dahinter, Herr Oberst!"

„Kommen lassen. Unser Ziel ist die Vernichtung der Feindpanzer!"

„Herr Oberst, Ladehemmung!" meldete der Richtschütze.

„Zeig mal her!" Oppeln glitt herunter und zwängte sich neben den Richtschützen, der sich so weit wie möglich zur Seite beugte. Der Oberst hantierte mit den behandschuhten Händen am Verschluß, rüttelte hier, drehte dort, und dann — ging es wieder. Er richtete diesmal den Gegner selbst an, sah ihn im Visier. Die Granate verließ das Rohr, zischte zum Feind hinüber und schlug ihm den Turm vom Unterwagen herunter.

„Volltreffer!" rief der Richtschütze und schlug von Oppeln auf die Schulter. Der Oberst grinste und gab den Platz wieder frei. Die Feindpanzer standen brennend und lahmgeschossen auf der Fläche vor dem Wäldchen. Diejenigen, die dieses verheerende Feuer überstanden hatten, drehten. Nur ein kleiner Pulk von vier Wagen war an der linken Flanke der Panzer vorbeigerollt und drehte nun ein, um diese Verteidigungslinie von rückwärts aufzurollen.

Diese Wagen gerieten an die Achtacht-Flak der Division, die hier als Eingreifreserve stand. Sie wurden mit wenigen Schüssen vernichtet.

Der Panzerangriff war abgeschlagen, aber nun kam die Feind-Infanterie in tief gestaffelten Wellen und — wurde einmal mehr abgewehrt.

Der Vormittag ging zu Ende. Der Gegner hatte wieder eine neue Niederlage einstecken müssen. Dennoch wurde der Regimentskommandeur nicht froh, denn auch diesmal hatte das verheerende Schiffsgeschützfeuer zwei seiner Panzer vernichtet. Einer war mitten im Einschlag einer 38-cm-Granate gestanden. Es waren nur noch Trümmer zu sehen.

In den nächsten Tagen verteidigten hier die Männer des Panzerregiments weiter. In der Nacht zum 23. Juni brach ein starker britischer Stoßtrupp nach heftigem Artilleriefeuer in die Stellung des PGR 192 ein und öffnete die Straße von Douvres nach Caen.

„Nehmen Sie die Stabskompanie, Vierzig!" befahl der Regimentskommandeur, als er die Meldung erhielt. „Sie soll den Feind abriegeln und werfen."

Zwei Minuten später rollte die in ihren rückwärtigen Stellungen wartende Stabskompanie unter Führung von Oberleutnant Meyer zum Gegenstoß vor.

Die Panzer luden Sprenggranaten. Wo sie den Gegner sahen, eröffneten sie auf ihn das Feuer. Sie drangen durch, schossen die Widerstandsnester zusammen, und eine Stunde nach ihrem Antreten hatten sie die Lage bei der 5./PRG 192 wiederhergestellt. Der Gegner war vernichtet.

Zur gleichen Zeit traten auch vor der Front der 12. SS-PD „Hitlerjugend" die britischen Verbände zum Großangriff an. Auch hier ging ein verheerendes Feuer nieder. Auch hier warteten die Soldaten in ihren Löchern und die Panzermänner in Sitzbereitschaft auf den Gegner, der kommen würde, sobald das Feuer zurückverlegt wurde.

„Diesmal wollen sie zur Höhe 112!" Das war die einhellige Meinung der Panzergrenadiere und der Panzerjäger, an deren Stellungen der Gegner sich nach dem Feuerschlag mit Panzern herantastete.

„Da kommen die Panzer!" rief einer dem anderen zu, als in breiter Schlachtordnung die „Shermans" sichtbar wurden.

Es war die 11. britische PD, die diesen Angriff mit allen verfügbaren Wagen fuhr. Dicht gestaffelt rollten die Panzer den deutschen Linien entgegen. Sie drangen an drei, vier Stellen mit kleinen Rudeln ein, walzten die verteidigenden Panzergrenadiere in ihre Gräben. Aus den Stellungen der deutschen Pak bellten die Abschüsse. Die Langrohrkanonen schossen zielsicher. Jeder Volltreffer war tödlich, denn diese Geschosse durchschlugen — wenn sie frontal auftrafen — jeden Panzerstahl.

Eine Stunde nach Angriffsbeginn waren die Panzergruppen in die deutsche HKL eingebrochen. Wenn es ihnen nun noch gelang, ins Tal der Odon zu kommen und nach Osten einzudrehen, dann war Caen verloren.

Die 4. Kompanie des SS-PGR 26, die mit ihren schweren Waffen an einer der Einbruchstellen stand, hatte dem Druck dieses Gegners standzuhalten. Mit den Granatwerfern wurde die Infanterie des Gegners aufgehalten. Dann aber schoben sich die Panzer vor. Es waren mindestens acht.

„Panzerfäuste und Ofenrohre klarhalten!" rief Oberstürmführer Haumann seinen Männern zu. Als er die erste Panzerfaust abschoß, wurde er von einer MG-Garbe getroffen und zu Boden geschleudert.

„Emil, paß auf, da kommen mehrere!" rief Rottenführer (Obergefreiter) Gelhaar, als er vier, dann einen fünften Panzer erkannte, die in Reihe hintereinander aus einer Bachsenke auftauchten.

SS-Unterscharführer (Unteroffizier) Emil Dürr griff nach der Panzerfaust und kroch ein Stück nach vorn, wo er aus einem Deckungsloch schießen konnte, wenn der Feindpanzer nahe genug herangekommen war.

Er erreichte das Loch, richtete sich halb auf und spähte nach vorn. Da kamen die Panzer. Es waren schwere „Shermans". Er visierte den ersten an, wartete noch. Donnernd und rumpelnd, mit knallendem Abschuß seiner Kanone kam der erste Tank heran.

Noch fünfzig Meter Distanz. Wenn Dürr schoß, mußte er die Deckung verlassen.

Dann war es soweit. Er erhob sich ganz. Das Rohr der Panzerfaust ragte nun über den rückwärtigen Rand des Loches hinaus, damit der Flammenrückstoß hinauspuffen konnte.

„Schieße mit Panzerfaust!" warnte Dürr die hinter ihm liegenden Kameraden. Dann zog er den Abzug, und das Geschoß peitschte, vom flammenden Rückstrahl angetrieben, dem Panzer entgegen. Es traf frontal, bohrte sich durch den Stahl und vernichtete den Panzer.

Der nächste wurde von einem Kameraden in Brand geschossen. Ein weiterer kam genau auf Dürr zu. Er griff nach der Hafthohlladung, hielt sich in Deckung, sah, wie der Panzer aus Kanone und MG feuerte und näher kam.

Das Ungetüm rollte bis auf zehn Meter an Dürr heran. Als es wieder Schießhalt machte, sprang Dürr hoch, rannte die wenigen Schritte und schlug die Haftholladung gegen die Flanke dieses Panzers, der als Deckung für die nachfolgende Infanterie wichtig war.

Die Ladung fiel ab. Offenbar hatte der Gegner den Wagen präpariert. Wieder versuchte es Dürr. Der Panzer schoß, irgendwo weiter rückwärts ein mächtiger Einschlag. Dürr griff wieder nach der Hafthohlladung. Er knallte sie gegen den Panzer, hielt sie fest und zündete.

Mit einem ohrenbetäubenden Knall flog der Panzer in die Luft und nahm den Unterscharführer mit. Die entsetzten Kameraden sahen, wie Emil Dürr zerrissen wurde.

Aber sein Einsatz hatte an dieser Stelle die Entscheidung erzwungen. Der Gegner drehte ab und verschwand nach Norden. Emil Dürr hatte dies erreicht.

Am 15. September erhielt Unterscharführer Emil Dürr für diesen Kampf, in dem er sein Leben gab, um seine Kameraden zu retten, das Ritterkreuz des Eisernen Kreuzes.

Bei der Aufklärungskompanie der 12. SS-PD „Hitlerjugend" aber brach ein ganzes Panzerrudel ein. Dort stand der neue Divisionskommandeur, SS-Oberführer (Oberst) Kurt Meyer. Er hatte den Befehl über die Division übernommen, nachdem Fritz Witt am 16. Juni 1944 bei einem Feuerüberfall der britischen Schiffsartillerie getötet worden war.

Vorn bei seiner Begleitkompanie stand „Panzer-Meyer" und hielt, wie die Kameraden um ihn, eine Panzerfaust schußbereit. Britische Infanterie schoß mit MG und Gewehren auf jeden Mann, der sich zeigte, und damit war an ein Panzerfaust-Schießen nicht zu denken

Die Pak feuerte auf die anrollenden Panzer. Sie setzte einige außer Gefecht, die anderen stürmten weiter vor. Doch dann dröhnten die Abschüsse der Achtacht-Kanonen der „Tiger"-Panzer. Wie Schemen tauchten sie aus ihren Bereitstellungen auf und zerschlugen diesen durchgebrochenen Panzerfeind. Der Gegner drehte ab. Er ließ neun Panzer brennend und zerschossen zurück.

Damit war auch hier der Angriff abgeschlagen.

Bis zum Nachmittag des 27. Juni gelang es jedoch der 11. britischen PD, einen Brückenkopf über die Odon zu bilden. Sturmpanzer des Gegners drangen bis nach Verson vor, wo sich der Divisionsgefechtsstand von Oberführer Meyer befand. Ihr Ziel war die dahinter aufragende Höhe 112. Und diese Höhe sollte auf Befehl des I. SS-Panzerkorps unter allen Umständen gehalten werden. Von hier aus wäre es dem Gegner nämlich ein leichtes gewesen, zu den Ornebrücken durchzubrechen und Caen einzuschließen.

An dieser Stelle bahnte sich eine Entscheidung an. Wenn die zugesagten Verstärkungen durch das II. SS-Panzerkorps unter Obergruppenführer Hausser nicht bald eintrafen, dann war hier der Kampf bald zu Ende.

Der Divisionsgefechtsstand der PLD war nach Monts verlegt worden, als das gesamte VIII. britische AK am Morgen des 18. Juni vor der Front der PLD angriff.

Die Stellungen in diesem Raum wurden von folgenden Verbänden gehalten und besetzt:

Die 12. SS-PD „Hitlerjugend" stand auf und neben der Höhe 112. Nördlich der Odon nun die 16. Luftwaffenfelddivision. In Caen selbst lagen die Panzergrenadiere der 21. PD, während das Panzerregiment in seinen alten Stellungen an der Ostflanke von Caen aushielt. Zwischen Tilly und Christot waren die Panzer der PLD in ihre Bereitstellungen gefahren. Generalleutnant Bayerlein hatte nördlich Vendes eine Auffanglinie errichten lassen. Zu seinem Ia (Erster Generalstabsoffizier) sagte Bayerlein am Morgen des 18. Juni 1944:

„Unsere Hoffnung liegt bei den neuen Panzerdivisionen. Wir und die beiden übrigen Divisionen des I. SS-Panzerkorps sind zu sehr geschwächt. Das Schwergewicht der Kräfte hat sich eindeutig zu unseren Ungunsten gewandelt. Unsere Division müßte jetzt herausgezogen werden, damit die zerschlagenen Einheiten aufgefrischt werden könnten; so wie sie jetzt ist, wird sie bald ihre Schlagkraft verloren haben, da mache ich mir gar nichts vor. Aber, wo ist Ersatz, Kaufmann? Wir können keinen einzigen Mann abziehen. Es bleibt uns nichts anderes übrig, als einfach hier stehenzubleiben."

Der erste britische Angriff am 18. Juni wurde abgeschlagen. Wieder jagten Jagdbomber im Tiefflug über das Gefechtsfeld hinweg und schlugen die erkannten Geschützstellungen zusammen. Der zweite Infanterieangriff des Gegners rollte wenig später. Auch er blieb dicht vor den deutschen Stellungen liegen. Es folgten ganze Geschwader „Fliegender Festungen" (viermotorige US-B-17-Bomber). Ihre Bombenteppiche wühlten den Boden noch einmal um.

Die anschließend vorrollenden Feindpanzer wurden von der Flak unter Hauptmann Weinkopf und von den Panzergrenadieren mit Panzerfäusten und T-Minen (Tellerminen) angegangen und vernichtet. Dennoch tobte der Kampf ununterbrochen weiter. Er dauerte von Sonnenaufgang bis Sonnenuntergang. Schiffsartillerie, Feldartillerie, Bomber, Jagdbomber, Panzer, das war die Reihenfolge. Der Gegner wurde zum Stehen gebracht. Dennoch buchte das VIII. brit. AK einen Teilerfolg, denn Christot, vier Kilometer ostwärts Tilly, fiel in die Hand der Alliierten.

Um 19.45 Uhr dieses Tages drangen schließlich auch Feindpanzer in Tilly ein. Noch einmal flackerte der Widerstand auf. Doch der Gegner war nicht mehr zu halten, und so entschloß sich Generalleutnant Fritz Bayerleien dazu, die Reste seiner beiden Panzergrenadierregimenter zurückzunehmen und südlich von Tilly eine neue Auffanglinie zu errichten.

Die Alliierten hatten Tilly erreicht. Doch nach dieser letzten, gewaltigen Anstrengung war auch ihre Kampfkraft erloschen. Sie vermochten nicht mehr nachzustoßen, und das rettete die Reste der PLD. Sie hätte den nachstoßenden Feind nicht mehr aufhalten können.

Bis zu diesem Abend verlor die PLD:

160 Offiziere und 5 400 Mann an Toten, Verwundeten und Vermißten. Von den 160 Panzern der Division waren nur noch 66 einsatzbereit.

*

Am Abend des 28. Juni 1944 rollten drei Panzerdivisionen des II. SS-Panzerkorps unter Obergruppenführer (General) Paul Hausser heran. Doch diese drei Divisionen waren lediglich Reste der in den schweren Kämpfen zerschlagenen Verbände. So war die 1. SS-PD aus Rußland nach Belgien verlegt worden, weil sie an der Ostfront den Großteil ihres Bestandes verloren hatte und nun aufgefrischt werden sollte.

Die 9. und 10. SS-PD waren in Polen in schwere Kämpfe verwickelt gewesen, als das OKW sie herauslösen und in Eilmärschen per Bahn nach dem Westen verlegen ließ.

Mit diesen Truppen sollte Paul Hausser am Morgen des 29. Juni seinen Gegenstoß gegen die kampfstarken Divisionen von Feldmarschall Montgomery führen.

Jabos hingen an diesem Morgen am Himmel und bombten alles, was sich zeigte, auch Sanitätswagen. Schiffsartillerie hämmerte auf die Höhe 112 ein und nahm auch die weitere Umgebung unter Feuer.

Britische Artillerie schoß sich genau auf die Höhe 112 ein. Und dann sahen die vorn am Höhenrand liegenden Verteidiger, wie sich die ersten Panzerpulks aus ihren Bereitstellungen lösten und genau auf die Höhe zurollten.

„Sie kommen!“ pflanzte sich der Ruf über Fernsprecher von Gefechtsstand zu Gefechtsstand fort.

Und sie kamen: die frischen Panzerverbände der 2. englischen PD. Sie fuhren im Breitkeil über den Hang des Odontales hinweg auf die Höhe zu, während die Schiffsartillerie und die Heeresartillerie nun pausenlos auf das Angriffsziel einhämmerten.

Die Panzer machten gruppenweise Schießhalt. Einige wurden abgeschossen, die übrigen aber kamen durch. Sie erreichten das Plateau, rollten weiter, schossen mit Sprenggranaten und walzten die Gräben der Panzergrenadiere zu. Sie erstickten jeden weiteren Widerstand.

Die hinter der Höhe in Stellung gegangenen Einheiten des Werferregiments 83 erhielten von ihrer Beobachtungsstelle auf der Höhe die Nachricht, daß der Gegner die Höhe in Besitz genommen habe und ein „Sherman" keine fünf Meter vor der B-Stelle stehe. Dann war Stille — für immer!

Die ersten Panzer tauchten am Südhang auf, um weiter herunterzurollen und zu den Ornebrücken durchzubrechen.

Die schwere Haubitzenabteilung des SS-Artillerieregiments 12 eröffnete das Feuer, die Werfer der Werferbrigade 7 schossen ebenfalls. Granaten hämmerten in die Spitzen des Stoßkeiles hinein, und die fauchenden Werfergeschosse taten ein übriges. Der Gegner drehte und verschwand.

Inzwischen hatte „Panzer-Meyer" seine Männer zur Rundumverteidigung in Caen eingesetzt. Die Stadt wenigstens wollte er halten.

Gleichzeitig aber rief er den Regimentskommandeur, Obersturmbannführer (Oberstleutnant) Max Wünsche, zu sich.

„Max, morgen früh müßt ihr ran!" begann er. „Wir werden mit allen verfügbaren Geschützen und Werfern auf die Höhe einschlagen und so lange weiterfeuern, bis du meldest, daß du oben bist. Das wird den Gegner in den Löchern halten. Für dich gibt es nur ein geschicktes Anpirschen, bis auf Einbruchsentfernung, und dann mit voller Pulle hinein!"

„Geht klar!" erwiderte Wünsche.

Als der Morgen des 30. Juni 1944 graute, eröffneten alle Geschütze und Werfer das Feuer auf die Höhe 112. Zum erstenmal erlebte der Gegner hier eine ähnlich dichte Feuerwalze, wie er sie selbst immer vor seinen Angriffen entfachte. Feuerschwänzige Raketensalven heulten der Höhe entgegen und schlugen unter den englischen Infanteristen und Panzern ein.

Der leichte Morgennebel, der in Schleiern um die Höhe waberte, begünstigte die Bewegungen der Panzer. Max Wünsche ließ sie gruppenweise in die Ausgangsstellungen emporpirschen. Dann waren sie bereit. Von allen Seiten kamen die Meldungen:

„Bereitstellung erreicht! Einsatzbereit!"

„Sprenggranaten laden und sichern!" befahlen die Kommandanten.

Dann war es soweit!

„Panzer vor!" hallte die Stimme von Wünsche durch die Sprechverbindungen. Die Fahrer gaben Vollgas und schoben die Gänge rein. Sie rollten in einem breiten Keil hügelaufwärts, und als der Gegner sie bemerkte, waren sie fast oben. Infanterie tauchte auf. Die ersten Sprenggranaten schlugen in die Gruppen. Dann erreichten die Spitzen den oberen Hügelrand und konnten die grellen Abschußflammen der feindlichen Artillerie erkennen.

Sie schossen und kämpften die Besatzungen der Geschütze durch Sprenggranaten nieder.

„Achtung, rechts von der Senke, Feind-Pak!“

Diese Warnung erreichte den Chefwagen der 1. Kompanie. Der Obersturmführer richtete die Pak an, und als sie abermals feuerte, erhielt sie den tödlichen Treffer.

Danach stießen sie auf eine MG-Kompanie, die motorisiert vorrollen wollte, aber von dem Werferfeuer getroffen worden war. Sie wurde überrollt.

Rochierend, schießend und wieder Stellungswechsel machend, rollten Wünsches Panzer über die Höhe. Sie schossen Pak ab, erhielten selbst Treffer, die die ersten Verluste brachten, aber sie hielten sich nicht lange mit der Bekämpfung überrollter Feindnester auf, sondern fuhren weiter, bis sie die gesamte Kuppe in ihren Besitz gebracht hatten.

Der Gegner ergab sich. Die Höhe 112 war wieder in deutscher Hand. Vierhundert Gefangene wurden gemacht. Die Gefahr für Caen war damit vorerst beseitigt. Man hatte eine weitere Gnadenfrist gewonnen.

Für diesen Einsatz erhielt Wünsche am 11. August 1944 als 548. deutscher Soldat das Eichenlaub.

„Jeder Panzermann meines Regiments hat diese Auszeichnung verdient“, sagte er. „Ich trage sie für alle jene mit, die diesen Kampf mit dem Leben bezahlt haben.“

Die Werferbrigade 7 mit ihren Regimentern 83 und 84 hatte ihren Anteil daran, daß die Höhe sturmreif gemacht wurde. Mit 300 Rohren hatte Oberst Tzschökell die Voraussetzungen dafür geschaffen, daß Wünsches Panzer durchdringen konnten.

Der Kampf um Caen tobte weiter, und die Front der drei deutschen Panzerdivisionen hielt dem von Tag zu Tag stärker werdenden Druck stand. Vor Caen und hart südlich von Tilly blieben die frischen Divisionen Montgomerys liegen.

Eingangs Juli erhielt die PLD den Befehl, die Stellungen im Raum Tilly sofort einer Infanteriedivision zu übergeben und in den Raum von St. Lo zu verlegen. Hinzu kam, daß die Division ein Drittel ihrer Panzer, der Panzerjäger und der Artillerie zur Unterstützung dieser Infanteriedivision zurücklassen mußte.

Damit wurde die Division auseinandergerissen. Am Abend des 2. Juli hatte Generalleutnant Bayerlein seine Kommandeure um sich versammelt, um ihnen auf dem Gefechtsstand bei Monts die neue Lage vorzutragen und den Abmarsch der Division vorzubereiten.

Am Ende dieser Besprechung erfolgte ein schwerer Feuerüberfall auf den Gefechtsstand.

Das kleine Bauernhaus, das so gut getarnt war, daß es in 20 Tagen kein einziges Mal gebombt wurde, lag nun unter einem zweistündigen dichten Trommelfeuer.

Die bereits zum Abmarsch aufgefahrenen Wagen des Stabsquartiers erhielten Treffer. Zwei Kübelwagen brannten aus. Ein Lkw ging ebenfalls in Flammen auf. Alles sprang in die Splittergräben und Schützenlöcher. Durch dieses Feuer wurden sämtliche Verbindungen zu den rückwärtigen Stellen abgeschnitten.

Dennoch gelang es Bayerlein, in einer Feuerpause abzufahren.

Bei Villers Bocage sammelte sich der Stab der PLD im neuen Divisionsgefechtsstand. Hier war Unteroffizier Kartheuß vor über drei Wochen gefallen, als Jabos den Gefechtswagen angegriffen hatten.

Die Panzer verließen in dieser Nacht ihre alten Stellungen, und auch die Panzergrenadiere rollten mit noch unbekanntem Ziel los. Am Morgen des 4. Juli wurden sie gebombt und mit Bordwaffen angegriffen, aber nur ein Panzer ging verloren. Den ganzen Tag über wurden sie nicht mehr attackiert. Daran war zum Teil der einsetzende Landregen schuld. Gegen Abend erreichte das Panzerregiment den Einsatzraum von St. Lo und richtete sich in den nächsten zwei Tagen hier zur Verteidigung ein.

Am 7. Juli wurden auch die Reste des PR 22 aus den Stellungen nördlich von Caen herausgezogen. Hier grub sich die 16. Luftwaffen-Felddivision unter der Führung von Generalleutnant Sievers ein. Die alten Stellungen der PLD übernahmen die Fallschirmjäger der 5. Fallschirmjägerdivision unter General Schimpf.

Insgesamt hatten die Panzer des PR 22 unter Oberst von Oppeln-Bronikowki an dieser Stelle 30 Tage lang einem übermächtigen Gegner standgehalten und dabei über die Hälfte ihres Bestandes verloren.

Als Hermann von Oppeln-Bronikowski am 28. Juli 1944 das Eichenlaub verliehen wurde, sagte er:

„Als Regimentskommandeur dieser selbstlosen Truppe wurde mir das Eichenlaub zum Ritterkreuz verliehen. Es waren die alten Panzerfahrer, die schon im Afrikafeldzug gegen die Engländer gekämpft hatten. Sie hatten einen Abwehrerfolg möglich gemacht, der mich noch heute mit Bewunderung für diese Leistungen eines jeden einzelnen erfüllt."

Das Regiment hatte über die Hälfte seines Bestandes verloren. Die restlichen 48 Panzer faßte von Oppeln in der I. Abteilung unter Major von Gottberg zusammen. Die II. Abteilung verlegte er zur Auffrischung auf den französischen Truppenübungsplatz Chalons-sur-Marne.

Der erste Teil der Invasion war zu Ende. Jene drei Panzerdivisionen, die den Gegner wieder ins Meer werfen sollten, waren zu spät zum Einsatz gebracht worden. Sie hatten zu weit von den geplanten Einsatzorten gelegen und waren durch die einander widersprechenden Befehle am sofortigen Durchziehen eines Angriffes zur Küste gehindert worden.

So war es dem Gegner gelungen, seine Schwächeperiode zu überwinden, während der allein Aussicht bestand, ihn wieder ins Meer zu werfen und diese Invasion abzuschlagen.

Truppen waren nachgelandet worden. Frische Verbände hatten die abgekämpften abgelöst und waren gegen diese drei deutschen Divisionen unentwegt angerannt.

Caen, das am D-Tag plus 1, also am 7. Juni, in der Hand der Alliierten sein sollte, hatte sich viel länger gehalten.

Als aber durch die deutsche Strategie der Aushilfen Panzertruppen in den Raum St. Lo übergeführt werden mußten und man den Raum Caen entsprechend schwächte, war das Ende gekommen.

Auf den eben von der PLD verlassenen Abschnitt zwischen Tilly-Caumont ging eine Stahllawine nieder und riß die eingetroffenen Verbände der 16. Luftwaffen-Felddivision auseinander. Die 12. SS-PD „Hitlerjugend" vor Caen spürte dies ebenso stark, und dann griffen englische Divisionen an. Dieser Angriff begann nach dem alten Rezept mit einem Großbombardement.

Am Abend des 7. Juli warfen zunächst 467 Lancaster-Bomber und Halifax-Maschinen 2 560 Tonnen Bomben auf die nördlichen Teile Caens, in denen sich die Panzermänner der 12 SS-PD „Hitlerjugend" eingenistet hatten. Am nächsten Morgen griffen die Divisionen des I. britischen AK an. Die 3. brit. ID auf der linken Flanke, die brit. 59. ID in der Mitte und die 3. kanadische ID rechts.

Dort, wo die Panzergrenadiere und die Panzer der 12. SS-PD „Hitlerjugend" standen, wurde der Gegner immer wieder gehalten. Um jedes Dorf mußte die 59. ID kämpfen. Bei der links eingesetzten 16. Luftwaffen-Felddivision hingegen drang der Gegner — die 3. brit. ID — bald bis zum Stadtrand durch.

Am anderen Morgen gelang es dann auch der 3. kanadischen ID, von Westen her, beiderseits der Straße Bayeux–Caen, in die Stadt einzudringen.

Noch immer hielten die Männer der Waffen-SS ihre Stützpunkte. Am Flugplatz waren es die Panzergrenadiere der I./PGR 26, die sich in den Ruinen verteidigten und keinen Meter Boden aufgaben.

Die 1. Batterie der Flak-Abteilung 12 der Division stand immer noch bei Ardenne. Hier war Hauptmann Ritzel der Turm in der Schlacht. Jedes einzelne Geschütz mußte vom Gegner im Sturm genommen werden. Zum Schluß stand Hauptmann Ritzel als Richtschütze an einer „Achtacht" und schoß damit drei „Sherman"-Panzer ab, die versucht hatten, an dieser Stelle durchzubrechen. Mit sechs seiner Männer verteidigte er diese Stellung anschließend im Nahkampf. Hier hielten sie aus, bis die verwundeten Kameraden aus dem Kloster Ardenne herausgeholt und in Sicherheit gebracht worden waren.

Und hier war es „Panzer-Meyer", der den sinnlosen Tod seiner Soldaten verhinderte, als er schließlich gegen den Befehl des LXXXIV. AK die Räumung der Stadt Caen befahl.

Am Abend des 9. Juli war Caen gefallen. 34 Tage hatten die alliierten Truppen dazu benötigt. Es war eine Strecke von zwölf Kilometern.

Die Opfer, die diese zwölf Kilometer gekostet hatten, entsprachen jener

Zahl, die der alliierte Generalstab für die gesamte Invasion bis nach Berlin ausgerechnet hatte.

Caen war gefallen, dennoch hatten die Alliierten den freien Raum zum Durchbruch nicht erreicht. Generalfeldmarschall Rommel baute in aller Eile Abwehrstellungen auf, um den Gegner am schnellen Durchbruch nach Osten zu hindern.

Leopold Vrba

Das Wunder von Dünkirchen

Mai/Juni 1940
Der Kessel um die britischen Streitkräfte an der Kanalküste war geschlossen. Hitlers Haftbefehl öffnete 328 266 englischen Soldaten den Weg in die Freiheit.

Der Weg zum 2. Weltkrieg

24. August 1938: Hitler studierte die Pläne für den Einmarsch in die Tschechoslowakei („Fall Grün") und verlangte von der Generalität die Ausarbeitung von Unterlagen für eine Besetzung Hollands und Belgiens.

Oktober 1938: Annexion des Sudetenlandes.

März 1939: Besetzung der Rest-Tschechoslowakei.

23. Mai 1939: Hitler erklärte vor Generalen: „Die holländischen und belgischen Luftstützpunkte müssen militärisch besetzt werden... Blitzartig angreifen... Auf Neutralitätserklärungen kann nichts gegeben werden... Gelingt es, Holland und Belgien zu besetzen und zu sichern sowie Frankreich zu schlagen, dann ist die Basis für einen erfolgreichen Krieg gegen England geschaffen. Die Luftwaffe kann dann von Westfrankreich aus die engere Blockade Englands, die Flotte mit ihren U-Booten die weitere übernehmen. England kann auf dem Kontinent nicht kämpfen, die täglichen Angriffe der Luftwaffe und der Kriegsmarine zerschneiden sämtliche Lebensadern... Im Augenblick, wo England von seiner Zufuhr abgeschnitten ist, ist es zur Kapitulation gezwungen."

1. September: Angriff auf Polen, das in achtzehn Tagen zerschlagen wurde. Der Einsatz von Panzer- und motorisierten Verbänden bewährte sich und schuf den Begriff des „Blitzkriegs".

7. Oktober: Der Oberbefehlshaber des Heeres, Generaloberst Walther von Brauchitsch, erließ auf Befehl Hitlers eine Weisung an alle Heeresgruppenkommandeure:

„Alle Vorbereitungen zu sofortigem Einrücken in holländisches und belgisches Gebiet sind zu treffen, falls die politische Lage es erfordert."

9. Oktober: Hitler befahl mit seiner Weisung Nr. 6:

„Am Nordflügel der Westfront ist durch den luxemburgisch-belgischen und holländischen Raum eine Angriffsoperation vorzubereiten. Dieser Angriff muß so stark und so frühzeitig wie möglich geführt werden... Zweck dieser Angriffsoperation ist es... möglichst viel holländischen, belgischen und nordfranzösischen Raum als Basis... zu gewinnen."

5. November: Oberst Oster, einer der Verschwörer gegen Hitler, verriet dem holländischen und belgischen Militärattaché den Angriffsbeginn: 12. November 1939. Der Politiker Carl Friedrich Goerdeler, auch ein Verschwörer, warnte Ende Oktober die Belgier, doch Hitler verschob von sich aus den Angriffsbeginn auf den 17. Januar 1940.

Die deutschen Generale Guderian und Manstein erkannten aber die Schwächen im Schlieffen-Plan und die Gefahr, in einen Stellungskrieg verwickelt zu werden, weil der Gegner aus der Kenntnis des Plans heraus wirksame Abwehrmaßnahmen anzusetzen vermochte.

General Heinz Guderian, Schöpfer der deutschen Panzerwaffe, kämpfte jahrelang vergeblich gegen die alten Denkschablonen deutscher Generalstäbler an, die im Panzer nur eine „Hilfsartillerie“ der Infanterie sehen wollten. Erst im Polenfeldzug konnte Guderian der Generalität und aller Welt die Wirksamkeit schneller Panzerraids demonstrieren.

General Erich von Manstein, Chef des Stabes der „Heeresgruppe A“, später Hitlers genialster Stratege, analysierte Guderians Panzererfolge und fand, daß ein deutscher Angriff im Westen, geführt von starken Panzerkräften, an einer vom Gegner nicht erwarteten Stelle, Überraschungsmoment und Erfolg zugleich bedeuten mußte.

Manstein, der kühle Denker, der sich später durch kühne Strategie in Rußland Erfolge sicherte, und Guderian, der Praktiker, der an der Ostfront wiederum die Richtigkeit weiträumiger Panzervorstöße mit Kesselbildung bewies — beide Männer exerzierten an der Karte vor, was ein halbes Jahr später den Erfolg im Westen sichern sollte.

Manstein: „Hauptstoß in der Mitte, mit starken Panzerkräften durch die Ardennen, bei Sedan über die Maas setzen und weiter durch die Ebene bis Abbéville rollen! Die Maginotlinie endet fünf Kilometer vor Sedan am Fuß der Ardennen. Leichtere Befestigungen längs der Maas setzen sich bis zur belgischen Grenze fort. Paris verläßt sich auf die Maginotlinie und die Schwierigkeiten dieses Abschnitts, auf den Semoy mit seinen Bergen und Wäldern. Und genau hier bietet sich der Panzerdurchbruch an. Werden die Panzer schnell genug nach Sedan kommen?“

Guderian: „In fünf Tagen müssen sie an der Maas sein. Voraussetzung dafür: Massierung sämtlicher Panzerkräfte an der Spitze des Speeres.“

Oberstleutnant von Stiotta, in Triest geboren, ein genialer Festungspionier, der wochenlang Luftaufnahmen von Sedan auswertete, lieferte Guderian Unterlagen für die Durchbruchsstelle der Panzer. Bis in Detail arbeiteten die Generale den Plan aus, den Manstein in einer Denkschrift zusammenfaßte und noch im November, versehen mit von Rundstedts Unterschrift, dem OKW (Oberkommando der Wehrmacht) übermittelte. Generaloberst Franz Halder, Chef des Generalstabs, Generaloberst Walther von Brauchitsch, der Oberbefehlshaber des Heeres, und andere Generale lehnten den Manstein-Plan als „unsinnig“ und „utopisch“ ab und ließen ihn im Panzerschrank verschwinden. Der „Blitzkrieg“ ruhte im Tresor, nichts geschah, obwohl Manstein drängte. Halder, der Manstein persönlich nicht mochte, sowie andere Militärs, die eifersüchtig waren, bewirkten von Mansteins Ablösung als Stabschef der „Heeresgruppe A“. In Stettin übernahm er als Kommandierender General das 38. Infanteriekorps.

Oberstleutnant Schmundt, Heeresadjutant bei Hitler, erfuhr in Koblenz vom Manstein-Plan und berichtete Hitler davon, der ihn vom OKH (Oberkommando des Heeres) anforderte und las.

10. Januar 1940: Die Maschine des Majors der Reserve Hoenmann verflog sich auf der Strecke Münster—Köln und wurde an der belgischen Grenze abgeschossen.

Hoenmann und ein Kurier versuchten nach der Bruchlandung wichtige Papiere zu verbrennen, wurden jedoch von belgischen Bauern überwältigt. Die Kurierpost — der Aufmarschplan des deutschen Heeres — kam in die Hand der Alliierten.

Der Stabschef des alliierten Generalstabs, Generalissimus Maurice Gustave Gamelin: „Die Deutschen besitzen keine neuen Ideen. Unsere Panzer stehen richtig massiert zur Abwehr an der belgischen Grenze."

Hitler tobte, verschob notgedrungen den Angriffstermin des 17. Januar und entließ zur Strafe General Felmy, den zuständigen Chef der Luftflotte für den Raum Köln—Emden. Hitler ließ sich vom OKH wieder die Manstein-Studie kommen und begeisterte sich an dem Entwurf.

17. Februar: Hitler gab in Berlin für einige neuernannte Korpskommandeure ein Essen und bat Manstein, seinen Plan näher zu erläutern.

Manstein: „Ein Panzerdurchbruch durch die Ardennen trifft die Alliierten dort, wo sie ihn nicht erwarten, denn wahrscheinlich halten ihre Generale, wie auch die meisten deutschen, das bewaldete Bergland für Panzeroperationen ungeeignet. Ein Scheinangriff des rechten deutschen Flügels wird die englisch-französischen Armeen Hals über Kopf nach Belgien locken. Dann brechen wir bei Sedan mit starken Panzerkräften durch die französische Front, stoßen am Nordufer der Somme entlang zum Kanal und treiben die englisch-französisch-belgischen Truppen in die Falle."

Was Manstein exakt ausführte, entwickelte sich Mitte Mai zur „Falle von Dünkirchen" und bereitete die Niederlage Frankreichs vor.

Hitler gefiel der Plan überaus, und er verfügte — gegen die Ablehnung des Generalstabs —, daß er ausgearbeitet wurde. Halder und sein Stab „verbesserten" ihn, fügten auf Drängen der Luftwaffe noch einen Teilplan für die Eroberung Hollands hinzu, der im Oktober erstellt, dann aber wieder ausgeklammert worden war, und gaben den Gesamtplan für „Fall Gelb" am 24. Februar als OKW-Weisung an die Truppe weiter.

24. Februar: Generalstabsbesprechung bei der „Heeresgruppe A" in Koblenz, Halder anwesend. Thema: Manstein-Plan neuer Fassung.

Manstein war nicht geladen, Guderian referierte:

„Schwerpunkt des Offensivschlags: Sedan. Durchbruch aller Panzer an dieser Stelle, dann der Stoß in den offenen Raum nach dem Maasübergang bei Abbéville."

Halder unterbrach: „Utopisch, sinnlos, riskant. Zu lange, offene Flanken. Zehn Panzerdivisionen pirschen sich im Marsch durch die Wälder der Ardennen, das ergibt eine Kolonne von einhundertfünfzig Kilometer Länge." Er setzte sich wieder, schaute verdrossen auf die Kartenhaufen und Zeittabellen und verdammte Hitlers befohlene Stoßrichtung Sedan insgeheim. Ihm, dem Mathematiker, galten nur handfeste Begriffe etwas, er verachtete unwägbare Risiken und Abenteuer. Dann legte er den „verbesserten" Plan vor:

„Stoß mit einer, höchsten zwei Panzerdivisionen zur Maas, Errichtung eines Brückenkopfes, der so lange gehalten wird, bis die Infanterie nachgezogen hat. Am neunten oder zehnten Tag erst erfolgt der Angriff mit massierter Artillerie und Infanterie auf breiter Front."

Guderian glaubte nicht recht zu hören. In diesem blutleeren Konzept lag nichts von seinem und von Mansteins Schwung, kein kühnes Wagnis, kein Überraschungsmoment, keine Täuschung des Gegners. Halder beschwor das Gespenst des Stellungskrieges herauf. „In neun oder zehn Tagen wird Gamelin umgruppiert und die Masse seiner Panzer auf die Einbruchsstelle eingedreht haben. Warten bedeutet Untätigkeit, Chancenvergabe und zwingt uns den Stellungskrieg an der Maas auf. — In fünf Tagen muß der Durchbruch erreicht werden. Hier am Flüßchen Chiers, östlich von Sedan, wo die Maginotlinie endet, müssen wir ansetzen — dann sofort weiterstoßen!"

Ende Februar: Generalstabsbesprechung in Mayen, Eifel; Hauptthema: Erkämpfung des Maasübergangs. Frage: Flußüberquerung der Panzer mit eigenen Mitteln ... oder Nachziehen der Infanterie und die „rangierte Schlacht"? Die Konferenz verlief dramatisch, weil konservatives und revolutionäres strategisches Denken aufeinanderprallten. Halder, darauf bedacht, die von ihm umgearbeitete Fassung des Manstein-Plans unterzubringen, hatte in Absprache mit Brauchitsch Hitler dazu überreden können, nicht dem temperamentvollen Guderian, sondern dem kühlen General der Kavallerie Ewald von Kleist die Führung der neugeschaffenen Panzergruppe zu überlassen. Guderian wurde deshalb nur mit der Führung des 19. Panzerkorps betraut.

Ende Februar bereiste der Amerikaner Sumner Welles im Auftrag des Präsidenten Roosevelt Paris, Rom, London und Berlin und untersuchte die Friedenschancen: „Es gibt noch gewisse Hoffnung." Roosevelt lehnte es jedoch ab, als sich Welles als Vermittler in Europa anbieten wollte.

15. März: In Berlin umfassende Lagebesprechung. Anwesend: Hitler, Keitel, Jodl, Halder, Brauchitsch, Rundstedt, Kleist, Guderian. Die Befehlshaber nahmen Stellung zum Manstein-Plan.

Guderian untersuchte als letzter Sprecher die Frage: Was würde geschehen, wenn an der Maas gehalten würde?

Schließlich fragte Hitler: „Und was wollen Sie dann tun?"

Guderian: „Wenn kein entgegengesetzter Befehl ergeht, setze ich am nächsten Tag den Stoß in Richtung Amiens—Ärmelkanal fort."

Hitler nickte und schwieg. Die Mienen der Generale verdüsterten sich, in ihren Gesichtern lag offene Skepsis. Doch genau zwei Monate später bildete sich an der von Guderian vorbestimmten Stelle der Maas der Sack, woran ganz Frankreich sein Schicksal finden sollte!

April: Hitler befahl den Angriff auf Norwegen und Dänemark. Deckname: „Weserübung". Holländische und belgische Grenznachrichtendienste meldeten die Massierung von rund fünfzig deutschen Divisionen.

2. Mai: Die Pariser Gesellschaft hielt im „Marigny" ihr letztes Fest, eine Wohltätigkeitsveranstaltung, ab.

Hitler zeitweise in Panikstimmung, wegen unsicheren Wetters und fehlender Motivierung der Neutralitätsverletzung (Holland, Belgien, Luxemburg), war unsicher hinsichtlich des Angriffsbeginns.

3. Mai: Oster verriet dem holländischen Militärattaché Oberst G. J. Sas das endgültige Angriffsdatum, den 10. Mai.

7. Mai. General Alfred Jodl, Chef des Wehrmachtsführungsstabs, notierte im Tagebuch: „Führer hat Begründung für ‚Fall Gelb' fertiggestellt. Belgien und Holland sollen beschuldigt werden, sich höchst unneutral verhalten zu haben — Führerzug sollte 16.38 Uhr in Finkenkrug abgehen. Wetter bleibt aber unsicher, daher wird bisheriger Befehl aufgehoben... Führer sehr erregt über neue Verschiebung, da Gefahr des Verrats..."

8. Mai: Jodl schrieb: „Alarmierende Nachrichten aus Holland, Urlaubssperre, Evakuierungen, Sperren, Mob.-Maßnahmen... Führer will nicht mehr warten. Feldmarschall (Göring) will Aufschub wenigstens bis 10. Mai. Führer ist sehr erregt, gibt dann, gegen sein Gefühl, wie er sagt, die Genehmigung zur Aufschiebung auf den 10. Mai. Aber keinen Tag mehr länger."

9. Mai: Jodl verzeichnete: „Führer beschließt, endgültig, am 10. Mai anzutreten. Abfahrt mit Führerzug 17 Uhr von Finkenkrug."

Oster sprach noch einmal in der Bendlerstraße vor und sagte abends beim Treff zu dem Holländer Sas: „Das Schwein ist zur Westfront." Das „Schwein" war Hitler, der für die Dauer des Westfeldzuges das Hauptquartier „Felsennest" in Münstereifel bezog. Keitel, Jodl und andere Angehörige des OKW-Stabes begleiteten ihn, während auf einer 280 Kilometer langen Front von der Nordsee bis zur Maginotlinie die deutschen Angriffstruppen in die Bereitstellungsräume einrückten.

Die Alliierten verfügten über insgesamt 137 Divisionen, die Deutschen über 136, davon 15 Panzerdivisionen. An Panzern boten die Westmächte 3000 auf, Deutschland 2580. Die Luftflotten 2 (Kesselring) und 3 (Sperrle) umfaßten 3534 Maschinen, die gegnerische Luftflotte 2513, von der die Engländer 600 Flugzeuge auf der Insel zurückhielten. Der neue französische Jäger „Dewoitine" (D 520 C-1), dem deutschen Messerschmitt-Jäger (Me 109) ebenbürtig, blieb zahlenmäßig unterlegen. Trotz wiederholter Ermahnungen des Obersten Charles de Gaulle, der später die 4. Panzerdivision führte, wurden bis Mai 1940 nur drei selbständige Panzerdivisionen gebildet.

Auch jenseits des Kanals fielen politische Entscheidungen. Der alte Premierminister Neville Chamberlain, kränkelnd und verdrossen, sah sich vor schwierige Aufgaben gestellt: Verpatzte Norwegen-Intervention, Hitler hatte in Brüssel und Den Haag eben Noten überreichen lassen, die den Einmarsch deutscher Truppen in Holland und Belgien mit dem Hinweis auf französisch-britische Offensivabsichten und das wiederholte Überfliegen niederländischen Gebietes durch Maschinen der Royal Air Force (britische Luftwaffe) rechtfertigen sollten. Chamberlain bot Lord Halifax die Nachfolge an, doch der hatte keinen Sitz im Unterhaus, und so übernahm der Marineminister Winston Churchill den Posten des Premiers. Churchill entfaltete sofort Energie, bildete schon am 10. Mai unter Einbeziehung der Opposition ein funktionsfähiges Kabinett und rüttelte die müden Franzosen auf.

Vor dem Angriffsschlag bezogen die deutschen Verbände die Bereitstellungsräume. Entlang der niederländischen Grenze stand die Heeresgruppe B (Generaloberst Fedor von Bock).

Von Aachen bis zur Saar erstreckte sich die Front der Heeresgruppe A (Generaloberst Gerd von Rundstedt).

Die Heeresgruppe C (Generaloberst Wilhelm Ritter von Leeb) verteilte sich auf den Südabschnitt im Raum zwischen Ettlingen und Basel. Als operative Reserve wurden die 2. Armee (General Maximilian Freiherr von Weichs) und die 9. Armee (General Johannes Blaskowitz) gebildet.

Die Verteilung der Panzerkräfte zeigte deutlich den Schwerpunkt der Offensive. Während Rundstedt drei Panzerkorps zugeteilt bekam: 3. Panzerkorps (General Hermann Hoth), das hinter der 4. Armee bereitgestellt wurde; 19. Panzerkorps (General Heinz Guderian), und 41. Panzerkorps (General Georg-Hans Reinhardt), die der 12. Armee zugeteilt wurden, erhielt Bock nur das 16. Panzerkorps (General Erich Hoepner), das die 6. Armee unterstützen sollte. Kommandomäßig unterstanden die Panzerverbände der Panzergruppe Kleist. Die 9. Panzerdivision (General Alfred Hubicki) trat zur 17. Armee.

Die deutsche Luftwaffe umfaßte die Luftflotte 2 (General der Flieger Albert Kesselring) und 3 (General der Flieger Hugo Sperrle) und gliederte sich in fünf Fliegerkorps mit dem Einsatzraum Belgien—Holland, sowie vor dem Südflügel der deutschen Front gegen Nordfrankreich.

Am Angriffstag verfügte die Luftwaffe im Westen über folgende einsatzbereite Flugzeuge:

1120 Kampfflugzeuge (Do 17, He 111, Ju 88),
342 Stukas (Ju 87),
42 Schlachtflugzeuge (Hs 123),
1016 Jäger (Me 109),
243 Zerstörer (Me 110),
ferner Aufklärer und Transportmaschinen.

Der Oberste Alliierte Kriegsrat gliederte seine französisch-britischen Verbände in drei Armeegruppen.

Neben der zahlenmäßigen Überlegenheit stellten sich gutausgeführte Verteidigungssysteme und die natürlichen Panzerhindernisse an Ober-, Niederrhein, Maas, Dyle, Schelde, Aisne und Somme, sowie eine Vielzahl von Kanälen als Vorteil auf die Seite der Verteidiger.

Noch in der Nacht zum 10. Mai führten Kommandos der deutschen Abwehr Sabotageaktionen durch, kappten Telefonleitungen und besetzten wichtige Positionen, um den deutschen Angriff vorzubereiten. In den

Fliegerhorsten wurden Maschinen für den ersten Feindflug startklar gemacht, Fallschirmjäger- und Lastenseglertruppen rüsteten zu Sondereinsätzen, besonders auf das starke Fort Eben Emael in Belgien, das als uneinnehmbar galt, und das in wenigen Stunden fiel. Erstmals in der Kriegsgeschichte rollte eine kombinierte Land-Luft-Operation mit der Präzison eines Uhrwerks an.

Erst Polen, dann Norwegen, Dänemark, jetzt der Westen, ein Jahr später der Osten! In Europa gingen endgültig die Lichter des Friedens aus!

*

10. Mai 1940, 4.30 Uhr: Von den Flughäfen Köln-Ostheim und Buttweilerhof starteten im Schlepp von Ju-52-Transportern 42 Lastensegler vom Typ DFS 230 mit den Fallschirmjägern der Sturmabteilung Koch zu einem Sondereinsatz. Drei Gruppen waren für die Besetzung der Brükken, die vierte (Oberleutnant Witzig) zur Erstürmung des Sperrforts am Zusammenfluß von Maas und Albert-Kanal, Eben Emael, bestimmt. Das mehrere Stockwerke tiefe Stahl-Beton-Fort, von 1200 Mann gehalten, wurde nach dreißig Stunden Kampf übergeben, nachdem Witzig mit Seglern im Fort bruchlandete und mit Spezialsprengstoffen vorging.

Die 22. Infanteriedivision (Sponeck) landete mit Ju-52-Maschinen zwischen Den Haag und Leiden, erlitt hohe Verluste, band jedoch ein niederländisches Armeekorps. Fallschirmjäger der 1. Fliegerdivision (Student) besetzten die Brücken zwischen Moerdijk und Rotterdam.

Die Breschen in der alliierten Front nutzte die 6. Armee (Reichenau) und setzte die zwei Panzer- und eine Mot-Division des 16. Panzerkorps (Hoepner) — ohne sich weiter um Lüttich und die noch schießenden Forts Battice und Neufchâteau zu kümmern — nach Südwesten an, während die motorisierte Infanterie gegen Antwerpen ausfächerte.

Diese Operation bestärkte die Alliierten in der Annahme, daß (nach dem Schlieffen-Plan) der rechte feindliche Flügel die Hauptlast trage, und sie ließen bis zum 15. Mai die Dyle-Linie von Antwerpen bis Namur besetzen. — Und genau das war die Vorbedingung, den Manstein-Plan auslösen zu können! Die Deutschen setzten nun alle Kraft daran, in der Mitte durchzubrechen.

Kräfte der 18. Armee (Küchler) schwenkten nach Süden ein, wo französische Verbände im Raum Tilburg—Breda standen. Küchler und Reichenau bildeten eine Angriffsfront. Das belgische Heer wich, von englischen Kampfwagen gedeckt, aus der Dyle-Linie zurück, der Oberbefehlshaber, General Oscar Michiels, hoffte hinter Dender und Schelde Widerstand leisten zu können. Der harte Abwehrkampf zwischen Antwerpen und Givet begünstigte die deutschen Pläne. Die französische „Heeresgruppe Billotte“ verlor so ihre Handlungsfreiheit, während sich an ihrer rechten Flanke die große strategische Überraschung vorbereitete. Ehe Gamelin und Billotte die Gefahr, den eigentlichen deutschen Offensivschwerpunkt, erkannten, hatten Rundstedts Armeen — voran die Panzerkorps — Luxemburg und das Ardennengebiet durchdrungen und jenseits der Maas, bei Sedan, Monthermé und Dinant mehrere Brückenköpfe gebildet.

Am 11. Mai griff die deutsche Luftwaffe Einsatzhäfen der „Advanced Air Striking Force" im Raum Reims an und vernichtete dreißig neue englische Bristol-Blenheim-Bomber, die gegen deutsche Panzerdurchbrüche starten sollten. Auch alliierte Häfen in Holland, Belgien und Nordfrankreich wurden gebombt.

12. Mai: Pfingstsonntag. Guderian flog im Fieseler-„Storch" zum Befehlsempfang zur Panzergruppe von Kleist. Beginn des Angriffs über die Maas.

Die deutsche Luftwaffe schoß achtundzwanzig Feindmaschinen ab, insgesamt verlor die „Royal Air Force" bis jetzt die Hälfte ihrer Bomber, das RAF-Hauptquartier (Luftmarschall Barratt) in Chauny an der Oise gab Verlustmeldung nach London.

13. Mai: Guderian befahl Brückenschläge bei Thorcy, Donchéry und Bazeilles. Die Chance des Stoßes zum Kanal und die Vernichtung der feindlichen Armeen in Belgien und Nordfrankreich bot sich an. Noch besaß Guderian keine Weisung seiner Vorgesetzten, was nach der Maas-Überwindung weiter geschehen sollte. Im Flankenfeuer der Maginotlinie bei Sedan stürmten Panzer und Infanterie die Höhe von Pont Maugès und sicherten nach Süden. Das Schützenregiment I (Oberstleutnant Balck) trat aus dem Abschnitt Thorcy—Bellevue ostwärts der großen Maas-Schleife zum Angriff nach Südwesten an. Am Abend des 15. Mai stand es in Bouvillemont — das war der Durchbruch! Der Übergang bei Sedan wurde mit Pontons und Schlauchbooten erkämpft. Östlich Bouvillemont bildet der Ardennen-Kanal ein Hindernis, doch dank Guderians Entschluß, aus dem Brückenkopf heraus rechtsherum zu schwenken, wurden die Brücken noch unversehrt besetzt.

Während des Maas-Überganges griffen alliierte Jagd- und Bomberstaffeln pausenlos an, doch deutsche Jäger und Flak schossen neunundachtzig Feindmaschinen ab.

Guderians Korps, die 1., 2. und 10. Panzerdivision (PD), standen bei Sedan auf engstem Raum zum Angriff bereit. Der General begab sich zu einem Vorgeschobenen Beobachter, um den angekündigten Angriff der Luftwaffe gegen französische Uferstellungen zu überwachen, der zwischen Kleist und Sperrle vereinbart worden war. Danach sollte der Panzersturm über die Maas hinweg erfolgen.

Punkt sechzehn Uhr kamen die Stukas (Sturzkampfflugzeuge). Heftiges Abwehrfeuer. Bomben trafen das westliche Maas-Ufer, zerschlugen Bunker und Batteriestellungen. Dann wieder Horizontalbomber, und wieder Stukas.

Abends stand das Schützenregiment vollzählig jenseits der Maas, der Brückenschlag bei Sedan war gelungen. Fünf Kilometer westlich, bei Donchéry, setzten Teile der 2. Infanteriedivision über den Fluß. Die anderen Divisionen zogen nach.

14. Mai: Guderians Panzerkorps stand jenseits der Maas. Zwei Tage später setzte das 41. Panzerkorps (Reinhardt) bei Monthermé über, das Panzerkorps Hoth zwischen Dinant und Namur. Sedan fiel. Gegenstöße der französischen 2. und 9. Armee scheiterten. Zwischen Chéhery und Bulson brannten französische Panzer aus.

Die Alliierten warfen alle verfügbaren Luftstreitkräfte in den Trichter bei Sedan. Hunderte von deutschen und alliierten Jägern und Bombern prallten aufeinander, die Luftschlacht dauerte von morgens bis abends, der 14. Mai wurde der „Tag von Sedan", der „Tag der deutschen Jagdflieger", der „Tag der deutschen Flak " (Flugabwehrkanonen) genannt. Eine Abteilung des Flak-Regiments 102 (Oberstleutnant von Hippel) rückte mit den Spitzen des Panzerkorps Guderian vor. Die 8,8-cm-Geschütze, die am Vortag in direktem Beschuß Bunker und MG-Nester am Maas-Ufer vernichtet hatten, gingen nun an den Pontonbrücken in Stellung, wehrten sich gegen die französischen Bloch-, Potez-Maschinen, sowie die britischen Battle- und Blenheim-Bomber und erzielten viele Abschüsse. Auch die deutschen Jäger waren erfolgreich. Der RAF-Report am Abend lautete: „Niemals erlitt die RAF höhere Verlustraten als bei diesem selbstmörderischen Einsatz."

Um 20.30 Uhr bot der holländische Oberbefehlshaber, General Henrik Winkelmann, über den Rundfunk die Kapitulation seiner Streitkräfte an.

Ministerpräsident Paul Reynaud bat in London dringend um zehn Geschwader, das Kriegskabinett bewilligte es, doch Luftmarschall Dowding überzeugte Churchill, daß die tägliche Verlustrate von dreißig Maschinen untragbar wäre. Die Flugzeuge wurden nicht geschickt.

Ein Sprecher der BBC (britischer Rundfunk) gab die Meldung durch: „Die Admiralität hat einen Aufruf an alle Eigentümer von motorisierten Wasserfahrzeugen in der Länge von dreißig bis hundert Fuß erlassen, diese Fahrzeuge innerhalb der nächsten vierzehn Tage der Admiralität zur Verfügung zu stellen."

15. Mai: In der Frühe rief Reynaud den britischen Premier Churchill an: „Wir sind geschlagen. Wir haben die Schlacht um Sedan verloren."

Churchill: „Das kann doch unmöglich so schnell gekommen sein!" Kurz darauf reiste er nach Paris ab, um sich dort von der Krisenlage zu überzeugen.

Um elf Uhr unterzeichnete der holländische Oberbefehlshaber Winkelmann die Kapitulationsurkunde. Der Kampf der Holländer hatte fünf Tage gedauert.

Guderians Panzerdivisionen, die tags zuvor auf Pontonbrücken über die Maas gesetzt waren und siebzig französische Panzer vernichteten, hielten nun einen Brückenkopf von fünfzig Kilometer Breite und fünfundzwanzig Kilometer Tiefe. Der Mittelabschnitt der alliierten Front war zerschmettert, die Reste von Coraps Armee zogen sich ungeordnet zurück. Für die französisch-englischen Armeen und die zweiundzwanzig belgischen Divisionen im Norden bestand die große Gefahr, abgeschnitten zu werden.

Am Abend, als Guderian die Befehle für den Panzervorstoß zum Kanal ausfertigte, als jener entscheidende Augenblick gekommen war, der in zermürbenden Lagebesprechungen Gegenstand hitziger Kontroversen wurde, befahl Kleist:

„Das 19. Panzerkorps hält an, sichert den Brückenkopf und wartet, bis die Masse der Infanterie nachgezogen hat!“

Guderian begehrte auf: „Ich kann hier keine Mission Hentsch gebrauchen!“ (Oberstleutnant Hentsch brachte 1914 den Vormarsch der Armee Kluck auf Paris aus eigenem Entschluß zum Stehen; so wurde aus dem deutschen Angriff auf Paris das französische „Wunder an der Marne“ und der Stellungskrieg.)

Guderian knallte den Telefonhörer auf und fuhr nach Bouvillemont: „Balck, wir müssen weiter!“

Doch fünf Tage Marsch und Kampf hatten den Grenadieren hart zugesetzt. Balck, später ein erfolgreicher Panzerfüher, verstand Guderian und erkannte die Chance der Lage. Er und der General fuhren zu den Kompanien, schilderten die Situation und spornten die Soldaten an. Die Appelle wurden zu einer psychologischen Entscheidung des Feldzugs: Balcks Regiment trat in der Frühe des 16. Mai nochmals zum Angriff an: Das war der „Anfang von Dünkirchen“, die drohende Katastrophe für die Alliierten wurde Wirklichkeit.

16. Mai: Der deutsche Durchbruch bei Sedan versetzte Paris in einen Schockzustand: Nachtleben erlosch, Flüchtlinge, gestörte Telefonanschlüsse, im Quai d’Orsay (Regierungsviertel) Ratlosigkeit.

Die Pariser hofften auf ein Wunder. Sie riefen nach den „Alten“, die es vollbringen sollten: Pétain (84) wurde Vizepräsident, General Maxime Weygand (73) löste am 19. Mai Gamelin ab. Die „Alten“ waren aus Spanien und Syrien herangeholt worden, um Frankreich zu retten. General Giraud wurde an die Front geschickt, um die Lage zu bereinigen. General Frères erhielt den Befehl, die Divisionen von der Maginotlinie nach Amiens zu schaffen, doch es fehlten schnelle und geeignete Transportmittel.

Nachmittags, als Churchill zum Quai d’Orsay fuhr, rollten die deutschen Panzerspitzen hundert Kilometer westlich von Sedan durch offenes, kaum verteidigtes Land. Zwischen ihnen und Paris und dem Kanal standen nur wenige feindliche Truppen. Churchill wußte nichts davon, er fragte Gamelin: „Wo ist die strategische Reserve?“

Gamelin schüttelte den Kopf. „Wir haben keine!“

Churchill war sprachlos. Das hatte es noch nie gegeben, daß eine große Armee, die einen Angriff abwehrte, keine Reserven besaß.

Der Feldzug begann sich in Phasen aufzugliedern, die „Sprünge“ der Panzerdivisionen bestimmten diese Phasen. Guderian ließ die 1. Panzerdivision (Kirchner) und die 2. Panzerdivision (Veiel) voranstoßen, während Reinhardts 41. Panzerkorps nach Norden absicherte. In Montcornet trafen Kirchner, Veiel und die Kampfgruppe Kempff zusammen. Kempff hatte General Giraud gefangengesetzt, der die Lage nicht kannte und seinen Führungsstab suchte.

Guderian traf in Montcornet ein. Versprengte französische Soldaten krochen verdutzt aus den Kellern und warfen die Gewehre fort. Die Panzergruppe, auch die Heeresgruppe, wußten noch nicht, welche Ziele erreicht waren. Und Guderian gab schon die neuen Ziele bekannt: Marle, St. Quentin ... Dünkirchen!

Von Sedan bis Montcornet waren es achtzig Kiolmeter, von Montcornet bis Amiens hundertzwanzig Kilometer, von dort bis zur Kanalküste wieder achtzig Kilometer. Jenseits der Aisne stand General de Gaulles 4. Panzerdivision, um Guderian zu stoppen. Das deutsche 14. Korps (Wietersheim) und die 10. Panzerdivision (Schael) sicherten jedoch die Flanke bei Stonne und westlich davon, der Gefechtsstand meldete die erreichten Ziele und Absichten an den Gruppenstab.

Paris atmete auf, als die deutschen Panzer zum Kanal eindrehten, hoffte nun wirklich auf das „Wunder" und verkannte den tödlichen Keil, den Guderian zwischen die Masse der Armeen im Norden und die Reserven an der Maginotlinie trieb. Zudem unterlief General Frères ein grober taktischer Fehler. Guderian erkannte, daß er am Kanal sein mußte, ehe die Gegner wirksame Maßnahmen treffen konnten. Eine Gefahr drohte ihm nur von „oben", von seinem Vorgesetzten, die den Kanalstoß in Frage stellen konnte.

Nachts kam nun der gefürchtete Befehl: „Halt! Panzer anhalten!"

Inzwischen hatte de Gaulle aus dem Raum Laon einen Panzerangriff geführt, die Spitze der 4. französischen Panzerdivision kam bis auf zwei Kilometer an Guderians Gefechtsstand heran. Die Funkauswertung meldete die Bewegung von acht Feinddivisionen von Châlon nordwärts in Richtung Aisne.

17. Mai: Dramatischer Höhepunkt im Westfeldzug, Unsicherheit in der Führungsspitze. Luftwaffenaufklärer hatten die Vorbereitung einer französischen Gegenoffensive gemeldet. Hitler war übernervös, er befürchtete, daß die von Sedan aus westwärts vordringenden dünnen Panzerkeile abgeschnitten werden könnten, und beriet sich mit Brauchitsch und Halder. Das Gespenst einer „zweiten Marneschlacht" drängte sich Hitler auf.

Halder schrieb: „Unerfreulicher Tag. Führer ungeheuer nervös. Er hat Angst vor dem eigenen Erfolg, möchte nichts riskieren und uns daher am liebsten anhalten. Vorwand: Sorge um die linke Flanke."

Halder setzte Hitler auseinander, daß die Franzosen für einen Großangriff von Süden her keine Kräfte mehr hätten.

In Montcornet schimpfte Guderian am Telefon: „de Gaulles Panzerwaffe ist neu aufgestellt, nicht durchmotorisiert, nicht voll führungsfähig, keine Gefahr für uns. Und General Frères ist weit vom Schuß. Unsere

Chance, zum Kanal durchzustoßen, muß jetzt genutzt werden, sonst ist sie für immer vertan. Entweder wir fahren, oder ich bitte um Enthebung von meinem Kommando!"

Nachmittags traf im Auftrag von Rundstedts General List in Montcornet ein. Zu Guderian sagte er: „Der Generaloberst teilt Ihre Lagebeurteilung und kleidet sie in den Befehl, die Führung des 19. Panzerkorps beizubehalten. Der Haltebefehl ‚von oben' muß respektiert werden, doch der Generaloberst erteilt Ihnen die Vollmacht, ‚kampfkräftige Aufklärung' vorwärts zu treiben."

Aus Gründen der „Rückversicherung" ließ inzwischen der Chef des Stabes bei Kleist den Vermerk in das Kriegstagebuch der Panzergruppe eintragen: „OB (Oberbefehlhaber) erwägt die Einleitung eines Kriegsgerichtsverfahrens gegen den General Guderian." (Für alle Fälle!)

Guderian hörte nur das eine Wort: „Vorwärts!" Er hielt schon die Vormarschpläne für das ganze Korps bereit: Gefechtsstand verbleibt in Montcornet, Funkstille für alle Divisonen, Meldungen per Kabel an den Gefechtsstand in Montcornet. Guderian eilte mit nach vorn. Zurück blieb ein einsamer Funker mit dem Auftrag, die Lage nach hinten weiterzugeben, zurück blieb ein „Wald" taktischer Zeichen, wie es die Stäbe wünschten.

„Panzer marsch!"

Bei Hirson zerschlugen Guderians Panzer einen Angriff de Gaulles und drängten ihn wieder nach Laon ab. Am 18. Mai nahm Guderian St. Quentin, einen Tag später Péronne und schob einen Brückenkopf über die Somme vor. General Frères brach den Entschluß, nach Norden vorzustoßen, südlich der Somme ab, weil die Transporte stoppten; die letzte Chance, die Verbindung mit den Armeen in Belgien herzustellen, war vertan.

19. Mai: Ein mächtiger Keil von sieben Panzerdivisionen stand an der Somme, nur fünfundsiebzig Kilometer vom Kanal entfernt, rollten sie vorbei an den Schlachtfeldern des 1. Weltkrieges. Guderian war mit vorn, die Stabsoffiziere starrten auf die Lagekarten; was der Funker aus Montcornet heute meldete, hatte sich schon gestern ereignet; so werteten sie die Feindmeldungen aus, um zu erfahren, wo Guderian jetzt stand.

Für die Alliierten gab es nur eine Hoffnung, der Einschließung zu entgehen: Lösung der in Belgien stehenden Armeen von der deutschen 6. Armee, Abschwenken nach Südwesten, Rückzug entlang den vorgetriebenen deutschen Panzerkeilen und Vereinigung mit den von der Somme nordwärts stoßenden französischen Truppen.

Diesen Befehl erteilte am Mittag General Gamelin, am Abend wurde er von Weygand abgelöst, der den Befehl sofort widerrief. Weygand wollte sich vorher mit den alliierten Kommandeuren in Belgien absprechen — er verlor drei wichtige Tage und gab dann doch den gleichen Befehl wie Gamelin.

20. Mai: Amiens und Abbéville fielen. Das Bataillon von Major Spitta, 2. PD, erreichte als erstes den Atlantik! Guderians Korps bildete sechs

Brückenköpfe über die Somme und verhielt vierundzwanzig Stunden in den Stellungen an der Küste und der Somme. Guderians Vorwärtsdrängen und der Manstein-Plan erwiesen sich, entgegen dem „sinnlos“ und „Utopie“ der Generalstäbler, als voller Erfolg. Die feindlichen Armeen im Norden und Süden waren durchtrennt.

Die Belgier, das britische Expeditionskorps und drei französische Armeen saßen in der Falle.

Guderian stellte sich nun die Frage: Was weiter? Nach Süden, auf Paris hin eindrehen? Oder nach Norden, gegen Dünkirchen?

Halder notierte: „Führer ist außer sich vor Freude. Spricht in Worten höchster Anerkennung vom deutschen Heer und seiner Führung...“

Das Korps Reinhardt überrollte bei Maubeuge die Reserven der französischen 1. Armee und fuhr La Bassé entgegen. Ju 52 brachten Benzin nach vorn, weil die Trosse nachhinkten. Hauptproblem der Heeresgruppe A blieb die Absicherung des durchquerten Gebiets, die Angriffsspitzen waren rund fünfhundert Kilometer vorgetrieben, die Infanterie zog in Gewaltmärschen nach.

21. Mai: Britische Panzer stießen verzweifelt aus dem Raum Arras südwärts, um eine Verbindung mit Frères' Divisionen herzustellen. Die britische 1. Panzerbrigade der 1. Panzerdivision erzielte einen Einbruch bei der SS-Totenkopfdivision, die noch keine Kampferfahrung besaß.

General Rommel führte die Panzer seiner 7. PD daraufhin in den Rükken der Briten und stellte die Lage wieder her. Der Einbruch der Engländer aber veranlaßte Kleist, Guderian die 10. Panzerdivision wegzunehmen, um sie als Gruppenreserve zurückzuhalten. Guderian protestierte, denn es war seine Stoßdivision für Dünkirchen. Der Stoß nach Norden war freigegeben worden! Doch zu spät! Der versäumte Tag, zusammen mit anderen, späteren Fehlern, summierte sich dann zum „Wunder von Dünkirchen“, wie es die Briten nannten.

Kleist führte jetzt am kurzen Zügel und gab die 10. PD nicht mehr heraus. Guderians Angriff gegen Dünkirchen verzögerte sich um einen vollen Tag, so setzte er die 1. PD auf Calais, die 2. PD auf Boulogne an. Später gab Kleist die 10. PD doch frei, die dann gegen Dünkirchen vorging.

Lord John Gort gab Befehl für das britische Expeditionskorps, sich auf die Häfen Flanderns und Nordfrankreichs abzusetzen.

Guderian wußte, daß er vor den Briten in Dünkirchen sein mußte; der Hafen in deutscher Hand bedeutete den Untergang des britischen Korps!

Das Wettrennen nach Dünkirchen begann; die Deutschen standen viel näher daran als die Briten, deren Gros noch um Lille hielt.

22. Mai: Bei Arras noch Briten, die mit Panzern durchstoßen wollten: 40 Panzer und Lkw mit Infanterie im Anmarsch auf Cambrai. Dort führte die Hauptnachschubstraße der deutschen Panzerverbände hindurch. Henschel-Maschinen und Flak schossen die Panzerbereitstellung südlich des Canals de la Sensée zusammen.

Mit dem „Sichelschnitt“-Plan machte das deutsche Heer nicht (wie vom Gegner erwartet) den rechten, sondern den linken Flügel stark. Die Panzergruppe Kleist stieß binnen elf Tagen zur Kanalküste vor, Bomber und Stukas schlugen die Breschen in die französisch-belgische Front an der Maas und stoppten auch feindliche Gegenaktionen in den langen ungeschützten Flanken. Nur Dünkirchen konnte nicht aus der Luft abgeriegelt werden, dafür war die Luftwaffe zu schwach! Dieser Irrtum, dem die oberste deutsche Führung verfiel, krönte das „Wunder von Dünkirchen“.

23. Mai: Boulogne genommen. Guderian gruppierte um, setzte die 10. PD auf Calais an und die 1. PD (am weitesten vorn) auf Dünkirchen. Schon stand die Stadt mit dem Hafen in der Optik der Scherenfernrohre. Reinhardts Divisionen fuhren St. Omer entgegen.

Feldmarschall Görings Sonderzug (rollendes Hauptquartier) stand bei Polch in der Eifel. Die neuesten Lageberichte gingen ein: In Flandern zeichnete sich der große Sack ab, die Alliierten waren darin.

24. Mai: Guderians und Reinhardts Verbände erreichten das Flüßchen Aa und die Linie St. Omer—Gravelines—Béthune.

*

Mittags passierte es dann: Hitler befahl das Halt!

Die Kommandeure schüttelten die Köpfe. Was war geschehen? Warum das Halt — kurz vor dem Ziel?

„Wir verschenken den sicheren Sieg!“ sagte Guderian. Seine Truppen standen um fünfzig Kilometer näher an Dünkirchen als die Briten, die noch um Lille und Arras kämpften. „In ein, zwei Tagen wird auch das Loch zum Meer hin gestopft sein.“

In Polch schlug Göring die Faust auf den Tisch. „Stellen Sie mir sofort eine Verbindung zum Führer her!“ — er dachte sicherlich: Soll die Luftwaffe bei dem großen Sieg leer ausgehen? — Eine Minute später meldete sich Hitler aus dem nahe gelegenen Hauptquartier „Felsennest“.

Göring: „Mein Füher, überlassen Sie die Zerschlagung des bei Dünkirchen eingekesselten Feindes mir und meiner Luftwaffe!“

Hitler stimmte gern zu. Er hatte viele Gründe dazu. Einer davon war, daß er die Panzerverbände für den weiteren Feldzug brauchte und schonen wollte.

Hitlers Entschluß, in letzter Minute seine Panzer anzuhalten, der wiederum den Briten eine Fluchtchance einräumte, wurde zum Gegenstand vieler späterer Deutungen und Analysen. Sicher scheint, daß Hitlers Haltung eine Geste gegenüber den Briten darstellen sollte, um sich mit ihnen noch „arrangieren“ zu können, denn: An einer Fortführung des Krieges mit Großbritannien schien er nicht interessiert gewesen zu sein, weil er sich schon mit dem Gedanken trug, Rußland anzugreifen. Das Schreckgespenst eines Zweifrontenkrieges bedrohte ihn. Letztlich wurde es doch noch zur Realität.

Jodel sagte: „Der (Göring) nimmt den Mund mal wieder reichlich voll.“

Kesselring, Befehlshaber der Luftflotte 2:

„Diese Aufgabe ist mit meinen ausgepumpten Kräften gar nicht lösbar.“

Göring blieb dabei: „Das schafft meine Luftwaffe allein!“

Schaffte sie es? Konnte sie es überhaupt schaffen?

Zwischen Hitler und Brauchitsch kam es über die Fortführung des Krieges zum Meinungsstreit. Brauchitsch wollte die französische „Heeresgruppe Billotte“ nun auch vom Kanal abschneiden und einen Panzerkeil bis Dünkirchen vortreiben, der Franzosen, Briten und Belgier Bocks Armeen in die Arme trieb. Er verwies darauf, daß die angehaltenen Panzerdivisionen Kleists für Bocks angreifende Infanterie zum Amboß werden könnten — das umgekehrte Verfahren wäre unblutiger.

Göring, Keitel und Jodl stimmten Hitler zu, der einen Horror davor zeigte, „die Panzer in die flandrischen Sümpfe zu schicken“. (Er soll dabei an 1914 gedacht haben, als Gebiete um Nieuport unter Wasser gesetzt worden waren; jetzt waren sie trocken, und ein Sonderkommando der „Brandenburger“* sicherte dort!) Billottes etwaige Flucht über See, erbot sich Göring, wolle er mit der Luftwaffe vereiteln!

Hitler: „Die Schlacht in Flandern ist so gut wie gewonnen. Wir müssen uns sofort auf die Schlacht in Frankreich konzentrieren. Rundstedts Panzer müssen angehalten und geschont werden. Es gibt keinen Grund, sie in ein von Kanälen durchflochtenes Gelände zu verstricken. Panzerdivisionen können dort keinen entscheidenden Erfolg erringen.“

Brauchitsch: „Die am weitesten vorgedrungenen Kräfte von Bocks Heeresgruppe stehen sechzig Kilometer vor Dünkirchen, die von Rundstedts knapp zwanzig Kilometer davor, und sie verfügen über die Positionen und Mittel, die Falle zu schließen. Wenn wir auf Bock warten, werden die Engländer entkommen.“

Hitler: „Ich lasse mich von meinem Hauptziel nicht ablenken, Frankreich zu schlagen! Auf die französischen Armeen kommt es an; wenn ich sie vernichte, bin ich der Herr Europas.“

In der Nacht gab Brauchitsch neue Befehle aus, Halder notierte: „Der schnelle linke Flügel, der keinen Feind vor sich hat, wird auf ausdrücklichen Wunsch des Führers hin angehalten. Luftwaffe soll das Schicksal der eingekesselten Armeen vollenden. Haltebefehl bleibt achtundvierzig Stunden in Kraft.“

Spätabends traf Hitler in Charleville in Rundstedts Hauptquartier ein. Alle Befehlshaber waren versammelt, Lagebesprechung im Keller der Villa gegenüber dem Bahnhof, wo vor fünfundzwanzig Jahren das Hauptquartier des deutschen Kronprinzen war.

---

* Spezialtruppe des Abwehrchefs Admiral Canaris

Hitler hielt eine Ansprache und gab psychologische Gründe für das Halt vor Dünkirchen an: „...der Krieg in sechs Wochen beendet sein. Nach diesem Zeitpunkt wünsche ich einen Frieden mit Frankreich zu schließen; dann ist der Weg frei für eine Vereinbarung mit England..."

Der deutsche Stoß zur Küste hatte inzwischen den Nordflügel des alliierten Heeres abgeschnitten. Ein neunzig Kilometer tiefer Geländeschlauch schloß das Städteviereck Dünkirchen—Lille—Gent—Brügge, starke Teile der französischen 1. und 7. Armee, das britische Expeditionskorps und die belgischen Divisionen ein.

Als Lord Gort nach Süden auszubrechen versuchte, trennten sie sich von ihrem linken Frontnachbarn, den Belgiern. Feldmarschall Bock erkannte die günstige Gelegenheit und schob schnelle Truppen der 6. Armee in die Lücke. Das belgische Feldheer samt König Leopold III., der Regierung und Flüchtingsmassen, wurden eingekesselt. In einer spannungsgeladenen Konferenz auf Schloß Wynendaele suchten Regierungschef Hubert Pierlot und Außenminister Paul-Henry Spaak den König zur Flucht zu überreden. Der König weigerte sich. Am 27. Mai vollzog General Jules Derousseaux im Namen des Königs die Kapitulation der belgischen Truppen.

Am 24. Mai waren Guderians Panzer von Abbéville aus am Kanal entlang bis Gravelines, dreißig Kilometer südlich von Dünkirchen, vorgestoßen, hatten Boulogne genommen und Calais eingeschlossen. Churchill befahl der britischen Division, bis zum letzten Mann zu kämpfen, um deutsche Truppen zu binden. Seine militärischen Berater forderte er auf, ihm über die „britische Strategie im Falle einer gewissen Möglichkeit (Zusammenbruch Frankreichs) zu berichten".

Stabschef Dill: „Unser Schluß ist, daß auf den ersten Blick Deutschland die meisten Karten in der Hand hält; die wirkliche Probe aber liegt darin, ob die Moral unserer Soldaten und der Zivilbevölkerung die zahlenmäßige und materielle Überlegenheit Deutschlands überwinden wird. Wir glauben, daß dem so ist." — Das englische Volk zeigte Mut. In den letzten vierhundert Jahren hatte mehr als ein Despot am Kanal gestanden und Drohungen auf die Insel geschleudert: Philipp von Spanien, Ludwig XIV., Napoleon, Wilhelm II. — jetzt Hitler.

Churchill und England handelten, um ihre Soldaten aus dem Kessel von Dünkirchen herauszuholen. Im Unternehmen „Dynamo" sammelte sich die seltsamste Flotte der Welt, vom Kriegsschiff bis herunter zum Fischerboot (über achthundert Fahrzeuge), im Kanal, um zur großen Rettungsaktion der Reste des Expeditionskorps nach Dünkirchen auszulaufen. In neun Tagen rastlosen Einsatzes wurden über 300 000 Soldaten evakuiert.

Und die deutsche Luftwaffe?

Jodl hatte es prophezeit: „Der (Göring) hat wieder mal den Mund reichlich voll genommen!"

*

Nacht lag über Calais. Ein paar Kirchtürme, die satte Kulisse der Zitadelle und ein Ruinensaum stemmten sich als Scherenschnitte hinten gegen den Wasserstreifen des Kanals. Überall brannte es, der Seewind trieb den Rauch über das Geröll und durch die Gassen in Keller und Löcher. Manchmal kurvten Leuchtkugeln durch den Himmel, zerrten sekundenlang Mauern und Schutthaufen ins grelle Licht und versickerten dann irgendwo. Die Einschläge schwerer Granaten und Maschinengewehrfeuer lärmten in der Finsternis

„Plein, wie sieht's aus?" Oberleutnant Kleebusch kroch durch einen Mauerriß aus dem Dunkel heran und hockte sich hinter einen Mauerbrokken. Mit dem rechten Daumen putzte er die Linsen des Doppelglases, hob es an die Augen, reckte sich etwas hoch und schaute zur Zitadelle hinüber, während er am Okular schraubte.

„Waren drin im vorderen Graben. Nicht lange. Die Tommys kamen mit Flammenwerfern", sagte Feldwebel Plein, der Zugführer, ein untersetzter Mann mit abstehenden Ohren. Im Lichtschein, der jedesmal vorüberhuschte, wenn der Wind drüben im Gebälk die Flammen bog, drückte sich Plein tiefer in Deckung.

„Vorsicht, Herr Oberleutnant! Links drüben haben die ein MG sitzen."

Der andere kam gerade noch herunter, als ein Feuerstoß in die Mauer hämmerte, Fetzen herausmeißelte und Steinsplitter und Querschläger umherstreute.

„Verluste, Plein?" schrie der Offizier gegen den Lärm an, als eine Lage schwerer Schiffsgranaten im Finstern heranrauschte. Die Erde bebte unter den Schlägen, die Detonationen prallten an den Häuserfronten entlang, rollten durch die Dunkelheit hin und her und rissen einige Mauern aus dem Fundament. Hinter Staub und Rauch blinkte kraftlos eine Rakete.

„Schaffer und Krebs tot. Siefert verwundet. Konnten ihn gerade noch wegkriegen."

„Toller Kasten da drüben. Werden uns die Zähne daran ausbeißen. Seit drei Tagen rennen wir umsonst dagegen an." Der Oberleutnant lehnte sich an einen Mauerrest, und als das Licht vorüberzog, sagte er: „Mensch, wie sehen Sie aus?"

„Verbrannt. Nur der Rock. Der Schuppen drüben fing Feuer, als wir zurück mußten."

Plein zerbröselte Mörtel mit der Hand, er horchte über sich in das Wummern, das vom Hafen heraufkam. „Die Schiffe schießen wieder. Da müßten mal Stukas hin und was machen. Solange die schießen, können wir an die Zitadelle nicht heran."

„Ja. Bisher hat alles geklappt; durch die Ardennen, über die Maas zum Kanal. Und das alles in zwei Wochen. Das hat niemand erwartet. Aber Calais, das ist eine harte Nuß. Die Briten geben so schnell nicht auf. Gefangene sagten, sie hätten einen Befehl, bis zum letzten Mann zu kämpfen."

Er redete eine ganze Weile, und Plein mengte mit der Hand im Staub und hörte zu. Als ein naher Einschlag das demolierte Haus nebenan vollends abmontierte, die brennenden Balken unter sich begrub und Holzfetzen herüberschmiß, spuckte Plein in den Sand und fragte nur: „Wann greifen wir wieder an?"

„Nach Mitternacht. Mit einem Flammenwerfertrupp und Pionieren."

„Kampfstarker Stoßtrupp?"

„Ein Halbzug."

„Wer führt?"

„Sie!"

„Jawohl!"

Sekundenlang war es totenstill. Die Parabeln farbiger Leuchtkugeln schnürten durch den Himmel, und vor dem helleren Band des Kanals knäulten sich die Schwaden abziehenden Rauchs. Von rechts her näherten sich Tritte, und dann schob sich eine Gestalt geduckt in Deckung: Leutnant Birk, der Vorgeschobene Beobachter (VB) der Artillerie. „Oberleutnant Kleebusch?" fragte er.

„Ja! 'n Abend, Birk!"

„Abend, Herr Oberleutnant! Suche Sie schon 'ne Weile. Wir hauen ab! In zwei Stunden."

„Wohin? Ist der Krieg aus?"

„Nee. Die Zehnte löst uns ab. Wir marschieren nach Dünkirchen. Guderian hat umgruppiert."

„So? Und warum macht das nicht die zehnte PD?"

„Keine Ahnung. Meine Batterie bleibt noch 'ne Stunde auf Empfang, dann protzt sie auf."

„Paßt mir gar nicht. Wollte in 'ner Stunde noch mal zur Zitadelle rüber, und Sie sollten vorher ein paar Salven schießen ... Ja, was ist? Ich bin hier!" sagte er ins Dunkel hinaus, und dann kroch ein Melder heran, der den Kompaniechef zur Lagebesprechung zum Bataillon holte.

Leutnant Birk, das schmächtige Kerlchen mit dem blonden Schopf, stand auf, klopfte sich den Hosenboden ab und stieg mit Kleebusch über die Trümmerhaufen.

„Am Abend fiel Boulogne", sagte er und schob sich durch eine Fensterhöhle. „Waren auch Tommys drin. Sind mit Schiffen abgeschwirrt. Läßt den Schluß zu, daß die Briten keine Lust haben, sich für Frankreich zu opfern. Unten bei Arras und Lille sollen sie auch überraschend aus der Stellung verduftet sein. Nach Norden, Richtung Dünkirchen und Ostende. Merken Sie was, Herr Oberleutnant?"

„Stimmt das denn?"

„Denke schon. Wenn mich nicht alles täuscht, will Guderian den Engländern zuvorkommen und ihnen den Rückweg abschneiden."

„Und warum nimmt er uns dazu?"

„Weil wir am weitesten an Dünkirchen dran sind."

„Könnte sein. Bin ganz froh darüber. Vormarsch ist anders als die Mengerei in den Trümmern. Wundere mich nur, daß die Engländer in der Zitadelle nicht aufstecken."

Feldwebel Plein blieb noch eine Weile, musterte das Trümmerfeld, wenn Leuchtkugeln darüber baumelten, dann schob er sich durch Gerümpel und Geröll zum MG-Posten vor: „Jungs, wir verduften ..."

Eine halbe Stunde später wußte jeder Mann der Kompanie, daß die 1. Panzerdivision sammelte und gegen Dünkirchen losfuhr.

Melder huschten durch die Ruinen, um Bescheid zu geben, Telefone und Funkgeräte verständigten die in verzahnter Front liegenden Kompanien und Züge. Im Grollen der Einschläge lösten sich Grenadiere vom Feind, schickten noch schnell ein paar Feuerstöße hinüber, wiesen die Voraustrupps der ablösenden Division in Lage und Gelände ein und setzten sich auf halsbrecherischen Pfaden nach hinten ab. Kompanien und Züge waren im Aufbruch. Munitions- und Verpflegungsempfang vollzog sich in zerwühlten Hinterhöfen, auf trichterübersäten Plätzen und an den Straßen, die unter den Ketten anrollender Panzer dröhnten.

„Mann, was für ein Dusel, hier wegzukommen", sagte der Gefreite Finger, der MG-Schütze, und verstaute die Munitionsgurte im Kasten. „Die verdammte Zitadelle hat uns etliche Tote gekostet. Um Mitternacht sollte ein Stoßtrupp gemacht werden, bei dem wieder ein paar draufgegangen wären."

„Abwarten. Kommt meist nichts Besseres nach. Kapiere nicht, warum wir abgelöst und nach Dünkirchen losgejagt werden. Hätte die Zehnte auch machen können." Der Soldat Wild, MG-Schütze zwei, verpackte die Reserveläufe und mampfte dabei ein Stück trockenes Brot.

„Macht, quatscht nicht soviel!" rief Unteroffizier Merz, der Gruppenführer, untersetzt und nervös. „Müssen gleich raustreten zum Befehlsempfang."

Im Finstern stolperte er in den Trümmern des Hotels — ihrer Unterkunft — umher und achtete darauf, daß nichts vergessen wurde.

Die Soldaten Zinke, Hinze und der Rest der Gruppe fingen schon an, allerlei Zeugs auf einem Lkw zu verstauen. Ein paar Häuser weiter verluden die Nachbargruppe und die anderen Züge. Kompanien und Bataillone, deren Nachzügler in den Gefechtsständen und Quartieren eintrafen, rüsteten eilig zur Abfahrt, Batterien protzten ihre Geschütze auf, Nachrichtenleute quälten sich mit ihren Kabeltrommeln durch Geröll und Löcher und spulten die Leitungen auf, Funker verpackten ihre Geräte und luden sie auf den Rücken, Fahrer betankten die Wagen. Überall war Unrast, Hetze und Bewegung.

Noch immer grollten die Einschläge, bolzten schwere Abschüsse vom Kanal heraus, tackerten MG-Garben durch die Dunkelheit und geisterten Leuchtkugeln im Himmel.

Calais, das seit Tagen und Nächten unter den Schlägen des Krieges taumelte, kam auch jetzt nicht zur Ruhe. Drüben an der Zitadelle, im Stadtkern und hinunter zum Hafen, herrschte im alliierten Lager Betriebsamkeit: Teile einer englischen Infanteriedivision und ein Tankbataillon waren gelandet worden und rückten in die Stellungen ein.

Deutscherseits wußte niemand, daß Churchill den Kommandeuren einen harten Befehl mitgegeben hatte: Verteidigung Calais' bis zum letzten Blutstropfen und keine Räumung der Garnison über See. Die hartnäckige Verteidigung der Stadt erfüllte den Zweck, deutsche Verbände zu binden und den Rückzugsweg für das Gros der englischen Expeditionsarmee nach Dünkirchen hin offenzuhalten!

Calais als Wellenbrecher in der deutschen Front! Die 10. Panzerdivision, die nachts in die Stadt einrückte, wußte nicht, was ihr bevorstand.

Oberleutnant Kleebusch verabschiedete sich im Gefechtsstand von Leutnant Birk, dem VB, der sich mit seinen beiden Funkern auf den Weg zur Batterie machte.

„Herhören!" sagte Kleebusch einige Zeit später. „Um zwei Uhr sammelt die Division und rückt in die Bereitstellung vor. Bei Tagesanbruch greifen wir nach Nordosten Richtung Gravelines—Dünkirchen an..." An einer brandneuen Karte zeigte er die Stoßrichtung und erklärte die Einzelheiten des Vorgehens im Kompanieverband.

Es war Zeit zum Aufbruch, als die Zugführer den Gefechtsstand verließen, um ihrerseits den Gruppenführern notwendige Informationen zu erteilen.

Überall in den Stäben wurden Befehle erteilt, die Einzelheiten des Angriffs festgelegt, die Uhren verglichen: Los!

Der Vormarsch trat in eine neue Phase, in das Finale ein — wie viele meinten.

„Jetzt haben wir Hoffnung, daß der Feldzug bald zu Ende geht", meinte Feldwebel Plein. Er rückte sich auf dem Lkw zurecht und rauchte eine Zigarette. „Es ist Zeit zum Heumachen, und die Frucht reift langsam heran. Wäre mir recht, die Knarre mit der Sense zu vertauschen."

„Wem wohl nicht?" Unteroffizier Merz beurteilte die Aussicht, bald daheim zu sein, skeptischer. „Wir sind am Kanal, na und? Unsere Infanterie hinkt nach, ein durchstoßenes Land ist noch kein besetztes und erobertes. Nirgends sonst boten die Briten so viele Flugzeuge auf wie bei Calais. Und sie leisten Widerstand. Paris hat auch noch nicht kapituliert, und die Belgier kämpfen noch immer."

„Na ja", meinte Feldwebel Plein und schwieg dann.

Die Kolonne fuhr auf Sicherung mit weiten Abständen, Spähwagen tasteten sich an den Vormarschspitzen durch die Dunkelheit. Auf Straßen und Wegen zogen die Divisionsteile nach, die Nacht füllte sich mit dem Tuckern der Motoren und dem Rasseln der Panzerketten.

Calais blieb zurück, das Grummeln der Einschläge verebbte, und nur die farbigen Linien der Leuchtkugeln über der Stadt zeigten, wo sie sich ins Nichts abduckte. Um diese Stunde griffen die ersten Stoßtrupps der 10. Panzerdivision die Zitadelle an und holten sich nur blutige Köpfe. General Schael hängte sich ans Telefon und forderte Stukas an, die ihm auch zugesagt wurden.

Im Frühlicht traten die Panzer und Schützen von General Kirchners 1. Panzerdivision aus der Bereitstellung zum Angriff gegen Gravelines und Dünkirchen an. Dunst schwamm über den Feldern und Wiesen, er stieg aus den Wassergräben und Kanälen, aus tauigem Gras und feuchter Erde.

Ein Feuerschlag der divisionseigenen Artillerie trommelte in das hügelige, buschbedeckte flandrische Land, dann bohrten sich die Panzer in den Nebel, und die Schützenketten schlossen auf. Der Stoß wurde entlang den Straßen geführt, feindliche Sicherungen steckten schnell auf, ein paar brennende Feindtanks und Wagen dienten den Divisionskolonnen als Wegweiser der Vormarschrichtung.

Die Sonne kam, vertrieb den Dunst und trocknete das Gras. Der Horizont flimmerte in der Hitze, die Tiefe des Raumes bot sich an, wiederholte sich in Hügeln und Tälern und Wasserläufen, und manchmal zeigte sich ein Dorf.

„Die Sache läuft", sagte Kleebusch bei einer kurzen Rast und schwitzte. „Bis Gravelines noch vier, bis Dünkirchen noch knapp zwanzig Kilometer. Wenn kein ernsthafter Widerstand kommt, sind wir am Abend am Kanal." Er holte seine Karte aus dem Stiefelschaft, strich sie im Gras glatt und fuhr mit dem Finger darauf herum. „Da sind wir. Ein Stück weiter vorn ist das Flüßchen Aa. Es gibt 'ne Brücke ..."

Die Leute erhoben sich aus dem Gras, packten die Waffen und stapften wieder weiter. Irgendwo voraus knallten Panzer herum, jemand brüllte „Fliegeralarm!" und die Grenadiere suchten Deckung. Aus dem Sonnenglast rasten britische Jäger heran, mähten mit den Bordwaffen los und töteten ein paar Männer, ehe sie wieder am Himmel verschwanden.

Neuer Anflug einer Rotte, rasanter Schußwechsel, geköpfte Büsche, ein paar Verwundete, und die Tommys entfernten sich.

„Wo, zum Teufel, sind unsere Jäger?" schimpfte Pein.

„Warum geht's nicht weiter?" fragte Unteroffizier Merz, der einen Melder anhielt.

„Weiß nicht. Irgend so ein verrückter Befehl von oben: Alles halt!"

„Jetzt? Mittendrin?"

„Ja! Bis auf weiteres!"

Die Spitzen der Division hielten an der Aa, kein Mensch wußte, warum. Kleebusch ließ die Kompanie bis zum Wasserlauf aufrücken und Löcher graben. Fluchend und schwitzend machten die Schützen das Schanzzeug los und buddelten sich ein.

„Kann heiter werden", meinte Plein und grub recht tief, denn der Schreck saß ihm noch in den Knochen. Er kam rasch in die weiche Erde und rauchte dann eine.

„Ist was faul. Kein Feind zu sehen — und wir halten an." Merz grub wie ein Dachs, weil er auch an die Flieger dachte.

In einer halben Stunde lag die Kompanie in Stellung, schuf Schußfeld und tarnte. Das erste Mal seit Feldzugsbeginn hatte sie sich eingegraben, ein Umstand, der zu allen möglichen Deutungen der Lage Anlaß bot.

Oberleutnant Kleebusch suchte sich einen Kradmelder und fuhr zum Bataillon, ohne jedoch Klarheit zu bekommen. Bis hinauf zum Regiment, der Division, wußte keiner, warum gehalten werden sollte. Selbst General Kirchner wußte nur, daß der Befehl von „allerhöchster Stelle" kam; ein Grund mehr, ihn strikt zu beachten. „Sonderbar, man löst uns in Calais ab, befiehlt den Angriff und stoppt ihn jäh an einem Bach, das Ziel in Griffnähe", sagte der General. „Hoffentlich rächt sich das nicht."

Der Befehl galt. Auf der Kanallinie St. Omer—Gravelines, am Flüßchen Aa, wurde nicht nur Kirchners Division, sondern auch die Panzerkorps angehalten, die von Süden und Westen auf Dünkirchen vorrückten.

Niemand wußte den wahren Grund, nur ein ominöser Befehl lag vor. Nachforschungen und Proteste nutzten nichts.

Die Nacht kam, die erste an der Aa, und Kleebuschs Kompanie biwakierte wie andere im Freien.

Plein sagte verdrossen: „Mit der Heuernte sehe ich schwarz, verdammt noch mal. Hast wieder mal recht gehabt, alte Unke!"

Merz rollte sich in die Decke und schlief ein.

Beim Stab des 19. Panzerkorps schüttelte General Guderian den Kopf und knallte die Hand auf die Karte:

„Ein unsinniger Befehl — egal, wer ihn gegeben hat — mit nicht mehr gutzumachenden Folgen! Nur noch sechzehn Kilometer trennen uns vom Ziel Dünkirchen, um die Falle endgültig zu schließen. Die englischen, französischen und belgischen Armeen sind auf einem kleinen Dreieck zusammengedrängt, dessen Basis entlang dem Kanal zwischen Gravelines und Terneuzen verläuft, und dessen Spitze bei Valenciennes, hundertzwanzig Kilometer landeinwärts, liegt. Die einzige Hoffnung, aus der Falle zu entkommen, ist der Rückzug über Dünkirchen zur See — und gerade der sollte jetzt blockiert werden. Welch eine Kurzsichtigkeit, diese Chance nicht zu nutzen. Reinhardts Korps steht auf der Linie Aire—St. Omer—Gravelines. Mein Korps hat Boulogne genommen, Calais isoliert und wartet an der Aa und hat um Gravelines Fühlung mit Reinhardts Verbänden. Wir wissen, daß sich das Gros des britischen Expeditionskorps von Lille und Arras her nordwärts absetzt und ein einziges britisches Bataillon die Deckung der zweiunddreißig Kilometer langen Strecke der Aa zwischen Gravelines und St. Omer bildet."

Guderian, untersetzt, zäh und temperamentvoll, ließ sich mit dem Kommandierenden General Kleist verbinden, der sich auf den Befehl von „oben" berief und Guderian befahl, die schon bis Hazebrouck vorgestoßenen Panzer wieder zurückzubeordern.

„Schaffen Sie mir eine Verbindung zu General von Richthofen, 8. Fliegerkorps!" sagte Guderian zu seinen Adjutanten. „Wenn wir schon untätig zusehen müssen, wie uns die Engländer entwischen, werden wir uns um Calais kümmern. Ich fahre dann sofort zum Hauptquartier von Kleist. Bin neugierig, wie lange man uns Gewehr bei Fuß an der Aa stehen läßt."

Guderian bekam die Verbindung, und Richthofen fand sich bereit, die 10. Panzerdivision im Kampf um die Stadt zu unterstützen.

Am nächsten Morgen starteten zwei Gruppen von Major Dinorts Stuka-Geschwader 2 nach Calais. Auftrag: Angriff auf britische Kriegsschiffe. Dunst breitete sich aus, unten lag der Kanal, der schwere Rauchpilz hüllte die Stadt ein. Schiffe überall, eine Menge, doch winzige Ziele und schwer zu treffen.

„Gruppenweise Angriff auf Schiffsziele!" befahl Dinort. „Freie Zielwahl!"

Die Maschinen kippten über die Flügel ab und stürzten hinunter. Bomben gingen die Ziele an, die vierzig Maschinen fingen ab, sammelten zum Abflug nach Süden. Trefferzahl in den Zielen gering. Dann griffen Spitfire-Jäger an. Seit Tagen operierten sie von Flughäfen in England aus mit einem kürzeren Anflugweg als die deutschen Verbände, die in Guise, östlich St. Quentin, und St. Pol lagen. Calais lag schon an der Grenze der Stuka-Reichweite, und überall lauerten nun englische Jäger.

Im Gefechtsstand der Panzergruppe von Kleist trafen Guderian, Reinhardt, von Richthofen und der Befehlshaber der 4. Armee, von Kluge, zusammen.

Der Haltbefehl, der noch immer bestand, wurde erörtert. Inzwischen war durchgesickert, daß Hitler die Korps stoppen ließ, weil Göring das „Zerschlagen der eingekesselten Feindkräfte mit seiner Luftwaffe besorgen wollte".

„Nun, Richthofen", meinte der OB der 4. Armee sarkastisch, „haben Sie Dünkirchen bereits aus der Luft genommen?"

Richthofen: „Ich habe es überhaupt noch nicht angegriffen, Herr Generaloberst. Meine Stuka liegen zu weit hinten, der Anflug ist zu lang. Dadurch kann ich sie höchstens zweimal am Tag einsetzen und bekomme keinen Schwerpunkt zustande."

„Und wie sieht es bei den anderen Fliegerkorps aus?"

„Die liegen noch weiter zurück, die meisten auf Plätzen im Reich und in Holland. Das ist selbst für die He-111- und Ju-88-Verbände weit."

Kluge schüttelte den Kopf. „Und wir dürfen nicht über den Aa-Kanal, um der Luftwaffe nicht ins Gehege zu kommen. Deshalb ist die ganze Panzerwaffe lahmgelegt. Was jetzt geschieht, sind doch nur Nadelstiche."

Reinhardt stimmte Kluge zu: „Es ist sicher, daß der Gegner die ihm noch verbliebene Landbrücke nach Dünkirchen benutzen wird, um starke Teile seiner Armee aus unserer Umfassung zu lösen und einzuschiffen. Das kann nur durch energischen Angriff unterbunden werden."

Kluge, Kleist, auch Brauchitsch und Halder suchten Hitler umzustimmen, der aber erneuerte den Haltebefehl mehrmals.

Richthofen, zum Gefechtsstand im Kindererholungsheim Proisy zurückgekehrt, telefonierte mit dem Generalstabschef der Luftwaffe, Jeschonnek: „Wenn die Panzer nicht sofort wieder antreten, werden uns die Tommys entwischen. Niemand kann im Ernst glauben, daß wir allein sie aus der Luft anhalten können."

Jeschonnek: „Doch, der ‚Eiserne' glaubt es." Der „Eiserne" war Göring. „Außerdem will der Führer den Briten eine blamable Niederlage ersparen!"

„Aber dazwischenhauen sollten wir trotzdem?"

„Ja, natürlich. Mit allen zur Verfügung stehenden Mitteln."

Richthofen verstand diesen Widerspruch so wenig wie die Heeresbefehlshaber. Seine anderen Geschwader, das Stuka-Geschwader 1, griff statt Dünkirchen französische Panzerrudel bei Amiens an, das Geschwader 17 ebenfalls und bombte dann Batterien, die den Platz St. Quentin beschossen. An beiden Rändern des deutschen Durchbruchkorridors brannte es, und die Luftwaffe half aus, wo die nachrückende Infanterie noch fehlte.

Am ersten Tag des Halts geschah um Dünkirchen nichts; die Panzer mußten warten, die Luftwaffe war anderweitig engagiert. Für die Alliierten erwuchs daraus eine lebenswichtige Atempause, die sie eifrig nutzten.

*

Captain Crawfords Kompanie lag am Kemmelberg bei Lille. Seit Tagen und Nächten trommelte deutsche Artillerie in die Stellung, Bomben pflügten die Hänge, Infanterie griff an. Über Lille wucherte ständig ein Rauchpilz, dort wurde erbittert um die Zitadelle gerungen, wo sich die Franzosen verzweifelt wehrten.

„Die Lage ist für uns hoffnungslos", sagte Crawford, lang und hager, legte eine verknitterte Karte auf den Bunkertisch und strich sie glatt.

„Cabouche, schauen Sie sich das an! Die Deutschen haben in einem bravourösen Raid innerhalb von zwei Wochen Holland, Belgien und Nordfrankreich durchstoßen und stehen am Kanal auf der Linie St. Omer—Aire—Aa—Béthune—Lille. Ohne Zweifel sitzen wir in der Falle. Alle unsere Versuche, den Korridor zu durchtrennen, nach Süden auszubrechen, um Verbindung mit Frères Truppen zu kriegen, schlugen fehl. Uns verbleibt nur eine Möglichkeit: Rückzug zu den noch freien Häfen Dünkirchen und Ostende — oder Gefangenschaft."

Leutnant Cabouche schwieg, seine dunklen Augen blickten abwechselnd auf die Karte und dann wieder auf Crawford. Mechanisch holte er die Zigarettenschachtel aus der Blusentasche und hielt sie dem Engländer hin. Während sie rauchten, sagte der Leutnant: „Fatale Lage. Nur, Sie sind Engländer — ich bin Franzose. Ich stamme aus Falaise. Wenn wir Hitler nicht energisch stoppen, ist Frankreich verloren."

„Ich verstehe Sie. Aber wie wollen Sie ihn stoppen? Wann? Wo? Gestehen wir es ruhig ein: Die Deutschen sind exzellente Soldaten, haben hervorragende Führer und einen superben Plan. Denken Sie an Eben Emael, die stärkste Festung Europas: Sie wurde in wenigen Stunden von einem Feldwebel und einer Handvoll Soldaten genommen! Warum? Der Teufel mag es wissen."

Crawford hob die Füße auf den Tisch. „Ehe ich hierher kam, war ich in Sandhurst und studierte Kriegsgeschichte, deshalb weiß ich einiges über Strategie. Ich will Ihnen sagen, warum wir in die vertrackte Lage geraten sind." Er langte sich die Konservenbüchse, die als Ascher diente, sein Feuerzeug, den Trinkbecher. „Nach dem sogenannten Schlieffen-Plan der Deutschen..."

Als er das Zeug wegschob, wußte Cabouche, warum die Deutschen am Kanal standen. „Sagen Sie mir, wie Sie die Lage ändern wollen", fügte Crawford mit müder Stimme hinzu „sagen Sie es dem Obersten Kriegsrat; er wird Sie als Retter Frankreichs — und der Freiheit preisen. Glauben Sie mir, augenblicklich gibt es nichts mehr, was Frankreich retten könnte. Die Erfolge des Gegners sind so überwältigend, seine Militärmaschinerie ist so perfekt, daß uns nur Rückzug und Resignation bleiben."

„Mon Dieu, soll ich einfach weglaufen?"

„Nein. Retirieren — und wiederkommen! Wir werden wiederkommen, verlassen Sie sich darauf. Es gab vor Hitler andere Usurpatoren, die Europa tyrannisierten; auch ein Napoleon verlor bei Waterloo seine entscheidende Schlacht."

Cabouche zertrat den Zigarettenrest. „Ich werde kämpfen, ich kann nicht anders."

„Jeder Widerstand erreicht ein Stadium, wo er sinnlos wird, Cabouche. Ihr Tod würde Frankreich nicht retten können, nichts kann es mehr retten. Die alliierten Armeen kämpfen im Mêlée, im richtungslosen Kampf, der nur Opfer bringt, jedoch keine Erfolge."

Draußen tobte ein Gewitter, der Regen prasselte auf den Bunker, und durch den Türschlitz leuchteten die Blitze. Der Donner mischte sich mit dem Grollen der Artillerie. Ein Hexensabbat des Lärms und Lichtergefunkels jagte über die Stellung und die Stadt hinweg.

„Sie haben Order, sich abzusetzen?" fragte der Leutnant dann direkt.

„Ja. Sobald es dunkel wird, setzen wir uns ab nach Dünkirchen. Churchill hat General Gort heute nacht durch General Alexander ablösen lassen und den Befehl gegeben, das Expeditionskorps aus der Front zu nehmen und zur Einschiffung nach Dünkirchen zurückzuführen."

„Also doch. Ich hörte ein Gerücht. England läßt uns im Stich, läßt Frankreich in der Agonie allein."

„Es ist Ihr gutes Recht, die Lage so zu beurteilen." Crawford strich sich nachdenklich über den rötlichen Menjoubart. „In einer knappen Woche pausenlosen Kampfes hat meine Kompanie die Stellung am Kemmelberg gehalten und ein volles Drittel ihrer Kampfstärke eingebüßt. Glauben Sie auch nur einen Augenblick lang, daß der Kompanierest, wenn er bis zum letzten Mann fiele, die Lage auch nur geringfügig verändert haben würde? Ich bin zu sehr Soldat, als daß mich ein Rückzug nicht schmerzte, doch in dieser Lage ist er die einzig vernünftige Alternative, Cabouche. Kommen Sie mit! Haben Sie Geduld! Eines Tages kehren wir zurück und schlagen die Deutschen."

Cabouche wurde einer Antwort enthoben, denn ein durchnäßter und verdreckter Melder stürzte herein.

„Die Deutschen", haspelte er japsend, „haben im Gewittersturm ein Minenfeld überwunden und die Zitadelle genommen. Vier französische Generale und die Truppen haben kapituliert."

Crawford salutierte. „Danke! Schicken Sie mir aus dem Kompanietrupp von nebenan einen Mann her!"

Der Melder schlüpfte hinaus, und Crawford sagte kühl: „Die Zitadelle und Lille gefallen, damit habe ich gerechnet. So was schaffen die Deutschen im Gewitter. Teufel, was für Burschen!"

Er fischte sich wieder die Karte vom Wandbrett. „Für uns ergibt sich eine mißliche Lage: Zitadelle gefallen, die Sicherungen in der Rue Louis IV, Rue Hugo, Rue d'Isly und dazwischen werden schnell aufgeben. Bis zum Abend werden die Deutschen die Straße nach Roubaix erreicht haben, dann ist der Kemmelberg von zwei Seiten eingeschlossen. Deutsche Voraustrupps wurden letzte Nacht vor Ypern gesichtet... Der Führer des Nachrichtentrupps soll sofort die Telefonleitungen zum Bataillon flikken! Holen Sie alle Zugführer zur Lagebesprechung hierher!" befahl er dann dem eintretenden Melder.

Leutnant Cabouche schwieg verbissen. Er begriff einfach nicht, daß die Zitadelle, daß vier Generale und einige tausend Mann aufgegeben hatten. Spontan setzte er den Helm auf und stürzte zur Tür.

„Cabouche! Sie müssen lernen, Tatsachen zu akzeptieren. Bleiben Sie, Sie können nichts mehr retten!"

Der Leutnant schüttelte den Kopf. „Viel Glück, Captain Crawford! Grüßen Sie England!" — Dann war er draußen und lief durch den Regen fort.

Crawford zuckte die Achseln und vertiefte sich in die Karte, dann wurde er unterbrochen, als draußen Panzergeräusche laut wurden. Einen Moment lang glaubte er an einen Durchbruch deutscher Panzer, langte nach dem Helm und der MPi, doch er legte das Zeug wieder hin, als ihm einfiel, daß in einem solchen Falle wohl irgendein Posten rechtzeitig Krach geschlagen haben würde.

Minuten später schob sich ein englischer Offizier in Begleitung eines Postens in den Bunker und salutierte: „Major Huntersfield, erste Panzerbrigade!"

„Crawford, Führer der A-Kompanie, 1. Loyals." Er bot Platz an.

Der Major lehnte ab und langte sich die Karte.

„Kommen unten von Arras her. Alles drunter und drüber. Unsere Front ist hin. Ein Durchbruchsversuch kostete mich zwei Drittel meiner

Tanks. Panzer, Pak, Flak, Flieger waren schuld daran. Sie haben's gehört: Gort durch Alexander abgelöst?"

Crawford nickte nur.

„Alexander befahl die Rücknahme der Brigade und der Infanterie", sagte der andere wie im Selbstgespräch. „Zusammen mit den Warwickshires (britisches Regiment) schlug sich der Rest meiner Brigade durch noch schwache deutsche Sicherungen auf Lille herauf durch. Nun erfahre ich, daß die Zitadelle kapituliert hat. Mein ursprünglicher Befehl, in Lille vierundzwanzig Stunden zu halten, um das Herauslösen englischer Verbände in diesem Raum zu decken, scheint überholt zu sein: Die Germans treten eben zu einem Angriff in Richtung Roubaix an." Er griff zum Telefonhörer. „Wie heißt Ihr Bataillloner?"

„Major Rumpskell. Die Leitung war kaputt."

Der fremde Major läutete, bekam Verbindung und nickte Crawford zu, dann ließ er sich eine Verbindung mit Alexanders Hauptquartier im Hazebrouck herstellen. Er schaffte es wirklich und redete eine ganze Zeit mit dem Oberkommandierenden, der eben dabei war, sein Hauptquartier nach Dünkirchen hinauf zu verlagern. Als das Gespräch beendet war, wartete der Major mit neuen, überraschenden Fakten auf.

„Gestern fiel Calais, Stukas bombten Hafen und Zitadelle. Obwohl Churchill befohlen hatte, ‚um der Sache der Solidarität der Alliierten willen, die Stadt bis zum bitteren Ende zu verteidigen', kapitulierten um 16.45 Uhr, nach einem Angriff der deutschen 10. Panzerdivision, die zwanzigtausend Verteidiger, darunter drei- bis viertausend Engländer. Daheim glaubt das keiner, und man schickt noch Nachschub und wirft ihn über der brennenden Stadt ab." Der Major setzte sich nun doch. „Haben Sie eine Zigarette für mich?"

Crawford reichte die Schachtel hin, gab dem Major und sich Feuer.

„Crawford, die Lage ist prekär. Es geht um Stunden. Heute wird die Rettungsflotte, wenn alles klappt, Dünkirchen erreichen, um mit der Evakuierung des Expeditionskorps zu beginnen. Das Problem ist: Das Gros steht noch tief in Flandern, und es ist fraglich, ob es vor den Deutschen Dünkirchen erreichen wird. Wir absolvieren einen dramatischen Wettlauf gegen die Zeit und den Feind."

Er unterbrach sich und stand auf.

„Etwas Seltsames ist geschehen, wofür selbst das Hauptquartier keine Begründung findet: Die Deutschen haben, zehn Meilen vor Dünkirchen, ihre Panzer jäh gestoppt! Warum? Was könnte der Grund sein? Dünkirchen ist so gut wie nicht gesichert." Er zertrat die Kippe und schaute Crawford voll an. „Können Sie das begreifen, Captain? Der Feind stößt rasant vor zum Kanal, kesselt drei Armeen ein — und verhält im Angesicht des Ziels! Hat es das schon jemals gegeben? Die Deutschen, zum Teufel, das ist nicht zu leugnen, haben uns großartig ausmanövriert, doch was sie vor Dünkirchen exerzieren, das kann unmöglich eine uns noch verborgene Überraschung bringen, weil es gegen jede Logik ist! Vielleicht

Angst vor der eigenen Courage? Überrumpelung durch den eigenen Erfolg und Horror, ihn zu krönen? — Verdammt, ich weiß es nicht."

Er zog die nassen Handschuhe über und trat dicht an den Captain heran: „Hören Sie, wenn ich gottesfürchtig wäre, würde ich sagen: Der Herr hat der Bestie Hitler das Hirn eintrocknen lassen! Und ich möchte nur darum beten, daß es in dem Zustand beleibt — nur wenige Tage, Crawford, so lange, bis wir in Dünkirchen ein Schiff erwischen." Er trat zur Tür, kam aber noch einmal zurück und griff zur Karte.

„Die Hauptsache hätte ich fast vergessen: Das Hauptquartier befiehlt, den Kemmelberg und den Nordrand von Lille bis zum Einbruch der Dunkelheit zu halten, um retirierenden Truppen aus dem Raum Cambrai und Arras Auffangmöglichkeiten zu bieten. In der Abenddämmerung setzen wir gemeinsam nach Norden ab, kämpfen hinhaltend und sichern die Flanken. Ich gehe mit den Panzern bei Lambersart—St. André in Stellung und fahre gleich zum Bataillon, um den gemeinsamen Abmarsch im Detail klarzumachen. Bis heute abend!"

Der Captain begleitete den Major hinaus, draußen warteten schon die Zugführer. Und noch einmal kam der Major zurück.

„Noch etwas, Crawford, was unsere Lage verschlechtert: Der belgische König hat die Kapitulation angeboten. Wenn wir nicht bis spätestens übermorgen an Ypern vorbei sind, wird durch die Kapitulation der Belgier die rechte Flanke des Korridors für die Deutschen frei; dann ist für uns der Ofen endgültig aus!" Mit schnellem Schritt ging der Major davon, zu dem Panzer hinüber, der hinter dem Regenvorhang wartete.

„Reinkommen!" sagte Crawford, stieß die Bunkertür auf und wartete, bis sich die Zugführer im Halbkreis formiert hatten. Ohne Umschweife ging er direkt auf die Sache los:

„Sobald es dunkel ist, verduften wir. Der Major, den ihr gesehen habt, kommt mit ein paar Panzern von Arras herauf. Zusammen mit den Tanks rücken wir, hinhaltend kämpfend, nordwärts nach Dünkirchen zu, Entfernung etwas dreißig Meilen, um dort eine Abwehrfront aufzubauen und die Verschiffung des Korps abzusichern. Allgemeine Richtung des Absetzmanövers wird sein: Lambersart, Madeleine, entlang der Deule auf Marquette, Wambrechies, dann rechts rüber zur Hauptstaße nach Bailleu—Steenvoorde. Einzelheiten gebe ich nach Rücksprache mit dem Bataillon. Vorerst gilt der Befehl: Der Kemmelberg wird unter allen Umständen bis zum Abend gehalten, weil noch versprengte Einheiten eintreffen ..."

Crawford unterbrach sich und schaute zur Tür. Eine Zeitlang klang heftiger Gefechtslärm herein, und nun brüllte ein Posten an der Tür:

„Alarm! Die Deutschen greifen den Berg an! In Kompaniestärke!"

Der Captain nickte und sagte gelassen: „Wegtreten! Alles sofort in Stellung!"

Und als sie draußen waren, rief er das Bataillon an, meldete den Angriff und schnallte dabei um. Gerade als die Deutschen zum Grabeneinbruch sammelten, erschien der Captain in der Stellung.

Es regnete nur noch wenig. Die Nässe dünstete in der Wärme. Von der Zitadelle quollen Rauchschwaden herüber und überzogen das Vorfeld. Durch die Lücken bewegte sich der Feind, setzte in Sprüngen zum Fuß des Berges heran. Minen krepierten mit Getöse, Gewehre und MG hackten in den Rauchvorhang, Granatwerfer ploppten ins Vorfeld. Leuchtkugeln schnitten durch den grauen Wolkenhimmel.

„Wenn sie an der Birke sind — draufhalten!" sagte Sergeant Clatt, ein kleiner, bärenstarker Mann. „Denkt dran: Schiffe warten auf uns! Wäre verdammt fad, jetzt nicht das Letzte zu geben und dafür als Gefangener in ein dreckiges Camp zu marschieren."

Er war offenbar bereit, sich eher in Stücke hauen zu lassen, ehe er aufgab. Energisch stapelte er Handgranaten und legte den Spaten parat für den Nahkampf.

Der Soldat Gant schoß die erste MG-Garbe ab, als sich die Deutschen an die Birke heranmachten. Der geköpfte Baum, dessen Wipfel mit welken Blättern nach unten hing, wurde erneut von Geschossen getroffen und etlicher Zweige beraubt. Im Dauerfeuer wackelte der Stamm, bis er abgemäht auf drei Deutsche kippte, die tot in einer Sumpfkuhle lagen.

Clatt warf mit aller Kraft Handgranaten hinunter und brüllte: „Feuer, Leute! Gebt's ihnen! Denkt an die Schiffe! An daheim!"

Die Männer schossen ohnehin, keiner war unter ihnen, der sich nicht nach Kräften gewehrt hätte. Seit Tagen schon mußten mehr oder weniger schwere Angriffe durchgestanden werden, und etliche Kameraden lagen begraben hinten in der Mulde, wo die Kreuze aus Birkenholz mit den Tellerhelmen darauf standen.

„Farrel, ob wir's schaffen werden zum Schiff?" fragte der Soldat Norton, ein sommersprossiger Brusche aus Wales. „Vielleicht ist das nur eine Parole, um uns Mut zu machen. Alle Soldaten der Welt werden belogen."

„Mach keine Witze, Mann!" sagte Farrel, machte mit den Zähnen eine Handgranate scharf und warf sie. „Heute abend zwitschern wir los, das ist endgültig, Maylor sagte das."

Die Angreifer schafften nur an einer Stelle einen Einbruch, mußten aber im hartnäckigen Feuer der Briten umkehren bis zu einer Mulde, wo sie neu sammelten.

Feldwebel Maylor, ein Ire, kroch im Gebüsch des Hangs herum und stöberte den Staff Sergeant der Artillerie auf. „Hej, Pentland, ist euch die Puste ausgegangen? Lang mal da rüber in die Senke, wo die Germans sind. Sollen wir den Kram hier allein machen?"

Der dürre Zugführer kratzte sich unter dem Rand des flachen Helms und hockte sich auf die Schwelle der Bunkertür. Dort holte er seine Pfeife hervor und stopfte sie langsam.

„Rede keinen Quatsch!" sagte Pentland, dessen Figur zur Behäbigkeit neigte. „Meine Batterie hat eins auf den Deckel gekriegt und hat nur noch ein Geschütz, das neu justiert werden muß."

„So? Dann eben nicht... Verflucht, sie greifen wieder an!"

Maylor klopfte die Pfeife am Stiefelabsatz aus, lud die MPi durch und stürzte die Schräge hinunter.

Noch einmal kamen die Deutschen bis an den vorderen Graben heran, versuchten ein paarmal einzubrechen und mußten sich dann endgültig zurückziehen. Weit hinten im Rauchgürtel versickerten die Schützenketten.

„Kurz nach drei", sagte Maylor und stopfte die Pfeife frisch. „Vor neun wird es nicht finster. Schätze, daß die Germans noch einige Male stürmen werden."

„Well, Hauptsache, wir halten." Clatt legte sich hin und schaute in die Wolken. „Mann, wenn es gutgeht, sind wir vielleicht in 'ner Woche daheim. Nicht zu fassen!" er schwärmte und plante alles mögliche, und die anderen, jeder für sich, träumten von der Zeit der Rückkehr.

Im Laufe des Tages drückten die Deutschen beiderseits des Kemmelberges nordwärts, griffen auch hier wiederholt an, und als es zu dämmern begann, rief Captain Crawford die Zugführer zu sich.

„Leute, die Kompanie rückt in zehn Minuten ab! Zugfolge: zweiter, erster... Die Straße nach Lambersart ist von den Deutschen abgeriegelt, wir marschieren zugweise und in Abständen von je fünf Minuten entlang der Rue Foch und am Ufer der Deule gleich auf Madeleine zu..."

Der verhangene Himmel ließ es früh dunkel werden, gemäß Befehl lösten sich die Züge einzeln vom Feind und setzten im beginnenden Störfeuer deutscher Artillerie nordwärts ab.

In Lille brannte es, schepperten vereinzelt Schüsse herüber, wenn Versprengte Feindberührung bekamen. Unter dem düsteren Mantel der Dunkelheit, die fernes Wetterleuchten zuweilen jäh aufschlitzte, verließen die Engländer ihre Stellungen, schlossen zu den Panzern auf und traten den Marsch nach Dünkirchen an.

„Dann los, Leute!" kommandierte Maylor, hängte sich die MPi um und zog los. Hinter ihm schloß in langer Reihe der Zug auf, rechts und links flankierten Pappelreihen die Straße, die ins Nichts zu führen schien.

„Fühlen Sie sich schuldig, Maylor?" fragte überraschend Captain Crawford und ging neben dem Feldwebel her.

„Schuldig, Sir? Weswegen?"

„Weil wir Frankreich und die Franzosen im Stich lassen."

„Weiß nicht recht, Sir, irgendwie schon. Doch ich finde, daß Frankreich auch verloren wäre, wenn wir uns allesamt erschlagen ließen."

„Well, das finde ich auch."

*

„Nicht zu fassen: Seit zwei Tagen liegen wir hier an der Aa fest", sagte Oberleutnant Kleebusch und trat in den behelfsmäßigen Unterstand, den Leutnant Birk, der Vorgeschobene Beobachter der Artillerie, bauen ließ. Die Sonne blinzelte durch die Decke aus Zweigen. „Verstehen Sie das?"

„Nein! Das kapiert keiner. Man behilft sich mit Vermutungen. Die Luftwaffe soll den Rest machen, um ihren Anteil am sich abzeichnenden großen Sieg zu holen. Eine andere Version: Der Führer selbst habe das Halt befohlen." In Birks Jungengesicht lag ein undeutbares Lächeln.

„Der Führer? Welchen Grund hätte er dafür, den sicheren Sieg zu verschenken?"

„Keine Ahnung!" Der Leutnant setzte sich, und als meditiere er, fuhr er fort: „Der Vorgang, die im Endspurt rollenden Panzerverbände haarscharf vor dem Ziel zu stoppen und dem eingeschlossenen Feind vor seiner sicheren Vernichtung eine Chance zur Flucht zu geben, ist so ungeheuerlich und wider jede Logik, daß ihn ein normal funktionierendes Hirn einfach nicht zu deuten vermag."

„Wenn die Luftwaffe das machen soll — wo ist sie?" sinnierte auch Kleebusch. „Was uns seit zwei Tagen zusetzt, sind britische Jäger, die im Tiefflug über die Stellung hinwegjagen und alles in Klump schießen. Ich kann mir nicht helfen, das ist irgendwo ein Regiefehler, dessen Folgen wir sicher bereuen werden."

Birk zuckte die Achseln. „Werden wir nicht ungerecht. An der Luftwaffe selbst wird es sicher nicht liegen, bisher tat sie, was sie konnte. Sie kämpfte uns den Weg über die Maas frei, half dort, wo wir nicht vorankamen, und fliegt seit Tagen gegen Calais. Nur — und das ist seltsam — gegen Dünkirchen unternimmt sie nichts, abgesehen von dem Versuch, ein bißchen zu stören." Er rief hinüber zum Deckungsloch der Funker: „Feuerkommando!" Dann wandte er sich wieder an Kleebusch: „Wir hauen ganze Gruppen in die Stadt hinüber, doch was nutzt das? Die englischen Batterien ballern zur Revanche herüber: Stellungskrieg, das unseren Elan erschlägt. Es ist zum Verzweifeln!"

„Was wird werden, wenn es zu regnen anfängt, wenn sich die flandrische Erde in den berüchtigten Schlammpfuhl verwandelt?" gab der Oberleutnant zu bedenken.

Birk zuckte wieder die Schultern, horchte nach hinten auf die Abschüsse seiner Batterie, die ein Funker lauthals ankündigte, er hörte über sich die vorüberjagenden Granaten und bückte sich an das Scherenfernrohr. Irgendwo drüben im Rauchgürtel über Dünkirchen trommelten unsichtbar die Einschläge.

„Alle Stunden eine Lage schießen, das ist mein Auftrag. Ein verdammt hilfloser Versuch, den Krieg mit beenden zu helfen." Er nahm die Schere fort. „Kommen Sie runter, Herr Oberleutnant — jetzt sind wieder die Tommys dran!"

Noch während die Offiziere in Deckung krochen, hämmerten Einschläge das Flußufer entlang, peitschten das Wasser und zerstanzten den Boden. Ein paar Minuten lang wütete der Feuerüberfall, den einige Soldaten mit Verwundungen, andere mit dem Tod büßen mußten.

„Sauerei!" schimpfte Feldwebel Plein und ging, als es wieder ruhig war, daran, die Verwundeten zu bergen. „Jedesmal, wenn unsere Ari schießt, kriegen wir eins auf den Deckel. Wenn der Dreck noch lange dauert, bleiben von uns nicht mehr viele übrig."

Alle Landser schimpften, die Offiziere sagten nichts, doch insgeheim fluchten auch sie. Im flachen, deckungsarmen Gelände der Aa-Niederung zum Zwangsbiwak verurteilt, warteten Panzer, Fahrzeuge und Truppen auf den neuen Marschbefehl, der nicht kam.

Überall in den hohen und niederen Stäben brüteten die Offiziere über den Karten, leierten immerfort an den Fernsprechkästen und führten endlose Gespräche, mit dem Erfolg, daß der „Befehl von oben" mehrmals erneuert und die Korps, Divisionen und Bataillone an die von ihnen eingenommenen Positionen genagelt wurden.

Entlang der vordersten Front wachten, warteten, dösten die Angriffsspitzen jene Stunden hindurch, die — wie sich später erweisen sollte — entscheidende kriegsgeschichtliche Bedeutung erlangten, indem sie den Engländern die Rettung des Gros des Expeditionskorps ermöglichten, dessen kampferfahrene Truppen später zur Kadertruppe der britischen In vasionsarmeen von 1944 werden sollten.

„Die Tommys werden abhauen, und wir gucken zu", sagte Unteroffizier Merz aus seiner Sicht zur Lage und drückte unbewußt damit Hitlers Absicht aus, den Briten gegenüber eine „großzügige Geste" zu erweisen, auf deren Honorierung er insgeheim hoffte.

„Überlaßt das Denken den Pferden, die haben einen größeren Kopf!" zitierte der Gefreite Finger den Versuch einer Lageanalyse mit einem Ausspruch der Kasernenhofschleifer. „Wer gibt?"

„Immer wer fragt!" Merz holte die Karten aus der Blusentasche, und das Trio ging daran, den Dauerskat fortzusetzen.

„Stukas!" rief dann plötzlich jemand, und alle reckten die Köpfe in den dunstverhangenen Himmel, unter dem sich die Gruppen des VIII. Fliegerkorps wie große, schwerbehangene Insekten nordostwärts bewegten. „Das gilt Dünkirchen! Endlich tut sich was. Wird auch langsam Zeit."

Doppelgläser wurden an die Augen gepreßt, Scherenfernrohre zur Stadt hin scharf eingestellt, und wer nichts als Sehbehelf hatte, sah mit freiem Auge hinüber.

Der Anflug der Ju-87-Maschinen vermittelte den wartenden Landsern den Eindruck der dicht bevorstehenden Wende im mysteriösen Geschehen um Dünkirchen, das Ende des Halts.

Doch der Schein trog, die von mehreren Plätzen „zusammengekratzten" Flugzeuge, die Überlegenheit und Macht demonstrierten, operierten an der Grenze ihrer Reichweite; manche Kampfgruppe konnte von den üblichen dreißig Maschinen nur knapp die Hälfte einsetzen, der Rest war im zweiwöchigen Verschleiß ausgefallen. Der Nachschub an Benzin und Munition zeigte Engpässe, englische Jäger — Hurricanes, Spitfires und so weiter — lagen auf der Lauer und starteten neuerdings von Inselplätzen. Jetzt zahlte sich aus, daß die Briten — trotz wiederholter Bitten der französischen Verbündeten — die Masse ihrer Jäger zurückgehalten hatten, um sie im Entscheidungskampf um Dünkirchen und zur Deckung der „Dynamo"-Aktion einsetzen zu können.

Im Gewölk des Flak-Feuers stürzten sich die Maschinen am Mittag des 26. Mai in die Tiefe, das Geheul ihrer „Jericho-Sirenen" erfüllte den Raum, die Bomben setzten die großen Öltanks am Westrand von Dünkirchen in Brand und zerschmetterten im Zielwurf die Schleusen zum Innenhafen. Treffer zerrissen im Zielwurf die Gleisanlagen des Verschiebebahnhofs, wühlten im Hafenbecken und setzten ein paar Schiffe auf Grund.

Im hochstrebenden Rauchgebirge taumelten die Stukas aus dem Sturzflug wieder zur Höhe, schienen sekundenlang stillzustehen, und das war der Augenblick, wo sich die britischen Jäger aus dem Himmel stürzten.

Deutsche Me 109, der Jagdschutz, warf sich den Angreifern entgegen, und durch die von Rauch, Feuer und Leuchtkugeln gefärbte Kulisse tobten nun auch die Gegner in verwegenen, tödlichen Luftkämpfen.

Tief unten in Malo-les-Bains, am Quai Felix Faure, entlang der Promenade mit Kursaal und Kasino, brannte es lichterloh. Hohe Flammen stießen aus dem Öl, und im Luv strömten dicke, schwarze Schwaden an den Häuserfronten entlang und setzten eine künstliche Nacht über weite Teile der Stadt. Die Salven deutscher Geschütze trommelten in das Inferno, fetzten auf Plätze, in Häuser und Gruppen von Soldaten, die die Hölle zum offenen Strand hin passieren mußten. Der innere und äußere Hafen erstickte im Schwelflug des Rauches, der Obelisk am Ende der Westmole ragte als steinerner Stachel empor, Wegweiser für die Flüchtenden und Sinnbild der Standhaftigkeit zugleich.

Bergues, Hoymille, Uxem, Ghyvelde und andere Orte, im Halbkreis um Dünkirchen gelagert, vom tagelangen Feuer deutscher schwerer Waffen belegt, waren verstopft mit Rückzüglern, mit Wagen und Trossen, die sich anschickten, das letzte Stück des strapaziösen Marsches zur Küste fortzusetzen. Explosionslärm und Einschläge hallten aus der Stadt herüber, und unter der rauchverfinsterten Sonne brütete die Hitze. Die endlosen Kolonnen der geschlagenen Armeen, staubige, verschwitzte Pferde mit überladenen Fuhren, Autos, Panzer, Zugmaschinen und Geschütze, alle und alles zog stetig nordwärts, der drohenden Wand entgegen. Der unfreiwillige Exodus dreier Armeen vollzog sich qualvoll und nur in der einen Hoffnung, Dünkirchen und ein Schiff zu erreichen.

„Mann, den hat's erwischt!" sagte der Soldat Wild etwas atemlos vor Gespanntheit, als ein britischer Jäger brennend in schauriger Kurve abging. Er, der einfache Soldat, wußte nicht, daß auch Hauptmann Werner Mölders dort droben am Kampf beteiligt war, daß in diesem Luftkampf Adolf Galland zwei Briten vom Himmel schoß.

Niemand auf deutscher Seite erfuhr, daß soeben einige Stukas vernichtet wurden, und daß — obgleich die Stadt Dünkirchen optisch im Todeskampf zu liegen schien — die Rettung der ersten britischen Soldaten dicht bevorstand.

In jenen dramatischen Stunden und Tagen, als Hitler den Halt befohlen hatte, als Churchill eine energische Aktion zur Rettung seiner Soldaten startete, hielten die Kämpfer hüben und drüben, hielt die Welt den Atem an.

Der Westfeldzug Hitlers, taktisch brillant geplant und erfolgreich durchgeführt, erreichte am 24. Mai seinen Höhepunkt und trat — vom Obersten Befehlshaber selbst befohlen — auf der Stelle. Görings Großspurigkeit entlarvte sich als solche, als er mit unzulänglichen Mitteln „seiner“ — uneingestandenermaßen arg angeschlagenen — „Luftwaffe den Feind vernichten“ wollte. Die Bedenken seiner Flottenchefs, die den wahren Zustand ihrer Waffe besser kannten, spielte der „Eiserne“ einfach an die Wand. Die folgenden Einsätze der Luftwaffe gegen Dünkirchen bestätigten im Endeffekt nur Kesselrings Worte: „Diese Aufgabe ist mit meinen ausgepumpten Kräften gar nicht lösbar.“

Die Heeresstäbe atmeten auf, denn es schien so, als würde die Luftwaffe „den Rest besorgen“. Aus der Ferne, und ohne die Kenntnis der großen Lage, gaben bombende Stukas und abgeschossene Feindjäger sowie die brennende Stadt wirklich nur Pessimisten noch einen Anlaß zu Zweifeln. Und die wurden sicher am Nachmittag restlos ausgeräumt, als der plötzliche Befehl „von oben“ eintraf: Panzerkorps marsch! Ziel: Dünkirchen! Angriffsbeginn am Morgen des 27. Mai. — Endlich zum Kanal! Die Lücke im Kessel wurde geschlossen.

„Na, was sagen Sie?“ Kleebusch musterte den jungen, blonden Birk. „Einfach verplemperte Zeit, ein Kardinalschnitzer von ‚oben‘? Oder unüberbietbare Raffinesse unserer Führung?“

„Der Führer ist ein Genie, Herr Oberleutnant. Ich bin fasziniert. Zweieinhalb Tage warten, na und? Die anderen sitzen noch immer in der Falle, mittlerweile ist unsere Infanterie näher gerückt, die Luftwaffe schlägt uns den Weg frei — und die Belgier kapitulieren! Wiegt dieser Erfolg nichts? Inzwischen laufen schon die Vorbereitungen zum Schlag gegen das restliche Frankreich an. Zugegeben, auch ich zweifelte an der Richtigkeit des Haltebefehls — doch jetzt erkenne ich, daß es unser kleiner Blickwinkel gar nicht gestattet, die große Lage zu erkennen. Ergo: Wir urteilen leichtfertig und ungerecht.“

„Amen!“ knurrte Kleebusch und verließ den Unterstand, während ihm der verdutzte Leutnant kopfschüttelnd nachschaute.

Überall herrschte nun Aufbruchstimmung, per Kabel und Melder wurden die längst ausgearbeiteten Weisungen weitergereicht, Trosse fuhren der kämpfenden Truppe Munition und Verpflegung nach vorn, letzte Lagebesprechungen regelten die Einzelheiten des bevorstehenden Angriffs. Noch in der Nacht sondierten Spähtrupps Gelände und Feind, und die Batterien richteten die Geschütze zum Feuerschlag in der Frühe.

Guderians und Reinhardts Korps standen erneut bereit, um endlich und endgültig die letzten Kilometer bis zum Kanal zu überwinden.

Es wurde eine unruhige Nacht, die endlos schien. Feindliche Artillerie schoß Störfeuer, die Brände über der Stadt färbten den Himmel schaurig ein.

Plein führte einen Stoßtrupp durch die Dunkelheit, um jenseits der Aa eine Straßensperre wegzuräumen und die Stelle für den Vormarsch abzusichern. An mehreren Plätzen starteten um diese Stunde Aktionen, und die hallenden Schläge und Schießereien kündeten davon.

Plein erfüllte den Auftrag und verlor drei Mann dabei, und als sich der Trupp in Deckung legte bis zum Morgen, sagte Merz: „Kann mir nicht helfen, aber ich habe das Gefühl, daß wir morgen anständig was vor die Birne kriegen werden. Die Tommys hatten genug Zeit, Stellungen zu bauen und Truppen heranzuführen."

Plein kratzte sich am rechten, abstehenden Ohr, ein Zeichen dafür, daß auch er unsicher war. Doch er war der unkomplizierte Typ, dem Grübeln nicht lag, deshalb betrachtete er die Flammen, die an Stadt und Hafen Dünkirchen nagten.

*

Im Hauptquartier des britischen Korps in „Bastion 32" bei Dünkirchen ging der neue Oberbefehlshaber, General Sir Harold Alexander, auf die große Lage ein, um dann speziell für Dünkirchen Maßnahmen anzuordnen:

„... im Westen Boulogne und Calais gefallen, Eckpfeiler einer weitergesteckten Abwehrfront sind somit gestürzt, potentielle Nachschubhäfen versiegt. Rundstedts Kräfte — die 10. Panzerdivision wurde eben von Calais abgezogen und auch auf Dünkirchen angesetzt — stehen nun auf der Linie Gravelines—St. Omer—Aa—Béthune—Aire.

Die deutsche 6. Armee, die auf Lille, mit dem rechten Flügel gegen Gent, dem linken auf Mons und Condé vorging, traf an der Schelde zuerst auf britische Soldaten, unsere Stellung bei Tournay konnte Teile der deutschen 4. Armee stoppen.

Auch im Raum Cambrai—Arras—Roubaix konnte der gegnerische Vormarsch gebremst werden. Der Zusammenbruch der Belgier an der Lys bei Courtrai ermöglichte dem Feind, auf Roulers und Ypern vorzustoßen. Uns liegt die Meldung vor, daß die Belgier bei den Deutschen um Waffenstillstand nachgesucht haben. Sollte es zur Kapitulation kommen, was ich annehme, ist unsere Nord- und Ostflanke entblößt."

Alexander, ein schlanker Mann mit Schnurrbart, schien etwas zu überlegen, ehe er fortfuhr: „Es ist nicht meine Aufgabe, Fehler oder Versäumnisse im alliierten Lager zu untersuchen, welche die jetzige gefährliche Lage heraufbeschworen. Ich komme aus London mit dem klaren Auftrag, um Stadt und Hafen Dünkirchen mit den Truppen der eingekesselten Armeen einen Brückenkopf zu errichten und auch zu halten, um den reibungslosen Abzug der Masse der Eingeschlossenen über See zu bewerkstelligen. Aus uns noch unbekannten Gründen stoppten die gegnerischen Panzerkorps auf der genannten Linie seit zwei Tagen den Vormarsch, was wir dazu nutzten, eine feste Front als Verteidigungslinie zu errichten: westlich St. Pol-sur-Mer, herunter bis Bergues, Hoymille, Uxem, Ghyvelde, Canal des Châts, Bray-Dunes bis La Panne. Fraglos wird nach dem Ausscheiden der Belgier der Druck gegen diese Front verstärkt werden, deshalb habe ich die Auffanglinien vorbereiten lassen, die die Zurücknahme der Front zulassen, ohne die Einschiffungsaktion zu gefährden. Oberstes Gebot ist es: So lange und mit höchstem Einsatz aller zu halten, bis die Evakuierung als abgeschlossen gelten kann.

Machen wir uns nichts vor, meine Herren, wir befinden uns in einer äußerst gefährlichen Situation, wo der Bestand ganzer Armeen auf dem Spiel steht; diese Aufgabe wird nur zu lösen sein, wenn jeder von uns das Letzte gibt. Die deutsche Luftwaffe schickt sich an, mit Bomben uns und die Bergungsflotte zu vernichten, Chaos unter die Eingekesselten zu bringen. Ich appelliere an die Fairneß und die Moral jedes einzelnen, strikt die Befehle zu beachten und die Abruffolge der Truppenteile genau einzuhalten. Disziplinlosigkeiten und Eigenmächtigkeiten, Schwächeanzeichen in jeder nur möglichen Form werden unweigerlich das Unternehmen gefährden. Ich bitte Sie, in diesem Sinne auf die Truppe einzuwirken und durch eigenes gutes Beispiel unseren Auftrag zu fördern ..."

Alexander, ein energischer Mann, der später in Italien als Armeegruppenführer bekannt wurde, redete lange und eindringlich, ehe er sich mit den Einzelheiten der Brückenkopfverteidigung befaßte. Erschwerend für seine Aufgabe war, daß sich auch Belgier und Franzosen im Kessel befanden, über die er wenig oder keine Befehlsgewalt besaß, abgesehen von sprachlichen Schwierigkeiten. Wenn es ihm trotzdem gelang, eine relativ feste Front zu errichten, zeugte das von seiner Energie.

Dünkirchen brannte. In den Straßen hämmerten Einschläge, Mauern barsten, über Geröll und durch Ruinen hetzten Soldaten und Zivilisten und suchten Deckung, wenn neue Lagen trafen. Tote überall, Pferdekadaver, von der Hitze aufgedunsen, demolierte Wagen, undefinierbare Haufen Schrotts, immer wieder von Treffern umgekrempelt, breiteten sich weithin im Stadtbereich. Gestank und Qualm verpesteten die Schwüle. Gebälk verglomm am Pflaster, neue Granaten rüttelten in den Ruinen und erschlugen Leute, die sich zum Hafen durchkämpften und die Hölle passierten: Franzosen, Belgier, Engländer. Schreie und Rufe, Befehle und Kommandos wurden jäh zur lautlosen Geste, wenn die Artillerie trommelte und Bomben aus dem tiefgrau gestrichenen Himmel fielen. Lärm und Vernichtung rüttelten an der Stadt, und als es dann Nacht wurde, grollten sie im Finstern weiter, fächelten den Verwesungsgestank und setzten frische Brände zu den alten.

Der Menschenstrom zum Hafen riß nicht ab, obwohl Kommandos die Straßenzugänge überwachten und ganze Kompanien in die Stellungen ableiteten. Verwundetentransporte wurden nach Rosendael hinübergeschleust, wo das Lazarett, die „Casualty Clearing Station", untergebracht war.

Es gab Szenen, Krawalle, als sich Leute widersetzten; statt zum Schiff in Stellung zu marschieren, verringerte zweifellos die Überlebenschance, und viele lehnten sich dagegen auf. Manche Franzosen brannten darauf, zu kämpfen — andere wollten nur weg. Die Belgier, deren Regierung vor der Kapitulation stand, warfen großenteils die Waffen fort und entschieden sich für Gefangenschaft oder Evakuierung. Die Briten hielten sich mustergültig und diszipliniert von Anfang an, selbst in den entscheidenden Stunden, im letzten Reduit vor der Stadt, bewiesen sie vorbildliche Haltung und Mut.

„Funkspruch, Sir, aus Dover!" meldete eine Ordonnanz und überreichte eine Depesche, die Alexander las.

„Meine Herren", sagte er dann, „um 18.57 Uhr ist die Flotte von Dover ausgelaufen. Das Wetter ist gut; bis morgen früh, sicher noch heute nacht, wird die Spitze Dünkirchen erreichen. Bereiten Sie den Abrufplan für die Verschiffung vor, halten Sie die Prioritäten ein: Verwundete zuerst. Nehmen Sie Verbindung mit der Flotte auf, sichern Sie die Anmarschrouten..."

Generalleutnant W. G. Lindsell, Generalquartiermeister des Korps, zeichnete für diese Aufgabe mit einigen Stabsoffizieren verantwortlich. Kommandeure, die ihre Einheiten — oder die Reste davon — an die Stadt heranführten, wurden in entsprechende Teilaufgaben der „Dynamo"-Operation einbezogen, die Truppen ebenso. Flak- und Pak-Einheiten, die ihre Geschütze von Lille und Arras hergeschleppt hatten, wurden als willkommene Abwehrkräfte gegen Panzer- und Fliegerangriffe angesetzt. Leider reichten die schweren Waffen nicht aus, um einen absoluten Schirm vor und über der Stadt aufzubauen.

Im Hauptquartier saßen auch Verbindungsoffiziere zur RAF, die den Einsatz britischer Jäger mit dem Stab von Luftmarschall Sir Hugh Dowding jenseits des Kanals abstimmten und den Landephasen der Flotte und dem Feindverhalten anpaßten.

Aus dem Rückzug heraus meisterte General Alexander in Zusammenarbeit mit eingekesselten Kommandeuren, mit der RAF und der Flotte eine gigantische Operation: Strategie und Taktik bis hinunter zum einzelnen Schützenloch wurden exerziert — und schließlich zum Erfolg geführt.

Drüben in England und in der übrigen Welt wurde der Vorgang um Dünkirchen mit großer Erwartung verfolgt. Der Kriterium des Erfolgs oder Mißerfolgs lag in wenigen Fakten begründet: Wann wird Hitler den Haltebefehl aufheben? Kann die deutsche Luftwaffe die Evakuierung verhindern? Reicht das Fassungsvermögen der „Mückenflotte"* aus?

* so genannt, weil die Rettungsarmada meistens aus kleinsten Seefahrzeugen bis hinunter zum motorisierten Ruderboot bestand.

„Sir, Hitler hat den Haltebefehl aufgehoben!“ meldete eine Ordonnanz.

Stille im Raum, sekundenlang.

„All right“, nickte Alexander, „dann werden die Germans morgen früh stürmen. Alarm an alle Kommandeure und Truppen in der Front! Der Endkampf um Dünkirchen beginnt.“

*

Im Kommandostand unter einem Kreidefelsen in Dover erklärte Admiral Sir Bertram Ramsay den Operationsplan „Dynamo“:

„...wird nur die strikte Einhaltung der Order den Erfolg sichern. Meldungen aus Alexanders Hauptquartier über den jeweiligen Zustand und eventuelle Schäden an den Piers und Molen und der freien Küste werden der Bergungsflotte sofort übermittelt, damit sie sich darauf einstellen kann und die Schiffe, je nach Tonnage und Tiefgang, in die für sie noch möglichen Anlegestellen dirigiert werden können. Generell ist vorgesehen, daß Minenräumer, Zerstörer — soweit sie nicht Sicherungsaufgaben durchführen —, sowie alle größeren Schiffe die Malo-Küste anlaufen, anderthalb Meilen von Dünkircheh entfernt. Fischerboote und kleine Fahrzeuge schleusen sich direkt in den Hafen ein, der — was durchaus zu erwarten ist — im Laufe der Aktion durch mehr oder weniger auf Grund gegangene Schiffe und verstopfte Fahrzeuge das Anlegen erschweren wird. Kleinstfahrzeuge laufen, wenn es irgendwie geht, den Quai Felix Faure an, übernehmen Leute und schaffen sie zu den Dickschiffen draußen. Im Pendelverkehr müßte es möglich sein, Soldaten auf diese Weise aus dem Kern der Stadt zu evakuieren. Zerstörer und andere armierte Fahrzeuge der Navy übernehmen vorwiegend Sicherungsaufgaben, sind aber trotzdem — falls die Kapazität nicht ausreicht — für Transportaufgaben vorgesehen...“

Was Ramsay vortrug, war der minutiös ausgearbeitete Plan zur Rettung des britischen Expeditionskorps und — soweit das möglich werden würde — eines Teils der verbündeten Armeen. Trotz Sorgfalt in der Planung waren Unsicherheitsfaktoren und ein großes Risiko in der Durchführung von vornherein enthalten, Umstände, die nicht fixierbar waren: Feindverhalten, Angriffe der deutschen Luftwaffe, das Standvermögen der eigenen Truppe in der Front des Brückenkopfes und mehr. Eine Fülle von Möglichkeiten, deren Ursachen vielleicht im Detail liegen konnten, und die das Unternehmen zum Scheitern verurteilten, boten sich naturgemäß und von allein an. Nicht zuletzt blieben Härte, Umsicht und Energie des Flottenbefehlshabers sowie seiner Kommandanten, gepaart mit Mut und Zuversicht, Grundelemente in diesem Unternehmen.

Ramsay verabschiedete den Oberbefehlshaber der Rettungsflotte, C-in-C (Commander-in-Chief) Vizeadmiral Nore, und seinen Stab, der sich sofort an Bord begab.

Ramsay und die sechzehn Männer seines Stabes begleiteten Nore hinaus, der in einer Barkasse zum Verband hinüberfuhr.

Der Hafen wimmelte von Schiffen, einer Mischung nach Größe, Form und Farbe, wie sie noch nie in Erscheinung trat: Marinefahrzeuge aller Art, Minenräumer, Zerstörer, Schlepper und andere. An zivilen Booten bot sich alles an, was sich motorisiert über das Wasser zu bewegen vermochte: Passagierdampfer, Jachten, Barkassen, Rennboote, und von der Handelsschiffahrt her traten Frachter, Kohlentransporter, Schaluppen, Fischdampfer und andere Modelle zur Reise an.

Ramsay schaute lange über die Ansammlung der Schiffe hin, welche die untergehende Sonne mit letzten Strahlen übergoß und deren Masten ein wirres Gestrick in den Himmel streckten, und dann meinte er leise:

„Meine Herren, dieses Bild ist deprimierend und ergreifend zugleich, finde ich. Deprimierend deshalb, weil Old England augenblicklich nichts Besseres aufzubieten vermag, um seine geschlagenen Soldaten zuverlässig über den Kanal zu holen. — Ergreifend finde ich das Aufgebot, weil es die Geschlossenheit der Nation in höchster Gefahr demonstriert; die ‚Mückenflotte' ist ein Symbol der Solidarität. Solange sie noch lebt, ist England nicht verloren, und ich glaube, sie ist ein gutes Omen für den Erfolg dieses Unternehmens."

„Sir, viele der Boote werden ausfallen. Sie vermitteln zwar den guten Willen zur Hilfeleistung, doch sie lassen das Wichtigste vermissen, die Seetüchtigkeit!" sagte ein Stabsoffizier, dem es als altem Fahrensmann nicht ganz koscher war bei dem Gedanken, in so einem Ding über den Kanal zu fahren.

„Gewiß. Vielleicht wird ein Drittel ausfallen, vielleicht die Hälfte, das entscheiden höhere Mächte. Ein Zerstörer ist seetüchtig, hat er eine größere Chance durchzukommen? Die Gefahr liegt für ihn darin, das Ziel einer Bombe zu werden. Nach den Gesetzen der Logik wird die Flotte von 887 Einheiten einen gewissen Prozentanteil an Verlusten hinnehmen müssen. Unsere Hoffnung, rund fünfzigtausend Mann mit ihr der sicheren Vernichtung entreißen zu können, rechtfertigt auch den Einsatz des kleinsten Bootes."

Ramsay drehte sich abrupt um und ging in den Bunker zurück, in dem Gefühl, an Planungs- und Vorbereitungsarbeit für das riskante Unternehmen alles getan zu haben.

Admiral Nore holte auf seinem Flaggschiff, einem Zerstörer, die Befehlshaber zusammen und gab die Einsatzbefehle im Detail. Der große Rahmen der Operation war in vorausgegangenen Besprechungen ausgiebig erörtert worden.

Dover lag im Dunst des Abends des 26. Mai 1940, als sich die Flotte aus dem Hafen mit Südwestkurs in Bewegung setzte. Der Strand wimmelte von Menschen, Angehörigen auf den Schiffen Abschiedsworte zurufend, die ungehört im Motorenlärm untergingen, und von Leuten, die aus Begeisterung schrien. Viele verhielten sich stumm, manche weinten vor Ergriffenheit oder in der Hoffnung, eine der Nußschalen möchte einen Soldaten, der ihnen nahestand, vom Kontinent bergen. Die Menschenmauer blieb langsam zurück, eine glatte See breitete sich im Dunst aus.

Vorneweg stampften Minenräumer, Dickschiffe und Marinefahrzeuge, Zerstörer sicherten weit draußen die Flanken, und der wimmelnde Schwarm der kleinen Boote bullerte im Windschatten der Großen und ritt auf den Heckseen. Das bunte Sammelsurium schnaufender, tackernder und schnurrender Wasserfahrzeuge wies auch eine entsprechende Besatzung auf: Seeleute, Dockarbeiter, Kohlentrimmer, Fischer und eine Unzahl Freiwilliger, die sich früher gescheut hatten, eine Dampferfahrt auf der Themse zu wagen. Jetzt, angesichts des Debakels in Dünkirchen, das an den Lebensnerv des Volks rührte, stellte sich der gute Wille vor die physische Eignung.

Die Flotte stampfte mit halber Fahrt in den Kanal hinaus, aus Ramsgate, Plymouth und anderen Häfen am Kanalufer schlossen sich Einheiten an, und noch nie vorher bewegten sich so viele Schiffe zu gleicher Zeit zum Kontinent hinüber.

Glücklicherweise wehte nur eine leichte Brise, und der meist stürmische Kanal zeigte jetzt mäßigen Wellengang. Das war schon für Kleinstboote zuviel, die sich sonst nie aus der Brackwasserzone der Häfen hinausgewagt hatten; nun stampften sie, mächtig schaukelnd, in der Herde mit.

Schon nach wenigen Meilen fielen ein paar der Kleinen durch Motorschäden und Kollisionen aus, die Eigner hantierten fluchend herum, um die Dinger wieder flottzukriegen, was nicht in jedem Falle gelang. Schließlich scherten Schleppdampfer aus, hängten die Havaristen an und zogen sie mit sich.

Eine exakt arbeitende Regie des Unternehmens trug allen Eventualitäten Rechnung, Hilfeleistung rangierte dabei an erster Stelle, und durch Funk und Flaggensignale, durch klare Kommandos und Order schloß der wimmelnde Schwarm zu einer Einheit auf.

Kernstück der Flotte, die als erstes Detachement auslief, bildeten die Zerstörer ICARUS, VANQUISHER, WINDSOR, KEITH, BASILISK, WHITEHALL, WORCESTER, SHIKARI, denen Sicherungsaufgaben während der Fahrt und in der Verladephase übertragen worden waren. Einige von ihnen wurden tags darauf und später von deutschen Fliegerbomben getroffen und beschädigt oder sanken.

Die Minenräumer WHIPPINGHAM, SALTASH, SALAMANDER und BRIGHTON QUEEN, das Kanonenboot MOSQUITO, die Korvette SHEARWATER, die Schiffe ROYALTY, ROYAL SOVEREIGN, HILDA, ANNA MARGUERITE und ESK, die Dampfer AGINCOURT, SECTIA, GUIDO, GAZELLE, die Schlepper VINCIA, CERVIA, ST. ABBS und die Barkasse TOLLESBURY wurden zu den Hauptträgern der ersten Evakuierungsphase, und ihnen widerfuhr ein ganz besonders harter Einsatz inmitten von Bomben und Granaten.

Die Vielzahl der anderen, nicht genannten Schiffe trug dank dem selbstlosen Bemühen der Besatzungen zum Erfolg der Rettungsaktion bei. Einige Fahrzeuge, die das Glück hatten, der Hölle von Dünkirchen heil zu entrinnen, schafften in mehrfachen Einsätzen Tausende Soldaten auf die Insel. Mut, Selbstlosigkeit und Kameradschaft vollbrachten in den neun Tagen, die die Operation „Dynamo" dauerte, ungezählte Heldentaten Namenloser, die sich in der Summe der Geretteten — 338 000 Mann — widerspiegelten.

Skipper H. Miller, Kapitän der ROYALTY, ahnte, was auf sie alle zukam, und er sagte es auch: „Es wird die Hölle!"

Das Hauptquartier meldete, daß die Stadt und der Hafen brenne. Rauch, Feuer, Bomben und Granaten fielen pausenlos in den Kessel und zerstampften die Küste. Er bezweifelte, ob sich Ramsays Plan überhaupt nur annähernd werde realisieren lassen. Jede frische Bombe und jeder Treffer auf einem Schiff würden neuen Schrott schaffen, der die Fahrrinnen verändern und verengen mußte. Was heute galt, würde morgen überholt sein. Sie würden improvisieren müssen und aus der augenblicklichen Situation heraus handeln.

Miller, ein kaltblütiger Mann, stopfte die Pfeife und sagte, als redete er vom Wetter:

„Malo-les-Bains müssen wir anlaufen, um unsere Landung für die Soldaten, Munition, Waffen und Verpflegung, loszuwerden. Kann sein, daß die Furt an Boje Nr. 6 schon verstopft ist, weil gestern durch Fliegerbomben ein paar französische Fischkutter versenkt wurden. Die Frage ist, ob wir reinkönnen, eine andere, ob's mit der Tide hinhaut. Vor der Ebbe müssen wir die Ladung gelöscht und Soldaten, reingestopft bis hinauf zur Brücke, übernommen haben und wieder im tiefen Wasser sein, sonst sitzen wir auf Grund. Kein leichtes Manöver für eine vollwertige Crew — und ich habe Schreiber und sogar einen Operettentenor auf meinem Pott, der von der christlichen Seefahrt nur so viel versteht, daß er das ‚Steuermannslied' aus dem ‚Fliegenden Holländer' singen kann. Nichtsdestoweniger werden wir in die Hände spucken und die Sache angehen!" —

Auf dem Dampfer SECTIA, dessen Kessel noch mit Kohlenfeuer geheizt werden mußten, zerbrach sich Kapitän Hughes über ein spezielles Problem den Kopf: „Alle Bunker sind voll Kohle. Dadurch verringert sich mein Laderaum für Soldaten. Räume ich die Bunker aus, fehlt mir Kohle. Ohne Kohle kann ich nicht fahren. Öl könnte ich zur Not kriegen, aber wo werde ich in dem Hexenkessel einen Pott finden, der Kohle schippert?" —

Den Kommandanten auf dem Zerstörer KEITH, Kapitän E. L. Berthon, drückten andere Sorgen: „Wir beziehen Sicherungsposition vor Malo und stehen vor der Küste auf und ab. Alle Geschütze klarhalten zur Fliegerabwehr — damit ist sicher zu rechnen. Sobald die kleineren Einheiten von den Molen Soldaten bringen, an Bord holen; jede Ecke wird genutzt, klar?" —

Der Schlepperkommandant W. H. Simmons sprach die Aufgabe ebenfalls mit seinen Leuten durch: „Ran an die Mole, und wenn der Teufel dort wartet! Bei unserem Tiefgang können wir das schon riskieren. Stopft in die Kiste, was hineingeht; wer wartet, wird übernommen, sie sind alle arme Hunde." —

Auf der ESK sagte Kapitän Couch: „Irgendwo zwischen Malo und La Panne vor der Küste werfen wir Anker, Tiefenlotung nicht vergessen. Dann die Beiboote raus und ran an die Küste. Könnte mir denken, daß die halbtoten, ausgehungerten und erschöpften Kerle uns sehnsüchtig erwarten. Bereitet Getränke vor, verteilt die Rumration der Crew; habe mit ihr gesprochen, jeder Sailor verzichtet gern darauf..."

Auf allen Schiffen gab es nur ein Thema: Dünkirchen. Mutmaßungen, Befürchtungen, Skepsis — und auch Hoffnung bestimmten das Denken und die Gefühle der Männer. Etliche waren Veteranen des vorigen Krieges und wußten, wie es in der Schlacht zuging; die meisten fühlten sich beklommen, trotzdem drängten ein Schuß Abenteuerlust und die Erwartung, „mit dabeigewesen zu sein", sie ungeduldig ans Ziel.

Ob gern oder nicht gern, alle fuhren mit mäßiger Knotenzahl Dünkirchen entgegen. Es dunkelte, die unbegrenzte Weite von Himmel und Wasser engte sich im Rund ein, die vielgestaltigen Schatten der Schiff pflügten mit weißen Heckseen hart auf dem Kurs nach Süden. Positionslichter blinkten farbig aus dem Dunkel, die Sterne zeigten sich. An Bord der Marinefahrzeuge wurde verschärfte Wachsamkeit gegen deutsche U-Boote und Flieger angeordnet, und mehr als ein Offizier dachte: Jetzt ein Torpedofächer oder ein paar Bomben in den Haufen, das gäbe eine Katastrophe!

Mit jeder Meile wuchs die Erwartung, die Ungeduld machte sich breit. Mit freiem Auge und mit Ferngläsern wurde der Horizont abgesucht, der sich vorerst nur als Dunst und Nebel auftat.

Berthon von der KEITH, ein ergrauter Seemann, brummte: „Bald müßte sich auf der Kimm was zeigen, Feuer und so. Sehr weit ist es nicht mehr." Und dann unvermittelt: „Daß es den alten Simson vorgestern vor Boulogne erwischte, kann ich noch nicht fassen. Er sollte das Schiff führen, jetzt muß ich es machen. — Leute, wir kriegen anderes Wetter, spätestens übermorgen wird es regnen. Wäre ein Glück, weil uns dann die Bomber vom Hals blieben..."

Noch vor Mitternacht kam das Ziel in Sicht, eine rote, sich stetig intensiver färbende Spur am Himmel führte direkt an die brennende Stadt heran, und schließlich drang das Grollen der Artillerie herüber. Als Feuerball, in Rauch und Dunkelheit gebettet, umwölbt von Schwaden und gerahmt von Schockfarben aller Nuancen, zeigte sich Dünkirchen am Horizont. Mit jeder Meile näher zur Küste hin verschärften sich die Konturen des schaurigen Bildes, das die Girlanden farbiger Leuchtkugeln umspiegelten. Von Malo-les-Bains bis links hinüber nach La Panne reichte die Feuerfront, hin und wieder unterbrochen von Ruinen, Finsternis und dem Nichts, das die totale Vernichtung zurückläßt.

Den Männern der Flotte verschlug es den Atem, wortlos und starr ließen sie das Schlachtenpanorama auf sich einwirken, sie ahnten nur, daß sie sich anschickten, ein Höllentor zu betreten.

Noch näher heran: Der Äußere und der Innere Hafen waren wie das Werk eines surrealistischen Malers: Schiffswracks als skurrile Gebilde, demolierte Molen, halbverfallene Häuserfronten, Qualm und Feuer an den Öltanks, ganz rechts der Obelisk, noch immer aufrechtstehend. Die Stadt dahinter bot sich nur in den Farben des Feuers und der Schatten dar, bis hinüber nach Bergues und Ghyvelde, nach St. Omer und Béthune brannte es und tanzten die Leuchtkugeln.

„Leute, das ist schlimmer als ich dachte“, sagte Berthon, „wer da drin steckt, der vergißt das sein Leben lang nicht mehr. Drum ist jeder von uns ein Hundsfott, der nicht bis zur Erschöpfung schuftet, um unsere Jungs da rauszuholen!“

Viele packte angesichts der Vernichtung die Angst, doch der Trotz, dennoch zu helfen, wuchs. Keinem blieb auch lange Zeit, sich Gefühlen hinzugeben, denn Admiral Nore erteilte per Funk die Einsatzbefehle.

Gemäß Ramsays Plan gliederte sich die Flotte für die einzelnen Schwerpunkte auf, und die Einheiten lösten sich vom Verband mit neuem Kurs und neuen Zielen: Malo und La Panne. Zerstörer fuhren in Position und übernahmen vorerst die Wachfunktionen, Minenräumer, Schlepper, Barkassen und Kleinboote folgten in Reihe zu den mit dem Hauptquartier an Land vereinbarten Molen und Warteplätzen

Schon draußen ragten Wracks noch stückweise aus dem Wasser und rieten zur Vorsicht, in Hafennähe wimmelte es von Hindernissen, sichtbaren und unsichtbaren; die „Route X“, markiert durch numerierte Bojen, bildete eine relativ sichere, wenn auch enge Fahrrinne zum Ufer hin.—

Admiral Nore ließ sich mit Alexander verbinden und sprach mit ihm und den Fachoffizieren die Abwicklung des Unternehmens in den Einzelheiten durch:

„... in erster Welle über vierhundert Einheiten herangebracht. Morgen geht eine Rate von zweihundert aus Ramsgate ab, die in der Dunkelheit eintreffen wird. Gemäß ihren Angaben werden die angeführten Warteplätze angelaufen ...“

Nore erfuhr von neuen Angriffen aus der Luft und an Land, von Verlusten und notwendigen Änderungen des Originalplans, und er meinte dann:

„Gut und schön. Wie soll ich an den offenen Strand rankommen? Keine Rampen, nichts. Schaffen Sie Pontons her, General, machen Sie Behelfsstege, die weit genug ins Wasser reichen, daß wenigstens die Kleinen rankommen!“ Und dann: „Auf längere Wartezeiten können wir nicht eingehen, wegen der Gezeitenfolge, Fliegergefahr und anderer Umstände.

Sagen Sie den Offizieren, daß sie vorerst am offenen Strand möglichst tief, soweit möglich, ins Wasser waten ..." —

Noch während Nore verhandelte, bohrten sich die vordersten Boote ins Hafeninnere vor, strebten der brennenden, rauchigen, lärmenden Kulisse entgegen, die den Horizont vermauerte.

„Damned, Granatfeuer!" zischte der Schlepperkommandant Simmons, lavierte durch die Hindernisse, äugte auf die Wasserfontänen der Granaten, brüllte ein paar Kommandos und ging schnurstracks die Pier an. Einen Augenblick lang erkannte er nicht mehr als Flammen, Rauch, Schatten, Mauern, dann Menschen. Eine endlose Reihe, Mann neben Mann, je fünfzig in der Kolonne, angetreten wie zur Parade, dazwischen je eine Lücke. Feuerschein wischte an den Leiberfronten entlang, manchmal schlugen Granaten in der Nähe ein.

„Hallo, Jungs! Wir sind da, euch zu holen!" brüllte Simmons überwältigt und hoffte inständig, sein Sohn wäre in der Menge. „An Bord ...!"

Nichts! Kein Laut. Die Menschenmauer stand, und Simmons schluckte verwirrt, ließ beidrehen und warf die Leinen zum Vertäuen, die drüben Leute wortlos fingen und festmachten.

Simmons schob die Hände in die Taschen und wußte nicht, woran er war. Seine heimliche Sorge, einen möglichen Sturm auf sein Boot abwehren zu müssen, war unbegründet.

Plötzlich der Ruf: „204. Feldregiment! — 204. Feldregiment! — Vom linken Flügel her in Reihe marsch ...!"

Granaten jaulten in den Ruinen, Flammen flackerten, ein paar Treffer klatschten ins Wasser. Doch unbeirrt löste sich vom linken Flügel her die Menschenmauer in Reihe auf, rollte sich ab wie ein Wollgestrick am Faden. Mann hinter Mann, schweigend gingen die Soldaten an Bord, keiner drängelte, keiner schob, keiner zeigte Angst oder Ungeduld.

Simmons haute das bald um, solch eiserne Disziplin in solcher Lage trug den Stempel des Unheimlichen, Unfaßbaren, und er lief los, winkte mit seinen Leuten die Menschenschlange ein, die die vorgesehenen Plätze bis auf den letzten Fleck füllte.

Irgendein Sergeant rief: „Genug! Die anderen zurücktreten!"

Der nächste Mann, der tagelang auf diesen Augenblick gewartet hatte, den in der nächsten Minute eine Granate erschlagen konnte, oder der aus irgendwelchen Gründen vielleicht nie mehr ein Schiff erwischte — dieser Mann trat willig mit den anderen zurück und wartete.

Simmons ließ ablegen, starrte noch immer ergriffen auf die Wartenden und brüllte dann spontan: „Jungs, ihr kommt alle dran, alle! Es sind genug Schiffe da, und es kommen noch viele."

Tief im Wasser liegend, pflügte der Schlepper aus dem Hafen, um die Geretteten auf größere Schiffe zu bringen. Alle Soldaten waren erschöpft, müde, ausgemergelt, viele trugen verkrustete Verbände, kaum einer Waffen oder Ausrüstung. Verstaubte Gesichter, versengte Uniformen, Trauer im Blick — das waren die Soldaten, die aus der Hölle von Dünkirchen kamen, die pausenloses Granatfeuer, Bombenangriffe, Hitze und Durst ausgehalten hatten.

Der Schlepperkapitän wollte trösten und fand die Worte nicht. Er rief nach Tee, Schnaps, Zigaretten und ließ alles verteilen.

Einige redeten, es schien, als löse sich die Starre von ihnen, sie sagten, was sie erlebten und dachten. Es waren blitzlichthafte Episodensplitter der großen Schlacht, und Simmons wurde gewahr, daß sie alle Fürchterliches hinter sich hatten. Die meisten Leute aber waren einfach fertig, sie lagen da mit geschlossenen Augen, und einige schliefen sogar fest.

Simmons lieferte die Männer ab, drehte um, holte andere und machte wieder kehrt. Die ganze Nacht schipperte er hin und her, und noch am Morgen, als er und die Mannschaft sich kaum mehr auf den Füßen halten konnten, blieb er im Einsatz.

Auch die anderen Boote pendelten pausenlos, die Mannschaften schufteten, doch die Kolonnen am Strand füllten sich immer wieder neu auf, andere rückten nach, wo es Platz gab.

Nicht alle Soldaten und nicht alle Boote erreichten das Ziel, massierte Feuerüberfälle deutscher Batterien, die im Halbkreis den Brückenkopf umstanden, wüteten in den Ansammlungen und schossen einige Boote zusammen. Andere Fahrzeuge übernahmen die Überlebenden, Soldaten und Mannschaften, und brachten sie weg.

Nicht selten wurden diese Boote selber getroffen und deren Überlebende von Nachbarfahrzeugen geborgen. In der Enge des Raumes fanden die Granaten meist ein Ziel, und die Truppen, die der Front glücklich entronnen waren, wurden oft im Angesicht ihrer Retter noch getötet. Das Schicksal erfüllte sich bis zur letzten Minute brutal und konsequent.—

Kapitän Berthon, der auf der Höhe von Malo hielt, konnte im ersten Moment das Bild nicht fassen: Endlose Reihen, dicht hintereinander, säumten den offenen Strand westlich des Hafens. Es waren Soldaten, die exakt wie im Manöver durch den knöcheltiefen Sand stiegen, weiter durch das Wasser und tiefer, immer tiefer wateten, bis ihnen die Flut an den Schultern stand. Was er nicht sah: Tote, aufgedunsen in tagelanger Hitze, und mit den Wellen gehend; Verwundete, so schwer blessiert, daß sie sich aufgaben; Holzkreuze Gefallener, die Kameraden im Sand errichtet hatten, und über die die Lebenden und total Erschöpften stolperten. Über allem lag penetranter Gestank nach verwestem Fleisch, den die Dunkelheit noch zu verdichten schien. Ein Wirrwarr aus Geröll, die Skelette ausgeglühter Wagen, Pferdekadaver, Haufen unbrauchbarer Ausrüstung, das ganze Kaleidoskop möglichen Schrotts und Unrats säumte den Weg derer, die ins Wasser und ihren Rettern entgegenwateten.

„756. Bataillon...! 5. Regiment...! 356. Bataillon...!" gellten die Kommandos, und die Reihen forcierten den Tritt ins tiefere Wasser.

Der zuckende, feurige Himmel hinten hob die Linien aus dem Dunkel, Granaten hämmerten am Strand entlang, Lücken rissen auf, doch sie schlossen sich sofort wieder. Die zweite Reihe rückte nach, die dritte.

„Mein Gott! Unfaßbar!“ murmelte Berthon. „Sind die des Teufels? Ist das Mut, Irrwitz, Angeberei?“

„Sir, das sind Briten!“ sagte einer von der Mannschaft.

„Scheren Sie sich zum Teufel, Sie Klugscheißer!“ begehrte der Kapitän auf. „Macht, daß ihr mit den Booten rankommt, ehe die nächsten Lagen einhauen!“

Die Boote brausten in Höchstfahrt los, nicht eines war darunter, das gestürmt worden oder wegen Überladung gekentert wäre. Exakte Befehle regelten die Verladung, und im Trommeln einsetzenden Störfeuers, das manchem Wartenden noch das Leben kostete, wurden die Reihen verladen und zur KEITH gebracht.

Andere Skipper hatten Umstände beim Verladen. Ein Schlepperführer traf auf Franzosen, die den Pott stürmten, und nur mit der Pistole in der Faust konnte er sie zur Räson bringen. Andere französische Trupps verhielten sich diszipliniert. Marokkaner gingen an Bord, manche geduldig, andere in panischer Angst. Belgier standen am Pier, bereit, nach England zu fliehen, andere hielten sich an die Kapitulationsgerüchte und legten die Waffen fort.

Die erste lange Nacht von Dünkirchen war erfüllt vom Donnern der Geschütze, dem Lärm der Bootsmotoren, den Schreien Sterbender und den Seufzern der Geretteten.

In pausenlosem Einsatz führte die erste Welle der „Mückenflotte“ einige tausend aus Dünkirchen heraus und heimwärts. Meist überladen, stampften die Schiffe auf Gegenkurs England entgegen, noch ehe der Morgen kam.

Nicht alle schafften es bis dahin. Noch während des Verladevorgangs, als sich das Frühlicht über den Kanal breitete, das schaurige Bild einer untergehenden Stadt in den Farben verblaßte, stiegen Stuka-Geschwader auf, um einen neuen Angriff gegen Dünkirchen und die Eingeschlossenen zu führen. Jetzt erst begann für die Skipper, die hundemüde waren, die große Probe.

Die Nachricht „Stukas im Anflug!“ schockte auch die gelassenen Fahrensleute. Sie wirkte als moralische Peitsche, und alle mühten sich, Soldaten zu übernehmen und schnell zu verduften. Der Himmel wurde heller, der dämmernde Tag nahm dem Bild des Grauens viel von der Wirkung, die die Nacht einflößte.

Alle Schiffe, die voll ausgelastet waren, meldeten sich bei Nore ab und fuhren mit AK (äußerste Kraft) in den Kanal hinaus. Viele blieben zurück, als Alarm gegeben wurde, als sich die Punkte am Horizont zu anfliegenden Flugzeugen auswuchsen.

„Thunderstorm!“ brummte Simmons. „Sieht gefährlich aus.“ Er zählte die Maschinen. „Möchte wissen, wo unsere Jäger bleiben! Warum greifen sie nicht schon an?“

Die Ju 87 kreisten wie Raubvögel, die nach Beute spähen, dann stürzten sie der Reihe nach in die Tiefe.

„Los! Zum Hafen! Trotzdem!" befahl Simmons grimmig und in der stillen Hoffnung, daß er oder ein anderer Skipper seinen Sohn aus dieser Tortur erretten möchte.

Am 26. Mai fiel im Zusammenwirken von Luftwaffe und Heer Calais. So hätte Dünkirchen fallen können, der letzte größere Hafen für die aus Flandern retirierenden Engländer und Franzosen.

Am 26. Mai flogen jedoch nur geringe Teilkräfte des I. und IV. Fliegerkorps gegen die Stadt und den Hafen, während sich vom Kanal her schon die Evakuierungsflotte näherte. Das VIII. Fliegerkorps des Generalmajors von Richthofen mit drei Stuka-, einem Kampfgeschwader, Schlacht- und Jagdgruppen, griff bei Calais, Lille und Amiens in die Erdkämpfe ein, nur gegen Dünkirchen flog es nicht.

Admiral Ramsay, der von Dover aus den Einsatz der „Mückenflotte" leitete, hoffte, in einer Frist von zwei Tagen (bis die Deutschen Stadt und Hafen genommen haben würden) bestenfalls 45 000 Mann retten zu können. Als der 27. Mai, der erste Tag der Evakuierung, anbrach, schienen sich alle Hoffnungen der Engländer zu zerschlagen.

Schon vor dem Morgengrauen waren einzelne Gruppen der Kampfgeschwader 1 und 4 über dem Ziel. Die He 111 öffneten ihre Bombenschächte. Überall aus dem Dunkel blitzte der Feuerschein der Einschläge. Der Bomberstrom riß nicht ab, das Kampfgeschwader 54 flog an und bombte. Vor der langen Ostmole brach der französische 8000-Tonnen-Frachter ADEN unter schweren Bombentreffern auseinander.

Der Auftakt der aus Westdeutschland und Holland anfliegenden Kampfgeschwader der Luftflotte 2 zum Großeinsatz über Dünkirchen endete um 7.11 Uhr.

Dann kamen die Stukas!

Das Seegebiet wimmelte von Schiffen aller Art. Die Flugzeugführer sichten sich die größeren Ziele aus und griffen an. Erst fünfhundert Meter über dem Angriffsobjekt drückten sie den Auslöseknopf. Mit der Zünderschaltung „mV" (mit Verzögerung) rasten die 250- und 500-kg-Bomben hinab.

Die Schiffe manövrierten, soweit es die Umstände zuließen, und die meisten der Stuka-Bomben krachten in die See oder verursachten nur geringen Schaden.

Trotzdem kamen mehrere Schiffe schlecht davon: Der französische Truppentransporter CÔTE D'AZUR ging auf Grund, die KEITH erlitt schwere Treffer, Admiral Wake-Walker und sein Stab wurden von der ST. ABBS übernommen, die VINCIA sank, später die ABBS. Andere Treffer erwischten die BASILISK, WORCESTER, SALAMANDER und der französische Zerstörer FOUDROYANT, das letzte Schiff der 2. Zerstörer-Flottille, deren Überlebende von dem Minenräumer SAINTE-BERNADETTE-DE-LOURDES, selbst beschädigt, übernommen wurden.

Eine Reihe anderer Schiffe wurde mehr oder weniger schwer getroffen, als sich die Stukas fast zwei Stunden lang auf die Flotte stürzten. Jagdschutz der RAF traf in erster Welle nach fünf Uhr auf deutsche Jäger und drehte ab; die zweite Welle britischer Jäger kam gegen sechs Uhr nach Dünkirchen und mußte ebenfalls umkehren.

Von sieben bis neun Uhr bombten die Stukas nur von Flak und den Abwehrwaffen der Schiffe gestört. Über Hafen und Stadt Dünkirchen, von Malo bis hinauf nach La Panne, tat sich die Hölle auf: Überladene Transporter durchbrachen den Feuergürtel, liefen auf Wracks, wurden zerbombt, beschädigt oder kollidierten mit anderen Schiffen in Rauch und Feuer. Die See wimmelte von Überlebenden, sie kochte in den Treffern, die riesige Wasserberge aus der Flut rissen. Schiffsfetzen und Splitter regneten umher, brennende Wracks kreiselten mit demolierten und verklemmten Rudern im Hexensabbat.

Im strahlenden Morgen kroch ein düsteres Rauchgebirge den Küstenbereich entlang. Stadt und Hafen verblieb keine Atempause. Nach langem Anflug aus dem Rhein-Main-Gebiet griffen nun die Do-17-Gruppen der Kampfgeschwader 2 und 3 in die Schlacht ein. Die riesigen schwarzen Qualmpilze der brennenden Öltanks wiesen ihnen den Weg. Die Stadt selbst war unter den Rauchschwaden der Brände, den Staubwolken berstender Häuser, nicht mehr zu erkennen. Und wieder jagten Hunderte von Bomben in das Inferno hinunter.—

Mittags begannen die britischen Truppen das Stadt- und Hafengebiet zu räumen. Ramsay wurde mitgeteilt, daß es unmöglich sei, über die von Bomben zerrissenen Hafenkais an Bord der Schiffe zu gehen. Alexander schlug vor, die Einschiffung an den Strand zwischen Malo und La Panne zu verlegen, aber dort gab es weder Landebrücken noch Verladeeinrichtungen. Umstände, die keine hohen Verschiffungsraten erlaubten.

Bis zum Abend des ersten Tages der Operation „Dynamo“, an dem die deutsche Luftwaffe hart angriff, wurden nur 7669 Mann gerettet.

Ramsay: „Siebentausend von über dreihunderttausend — das ist weniger als nichts! Wir hatten erwartet, daß sich die schwierige Evakuierung unter dem vollen Schutz der ‚Royal Air Force‘ abspielen würde. Statt dessen waren die Schiffe vor der Küste stundenlang dem mörderischen Bombenhagel und Bordwaffenbeschuß der feindlichen Luftwaffe ausgesetzt.“

Jeder britische Soldat, der die Hölle von Dünkirchen passierte und in England eintraf, stellte die gleiche Frage: „Wo bleiben unsere Jäger?“—

Ramsay und die Soldaten taten der RAF unrecht! Die von England aus operierenden zweihundert Spitfires und Hurricanes hinterließen ihre Spuren, wenn sie auch das Bombardement von Stadt und Hafen Dünkirchen durch die deutsche Luftwaffe am 27. Mai nicht zu verhindern vermochten. Das Kriegstagebuch des II. Fliegerkorps nannte den 27. Mai einen „schweren Tag“ und vermerkte: „Mit 64 Vermißten, sieben Verwundeten und dem Totalausfall von 23 Flugzeugen übertreffen die Verluste heute die Gesamtverluste der letzten zehn Tage.“

Auch bei den anderen Fliegerkorps hatte der Großeinsatz gegen Dünkirchen ähnlich große Lücken gerissen. Hält die Luftwaffe das durch? Kann sie auch an den kommenden Tagen mit gleicher Ausdauer und Wirkung angreifen?—

Am 27. Mai, fünf Uhr nachmittags, schickte der belgische König Leopold III. General Derousseaux zu den Deutschen und bot ihnen die Kapitulation an. Um zehn Uhr kehrte der General mit der Botschaft zurück: „Der Führer verlangt bedingungslose Kapitulation!"— Der König nahm sie an und befahl die Feuereinstellung für vier Uhr früh.—

Für die um Dünkirchen eingeschlossenen Armeen ergab sich Zeitdruck, weil durch die Kapitulation der Belgier die Nord- und Ostflanke des Brückenkopfes geöffnet wurde. Auf einer dreißig Kilometer breiten Lücke zwischen Ypern und der Küste konnten nun deutsche Panzer vorstoßen.

28. Mai: Wetterverschlechterung. Tiefhängende Wolken, vermischt mit Rauch, schützten Dünkirchen gegen Fliegersicht. Einzelne Kampfgruppen der Luftwaffe flogen Einsätze gegen Ostende und Nieuport.

Ramsay und seine Helfer atmeten auf. Auch der Hafen wies — entgegen ersten Berichten — an der langen Ostmole Verlademöglichkeiten auf.

Das schlechte Wetter begünstigte den Pendelverkehr der „Mückenflotte", deren zweites großes Aufgebot Dünkirchen ansteuerte: WESTERLY, NAIED ERRANT, WHITE HEATHER, PRINCE, PRINCESS, DUKE, FISHBOURNE, SUNDOWNER, ADA MARY, HASTE AWAY und hundert andere.

Wie im 1. Weltkrieg, als französische Taxis die Poilus (französische Soldaten) direkt an die Front brachten, holte jetzt ein kunterbunter Verband an Schiffen aller Art die Soldaten aus den Trümmern von Dünkirchen heraus. An diesem Tag fuhren 17 804 Mann hinüber nach England. —

29. Mai: Es regnete in Strömen. General von Richthofen schrieb ins Tagebuch:

„Alle vorgesetzten Stellen schreien heute, das VIII. Fliegerkorps solle wieder die Schiffe und Boote bei Dünkirchen angreifen, auf denen die englischen Divisionen ihr nacktes Leben retten. Wir haben jedoch nur hundert Meter Wolkenhöhe, und der Kommandierende General ist der Auffassung, daß bei der starken Flak-Abwehr unsere eigenen Verluste größer sein werden als unsere Erfolge beim Gegner."

Seit 36 Stunden fiel keine Bombe auf Dünkirchen, und der Strom von Schiffen zum Hafen wuchs. Erst gegen 14 Uhr klarte es auf, und die Luftwaffe startete zum Großeinsatz: alle drei Stuka-Geschwader. Schwere Bombentreffer rissen große Lücken in die Evakuierungsflotte, der Hafen wurde erneut als „blockiert und unbenutzbar" gemeldet.

Ab 15.32 Uhr flogen auch die Verbände der Luftflotte 2 an: Kampfgeschwader 30 (aus Holland) und das Lehrgeschwader 1 (Düsseldorf) mit dem „Wunderbomber" der Luftwaffe, dem Sturzkampfflugzeug Ju 88.

Die britische Marine verlor drei Zerstörer, sieben weitere wurden schwer beschädigt. Die Admiralität hielt die Verluste für untragbar und befahl, die modernen Zerstörer von Dünkirchen abzuziehen.

Durch Stuka-Angriffe wurden fünf große Fährschiffe versenkt: QUEEN OF THE CHANNEL, LORINA, FENELLA, KING ORBY und NORMANNIA.

Wenige Stunden schwerer Luftangriffe brachten die Operation „Dynamo“ in große Gefahr. Trotzdem wurden an diesem Tag 47 310 Mann weggebracht. Die steigenden Evakuierungsraten bewiesen die Energie und Härte der Briten bei diesem Unternehmen.

30. Mai: Nebel und Regen vereitelten Einsätze der Luftwaffe gegen Dünkirchen. Das Heer kam gegen die harte Abwehr des Brückenkopfes nur schwer voran.

An diesem Tag stieg die Transportzahl auf 53 823, davon 14 874 Franzosen. In vier Tagen wurden insgesamt 126 666 Soldaten aus dem Kessel geholt, ein Drittel. Und in vier Tagen hatte der deutsche Wehrmachtsbericht stereotyp verkündet, daß die eingeschlossenen feindlichen Armeen ihrer Vernichtung entgegengingen! Das war die Unwahrheit, denn Tausende entwichen über See, zwar ohne Waffen und Ausrüstung, doch mit dem Willen, einen Tages wieder zu kämpfen.

Halder schrieb: „Die Auflösung in dem von uns umstellten Feindsack schreitet fort. Teile der Engländer wehren sich zäh und verbissen. Teile fluten nach der Küste zurück und versuchen, auf Fahrzeugen aller Art über See zu entkommen. ‚La Débâcle‘“, schloß er, auf Zolas berühmten Roman (Zusammenbruch des französischen Widerstandes 1870) anspielend.

Am Nachmittag, nach einer Besprechung mit Brauchitsch, begriff Halder, was die Schwärme elender kleiner Fahrzeuge, mit denen die Engländer flohen, an Leistung vollbrachten, und schrieb in sein Tagebuch:

„Er (Brauchitsch) ist verärgert ... Wir haben Zeit verloren, infolgedessen ist der Sack um die Franzosen und Engländer langsamer geschlossen worden, als möglich gewesen wäre; er ist vor allem durch das Anhalten der schnellen Verbände nicht an der Küste geschlossen worden, und wir müssen nun zusehen, wie bei dem schlechten Wetter, das die Luftwaffe ausschaltet, der Feind ungezählte Tausende vor unserer Nase nach England wegfährt.“

Wahrhaftig, sie mußten zusehen! Erst nach vier Tagen wachte das deutsche Oberkommando auf und grübelte Versäumtem nach!

*

Seit Tagen lag die Kompanie Crawford bei Bergues in Stellung, seit Tagen und Nächten trommelte die deutsche Artillerie, brachen Stoßtrupps vor, lasteten Hitze, Rauch und Qualm unter der düsteren Glocke, die sich von Malo-les-Bains bis La Panne erstreckte.

Im Bunker machte der Captain eine Kerze an, deren Flamme in der Erschütterung der Einschläge wackelte. Pausenlos droschen die Hämmer feindlicher schwerer Waffen in den Brückenkopf.

Crawford rückte die verknitterte Karte mit den roten und blauen Linien ins Licht und sagte:

„Heute nacht nehmen wir den Perimeter zum Kanal zurück. Den Zeitpunkt gebe ich noch bekannt. Jetzt verläuft die Verteidigungslinie im Westen von der Küste bis Mardyck, weiter entlang dem alten Mardyck-Kanal bis Spycker, am Hauptkanal fort bis Bergues, dann quer rüber durch Utem und Ghyvelde bis zu den alten Befestigungen an der belgisch-französischen Grenze und wieder zurück zur See."

Er schob die Karte fort und schaute auf Feldwebel Maylor. „Die Deutschen haben bereits an drei Stellen Einbrüche im Brückenkopf erzielt. Für uns stellt sich das Problem, sie abzuriegeln und durch Rücknahme der Front den Sicherungsriegel um die Stadt und den Hafen zu verstärken. Nur wenn es uns gelingt, die Front noch einige Tage zu halten, besteht auch für uns die Gewähr des Entkommens."

Der Captain fuhr sich über den Lippenbart und fuhr dann fort:

„Sie werden jetzt sicher wissen wollen, wann die Kompanie an Bord geht. Eine logische, verständliche Überlegung. Wir werden als die letzten die Schiffe besteigen, Maylor, klar? Das ist kein Anflug von Heldentum meinerseits, keine Absicht, Ehre und Lorbeeren einzuheimsen, ebensowenig ein Zeichen von Durchhaltefanatismus oder sonst was; wir, die ‚Loyals', drüben bei Hoymille die ‚Warwickshires', die Bataillone der I. und 46. Division, sind einfach die härteste Truppe, die den Brückenkopf halten kann und muß. Die Operation ‚Dynamo' steht und fällt mit der Brükkenkopfverteidigung, und die ist wiederum von der Härte der Fronttruppe abhängig."

Er setzte sich und legte die Beine auf die Tischplatte, während er sich aus der Blusentasche die Zigarettenschachtel fischte.

„Aye, Sir, das leuchtet ein", nickte Maylor. „Trotzdem — gestatten Sie mir bitte den Einwand — haben die Männer ein Anrecht auf Evakuierung, solange noch eine Chance dazu besteht. Sie schwindet mit jedem Tag und mit jeder Stunde, die wir in der Stellung liegen. Seit die Belgier kapitulierten, droht aus der offenen Nordostflanke ein Durchstoß der Deutschen entlang der Küste und Durchtrennung des Rückzugsweges."

„All right, das Risiko ist drin. Doch die Gefahr ist nicht so akut, die belgische Flanke ist durch Franzosen abgesichert, Alexander befahl Flak und Panzerabwehr in diesen Abschnitt."

„Sir, haben Sie Informationen, wann wir an Bord gehen werden? Die Männer brauchen eine moralische Krücke."

„Verstehe ich. Das Bataillon rechnet, daß in vier Tagen der Brückenkopf aufgegeben werden kann; bis dahin wird das Gros des Korps und ein Teil der französischen Armee, der den Kampf aufgeben will, weggeschaft sein."

„In vier Tagen? Danke, Sir!" Maylor salutierte und ging.

Über der Stellung lag laue Dunkelheit, und nur manchmal hackte ein MG oder schnürte eine Leuchtkugel durch den Himmel. Mit weicher Kontur zog sich drüben ein Waldstück entlang, dort lag deutsche Infanterie. Fast jede Nacht brachen aus den Kusseln feindliche Stoßtrupps und griffen an. Im Nahkampf waren sie geworfen worden, und dann trommelte eine Stunde lang die Artillerie in die Stellung. Hin und wieder fiel eine Bombe in den Abschnitt, wenn ein deutscher Pilot die nahe Brücke verfehlte oder im heftigen Flak-Feuer einen Notwurf unternehmen mußte.

Maylor stapfte verdrossen durch nasses Gras und über schmierigen Boden, und er spürte durch die Bluse die Feuchtigkeit an den Schultern. Den ganzen Tag hindurch hatte es geregnet, tiefhängende Wolken krochen von See her landeinwärts und schleppten Schwelrauch und Gestank aus der Stadt herunter. Aus der diesigen Hülle, die tagsüber den ohnedies tristen Geländestreifen überlagert hatte, war fast übergangslos die Dunkelheit hereingeflossen, die der Regen mit Geräuschen erfüllte. Die Lichter der Raketen verwässerten kraftlos im Raum.

„Clatt!" rief Maylor eine Gestalt an und schritt schneller aus.

„Was ist?" Der Sergeant stellte sich unter eine Überdachung aus Zweigen und kramte in der klammen Bluse nach der Zigarettenschachtel.

„Wie spät?"

„Kurz vor eins. Bin gerade mal durch die Stellung gegangen. Drüben an der Straße sitzen noch immer die Deutschen, sind zähe Burschen, die sich nicht vertreiben lassen. Witmore kam eben vom Stoßtrupp zurück, hat fünf Mann eingebüßt, und die Germans sind noch immer an der Straße." Er bückte sich in Deckung, steckte eine Zigarette an, hielt sie in der hohlen Hand versteckt und stand wieder auf. „Gestehen wir's ruhig ein: Die Deutschen sind verteufelte Kerle!"

„Well, ist nicht zu leugnen. Als wir vor zwei Monaten in Dover an Bord gingen, um den Franzosen zu helfen, hat kein Aas geahnt, daß uns die Deutschen so schnell aufs Kreuz legen würden."

Er holte seine Pfeife hervor, stopfte sie, bückte sich, steckte sie an und kam wieder hoch. Der Regen pladderte auf das Laubdach, und manchmal schlugen Tropfen hindurch.

Clatt blinzelte zur Stadt hin. „Ich verstehe nur nicht, warum sie zweieinhalb Tage nicht vorrückten, es wäre für sie leicht gewesen, uns den Rückweg zum Meer abzuschneiden."

„Allerdings." Maylor wischte sich die nassen Hände an der Hose ab. „Wird was dahinterstecken. Sie machen immer das, was keiner erwartet, und hinterher erst merkt man den Grund." Die Pfeife röchelte, und er stopfte den Tabak tiefer. „Um zwei rücken wir ab zum Kanalufer, Befehl von oben. Die Front wird um vierhundert Yards zurückgenommen."

„Und warum?"

„Verkürzung, was weiß ich. Über einhunderttausend Mann sind schon aus dem Kessel fortgeschafft worden, und die fehlen in der Stellung."

„Und wir?" fuhr Clatt auf. „Wollen die uns hier verschaukeln, wie? Opfern, damit die Stäbe und Nachschubfritzen die Kurve kratzen können?"

„Reg dich nicht auf, Clatt! Es gibt eben einen Befehl vom Headquarters (Hauptquartier), daß die ‚Loyals', die ‚Warwickshires' und ein paar andere die Stellung halten müssen, bis das letzte Schiff ablegt. Kapiert?"

Clatt blieb erst mal die Luft weg, dann trat er wild gegen den Birkenstamm, daß ein Wasserguß herabschoß, und fluchte: „Die ‚Loyals' und so! Das sind wir! Läuse sollen die oben kriegen und Durchfall dazu! Ersaufen sollen alle, die sich auf unsere Kosten verkrümeln..."

Maylor ließ ihn schimpfen und klopfte seelenruhig seine Pfeife am Stamm aus, und als der Sergeant mal Luft holte, sagte er: „Verstehe dich, Clatt, ist aber nichts zu machen. Irgendwer muß den Brückenkopf halten."

Sie stiefelten hinter dem Graben durch eine Mulde, zwängten sich durch triefende Büsche, verhielten einen Moment lang, weil Störfeuer in der Nähe randalierte, und dann gingen sie hintereinander den Pfad entlang, der zu den Erdbunkern am Hinterhang führte.

Die Deutschen schossen eine Leuchtkugel, sie kräuselte hinter dem Regen und fernen Büschen zur Höhe und hielt sich eine Weile, während ihr blasses Licht in das Tal hereinfiel; dann zerfloß sie und vertropfte in den Kusseln.

„Sind Stellungen am Kanal, wo wir hinkommen?" fragte Clatt und stieg hinter Maylor bergan.

„Hoffe ich. Wird das übliche sein: Gräben und Löcher, die nichts nutzen. Was, zum Teufel, könnte die Deutschen auch noch wirkungsvoll aufhalten?"

Werferüberfälle orgelten in der Dunkelheit, die Mulde lärmte, Getroffene schrien, doch die Schreie erstickten, als schweres Geschützfeuer die Stadt hinten eindeckte. Die ewig schwelenden Feuer erwachten in neuer Glut und versprühten in den Horizont.

Maylors Nachricht, daß sie als letzte ein Schiff kriegen würden, verärgerte die Leute, sie fühlten sich hintergangen und aufgegeben.

Die beiden Franzosen Marolles und Suisson, handfeste Kämpfer aus der Nachbarstellung, die öfters mal herüberkamen, packten aus.

Marolles sagte: „Die Deutschen sammeln zum Fangstoß gegen Frankreich. In vierzehn Tagen wird Paris fallen. Frankreich ist von allen verlassen worden. Ihr verduftet über den Kanal, und Tausende Franzosen helfen euch noch dabei. Ist das gerecht?"

„Gerecht nicht — sicher aber klug!" sagte Norton. „Wozu sollten wir uns allesamt hier erschlagen lassen, wenn sich damit doch nichts ändern ließe?"

„Wir wollen durch die Front", sagte der kleine Suisson direkt.

„Was?" Norton spuckte überrascht die Kippe fort.

„Wir wollen uns durch die Deutschen durchschlagen, um irgendwo Anschluß an unsere Truppen im Süden zu finden."

„Nicht zu fassen", murmelte Norton und sah Gant an. „Haste das gehört?"

„Habe ich. Und was sollen wir dabei tun?"

„Uns den Weg entlang der Straße freischießen."

„Wann?" Gant fand das gar nicht aufregend.

„Um drei!"

„Um zwei gehen wir zum Kanal in Bergues zurück."

„Dann um halb zwei?"

„Well, das geht." Gant kaute an einem Grashalm und schaute den Franzosen nach, die in die Büsche krochen. „Werden's nicht packen, schätze ich. Kein Aas weiß, wie's hinten aussieht, wie lange sie sich durch feindbesetztes Gebiet schlagen müssen."

Um Mitternacht taumelte Dünkirchen unter den Artillerieschlägen, auch das Vorfeld im Brückenkopf wurde mit Werferüberfällen eingedeckt. An drei Stellen setzten die Deutschen in Nachtangriffen über hart verteidigte Gräben, Wasserläufe und Brücken, um den Sicherungsring aufzuspalten.

„Alarm!" rief Maylor und hetzte mit den Leuten aus der Deckung. Im glitschigen Graben wurden die Gefechtsstände besetzt, im zuckenden Licht der Raketen letzte Handgriffe verrichtet. Unter der warmen, nassen Finsternis bargen sich die Soldaten und erwarteten den Feind, der durch die Kusseln kam.

„Zum Verzweifeln!" sagte Norton. „In zehn Minuten wollten die Franzosen die Front passieren, und in einer halben Stunde sollten wir abrükken."

„Eben. Na und? Wird sich alles finden." Gant, der Unerschütterliche, zog die Plane von seinem MG und machte damit einen Probeschwenk, und als aus dem Dickicht heraus plötzlich die beiden Franzosen in den Graben glitten, sagte er: „Paßt gerade, weil die Deutschen angreifen. Wartet ab, bis es Theater gibt, dann beharke ich drüben die Straße. Zwei Minuten Dauerfeuer, dann müßt ihr drüber weg sein. Klar?"

Marolles nickte. Die Aufregung würgte ihm am Hals. „Haben Zivilzeug untergezogen, in der Stadt organisiert. Fällt vielleicht weniger auf — später."

„Möglich." Gant dachte noch: Kann euch auch den Hals kosten, wenn sie euch für Franktireure halten. Doch er sagte das nicht. „Wenn ich ‚Los!' sage, wetzt ihr ab, kapiert? Und viel Glück!"

„Merci, werden's brauchen."

Die Deutschen waren plötzlich vor der Stellung, wilde Schießerei verriet ihre Angriffsrichtung, die Pak bolzte aus der Flanke los, und ganze Ketten von Leuchtkugeln verwandelten den Abschnitt in eine schaurige Farbenkulisse.

„Feuer!" brüllte Sergeant Clatt, und Gant riß den MG-Kolben in die Schulter und zischte: „Los . . .!"

Die beiden Franzosen hetzten aus der Deckung heraus zur Straße, eilten am Rande entlang und tauchten im Feuerwirbel an der Brücke unter, als Gant mit dem MG herüberschwenkte. Einige Atemzüge lang schoß er noch, dann setzte er die Waffe ab. „Müßten drüben sein“, sagte er. „Müßten ...! Doch ich bin nicht sicher.“

„War keine günstige Stelle“, meinte Norton. „Brücken werden immer scharf bewacht. Hätten durch den Kanal schwimmen sollen.“

„Aye, einigen wir uns darauf, daß sie Glück gehabt hätten.“

Gant schoß wieder, als sich die Deutschen hart am Graben zeigten und der Nahkampf in den Kusseln tobte. Handgranatenschläge, Feuerstöße und Schreie lärmten im Abschnitt, und dann fiel Captain Crawford plötzlich in den Unterstand:

„Gant, halten Sie auf die Straße! Die Kompanie setzt sich jetzt schon gruppenweise ab. Rechts hat der Gegner einen tiefen Einbruch am Bergues-Nieuport-Kanal geführt. Wir beziehen beim Dorf Tetegham neue Position.“

„Aye, Sir!“

Die Gruppen und Züge lösten sich überstürzt aus der Stellung, nur Nachhuten eröffneten ein wildes Feuer gegen die Deutschen, die gewaltsam aufklärten und nachzogen. Finsternis, Leuchtkugelschwärme, wahlloses Schießen im unübersichtlichen Gelände und die Nähe des Feindes bestimmten die Stunde des Rückzugs und trieben die Soldaten an

„In zehn Minuten hauen wir ab!“ bestimmte Maylor, der in den MG-Unterstand gekrochen kam und ein volles Magazin in die MPi steckte. „Sieht mulmig aus. Am Canal des Châts ist schwer was los, drüben in Neiges, bei Nieuport und in Ghyvelde auch. Sieht so aus, als ob die Deutschen bis morgen Dünkirchen und den Hafen genommen haben würden, sie drücken mörderisch an vielen Stellen.“

„Ich sagte es schon: Die letzten beißen die Hunde!“ schimpfte Norton. „Wir kämpfen, und die anderen verkrümeln sich rechtzeitig.“

„Keine Panik, Mann! Ein Loch bleibt noch für uns. Also in zehn Minuten!“

Maylor kroch fort, irgendwo im Finstern rumorte er herum, dann bellte seine MPi an verschiedenen Stellen, und als er endlich wiederkam, zischte er: „Los! Wir verduften! Geht schon den Pfad am ‚Angelhaken‘ voraus, ich zünde noch schnell ein paar Ladungen!“

Gant hob das MG von der Brüstung. Norton hantierte mit den Muni-Kästen, und dann kam auch schon Clatt mit ein paar Leuten und ruderte mit dem Arm: Los!

In Reihe stiegen die Männer den Pfad hinauf, und während sie durch die Kusseln fortdrängten, brüllten die Schläge der von Maylor gezündeten Ladungen in die Dunkelheit. Wenig später kreuzte der Feldwebel auf und erklärte Clatt den Weg: „Am Wegkreuz biegen wir links ab, setzen auf Pfaden über die Dränagegräben auf Tetegham zu. Dort warten die Einweiser.“

Die deutsche Artillerie schoß Sperrfeuer. Ganze Lagen wuchteten aus dem Himmel und trommelten in die Felder und Gräben. Immer wieder mußten die Rückzügler in Deckung, bargen sich in Sumpf- und Wasserkuhlen, wenn der Feuerorkan vorübergrollte. Feindliche Granatwerfer schossen in den Abschnitt und stampften in den Sümpfen Trichter aus, die sich schnell mit Wasser füllten.

„Teuflisch, dieser Marsch", sagte Norton, dreckverklebt wie alle anderen. „Das kostet wieder einigen von uns das Leben."

Gegen drei traf Crawfords Kompanierest in Tetegham ein und verkroch sich in den Löchern hinter einem Wasserlauf, der neuen Stellung, die bereits unter Feuer lag.

„Habe ich gewußt!" fluchte Norton. „Das soll 'ne Stellung sein? Ein Dreck ist das! Wette meinen Sold, daß sie uns bis Mittag wieder rausgeschmissen haben."

„Abwarten!" wehrte Gant ab. „Jedenfalls sind es bis zum Hafen jetzt nur noch anderthalb Meilen."

*

Die Kompanie von Oberleutnant Kleebusch kämpfte sich seit vier Tagen durch unübersichtliches Gelände, über ungezählte Wasserläufe und hart verteidigte Stellungen nach Norden vor.

„Wir haben kostbare Zeit verloren", sagte Kleebusch in der Lagebesprechung. „Der mysteriöse Anhaltbefehl gab dem Gegner reichlich Gelegenheit, Stellungen anzulegen und mit der Evakuierung der eingeschlossenen Armeen zu beginnen. Es steht mir zwar nicht zu, Kritik zu üben, doch in meinem Abschnitt zeigt es sich deutlich, daß das Halt uns Nachteile einbrachte. Für die Überwindung einer Strecke, die noch vor einigen Tagen Stunden gedauert hätte, brauchen wir viel mehr Zeit, Aufwand und Opfer. Die Briten wehren sich wie Teufel, um die Einschiffung zu decken. Infolge schlechten Wetters ist unsere Luftwaffe ausgeschaltet, und die gegnerischen Stellungen im Dränagesystem lassen sich nur mit Stoßtrupps überwinden."

Er heftete seine Karte mit einem Reißnagel an die Wand und spürte, wie Enttäuschung und Ärger ihn dazu reizten, über „die oben" und den verdammten Haltebefehl herzuziehen, doch er überwand sich und sagte:

„Die normale Anfahrt nach Dünkirchen von Süden her ist die Hauptstraße, die Bergues passiert und — parallel mit dem Bergues—Dünkirchen-Kanal verlaufend — nordwärts in die Vorstädte führt. Hier, am Verbindungsstück von diesem Kanal zum Bergues—Nieuport-Kanal, hat der Gegner seinen Abwehrschwerpunkt eingerichtet, bei Notre Dame des Neiges, beim Dorf Tetegham und dem gegenüberliegenden Canal des Moeres. Drei- bis viertausend Engländer und etwas sechzigtausend Franzosen sitzen im Kessel, der von der Küste über Mardyck und Ghyvelde bis zur belgisch-französischen Grenze verläuft. Wie viele der Eingeschlossen über See weggebracht worden sind, bleibt ungewiß. Fest steht, daß wir schnell auf Dünkirchen und zum Hafen vorstoßen müssen, wenn wir nicht ein leeres Nest vorfinden wollen. Bei Spycker ist es uns gelungen, die gegnerische Stellung an mehreren Stellen zu durchbrechen, dort setzt sich der Feind zum Kanal hin ab. Der Riegel um Bergues, der einen direkten Angriff auf Dünkirchen verhindert, und gegen den wir seit Tagen anrennen, hält noch immer. Für morgen früh ist ein Großangriff in diesem Abschnitt angesetzt, besseres Wetter ist in Sicht, so daß mit einem Einsatz der Luftwaffe zu rechnen ist..."

Als Kleebusch die Besprechung beendet hatte, hielt er Feldwebel Plein zurück. „Wie sieht's aus? Ist die Kusselnregion überwunden?"

„Nein, Herr Oberleutnant. Sechsmal haben wir angegriffen, nichts zu machen. Die Engländer weichen nicht. Überall Wassergräben, Dickicht, Hinterhalte, schweres Feuer."

Kleebusch kniff die Lippen ein. „Verluste?"

„Seit heute morgen zwölf Tote und dreiundzwanzig Verwundete." Plein rieb sich am abstehenden Ohr.

„Zum Kotzen! Panzerdivisionen werden hier im Infanterieeinsatz verschlissen. Warum? Weil so'n paar Knilche oben einen Scheißbefehl erlassen, der den sicheren Sieg verschenkt."

Nun hatte er doch gesagt, was viele andere Frontsoldaten schon aussprachen, und was sie einfach nicht begreifen konnten: Der eingeschlossene Gegner wird geschont und bekommt Gelegenheit, aus dem Kessel zu verschwinden. Er griff sich Koppel und Stahlhelm. „Kommen Sie, ich muß mir die Sache ansehen!"

Sie gingen durch den Regen nach vorn, und Kleebusch ließ es sich nicht nehmen, bis in das vorderste Loch zu kriechen.

Über Dünkirchen brannte der Himmel, und davor klebten die Schatten der Büsche. Granaten knallten im Finstern.

„Sieht aus, als ob die Engländer abgerückt wären", sagte Unteroffizier Merz. „Ist verdächtig ruhig drüben."

„Abgerückt?" Kleebusch kauerte sich hin und schaute lange durch das Nachtglas. „Wirklich ruhig. Stellen Sie sofort einen Spähtrupp zusammen, Merz! Wenn die Tommys verduftet sind, müssen wir gleich nachstoßen."

Eine Stunde später trat das Bataillon an, die Kompanien tasteten sich langsam nordwärts vor.

An einem Hinterhalt gerieten Kleebuschs Leute in Nahkampf mit britischer Nachhut, die ganz aufgerieben wurde. Die Soldaten Zinke und Wild fielen, und der Gefreite Finger wurde verwundet und fortgebracht.

„Saukram!" schimpfte Merz. „Wir kriechen nachts in dem Dreck herum und büßen die besten Leute ein. Vor Tagen hätten wir aufgesessen zum Hafen fahren können. Der uns das eingebrockt hat, soll die Pest kriegen!"

Auseinandergezogen ging die Kompanie einen Hügel an, den ein Gewirr aus Bächen und Wassergräben umschloß. Versumpfte Ufer, Schilf und Dickicht, überwucherte Tümpel und Schlammlöcher spickten das Gelände.

Plein sah wie ein Waldschrat aus, einige Male war er aus Sumpflöchern herausgekrochen, und nun strippste er mit dem Finger den Schlick von der MPi und machte sich fertig, die Höhe zu stürmen. „Packt Handgranaten ins Koppel! MG Feuerschutz! Sobald es schießt, gehen wir gruppenweise vor . . .!"

Auf halber Höhe lief der Angriffschwung aus, zwei feindliche Maschinengewehre mähten aus den Flanken heran, Pak und eingegrabene Panzer knallten pausenlos, Leuchtkugeln hellten die Kampfstätte auf, die Plein unter schweren Verlusten schnell wieder verlassen mußte.

„Da muß Ari her!" entschied Kleebusch, und er ließ sich eine Verbindung schaffen. Nach den üblichen Rückfragen wurde ihm ein Artilleriebeobachter zugeteilt, der von irgendwoher mit einem Wagen kommen sollte, jedoch vor Tagesanbruch nicht eintreffen konnte.

„Alles verpfuscht!" sagte der Oberleutnant und hockte sich im Regen in ein schnell gegrabenes Loch, weil feindliche schwere Waffen im Gelände orgelten.

Die ganze Kompanie hatte sich auf Befehl vom Bataillon hin eingegraben, um den Abschnitt zu sichern, während andere Teile vorgingen.

Gegen vier Uhr kam der VB, er errechnete die Koordinaten, fuhrwerkte mit Meßdreieck und Kartenbrett herum, und erst gegen halb fünf rief er den ersten Schuß ab. Er fand ihn in den Kusseln nicht, weil sie im Dunst dampften. Als er eine Gruppe hinüberjagte, die mehr Lärm machte, als sie Wirkung zeigte, ließ Kleebusch angreifen — und geriet in einen Gegenstoß der Franzosen aus der Flanke, die von Notre Dame des Neiges herüberstießen. Aus dem Dunst brachen Züge, Kompanien hervor.

„Verdammt noch mal, was ist da los? Stellung! Feuer frei!" rief Kleebusch und kämpfte mit seinen Männern zwischen Bächen, Sumpf und Dickicht. Die Sicht war gleich Null, überall nur Dunst, Nebel, Halbschatten, Gestalten.

„Marokkaner!" stellte Plein fest. „Schleichen wie Katzen und können mit dem Dolch gut umgehen."

Die Landser waren auf der Hut. Mit dem Finger am Abzug lauerten sie in der Deckung und schlugen jeden Angriff ab.

Ein fremder Unteroffizier fragte sich nach vorn zu Kleebusch durch und meldete ihm: „Kommen als Ablösung . . .!"

„Ablösung, so!" Kleebusch lächelte und lachte dann plötzlich laut, als der Fremde seinen Spruch heruntergeleiert hatte. „Was von meinem Haufen noch abgelöst wird, kann in einem Lkw Platz finden, Mann!" Er kratzte sich mit einem Stück Holz den Schlamm vom Zeug. „Alles ein bißchen konfus, der Kram. Erst Vormarsch, dann Pause. Warten. Dann wieder Angriff — jetzt Ablösung, weil es nach Frankreich hineingehen soll. Na schön, wie die Herren es wünschen. Ich bezweifle nur, ob ich mit rund siebzig Mann gegen Paris antreten kann. Also, passen Sie auf, Unteroffizier...!"

Er wies ihn in die Lage ein, der Fremde ging, und eine Stunde später rückte eine Infanteriekompanie ein. Der Kompanieführer, ein Hauptmann, sagte zu Kleebusch: „Sollen Dünkirchen nehmen, nachdem die Luftwaffe uns den Weg gemacht hat."

Als die Kompanie im Dorf eintraf, wo die Gefechtsfahrzeuge warteten, fiel die Hitze aus dem Himmel. Deutsche Geschwader schraubten sich durch den Glast vorwärts, Dünkirchen entgegen, und die Bombenschläge hallten dumpf heran.

„Dünkirchen! Die Luftwaffe macht ernst. Möchte jetzt nicht auf einem Schiff sitzen, wenn die Stukas kommen", sagte Merz, während er sein Zeug im Wagen verstaute.

„Ist überall gleich schlecht. Wer weiß, was uns noch bevorsteht, bevor wir Ruhe kriegen?" Plein sicherte sich den Platz neben dem Fahrer.

Gegen Mittag fuhr die Kompanie los, um sich in der Gegend von Lille für den Angriff bereitzustellen. Eine neue Phase des Westfeldzuges begann. Dünkirchen versank langsam im Dunst.

*

Crawfords Kompanie hielt sich zwei Tage in der Stellung und wehrte alle Angriffe ab, die die deutsche Infanterie führte. Sturmpioniere und Flammenwerfertrupps konnten an einigen Stellen einbrechen und Positionen sichern, doch Crawford ließ die Flanken verstärken und absichern.

„Machen wir uns nichts vor, wir können nur noch Stunden halten", sagte Crawford. „Die Deutschen fressen sich wie Termiten durch unsere Front, zerbröseln sie stückweise, und es ist eine Frage von Stunden, bis der morsche und unterhöhlte Bau zusammenbrechen muß." Er hieb die Hand auf die Karte. „Unsere Kanalfront ist ausgelaugt, fertig. Pausenloses Feuer reibt sie auf, Bomben zerschlagen die Schwerpunkte der Abwehr. Angriffe der Franzosen am Canal des Moeres und bei Neiges wurden blutig abgeschlagen. Gegenangriffe der Deutschen führten zu Einbrüchen im Brückenkopfbereich. Das ist die Lage."

„Noch kein Befehl zur endgültigen Aufgabe des Brückenkopfes, Sir?"

„Nein! Doch morgen, höchsten übermorgen, bricht seine Verteidigung von allein zusammen." Er steckte sich eine Zigarette an. „Ich halte die Augen offen, verlassen Sie sich drauf. — Passen Sie auf, Maylor, was ich überlegt habe: Erkunden Sie einen absolut sicheren Weg zum Hafen, klar? Forschen Sie dort die Lage und Liegeplätze, Verladestellen und so was aus. Ich rechne nämlich damit, daß in den nächsten Stunden ein Run auf die Schiffe einsetzen wird, sobald den Deutschen ein größerer Einbruch gelingt. Habe gehört, daß sie morgen früh einen größeren Angriff gegen Tetegham und vor der Front der Franzosen führen wollen. Könnte sein, daß der Feind dort durchstößt, dann sitzen wir in der Klemme."

Maylor nickte. Ähnliche Bedenken waren ihm selbst schon gekommen. Die Entwicklung der Lage strebte nun unaufhaltsam dem Höhepunkt entgegen, und die Auflösung des Brückenkopfes stand dicht bevor. Solche Augenblicke dramatischen Geschehens bargen die Gefahr des Disziplinverfalls und des Chaos naturgemäß in sich. Wo für den einzelnen Mann keine Hoffnung mehr bestand, daß sein Entkommen gesichert war, brachen Lebensangst und Egoismus durch.

„Das Gros ist draußen", sagte Crawford, „die Leute von der Flotte schufteten bis zum Umfallen. Doch die meisten sind Freiwillige, wie ich gehört habe. Wer wollte es ihnen verübeln, wenn sie jetzt darauf verzichten, zum x-ten Male die Hölle Dünkirchen zu betreten? Vor Nieuport haben deutsche Stoßtrupps schon die Küste erreicht, bei Spycker sind sie durchgebrochen und überwachen die Hauptstraße. Von Süden her kommt niemand mehr durch." Er zertrat die Zigarettenkippe, und es klang fast wie ein Vorwurf, als er sagte: „Alexander hat sein Hauptquartier aufgelöst! Generalleutnant Lindsell, der Generalquartiermeister, und etliche Stabsoffiziere wurden gestern dreimal aus dem Wasser gefischt, weil die Stukas jedesmal die Bergungsschiffe bombten. Commander-in-Chief, Admiral Nore, hat Andeutungen gemacht, die Evakuierungsaktion wegen der Frontnähe zum Hafen-hin auslaufen zu lassen. — Merken Sie was, Maylor? Es ist soweit: Operation ‚Dynamo' geht zu Ende — und wir verteidigen das Kaff Tetegham!"

„Sir, Sie sind verblüffend gut orientiert."

„Bin ich. Habe einen Freund beim Headquarters, der mich instruiert; es liegt ihm etwas daran, mich aus der Hölle herauszuholen."

Crawford strich seinen Lippenbart. „Maylor, mein Freund beim Headquarters ist Major Webstone. Merken Sie sich den Namen! Er hat einen Bekannten, den Kapitän Simmons auf dem Schlepper CERVIA. Der wird uns, wenn ihm inzwischen nichts passiert ist, rausholen. Webstone wird Ihnen heute nacht Bescheid geben. Suchen Sie ihn auf, ich gebe Ihnen einen Passierschein mit, damit Sie hinten keinen Ärger kriegen. In letzter Zeit mehren sich Desertionen, deshalb wurden im Hafengebiet Streifen eingesetzt. Webstone ließ mich gestern wissen, daß er heute nacht Bescheid über den Fortgang der Dinge geben könnte."

Der heiße Tag verglühte, flimmernde Hitze lag über dem Wasser, als sich die Sonne im fernen Dunst einhüllte. Die Stadt Dünkirchen duckte sich unter einer mächtigen Qualmglocke, aus der die Flammen brachen.

Der schwerste Bombenangriff war über die Trümmer und Ruinen hinweggerast, im Inferno der Bombenschläge, Artilleriesalven und Werferserien waren etliche Schiffe zerstört und viele Soldaten getötet worden. Ein Orkan der Vernichtung hatte getobt, und nun klopfte nur vereinzelt Störfeuer in den rauchenden Überresten, verglommen die Schiffswracks an den Molen und krochen Überlebende aus den Verstecken.

Vom Kanal her näherten sich wieder Schiffe, um bei Einbruch der Dunkelheit die Bergungsarbeit wieder aufzunehmen.

Über der Stellung um Tetegham tobte in der Dämmerung ein schwerer Feuerüberfall, und dann brüllte ein Posten: „Alarm! Angriff entlang der Straße!"

Crawford, der gerade mit Maylor redete, setzte den Helm auf.

Einschläge rasten entlang, und über der dünnen Decke des Unterstandes sirrten Splitter und schlugen dumpf auf. Etwas Erde rieselte aus den Faschinen herunter.

Sie stiegen ins Freie hinaus. Crawford schnellte herum.

„Was ist denn, Clatt?"

„Panzer! Auf der Straße. Unsere Pak ist ausgefallen!"

Harte Schläge jaulten aus dem Zwielicht heran, in der Nähe bohrten sich die Sprenggranaten der Panzerkanone ins Ufer.

Crawford erhob sich aus der Deckung

„Sauding! Hätte es gern mit 'ner Ladung weggeputzt, doch da kann man nicht hinkommen. Suchen Sie den dicken Pentland zu erreichen, der soll mal mit der Artillerie hinlangen!"

Als es richtig dunkelte, zogen sich die Deutschen zurück und gruben sich ein. Einige Male in der Nacht griffen Stoßtrupps an, doch der Ort Tetegham hielt.

Gegen Morgen kam Maylor zum Hauptquartier zurück und meldete: „Morgen nacht, Sir, kommen die Schiffe zum letztenmal ...!" Er berichtete, was ihm Major Webstone aufgetragen hatte, und er beschrieb auf der Karte den günstigsten Weg zum Hafen hin.

„Der letzte Tag also", sagte Crawford. „Ich hoffe, daß wir die Stellung so lange halten können. Bis zur Dunkelheit müssen wir warten, weil tagsüber die Schiffe nicht kommen. Sagen Sie das den Leuten, das wird ihnen Mut geben!"

Mut brauchten sie und Geduld. Wieder wurde es ein heißer Tag, und die Flieger kamen. Artillerie feuerte in die Stellungen, und der Gegner griff wiederholt an der Straße an, brach durch, wurde geworfen und kam wieder. Granaten aller Kaliber paukten im Gelände, und es gab Tote und Verwundete. Auch Norton fiel durch einen Splitter.

Es fielen noch mehr Soldaten, ehe es Abend wurde, und noch in der Dämmerung hämmerten Granaten ins Gelände. Dann wurde Tetegham von starken Stoßtrupps deutscher Pioniere genommen. An vielen Stellen barst die Brückenkopffront. Freiwillig und auch meist unter Feinddruck wurden die „Border"-Bataillone hart an die Stadtgrenze herangezogen, nur im Dränagesystem hielten sich noch Widerstandsnester bis tief in die Nacht hinein.

Nahkämpfe und Sumpflöcher, Wassergräben, Tümpel, Brücken und Wege bestimmten das Geschehen im Vorfeld von Dünkirchen. Über vermintes, unwegsames und vom Feuer beherrschtes Gelände hinweg bohrte deutsche Infanterie an vielen Stellen den Verteidigungsring an und stieß zum Kanal vor. In verzahnter Front, im Grollen der Artillerie und im Lichtergefunkel der Raketen wurde erbittert angegriffen und abgewehrt.

„Alles fertig?“ fragte Crawford an der Tür des Unterstandes und schaute in den von Leuchtkugeln zerschlitzten Himmel. „Hoffentlich kommen die Ablöser pünktlich.“

„Alles klar, Sir, wir können abrücken. Vielleicht lassen uns die Franzosen auch aufsitzen.“

Der Captain zuckte die Schultern. „Sprengladungen angebracht?“ fragte er dann. „Wir warten noch zehn Minuten, dann ziehen wir los. Wie sieht’s hinten aus?“

„Die Deutschen sitzen in Tetegham drin, doch der Feldweg nach Moeres scheint noch frei zu sein.“

„Gut!“

Sie warteten, und dann führte ein Posten einen Fremden heran, der sich als Hauptmann Degrelleux vorstellte: hager, mittelgroß, mit weicher Stimme.

Er kroch mit Crawford in der Stellung herum und ließ sich die Lage erklären, während seine Kompanie in die Gräben einrückte.

„Frankreich erlebt seine finsterste Stunde“, sagte der Hauptmann, als er wieder den Gefechtsstand betrat. „Die Deutschen treten gegen Paris an. Frankreich steht allein und hat keine Chance. Hitler wird als nächstes England angreifen, und dann wird England allein sein. Denken Sie an meine Worte, wenn Sie drüben sind.“

„Ich verstehe Ihre Verbitterung, Degrelleux“, sagte Crawford. Dann ging er.

Captain Crawfords dezimierte Kompanie löste sich aus der Stellung und nahm den Weg durch Sumpf und Gebüsch zur Stadt hin, über der sich der Feuerschein ausbreitete. In Reihe, mit schußbereiten Waffen und nach allen Seiten sichernd, stapften die Soldaten nordwärts. Granaten und MG-Feuer lärmten in der Dunkelheit, und streckenweise lag das Terrain grell ausgeleuchtet im Spiel der Raketen. Statuenhaft reckten sich einzelne französische Posten aus der Deckung, als die Reihe vorüberzog, und manche riefen etwas herüber, hart und schrill.

„Verwünschen uns“, sagte Crawford. „Unser Rückzug hat auch etwas Schmähliches an sich, und der einfache Mann, der Franzose, der nur Tod oder Gefangenschaft zu erwarten hat, versteht ihn nicht.“

Irgendwo in den Kusseln wurde geschossen, und Clatt, der die Spitze machte, kam zurück.

„Sir, die Deutschen liegen vorn am Weg!“

„Habe ich geahnt! Müssen durch, sofort! Maylor, angreifen!“

Der Captain verteilte die Männer, und sie gingen durch das Gebüsch vor. Hart am Wege nach Moeres wurde im verbissenen Nahkampf eine deutsche Sicherung überrannt, und Crawford verlor einige Leute, bis er sich durch Wiesen und Felder, über Wasserläufe und Sumpfbetten hinweg zur Stadt durchschlagen konnte.

Dünkirchen war erreicht. Stumpfe Mauerreste, vom Feuerschein überflutet, ragten aus der Nacht, Granaten detonierten schallend. Eine gespenstische Szenrie stellte den Rahmen für eine tote Stadt, aus der nur noch Feuer und Rauch stiegen. Mit entnervender Regelmäßigkeit tobten Feuerüberfälle in den Ruinenfeldern, polterten Handgranaten, wenn Stoßtrupps in den Geröllhaufen vorgingen.

„Zum Hafen!“ sagte Crawford, als er auf einen britischen Posten stieß, der irgendeine Intendantur bewachte, die anscheinend den Anschluß verpaßt zu haben schien.

„Hafen, Sir? Den gibt's schon lange nicht mehr. Schlage vor, Sie tasten sich an den Trümmern fort, bis Sie ans Wasser kommen. Überall liegen zerdepperte Schiffe ...“

„Hören Sie, Soldier: Zu irgendeiner Verladestelle! Kapiert?“ unterbrach Crawford die Tirade des Postens.

„Aye, Sir! — Doch die gibt es nicht mehr.“

„Irgendwo wird doch verladen!“

„Ja, wo's noch geht. Von Malo bis hinauf nach La Panne.“

Crawford zog den Arm durch die Luft und wollte weiter, und der Posten sagte: „Sir, da rauf geht's nicht mehr; da sitzen schon die Deutschen.“

Dem Captain riß die Geduld; die Gelassenheit des Postens sägte ihm am Nerv. „Wo ist Ihr Chef? Ihre Dienststelle?“

„Weiß ich nicht, Sir. Habe den Auftrag, diesen Keller zu bewachen, da sind Kisten drin.“

Crawford ging mit seinen Leuten in eine andere Richtung. Sie stiegen über Trümmer, krochen durch Mauerlücken und Granattrichter, schlichen durch Höfe und setzte durch Gärten und über Straßen hinweg.

Eine Salve schwerer Granaten rüttelte unweit in einem Straßenzug und riß ein paar Mauern ein. Staub und Qualm wälzten sich entlang. Steine und Splitter hämmerten auf das Pflaster. Irgendwo drüben schoß ein Maschinengewehr.

„Spätestens morgen wird die Stadt den Deutschen gehören. — Weiter!“ sagte der Captain und rutschte über einen Schutthaufen zur Straße hinunter.

Nach Mitternacht erreichten sie die Kanalküste, tasteten sich an den Trümmern der Dockanlagen, Lagerschuppen und Hausruinen entlang, zogen an den Skeletten ausgebrannter Fahrzeuge und den stinkenden Kadavern verendeter Pferde vorbei. Penetranter Geruch, vermischt mit Schwelrauch und Staub, breitete sich über den Küstenstreifen aus, die bizarren Figuren der Restgemäuer und halbversunkenen Schiffe stellten den Vordergrund des Zerstörungsbildes, das nach hinten hin die finstere See abschloß.

Es wimmelte von Leuten, die überall lagerten und auf ein Schiff warteten: Engländer, Franzosen, Belgier. Wie Bäche, die zum Meer fließen, rieselten aus dem weiten Raum einzelne Soldaten und granze Gruppen zum Strand hin. Aus der scheinbaren Starre der toten Stadt und ihren Ruinen, aus dem Granathagel hervor, kamen die Reste geschlagener Bataillone und Kompanien, um den Kessel und den Kontinent zu verlassen.

Die Frist war nur noch kurz; jeder, der hier wartete, wußte, daß die Deutschen, die an einigen Stellen den Brückenkopf durchstoßen hatten und am Meer standen, morgen die Küstenlinie abriegeln würden. In den neun Tagen der Evakuierungsaktion blieb den letzten nur noch eine geringe Chance, zu entkommen. In dieser Nacht entschied sich das Los der Wartenden, vollzog sich das individuelle Schicksal der Eingeschlossenen dramatisch und konsequent.

„Haut euch hin!“ sagte Maylor und kroch unter das Gerippe eines Lkw, unter dem schon drei Briten hockten. „Von welchem Haufen seid ihr?“ fragte er sie.

„Von der 162. Division. Liegen schon seit gestern nacht hier. Tagsüber kamen die Flieger. Es gab ’ne Menge Tote. Wenn es heute nacht nicht klappt, ein Schiff zu kriegen, ist es aus.“

„Wo sind die Germans?“

„Drüben vor Nieuport, bei La Panne, links drüben vor Malo. Morgen werden sie den Laden dichtmachen.“

„Die Franzosen verteidigen die letzten Brückenkopfstellungen. Wie lange?“

Der andere, ein Sergeant, zuckte die Schultern. „Wer weiß das? Sie kämpfen um nichts, vielleicht aus Prinzip. Wir kämpften, um die Evakuierung zu ermöglichen, und deshalb strengte sich jeder an. Aber wenn wir kein Schiff mehr kriegen, haut die Enttäuschung die Leute um.“

„Gibt es noch ’nen Stab oder so was? Irgendeine Stelle, die das Verladen organisiert und überwacht?“

„Ja, doch die Ellbogen sind jetzt der beste Passierschein. Die Franzosen halten sich einen Dreck an Prioritäten und Befehle, sie stürmen die Schiffe, sobald sie anlegen.“

„Wie heißt du?“

„John Simmons, Sergeant.“ Er nahm von Maylor dankend eine zerknautschte Zigarettenkippe und machte sie an. Unvermittelt meinte er: „Das wäre schon saublöd, wenn ich nicht wegkäme. Mein Vater kutschiert einen Schlepper, und ich wette, daß er schon zigmal die verdammte Küste hier angelaufen ist, um Leute zu holen.“ Er redete drauflos, und Maylor hörte ihm zu und dachte: Wäre wirklich dumm, wenn der Alte hundert Jungens rausholt, und der Sohn bleibt zurück.

Crawford stieg in dem Durcheinander herum, um den Führungsstab und seinen Freund, Major Webstone, zu finden, doch er gab es auf, als ein mörderischer Feuerüberfall die Küste bestrich.

Minutenlang hackte und hämmerte es in den Ruinen, einige Lagen droschen in die See, zerwühlten sie und rüttelten an den Wracks. Aus dem Inferno tönten Todesschreie, die Dunkelheit tobte, Leute hetzten umher, suchten Schutz und Deckung, und die Granaten heulten fauchend aus dem Himmel herunter.

„Das ist eine Sauerei und Massenmord!“ zischte der Sergeant Simmons. „Jede Granate trifft ins volle, auf jedem Quadratmeter liegen welche, die wochenlang kämpften, marschierten und nun erschlagen werden. Seien Sie froh, daß es Nacht ist; der ganze Strand ist eine Müllkippe und rotgefärbt vom Blut. Hunderte hat es hier erwischt. An den Molen, im Wasser — überall liegen sie, und es gibt Hunderte, die mit den Schiffen absoffen, noch im Hafen oder weit draußen auf dem Kanal. Wirklich gerettet werden wir erst drüben in Ramsgate oder Dover sein.“

„Wann kommen denn die Schiffe?“ schrie Maylor in den Lärm.

„Gegen zwei, schätze ich. Haben die Anlegezeiten geändert, weil die Deutschen den Verladeturnus rauskriegten und immer mordsmäßig schossen.“

Sergeant Clatt kroch heran. „Verdammt mulmig hier, wie? Gant ist weg! Stand auf und lief fort.“

„Was? Wohin?“

„Keine Ahnung.“

„Die Schiffe!“ sagte Simmons, und dann brüllte er: „S-c-h-i-f-f-e...!“ Der Ruf wiederholte sich und gellte durch die Nacht und das Ufer entlang. Überall krochen Soldaten aus den Verstecken und drängelten zum Wasser hin.

„Wartet, verdammt! Bleibt in Deckung! Das Feuer...!“ schrie Simmons in den Detonationslärm hinaus, doch es nutzte nichts. Ganze Trauben lösten sich von der Erde und schoben sich zur Wasserlinie vor, und mitten hinein schlugen die Salven. Tote und Verwundete tauchten in die Flut und gingen unter, und die anderen wateten immer weiter, bis ihnen das Wasser an die Schultern und an den Hals reichte.

„Los, ins Wasser!“ befahl Maylor, und seine Leute drängelten mit den anderen fort und füllten den schwarzen Saum der Leiber, der das Wasser vom Ufer trennte.

Crawford schloß auf. „Webstone ist nicht zu finden“, keuchte er, dann riß er den Kopf hoch. „Da kommt ein Schiff, ein Schlepper. Die Großen kommen nicht mehr so dicht ran, wegen der Hindernisse, sie warten draußen.“

In die Menge kam Bewegung und Nervosität. Einige schrien. Und wieder pflügten schwere Feuersalven die Wasserlinie entlang. Fontänen sprangen auf, Körper wirbelten durch die Luft und klatschten dumpf zum Wasser zurück, gräßliche Schreie gellten durch das Halbdunkel über See und Land hin.

„Drüben — noch andere Schiffe!“ schrien welche, während die Flut an ihnen riß und das Wasser ihre Leiber auslaugte. Ganze Gruppen drängelten sich dicht aneinander und standen wie ein Block und stumm in der Brandung. Hilfsbereite bargen Verwundete und stützten und trösteten sie. Ein Pfarrer stapfte im seichten Wasser und im Granathagel herum und versah die Sterbenden.

„Gant ist das!“ schreckte Clatt plötzlich zusammen, als er über etwas stolperte und den halb im Wasser Liegenden hochob. „Mensch, du bist verwundet!“ Zusammen mit Simmons und Maylor schleppte er ihn an das Ufer, um ihn zu verbinden.

„Laß, Clatt! Zu spät! Bin zu früh ...!“ Er röchelte, dann war er tot.

„Kommt! Sonst bleibt ihr zurück!“ rief Simmons.

Clatt und Maylor gruben unbeirrt ein Loch und legten Gant hinein, glätteten den Sand darüber, der Feldwebel sprach ein kurzes Gebet, und als sie die Spaten verstauten, begann der Sturm auf das Boot.

Schreie und Gebrüll schlugen heran, Befehle und Flüche.

Sie hetzten ins Wasser, holten Crawford und den Rest der Kompanie ein. Jeder Mann war sich jetzt selbst überlassen, jeder kämpfte sich nach vorn, weil er andernfalls keine Chance mehr hatte, gerettet zu werden.

„Hier spricht Kapitän Simmons!“ gellte eine Baßstimme über das Wasser. „Leute, seid vernünftig! Verwundete zuerst! Ich verspreche, daß ich euch alle an Bord hole ...“

Der Appell nutzte nichts, viele Hände griffen an die Bordwände, die vordersten Soldaten hangelten an heranhängenden Trossen und Leitern hoch.

Wieder schoß deutsche Artillereie, peitschte die See, erschlug Menschen, und ein Splitter riß Sergeant Simmons den Arm auf. Ehe er versank, packten ihn Maylor und Clatt, während Crawford eine Strickleiter erklomm und die anderen hinter ihm an Bord kamen.

Alle sahen hin, als der alte Simmons seinen Sohn erkannte und ihn umarmte. Dem alten Fahrensmann standen Tränen in den Augen. Dann half er mit, die Verwundeten unterzubringen.

Zu Crawford sagte er: „Das schlimmste ist, daß man nicht alle retten kann.“

Die CERVIA, verschrammt und verbeult in etlichen Einsätzen, stampfte überladen und tief im Wasser liegend in die Kanalsee hinaus.

Ihr Kapitän hatte fast dreitausend Soldaten aus dem Kessel herausgeholt.

*

Als deutsche Infanteristen den verlassenen, von Trümmern übersäten Strand von Dünkirchen absuchten, trafen sie auf Oberleutnant Oelhaven, dessen Ju 88 abgeschossen worden war. Unter einem Landesteg hatte er sechsunddreißig Stunden bei Ebbe und Flut gewartet, bis Dünkirchen fiel. Für ihn war es wirklich eine gewonnene Schlacht!

Churchill hielt, noch während die letzten Einschiffungen liefen, im Unterhaus eine bedeutsame Rede:

„Kriege werden nicht durch Rückzüge gewonnen ... wir werden jedoch nicht wanken noch weichen, wir werden bis zum Ende weitergehen ... Wir werden kämpfen zur See, wir werden kämpfen mit wachsender Zuversicht und wachsender Stärke in der Luft, wir werden unsere

Insel verteidigen ... Wir werden kämpfen an den Landeplätzen ... auf den Äckern und in den Straßen ... in den Bergen ..."

In Wahrheit befand sich Großbritannien in der mißlichsten, gefährlichsten Lage seit den Normanneneinfällen: keine Armee zur Inselverteidigung, RAF in Frankreich geschwächt. Die deutsche Luftwaffe besaß Stützpunkte in Nordfrankreich, kaum vierzig Kilometer entfernt. Agenten wußten vom Plan „Seelöwe", einer Invasion der Deutschen in England.

Churchill begrub seine Hoffnung, noch auf Frankreich zählen zu können, das in den Endkampf ohne Chancen eintrat.

Auf der sechshundert Kilometer langen Front vom Oberrhein bis Abbéville standen nur 65 zweitrangige Divisionen den 143 deutschen — davon zehn Panzerdivisionen — entgegen, die ein Höchstmaß an Kampferfahrung und Härte aufwiesen. Eine andere Macht — wenn auch unbedeutend — trat auf den Plan: Italien.

Hitler schrieb Mussolini am 7., 13., 18. und 25. Mai siegestrunkene Briefe. Der deutschen Generalität blieb es gleichgültig, wozu sich der Duce (Mussolini) entscheiden mochte, doch Hitler maß seinem Urteil eine nicht zu deutende Wichtigkeit bei. Am 30. Mai 1940 ließ der Duce wissen, daß er am 5. Juni gegen Frankreich antreten werden, was Hitler „zutiefst bewegte". Er schrieb:

„Schon in der Tatsache Ihres Kriegseintritts an sich liegt ein Moment der stärksten Erschütterung der Front unserer Gegner."

Die Italiener schlugen schließlich und endgültig am 10. Juni los, brachten es jedoch in der Zeit bis zum 18. Juni mit 32 Divisionen nicht fertig, die sechs französischen Divisionen aus ihren Stellungen an der Alpenfront und an der Riviera zu vertreiben.

Am 21. Mai schrieb der italienische Außenminister Ciano in sein Tagebuch: „Mussolini fühlt sich durch die Tatsache sehr gedemütigt, daß unsere Truppen keinen Schritt voran gemacht haben; auch heute ist es ihnen nicht gelungen, durchzubrechen, und sie haben vor der ersten französischen Verteidigungslinie, die gekämpft hat, haltgemacht."

Am 4. Juni 1940 war das „Wunder von Dünkirchen" vollbracht, eine ans Unfaßbare grenzende Errettung Hunderttausender aus sicherer Vernichtung geglückt, die ein Mann möglich machte, von dem es niemand erwartet hätte: Hitler!

Dünkirchen wurde für die Briten zum Pfeil im Köcher, der später — vereint mit anderen — dem Reich den Todesstoß versetzen sollte.

Hitler rüstete nun zum Endkampf gegen Frankreich. Für den Stoß über Somme und Aisne wurden die Panzergruppen Guderian, Hoepner, Kleist und Hoth gebildet. Südöstlich der Mosel und am Oberrhein hatte sich wenig verändert. Hier stand noch immer die Heeresgruppe C (Leeb), die sich zum Einbruch in die Maginotlinie fertig machte. Die 18. Armee (Küchler) wurde vom OKH als Heeresreserve ausgeschieden und bei Lille versammelt.

Frankreichs letzte Hoffnung war General Weygand, früher Stabschef von Marschall Foch, und 1920 Sieger über die Bolschewiken in Polen. Weygand suchte Gamelins Versäumnisse und Fehler zu korrigieren: Errichtung einer tiefgestaffelten Verteidigungszone von Montmédy über Argonnerwald, Réthel, Chemin-des-Dames, der Somme folgend bis zur Mündung. Pariser Schutzgürtel zwischen Marne, Oise und Seine-Schleifen. Panzerhindernisse an Somme, Aisne, Oise-Kanal und Aillette.

Die Deutschen boten aber mehr Stoßverbände auf als je zuvor. Nach dem Abzug der Alliierten aus Dünkirchen am 5. Juni erfolgte bei sengender Hitze der deutsche Angriff.

Am 14. Juni fiel Paris, am 22. Juni unterzeichnete General Huntzinger im Wald von Compiègne die Kapitulationsurkunde.

Alex Buchner

Der tödliche Wall

Die 215. Infanteriedivision durchbrach
die französische Maginotlinie
Ein Bericht
über die Schlacht im Westen

Paris — im Jahr 1938.

Von den stumpfen Türmen der altehrwürdigen Kathedrale Notre-Dame kamen hallende Glockenschläge.

Einer, zwei, drei ...

6 Uhr nachmittags.

Drüben, jenseits der Seine-Insel, öffneten sich die Pforten der Sorbonne (Universität). Junges Volk strömte heraus. Mädchen in hellen Kleidern, junge Männer — mit Brillen, Aktentaschen und Mappen, Studenten und Studentinnen, die ihr Nachmittagskolleg verließen.

Helmut Frey zwinkerte mit den Augen in die grelle Sonne, die mit brütender Hitze an diesem Hochsommer-Spätnachmittag noch über Paris brannte.

Vor ihm flutete der Verkehr in beiden Richtungen durch die Saint Michel. Elegante Damen trippelten mit kurzen Röcken und schlanken Beinen unter den staubiggrünen Alleebäumen. Modisch gekleidete Herren flanierten die breiten Boulevards entlang. Schnittige, lack- und chromblitzende Autos glitten vorbei, von den „Flics“, den Pariser Verkehrspolizisten, lässig und doch behende zugleich mit rasch wirbelnden weißen Stökken dirigiert.

Vor den Cafés und Estaminets saßen auf zierlich geschnörkelten eisernen Stühlen ältere Herrschaften und Pensionäre bei Eis und Kaffee. Bürger mit der typisch französischen Baskenmütze, die genußvoll ihren Aperitif schlürften.

Der junge deutsche Student der Mathematik Helmut Frey, lang und hager, und im korrekten Anzug, betrachtete das ihm längst vertraute und doch jeden Tag wieder neu fesselnde Leben und Treiben in den breiten Straßen der prächtigen französischen Metropole.

Weltstadt Paris, das Herz Frankreichs!

Er hatte die Hauptstadt und das Land, das er wiederholt auf kleineren und größeren Ausflügen kennengelernt hatte, liebgewonnen. Und er bedauerte eigentlich schon heute den Tag, da seine Studienzeit hier zu Ende war und er wieder in seine Heimat zurückkehren mußte, um irgendwo später Mathematiklehrer zu werden. Wer einmal längere Zeit die Luft, den Geist und Charme von Paris geatmet hatte, der kam nur schwer wieder davon los.

Man mußte sich nur eingewöhnen. Man mußte Frankreich und seine Menschen wirklich kennen- und liebenlernen. Sicher, die Franzosen waren anders, sie waren in ihrer ganzen Art freier, lebhafter, beweglicher und temperamentvoller, sie verstanden zu leben und zu genießen, und sie rackerten und schufteten sich nicht zu Tode — und gerade dies machte sie so liebens- und schätzenswert.

Frey war im Anblick des bunten Bildes um ihn her nach den stillen, eintönigen Vortragsstunden richtig ins Sinnen gekommen. Jetzt zuckte er plötzlich zusammen, als sich eine Hand auf seine Schulter legte.

Sein Freund und Kommilitone Pierre Russac, salopp, im offenen

Hemd und mit großer Hornbrille, ein paar Bücher unter dem Arm geklemmt, sah ihn vergnügt an.

„Voilà, mon ami, immer noch nicht fertig mit den Formeln vom alten Professor Hugy. Du denkst ja jetzt noch vor dich hin..."

Noch ehe Helmut etwas antworten konnte, sprudelte Pierre schon weiter und schwenkte dabei vergnügt einen dicken Wälzer: „Los, komm mit, wir wollen uns ein bißchen auslüften. Wie wär's mit einem vin d'origine? Oder einem biere, das trinkt ihr allemands (Deutschen) doch lieber!"

„Hast recht, Pierre, machen wir", entgegnete Helmut, von der Unternehmungslust seines Freundes angesteckt.

Sie hatten kaum ein paar Schritte gemacht, als eine laute Stimme hinter ihnen herrief: „Hallo, ihr beiden — so wartet doch. Nehmt mich mit." Es war der kleine, dicke Marcel Bernay, der da angeschwitzt kam.

Es wurde ein recht gemütlicher Abend, und leicht beschwingt wanderten die drei Freunde zu später Stunde ihren Studentenbuden zu. Als sie sich an einer Straßenecke lange und wortreich verabschiedeten, meinte Pierre:

„Was machen wir morgen. Wie wär's mit einem Ausflug nach Longchamps oder in den Bois de Boulogne?"

Helmut erinnerte sich. Morgen war ja der 14. Juli. Richtig, da hatte natürlich auch die Sorbonne geschlossen.

„Machen wir. Ich schaukle euch mit meinem kleinen Renault wohin ihr wollt."

Das war der gutmütige, stets hilfsbereite Marcel. „Sagen wir — um 8 Uhr bei mir..."

„Bien — aber erst sehen wir uns die große Parade an. Das sind wir unserer Armee doch schuldig", meinte Pierre. „Und unserem Gast aus Deutschland ebenso", fuhr er fort, „der einmal diesen Aufmarsch unserer Soldaten sehen soll, auch wenn er alles andere als ein Militarist ist. Aber Soldaten gehören nun einmal zu Paris ebenso wie schöne Frauen."

Auch der brave Marcel brummte: „Einverstanden. Wenn bloß das Gedränge nicht so groß wäre. Aber zuschauen können wir ja, solange das Vaterland nicht mehr von uns verlangt."

Nein, mit dem Soldatsein hatte der gute, dicke Marcel wirklich nichts im Sinn, und er erwartete schon jetzt seufzend den Tag, wo er zur Ableistung seiner Dienstpflicht würde einrücken müssen.

Der 14. Juli ist der französische Nationalfeiertag, der alljährliche Tag der Wiederkehr des Sturmes auf die Bastille anno 1789. Dieser Tag wird in ganz Frankreich mit Reden, Volksfesten, Aufmärschen und großen Paraden gefeiert.

Auch heute war ganz Paris auf den Beinen. Dichte Menschenmauern säumten die breite, schnurgerade Prachtstraße der Champs-Elysées, an deren Ende wuchtig der große Arc de Triomphe aufragt.

Auf der Ehrentribüne Herren in Schwarz, mit breiten Schärpen und blitzenden Orden. Der Präsident der Republik, die Mitglieder der Regierung, Minister, Abgeordnete und Senatoren. Daneben, dazwischen und dahinter gut geschnittene Uniformen, goldbestickte Käppis, glitzernde Fangschnüre und die goldenen Sterne von hohen und höchsten Offizieren.

Irgendwo in den Massen stehen auch die drei Studienkollegen. Die beiden jungen Franzosen haben sich mit ihrem deutschen Freund in die vorderste Reihe geschoben.

Marschtritt hallt auf, von schmetternder Musik übertönt. Die traditionelle große Parade beginnt.

Der peitschende Rhythmus französischer Militärmärsche reißt mit. Dazwischen gellende, schmetternde Clairons. In großen, breiten Marschblökken rückt Infanterie heran — Uniformen in Khaki, flache Helme, steil angezogene Gewehre mit langen Bajonetten. In Abständen flattern an den Gewehren die Kompanie-Fanions (Wimpel). In Zwanzigerreihen, in typischem, schnellem Schritt, marschiert die Infanterie vorbei.

Jetzt kommen Kolonialtruppen. Rabenschwarze Gesichter — Senegalschützen aus dem Innersten Afrikas, Marokkaner-Regimenter, eine Brigade Spahis mit weißen Umhängen auf unruhig tänzelnden Pferden. Kavallerie mit gezogenem Säbel trabt vorbei. Artillerie, Pioniere, Chasseurs Alpins (Alpinis) mit geschulterten Skiern paradieren. Mit weißleuchtenden Kepis (Mützen) marschieren Bataillone der Fremdenlegion vorbei.

Die Ketten von Halbraupenfahrzeugen klirren. Motorisierte Infanterie, die dragons portes, rattern mit Blickwendung vorbei. Dumpf polternd und rasselnd tauchen in auseinandergedehnten Doppelreihen die ungefügen Klötze schwerer und schwerster Tanks in endlos langer, eiserner Prozession auf.

Auf der Ehrentribüne zufriedene, stolze Gesichter. Die Mauern der Zuschauer entlang rollen die Wogen des Beifalls. Nun brandet besonders starker Jubel auf. Er gilt der eben vorbeimarschierenden Truppe. Soldaten sind es mit knickerbockerähnlichen Uniformhosen mit hohen Schnürstiefeln, auf den Köpfen schrägsitzende, schwarze Baretts. Wer nur ein klein wenig einen militärischen Blick hat, der sieht: hier defilieren Elitesoldaten des französischen Heeres.

Pierre, der seinen Freunden die nötigen Erklärungen des Vorbeimarsches gibt, beugt sich zu Helmut Frey vor. Seine Stimme ist voller Stolz:

„Die Festungstruppen aus unserer Maginotlinie."

Die Männer der Maginotlinie! Jenes berühmten, in aller Welt genannten und doch geheimnisvoll unbekannten Sicherheitswalles an der Ostgrenze Frankreichs.

Helmut Frey sieht sie hier zum erstenmal vorbeimarschieren, die Soldaten der Maginotlinie: Straff, stramm und voll ihres Wertes bewußt, da man ihnen den direkten Schutz Frankreichs anvertraut hat, in den mächtigen, ausgedehnten Grenzbefestigungen für die Sicherheit der französischen Nation zu bürgen.

Er sollte diese Männer wiedersehen — knapp zwei Jahre später.

Noch während die Parade weiter abrollt und Truppe um Truppe, Einheit um Einheit vorübermarschiert, reitet oder fährt, denkt Helmut Frey zurück an einen Tag desselben Jahres im März. Das war kurz vor Antritt seiner Studienzeit in Frankreich und noch daheim in Karlsruhe gewesen. Auch dort hatte in dieser Garnisonstadt eine Parade stattgefunden wie überall in Deutschland an diesem Tag. Auch dort waren Soldaten marschiert — seine eigenen Landsleute in grauen Uniformen und Stahlhelmen, mit Gewehren und Maschinengewehren, waren Panzer gerasselt und Geschütze vorbeigerollt.

Deutschland rüstete wieder.

Und England rüstete und Belgien und Italien, und in Polen und der Tschechei und in Rußland war es nicht anders.

Ganz Europa starrte vor Waffen.

Man schrie nach Sicherheit und Recht hier und dort — nach einer Sicherheit und Ordnung jedoch, die sich nur auf die jeweilige Masse der Bajonette und Kanonen stützte und die nur eine Grundlage nicht hatte: die des gegenseitigen Verständnisses und der Achtung voreinander und den guten Willen, in Frieden miteinander zu leben und auszukommen.

Denn um den wahren Frieden in Europa zu erhalten, dazu nützten alle die waffenstarrenden Armeen, alle Militär- und Bündnisverträge und auch die Maginotlinie nichts.

*

„On ne passe pas!“ — „Hier kommt keiner durch!“

Dieser Satz stand in Erz gegossenen Lettern über den Eingängen zu den Großwerken der französischen Maginotlinie, die sich als breiter Schutz- und Grenzwall mit rund 4500 Einzelwerken und Kampfanlagen an Frankreichs Ostgrenze entlang des Oberrheins, dann nach Westen abbiegend bis nach Belgien erstreckte. Wenn man diesen durch Jahre hindurch gebauten Festungswall im einzelnen betrachtete, so konnte man zur damaligen Zeit überzeugt sein, daß der Satz „Hier kommt keiner durch!“ seine volle Berechtigung und Gültigkeit hatte.

Das war sie, die „unüberwindliche“, die nicht zu bezwingende, die sagenhafte Linie:

Da kam zuerst das breite Vorfeld. Es war gespickt mit Sperren und Hindernissen aller Art. Es gab vorbereitete Baumsperren, Straßensperren aus eingerammten Stahlschienen, schnurgerade und langhin durch das Land schneidende Panzergräben mit mehreren Reihen etwa 1,50 Meter aus dem Boden ragender Eisenpfähle als Tankhindernisse. Dahinter zog sich schier endlos über Hänge und Hügel ein mehrfach gestaffelter, sechsreihiger Drahtverhau. In den Tälern und Niederungen konnten die Wasserläufe zu Seen und Sümpfen angestaut werden. Dazwischen lagen MG-Nester, Minenriegel und Gefechtsvorpostenstellungen. Lauf- und Verbindungsgräben führten nach rückwärts.

Wer sich durch dies Gewirr von Hindernissen, die von allen Seiten durch Feuer bestrichen werden konnten, wirklich durchgearbeitet hatte, der traf auf die 1. Befestigungslinie.

Dort standen Betonbunker und stark ausgebaute Widerstandsnester, die zu einzelnen befestigten Abschnitten, den „secteurs fortifies" (Panzerabwehrkanonen) zusammengefaßt, sorgfältig in die Landschaft eingepaßt, und durch Gräben oberirdisch verbunden waren. Aus den Mäulern ihrer zahlreichen Scharten starrten MG, Pak und leichte Geschütze. An wichtigen Stellen, an Ortseingängen, an Flußübergängen oder Straßenkreuzungen, auf beherrschenden Höhen und an geländemäßig schwachen Stellen verdichteten sich diese Anlagen zu großer Anzahl.

Viele der Einzelbunker waren raffiniert und ausgezeichnet getarnt. Hier standen sie als friedliche Landhäuser, dort waren sie in harmlose Schuppen und Scheunen verwandelt, ja sogar als Autotankstellen mit allen notwendigen Attrappen maskiert. Auf die meterdicken Betonmauern waren Fenster und Türen und Zäune gemalt und über die Bunkerdecken richtige Holzdächer gestülpt.

Andere wieder waren hinter Schilf, Stroh und Holzwänden versteckt, und wenn urplötzlich ihre Tarnung fiel, schoben sich aus den Schießscharten drohende Mündungen.

Wer auch noch lebend durch diese Linie gekommen war, der traf auf kleine und mittlere Werke, die sich umgeben von Hindernissen in einem Bereich von mehreren Kilometern hinzogen und mit etwa 1 000 Mann Gesamtbesatzung gruppenweise zu sogenannten „ensembles" zusammengeschlossen waren.

Auf den rund vier Meter dicken Betonklötzen mächtigen Ausmaßes hoben sich wie Pilze kleine Panzerkuppeln über das grasbewachsene Gelände, aus denen sich Geschützrohre reckten. Schwere Maschinengewehre mit indirekter Beobachtung oder starr eingerichtete MG dienten zum Bestreichen der Hindernisse und zur Nahkampfabwehr.

Der besondere Stolz der Maginotlinie aber waren die Großwerke mit der Vielzahl ihrer Panzerkuppeln, „ouvrages" genannt.

Insgesamt rund 40 solcher Ungetüme waren vorhanden. Sie bestanden außer dem Hauptwerk noch aus mehreren umgebenden Nebenwerken. Unter einer oft sechs Meter starken Eisenbetondecke und mit Wandstärken von etwa 3,50 Metern erstreckten sie sich in mehreren Stockwerken bis zu 30 und 50 Meter tief in die Erde. Ein ganzes unterirdisches Netz von Haupt- und Nebengängen verband die einzelnen Kampfanlagen im Hauptwerk untereinander und ebenso auch die Außenwerke.

Es waren richtige kleine, in die Erde vergrabene und versenkte Städte, dick betoniert und gepanzert.

Da gab es unterirdische Schlafräume, Waschräume und Küchen.

Munitionskammern, Werkstätten, Frischwasserbehälter und Regensammler für den Notfall.

Vorratsmagazine, Verwaltungsräume und Kantinen.

Befehlsstellen, Telefonzentrale, Hospital und Operationssaal.

Maschinenanlagen und Kraftwerk für Lüftung, Licht, Elektrizität und Heizung. Allgemein wurde zwar in normalen Zeiten der Strom durch das Überlandnetz bezogen, doch konnten im Ernstfall alle Werkteile durch einen tiefgeschützten Maschinensaal mit Strom versorgt werden.

Es fehlte nicht an elektrischen Transportbändern, Schmalspurbahnen, Lastenaufzügen und Fahrstühlen.

Es schien einfach nichts zu geben, was so ein Hauptwerk wirklich ernstlich gefährden könnte. Es war anscheinend beschuß- und bombensicher. Reserven, Ablösungen, Transporte jeder Art konnten ungesehen und gedeckt herangeführt und nach allen Stellen geleitet werden.

So griffen überall Feldstellungen, betonierte MG-Stände, Schützengräben, Bunker, große Zwischenraumstreifen und Panzerwerke lückenlos ineinander, ordneten sich zu Gruppen und Verteidigungsabschnitten mit den starken Stützpunkten der Großwerke als Rückgrat. Flankierendes, sich kreuzendes und überschneidendes Feuer bestrich nahezu jeden Meter Boden und ließ kaum einen toten Winkel zu.

Großwerke und schwere Bunker lagen vor-, neben- und hintereinander. Nirgends war der Abstand zwischen ihnen größer als höchstens fünf Kilometer, von Werkgruppe zu Werkgruppe nicht mehr als 30 Kilometer. Zwischenwerke, sog. „casemates", schlossen noch bestehende Lücken.

Zu den festen Besatzungen in den Großwerken gehörten ständig rund 400 Mann in den Hauptwerken, und in den Nebenwerken weitere 250 Mann.

Für jeden einzelnen Verteidigungsabschnitt stand eine Festungsdivision mit drei Regimentern und zwei beweglichen Artillerieabteilungen mit 7,5-cm-Haubitzen zur Verfügung, die im Kriegsfall noch verstärkt wurde.

Für die Besetzung im Zwischengelände, in rückwärtigen Linien und als Reserven waren eine Anzahl guter Felddivisionen vorgesehen.

Als schließlich die allgemeine politische Lage im Frühjahr 1939 immer kritischer wurde, ging man daran, die Festungsfront noch mehr in die Tiefe auszubauen, und begann sie von der belgisch-luxemburgischen Grenze bis ans Meer durch die sogenannte „Daladierlinie" zu verlängern.

Die Maginotlinie aber war und blieb der Stolz Frankreichs. Ihr Festungssoldat wurde zum Prototyp des französischen Soldaten.

Der Tag aber sollte kommen, da die Maginotlinie zeigen mußte, was sie wirklich wert war.

*

Zuerst aber kam der Tag, da die beiden Freunde und Studienkollegen Marcel Bernay und Pierre Russac als Soldaten in die französische Armee einrücken mußten. Es war dies im September 1939 und der inzwischen ausgebrochene II. Weltkrieg schon einige Wochen alt.

Nachdem man ihnen auf den Kasernenhöfen von Metz erst Strammstehen und Marschieren, Grüßen und Schießen beigebracht hatte, kamen eines Tages Lastwagen angebrummt.

Zuerst war der dicke Marcel abgerollt. Er hatte noch lange vom Wagen heruntergewinkt.

Wenige Tage später war dann auch Pierre mit einer ganzen Anzahl junger Soldaten verladen worden und rollte in einer langen Kolonne auf den schönen Asphaltstraßen nach Osten in Richtung Grenze. Irgendwo bei Soultz bog ein Teil der „camions" von der Hauptstraße ab, fuhr ein paar Nebenwege und stoppte schließlich auf einem Hügel in einem größeren Waldstück.

Steif und durcheinandergerüttelt von der langen Fahrt sprangen sie von den Wagen und sahen sich neugierig um. Sie standen mitten auf einem freien Platz. An der einen Seite dehnte sich graugeduckt die Rückfront eines mächtigen Betonbaus. Man hatte sie zu einem Großwerk gebracht, um dort die Besatzung zu verstärken, und die Werkgruppe hieß „Hochwald".

Es blieb nicht viel Zeit zum Schauen, Staunen und Denken.

Ein Befehl formierte sie in Reih und Glied. „Garde-a-vous!" (etwa: Achtung) ertönte ein Kommando, und ein höherer Offizier mit goldbesticktem Kepi kam in Begleitung von anderen Offizieren und hielt eine kurze, zündende Ansprache.

Es war das übliche, was man jungen Soldaten, die zur Fronttruppe kamen, sagte, und Pierre behielt nur den letzten Satz in Erinnerung, eigentlich auch nur dessen Ende, das hieß: „...sans esprit de recul!"

„...ohne einen Gedanken an Aufgabe!" sollte also dies Werk verteidigt werden, in das sie nun einziehen würden.

Sie wurden eingeteilt, Leutnante und Feldwebel übernahmen die einzelnen Gruppen, und dann ging es hinein in das Panzerwerk, dessen Torgitter weit geöffnet standen, und das sie schluckte wie ein gähnender Rachen.

Die Tritte hallten hohl von den meterdicken Wänden wider, eine dumpfe, stickige Luft schlug ihnen entgegen. Eine dicke Stahltür tat sich auf, es ging über eine versenkbare Bodenplatte wie bei einer Zugbrücke und wieder durch eine Stahltür, die mit Schießscharten versehen war.

Broussier, so hatte ihr dünner, blasser Sergent (Unteroffizier) kurz seinen Namen genannt, deutete auf die eingebauten Sprengkammern an den Seiten und näselte: „... dienen dazu, den Eingang völlig einzusprengen, wenn einer von euch wieder raus will." Er lachte meckernd wie über einen guten Witz und verbesserte: „Ist natürlich für einen Gegner gedacht, wenn er nicht schon vorher durch die MG aus den Scharten erledigt wurde und noch durch die zweite Stahltür ins Innere eindringen will."

Eine Stimme aus der letzten Reihe fragte mit besorgtem Unterton: „Und was ist dann mit der Besatzung?"

„Drinbleiben bis zuletzt!“ kam die bärbeißige Antwort. Dann fügte der Sergeant abfällig hinzu: „Für euch Grünschnäbel hat man allerdings ein paar versteckte Notausgänge angelegt, damit ihr verduften könnt, wenn's zu heiß hergeht. Aber ich würde euch schon helfen dafür!“

Das matte Licht von Glühbirnen flammte ihnen entgegen. Summen und Surren von Motoren war zu vernehmen. Es stank irgendwo durchdringend nach Öl und Schmierfett.

Geräumige, schnelle Personenfahrstühle nahmen ganze Gruppen auf. Daneben hoben und senkten sich schwere Lastenaufzüge, sausten klirrend kleinere Munitionsaufzüge hinauf und hinunter.

Sssssssschschsch — 20 Meter ging es hinab in die Tiefe. Ein Gewirr von langen erleuchteten Gängen und Tunnels tat sich auf. Eine elektrische Bahn mit kleinen Mannschafts- und Gerätewagen tauchte rasselnd auf und verschwand im 40-Kilometer-Tempo wieder.

Broussier zeigte auf den verschwundenen Zug und meinte zu seinem Häuflein, das sich verschüchtert zusammendrängte:

„Damit könnt ihr aus dem Hauptwerk zu den verschiedenen Nebenwerken fahren. Aus den Zügen wird dann umgestiegen oder umgeladen in die Aufzüge, die Besatzungen und Material zu den einzelnen Kampfräumen und Gefechtsständen bringen.“

Es ging einen langen Gang entlang, von dem nach links und rechts an verschiedenen Stellen weitere Schächte abzweigten. Alle möglichen dikken und dünnen Rohrleitungen zogen sich an den gewölbten Decken entlang. Steile senkrechte Leitern führten in irgendwelche Obergeschosse.

Eine eiserne Wendeltreppe — ein neuer Gang.

Pierres Nebenmann sagte es plötzlich halblaut, was die Neuen unwillkürlich alle dachten. „Sergeant, sind wir eigentlich zur Marine eingerückt oder als Soldaten der Maginotlinie? Das ist ja hier wie auf einem Kriegsschiff.“

„Gebt bloß nicht jetzt schon an! Schaut euch lieber um, damit ihr Bescheid wißt und euch nicht wie die kleinen Kinder verlauft in dem ganzen Labyrinth. Ich führe euch nicht zum Spaß spazieren, verdammt noch mal!“

Pierre brummelte leise vor sich hin.

Der Sergeant schien gute Ohren zu haben. Er war mit einem Ruck stehengeblieben und schrie unvermittelt los:

„Wenn Sie was zu flüstern haben, dann sagen Sie es gefälligst laut und deutlich. Und zwar mir. Sie sind jetzt im Dienst, verstanden! Und hier herrscht Disziplin und nochmals Disziplin. Das hier ist kein Urlaubsheim für junge Marschierer.“ Er schrie noch lauter: „Sie heißen?“ und als Pierre verwirrt seinen Namen stammelte, grunzte er befriedigt: „Werd' Sie gleich mal vormerken. Für vorlautes Gemüse haben wir hier ganz nette Nebenbeschäftigungen!“

Es ging vorbei an einem großen Raum mit weißgetünchten Wänden, in dem elektrische Lampen ein bläuliches Licht streuten. Sie sahen Männer vor Schalttafeln mit Hebeln und Griffen. Andere standen auf Maschinenleitständen. Rote Kontrollämpchen glühten auf und verlöschten wieder.

Mürrisch erklärte Broussier: „Der Maschinenraum mit seinen Generatoranlagen und fünf Dieselmotoren zu je 140 PS. Diese laufen abwechselnd Tag und Nacht, um den Strom für Licht, Lüftung und alle anderen elektrisch betriebenen Anlagen zu erzeugen. Von hier aus wird das ganze Werk gespeist."

Um die nächste Ecke wieder ein Maschinenraum mit fauchenden Pumpen und sausenden Ventilatoren.

„Hier die Zentrale mit Frischluftkompressoren und Entlüftungsanlagen — damit ihr nicht erstickt oder erfriert", sagte Broussier und ließ sich zu einer näheren Erklärung herab. „Die Sache ist so: Auf der Werkoberfläche befinden sich zahlreiche kleine, gepanzerte Ansaugstutzen, durch die ständig für das Werkinnere Frischluft angesaugt wird und durch weitere Motoren je nach gewünschter Temperatur angewärmt werden kann. Durch Umschalten auf Ventilatoren wird durch obenerdige Öffnungen die verbrauchte Luft in Rohrleitungen wieder nach außen gedrückt."

Wieder Schächte und Gänge, enge Treppen und surrende Aufzüge.

Die Befehlszentrale mit dem Platz des Kommandanten, der von hier aus jede Tätigkeit und allen Kampf im Werk leitete. Telefone schnarrten, Glockenzeichen schlugen an, Befehlsempfänger kamen und gingen. Reger Betrieb herrschte in der Zentrale.

Endlich, als sie schon glaubten, ewig hier unten herumwandern zu müssen, langten sie in den tief unter der Erde liegenden Mannschaftsräumen an. Da waren Holzbänke und Tische und an zwei Seiten Schlafstellen. Matratze stand neben Matratze, mit einem Gestänge dahinter, über dem Ausrüstung und Uniform zu hängen waren und einem Wandbrett darüber zur Ablage von Helm und Gepäck.

Trotz der Entlüftungsanlagen war der Boden glitschig, die Strohsäcke feucht und kalt, alles roch muffig und stickig, und sie kamen sich vor wie in einem Grabgewölbe.

Broussier trieb sie an: „Bringt eure Klamotten unter. Dann Werkbekleidung fassen. In einer halben Stunde ist nebenan Unterricht!"

Sie erhielten alle einen monteurähnlichen Arbeitsanzug, und anschließend war erste Einweisung.

Ein kleiner, drahtiger Leutnant trat ein, ließ sich von Broussier Meldung machen, legte sein Barett ab und stellte sich kurz vor: „Vernieul. Ihr acht Mann kommt zur Verstärkung und als Reserve zu meiner Besatzung von Turm II!" Seiner Aussprache nach mußte er Gascogner sein.

Er sah sie der Reihe nach durchdringend an und begann seine Instruktion:

„Merkt euch zuerst eines: Ihr seid als junge Soldaten gekommen. Hier aber werdet ihr Festungskämpfer, und das heißt vor allem — Monteure, Mechaniker und Ingenieure. Mensch und Maschine müssen bei uns aufs engste zusammenarbeiten.

Zum zweiten: Hier liegt zwar alles tief unter der Erde und hinter meterdicken Betonwänden geschützt. Aber wenn wir auch kämpfen wollen, muß jeder Befehl blitzschnell und sicher ausgeführt werden, muß alles wie ein Räderwerk genau ineinandergreifen.

Und zum dritten: Jeder von euch behält den ihm zugewiesenen Posten. Platzveränderungen treten nur in dringendsten Notfällen ein. Jeder muß also seine Tätigkeit genau kennen, jeder Handgriff muß im Schlaf sitzen."

Vernieul wandte sich Broussier zu, der stumm wie ein Ölgötze dasaß.

„Nun wollen wir unseren Jungen erst mal klarmachen, wie gut sie eigentlich bei uns aufgehoben sind. Also: Ihr seid hier sicher, soweit dies nur irgendwie menschenmöglich ist. Nichts kann gegen dieses Werk an. Hier schlägt keine Bombe und Granate durch. Nicht einmal Gas vermag einzudringen. Zum Schutz dagegen kann die Luft künstlich verdichtet und alle Räume unter erhöhten Druck gesetzt werden. Die Lüftungsanlagen sind zudem mit einer atmosphärischen Druckerzeugung versehen, die alles Giftgas verdrängt. So, und jetzt könnt ihr zu diesem Thema Fragen stellen."

„Und die Abwehr gegen Panzer?"

Vernieul lächelte überlegen. „Dafür reichen unsere Geschütze aus. Außerdem sind im Vor- und Zwischengelände genug versteckte Mittel angebracht, die sie schon rechtzeitig aufhalten. Darum braucht ihr euch nicht zu kümmern."

Jetzt meldete sich auch Pierre.

„Wenn aber der Gegner irgendwo durch die Festungslinie bricht oder sogar bis auf unser Werk gelangt?"

Vernieuls Gesicht wurde einen Augenblick hart. „Dann würde das Sperrfeuer unserer rückwärts stehenden schweren und schwersten Artillerie sogleich auf dieser Lücke liegen und, wenn notwendig, sogar auf unsere eigene Befestigung hämmern, ohne allerdings deren beschußsichere Anlagen zu beschädigen. Eh", meinte Vernieul, „noch eine Antwort auf eine Frage, auf die keiner von euch gekommen ist. Sollte der Gegner doch unglücklicherweise irgendwo in das Werk selbst einbrechen, so hat er jeweils nur den örtlichen Teil — mehr nicht. Alle Zugänge zu den einzelnen Werkteilen können durch starke Eisentore hermetisch abgeriegelt werden. Die darin befindlichen Gruppen haben dann genug Munition, Verpflegung, Trinkwasser und Medikamente, daß sie im Notfall auch für sich allein weiterkämpfen können.

Für jedes Geschütz und MG liegen Ersatzrohre und Läufe bereit, um sie im Bedarfsfall auswechseln zu können. Auch können bei einer Panzerkuppel mit einem 7,5-cm-Doppelgeschütz entweder einzeln oder beide Rohre gleichzeitig abgefeuert werden. Weiter — wird z. B. irgendwo eine Scharte mit einem MG darin eingeschossen, dann kann innerhalb kürzester Zeit das MG entfernt und mit Hilfe einer schwenkbaren Laufkatze ein kleinkalibriges Geschütz an seine Stelle gebracht werden, welche die durch Treffer verschüttete Scharte wieder freischießen soll.

Und noch etwas: Unser Munitionshauptlager ist durch einen langen Tunnel vom Werk getrennt" — Vernieul grinste — „auf daß wir nicht durch einen Zufallsvolltreffer alle eine vorzeitige Himmelfahrt machen!"

Der Leutnant war mit seinen Erläuterungen zu Ende. Er hatte ihnen fürs erste einen kurzen Überblick gegeben. Das weitere würde dann jeder einzelne noch auf seinem Platz von den Alten der Werkbesatzung erfahren.

Er wiederholte noch einmal eindringlich: „Merkt euch! Für alles ist hier gesorgt, und ihr seid hier sicher wie in Abrahams Schoß, wenn es mal ernst werden sollte. Ihr braucht nichts anderes zu tun, als ganz mechanisch eure Handgriffe zu kennen und auszuführen und euch mit der ganzen komplizierten Maschinerie auf guten Fuß zu stellen. Dies wär's für heute..."

„Wegtreten zum Essenfassen!" schrie der Sergeant.

Es gab eine dicke Fleischsuppe, dazu gutes Weißbrot und das in der Armee übliche Viertel Rotwein. Dann ging es schlafen, 70 Meter tief unter der Erde. Das Brummen der Motoren wiegte alle bald in den Schlaf.

Pierre Russac war Soldat der Maginotlinie geworden. In seinem Kopf kreiste und surrte noch alles Neue und Ungewohnte durcheinander. Aber er hatte sich bald zurechtgefunden, wie seine anderen Kameraden auch.

*

1. September 1939.

Der II. Weltkrieg war ausgebrochen. Ganz Europa hatte mobilisiert und war unter die Waffen getreten. Noch während die Deutschen in Polen einmarschierten, stand man sich im Westen Gewehr bei Fuß gegenüber.

In der Maginotlinie waren die Besatzungen auf volle Kriegsstärke gebracht worden. Die letzten Grenzreservisten, die in der Nähe zu Hause waren und ihre Werke kannten, waren eingerückt. Hinter der Festungslinie befanden sich weitere starke Reserven in Bereitschaft.

Alles war für eine Verteidigung vorbereitet.

Die Maginotlinie starrte von Waffen und Truppen.

Von der Schweizer Grenze bis zum nördlichen Ende der Festungsfront standen 33 französische Divisionen und eine britische in und hinter der Maginotlinie. Es waren die Heeresgruppe 2 des Generals Pretelat mit der 8. Armee entlang des Oberrheins und die 3. und 5. Armee im Niederelsaß und in Lothringen; zusammen 23 Felddivisionen, acht Festungsdivisionen, eine Kavalleriedivision, eine Panzerdivision und noch vier Reservedivisionen.

Die Befestigungen, Werke und Anlagen der Maginotlinie waren bereit, jeden Vorstoß und Angriffsversuch schon im Keim zu ersticken.

Aber die Deutschen kamen nicht — noch nicht...!

Statt dessen traten die Franzosen im sicheren Schutz und mit dem Rückhalt ihrer Festungsfront selbst zum Angriff an. Um die bedrängten Polen zu entlasten, überschritten in den ersten Septembertagen französische Divisionen bei Saarbrücken die deutsche Grenze. Der Warndt wurde besetzt und zwischen der Mosel und der Saarschleife weiter nach Norden gedrückt. Einige deutsche Grenzdörfer wurden genommen. Dann aber begann die ohne rechten Schwung und Plan geführte Ablenkungsoffensive im Schlamm des regnerischen Herbstes zu stocken und blieb noch im Vorfeld des Westwalles liegen.

Zwischen 30. September und 16. Oktober begann Generalissimus Gamelin seine vorgestellten Regimenter langsam wieder auf die Maginotlinie zurückzuziehen. Hier war man sicher. Starke Gefechtsvorposten ließ man im Vorfeld zurück.

Danach blieb es im Westen ruhig. Deutsche und Franzosen lagen sich abwartend gegenüber.

Im Zwischenfeld hielt eine geringe Kampftätigkeit an. Es kam zu gelegentlichem Störungsfeuer der Artillerie von hüben und drüben, zu beiderseitiger Späh- und Stoßtrupptätigkeit. Zwischendurch forderte man sich gegenseitig durch große Plakate zum Überlaufen auf, sendete für die Männer „der anderen Seite“ Wunschkonzerte, tauschte sogar hin und wieder Zigaretten aus und hegte anscheinend nirgendwo besondere kriegerische Gelüste. Weder der Landser auf deutscher Seite, noch der frisch gebakkene „Poilu“ drüben.

Es war zum „drôle de guerre“ (drolliger Krieg) im Westen gekommen, wie ihn die Franzosen treffend nannten.

In der Maginotlinie ging alles seinen gewohnten Gang. Man übte ein bißchen mehr, man setzte ständige Alarme an, ließ ein paar Feuerüberfälle los, legte veränderte Abwehrlinien und Verteidigungsabschnitte fest und bereitete neue Feuerpläne vor. Man schanzte und baute emsig an neuen, betonierten Anlagen und feldmäßigen Stellungen im Zwischengelände und in der Tiefe des Raumes. Die Maginotlinie sollte noch stärker, noch dichter werden.

Umsonst aber wartete man auf einen deutschen Angriff.

Einen feuchten Herbst, einen kalten Winter und ein nasses Frühjahr lang hausten die Besatzungen in ihren unterirdischen Werken und Räumen — stets alarmbereit, ohne Ablösung, nur wenig am Tageslicht und in frischer Luft.

Würden die Deutschen wirklich gegen die „Unbezwingbare“ anrennen?

Es war wohl kaum einer unter den Männern der Maginotlinie, der ernstlich daran glaubte. Eines Tages würde man wieder nach Hause gehen, wenn die „oben“ wieder vernünftig geworden waren. Dann würde die Festungsfront zum Schutz der Grenze ihre Pflicht und Schuldigkeit getan haben und alles war gut.

Bis dann der 10. Mai 1940 kam ...

An diesem Tag traten die deutschen Armeen zur Offensive im Westen an. In wenigen Tagen wurden die holländischen Verteidigungsstellungen überrannt, das belgische Heer zur Kapitulation gezwungen, die riesige Einkreisungsschlacht in Nordfrankreich geschlagen, wobei sich die auf französischem Boden stehende britische Expeditionsarmee nur in letzter Stunde retten konnte.

Kaum waren die letzten Schüsse von Dünkirchen verhallt, begann mit dem Durchbruch durch die Weygandlinie die Schlacht um Frankreich. Auf breiter Front wurden Somme, Oise und Aisne überwunden, und die deutschen Panzer- und Infanteriedivisionen stießen tief nach Süden vor. Ein Großteil des französischen Feldheeres befand sich bereits in Auflösung und leistete nur noch stellenweise örtlichen Widerstand.

Noch aber war die Maginotlinie in ihrer ganzen Länge voll abwehrbereit und bisher nicht angegriffen worden. Ihre Besatzungen wollten kämpfen, und sie würden ihre Linie verteidigen, so, wie man es ihnen immer und immer wieder eingehämmert hatte: ohne einen Gedanken an Aufgabe!

Die Munitionskammern in den Werken und Bunkern waren übervoll. Die Verpflegung war ergänzt und aufgefüllt worden. Jeder Mann stand auf seinem Posten.

Und dann war es soweit.

Am 14. Juni 1940 hielt die Welt den Atem an. Das OKW (Oberkommando der Wehrmacht) gab bekannt:

„Heute früh sind unsere Truppen an der Saarfront zum Angriff gegen die Maginotlinie angetreten!“

Der direkte Angriff gegen die stärkste Festungsfront aller Zeiten hatte begonnen.

Der erste und zugleich stärkste Stoß wurde südlich von Saarbrücken zwischen St. Avold und Saaralben von der Masse der 1. Armee unter Generaloberst v. Witzleben geführt.

Bisher hatte die 1. Armee während des ganzen Westfeldzugs gegenüber der tiefgestaffelten Befestigungsfront Gewehr bei Fuß gestanden und sich auf Späh- und Stoßtruppunternehmen, Aufklärung und Erkundung im Festungsvorfeld beschränkt. Jetzt, am 14. Juni, trat auch sie zur Offensive an.

25 Kampf-, Stuka- und Jägerstaffeln der Luftwaffe bereiteten mit schwersten Bomben- und Tiefangriffen den Sturm vor. 229 Batterien aller Kaliber, darunter schwerste Eisenbahngeschütze und Mörser, begannen mit einem mächtigen Feuerschlag auf die ausgewählte Durchbruchstelle. Aus rund 1 000 deutschen Geschützen brach schlagartig das Trommelfeuer los.

Dann trat um 10.30 Uhr zu ungewöhnlicher Stunde die Infanterie an. Auf knapp 30 Kilometer Frontbreite waren drei Korps mit sechs Divisionen in vorderer Linie eingesetzt. Dahinter folgten fünf Divisionen in Reserve.

Der Angriff gelang!

Schon am ersten Tag wurde die Festungsfront an verschiedenen Stellen durchbrochen, und am zweiten Tag war bereits eine Bresche von rund 25 Kilometer Breite und etwa 12 bis 15 Kilometer Tiefe in die Maginotlinie geschlagen. Noch aber hielten sich die Franzosen zäh in allen nicht unmittelbar angegriffenen Werken und Anlagen, so besonders auch vor dem XXXV. Armeekorps rechts und dem XXXVII. Korps links, die sich bisher dem Angriff der 1. Armee noch nicht angeschlossen hatten, um die Flanken des Durchbruchsraumes abzudecken.

Doch auch ihre Stunde sollte noch kommen, und damit die Stunde der zum XXXVII. Armeekorps gehörenden 215. Infanteriedivision (ID).

*

Vor dem Rundfunkempfänger der 3./Pi 215 hat sich fast die halbe Kompanie versammelt. Man könnte fast eine Stecknadel fallen hören, so still sind die Männer, die auf die Stimme des Sprechers lauschen, die leise und undeutlich aus dem Lautsprecher kommt.

„Mensch, dreh doch endlich lauter", ruft Oberfeldwebel Ott dem kleinen Unteroffizier Franzius zu. „So versteht doch niemand ein Wort. Oder glaubst du, wir wollen ein Ratespiel machen, was uns der da zu erzählen hat."

Franzius dreht an den Knöpfen, stellt neu ein — und jetzt kommt es klar und deutlich:

„... haben das französische Rüstungszentrum Le Creuzot erreicht. An der Saarfront macht der erzielte Durchbruch durch die Maginotlinie rasch weitere Fortschritte. Schnelle Vorausabteilungen sind bereits zur Verfolgung nach Süden übergegangen ..."

Paul Sänger, der Obergefreite vom Zugtrupp des II. Zuges, schlägt seinem Nebenmann lachend auf die Schulter. „Jetzt dauert es nicht mehr lange, und der Krieg ist aus. Was haben wir doch für ein Glück gehabt. Nun braucht man uns bestimmt nicht mehr, und wir können hier weiter in Ruhe abwarten, bis alles aus und vorbei ist."

Ein paar haben schon eine kleine Karte auseinandergefaltet und studieren eifrig den neuen Frontverlauf, wie er eben durchgegeben wurde. Laute, freudige Stimmen und Rufe schwirren durcheinander.

„Das ist das Ende vom Feldzug im Westen." — „Bald ist Schluß, und wir können einpacken und nach Hause." — „Ist doch sonnenklar, daß wir nicht mehr gebraucht werden. Den Rest schaffen sie auch ohne uns."

Oberfeldwebel Ott, der den III. Zug führt, hat den besten Gedanken. „Leute, heut abend gibt's ein gemütliches Lagerleben mit kleiner Siegesfeier, leicht feucht natürlich. Die Feldküche muß rausrücken, was sie gespart hat."

Die Männer brechen in zustimmendes Gejohle aus, und ihr Geschrei ist so laut, daß zuerst kaum die Stimme durchdringt, die nach den Zugführern ruft.

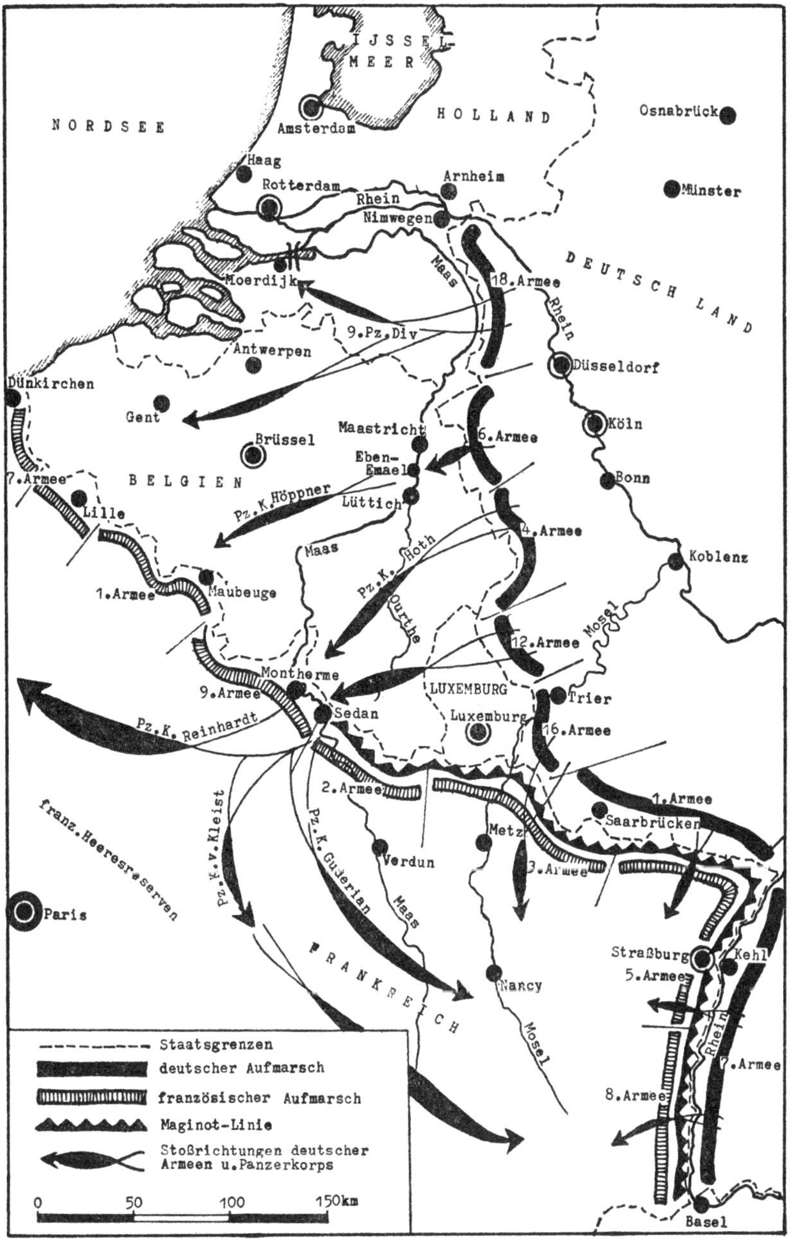
IJSSEL MEER
NORDSEE
Amsterdam
HOLLAND
Osnabrück
Haag
Rotterdam
Arnheim
Münster
Rhein
Nimwegen
Moerdijk
Maas
18.Armee
DEUTSCH LAND
Rhein
9.Pz.Div
Antwerpen
Düsseldorf
Dünkirchen
Gent
Köln
Maastricht
Brüssel
6.Armee
Eben-Emael
Bonn
7.Armee
BELGIEN
Pz.K.Höppner
Lüttich
Lille
4.Armee
Maas
Koblenz
Pz.K.Hoth
1.Armee
Maubeuge
Ourthe
Mosel
12.Armee
Montherme
9.Armee
LUXEMBURG
Trier
Sedan
Pz.K.Reinhardt
Luxemburg
16.Armee
2.Armee
1.Armee
franz.Heeresreserven
Pz.K.v.Kleist
Pz.K.Guderian
Saarbrücken
Metz
Verdun
3.Armee
Maas
Paris
FRANKREICH
Straßburg
Kehl
5.Armee
Nancy
Mosel
Rhein
7.Armee
8.Armee
Basel
Staatsgrenzen
deutscher Aufmarsch
französischer Aufmarsch
Maginot-Linie
Stoßrichtungen deutscher Armeen u.Panzerkorps
0
50
100
150km

„Zugführer zum Chef!“ schreit der Kompaniemelder immer wieder, und dann brüllt er ärgerlich: „Haltet doch endlich eure Mäuler, bei eurem Gequassel schrei ich mich ja noch heiser.“

Es ist, als hätte sich auf einmal ein dunkler Schatten niedergesenkt. Der ganze Haufen der Pioniere wird plötzlich still. „Die Zugführer zum Chef.“ — Das hat was zu bedeuten. Und sicherlich nichts Angenehmes, das wissen sie aus Erfahrung. Um mit seinen Leuten zu feiern, dazu hätte sich ja der „Alte“ selbst blicken lassen können. Und richtig, jetzt fällt es manchem ein: Der Hauptmann war ja am frühen Nachmittag mit dem Krad zum Bataillon gebraust. Und von dort kam selten etwas Gutes.

Auffallend schnell zerstreuen sich die Männer. Wer weiß, was die nächsten Stunden bringen werden? Da ist es doch besser, sich schon jetzt um seine Siebensachen zu kümmern ...

Oberfeldwebel Ott versucht noch rasch, etwas aus dem Melder herauszubringen.

„Keine Ahnung“, gibt der zur Antwort, „sag lieber, wo ich Feldwebel Frey finde. Du weißt, der Chef wird sauer, wenn seine Zugführer nicht gleich antanzen.“

Der Melder vom Kompanietrupp kann sich diese Sprache erlauben, denn meist weiß er doch am ersten über etwas Bescheid, und es hat unbedingt seinen Vorzug, wenn man sich mit ihm gut stellt.

So schluckt Ott auch die wenig respektvolle Antwort runter und deutet mit dem Daumen nach rückwärts gegen eine Buschgruppe. „Frey liegt dort hinten in seinem Zelt, schläft sich noch von seinem nächtlichen Spähtrupp aus. Ich geh inzwischen schon los.“

Feldwebel und OA (Offiziersanwärter) Helmut Frey fühlt sich unsanft an der Schulter gerüttelt. Aber der Melder muß schon ein paarmal kräftig schütteln, bis er halbwegs wach wird.

„Verdammt, was ist denn schon wieder los?“ mault Frey noch schlaftrunken vor sich hin und richtet sich langsam auf. Er ist es geradezu gewohnt, daß man ihn zu jeder Tages- und Nachtzeit herausholt. Das hat er nun davon. Als Offiziersanwärter ist er ein besseres Mädchen für alles und wird für jede Aufgabe herangezogen.

„Die Zugführer zum Chef!“ schnurrt der Melder dienstlich herunter, bückt sich und ist schon wieder aus dem Zelt verschwunden.

Mißmutig macht sich Frey auf den Weg. Was wird das schon wieder geben? Sicher wieder eine neue Aufgabe für ihn. Während er so durch den regenfeuchten Wald stolpert, sinnt er vor sich in: Ende 1938 noch Student in Paris, dann rasche Abreise heim zur Ableistung seiner Wehrpflicht. — Rekrutenzeit und Hilfsausbilder, und im September 1939 marschierte er schon als Unteroffizier mit nach Polen hinein. Zum Pi-Bataillon (Pi = Pionier) 215 versetzt, folgten die Tage am Westwall und dann die Aufklärungstätigkeit gegen die Maginotlinie, vor der die Division schon seit Wochen lag und auf einen Angriffsbefehl wartete, der bis heute nicht gekommen war.

Der Chef der 3. Kompanie/Pionierbataillon 215, der lange, hünenhafte Hauptmann Engerich, macht es kurz und bündig, wie immer:

„Wie Sie ja bereits wissen, wurde die Maginotlinie in den letzten vier Tagen südlich von Saarbrücken auf breiter Front durchbrochen. Noch aber hält der Gegner in allen übrigen Werken stand und antwortet auf jede Annäherung mit heftigem Feuer“, er sieht Frey an, „wie wir selbst erst noch gestern nacht feststellen konnten.

Um nun die feindliche Festungsfront weiter aufzuspalten, tritt unsere Division endgültig morgen früh zwischen Windstein und Lembach zum Durchbruch gegen die dortige feindliche Bunkerlinie an.

Unsere Pi-Kompanie hat zusammen mit Infanteriestoßtrupps den Auftrag, im Angriffsstreifen des Regiments 380 rechts die Bresche für das nachfolgende Regiment zu schlagen. Die fortgesetzte Aufklärung ergab, daß der Angriff auf eine verhältnismäßig schwache Stelle der feindlichen Verteidigung trifft. Wir haben aber mit schwerem flankierendem Beschuß aus dem großen Werk ‚Hochland‘, das noch nicht angegriffen wird, zu rechnen.“

Hauptmann Engerich macht eine Pause und zündet sich eine Zigarette an. Die Zugführer sehen etwas betreten drein. Diese Eröffnungen haben sie nicht erwartet. Dann geht es weiter:

„Unsere 3. Kompanie greift mit allen drei Zügen in Stoßtruppgliederung an. Zug Frey stürmt voraus das rechte Werk 699, in der Mitte nimmt Leutnant Raner Werk 696, links Zug Oberfeldwebel Ott Werk 685.“

Mechanisch notiert Frey mit, was der Chef sonst noch befiehlt... Angriffszeit, Gliederung, Ausrüstung, Feuerunterstützung, Einzelaufträge... Verschiedene Fragen werden noch geklärt, die Zusammenarbeit der einzelnen Stoßtrupps besprochen, dann sind die Zugführer entlassen.

Zu seinen Leuten zurückgekommen, läßt Frey sofort den II. Zug zusammenholen und gibt den Angriffsbefehl bekannt. Tiefe Enttäuschung spiegelt sich in den Mienen der Männer wider, jähe Ernüchterung, ja Bestürzung und Ärger.

Der Angriffsbefehl wirkt auf alle wie eine eiskalte Dusche. Aber es bleibt nicht mehr viel Zeit zu Gedanken, Überlegungen, Gerede und Resignation. Befehle scheuchen die Pioniere auseinander, ein geschäftiges Hasten und Treiben beginnt, das bis in die späten Abendstunden anhält. Geballte und gestreckte Ladungen werden zurechtgemacht, Sprengmittel, Munition, Handgranaten und Leuchtzeichen ausgegeben, die Waffen durchgesehen, Sturmverpflegung wird gefaßt.

Der Zug Frey und mit ihm die ganze Pionierkompanie machen sich in Eile für den morgigen Angriff fertig.

*

So wie die Pioniere des Bataillons 215 bereitet sich auch die ganze 215. Infanteriedivision zum Sturm auf die Maginotlinie vor.

Die 215. ID gehörte mit der 246. und der 262. Infanteriedivision zum XXXVII. Korps, das bisher abwartend zwischen Saargemünd und Weissenburg dem französischen Festungswall gegenüberstand und die linke Flanke des deutschen Durchbruchs südlich Saarbrücken deckte.

Nun erhielt die verstärkte 215. Division den Auftrag, die Maginotlinie westlich Weissenburg ebenfalls zu durchbrechen, in Richtung Reichshofen-Zabern vorzustoßen und so in die feindliche Festungsverteidigung zwischen der Saar und Saarbrücken einen neuen Keil zu treiben, um die französische Verteidigungsfront weiter aufzuspalten und vom Rücken her fassen zu können.

Die Franzosen hatten zwar nach schwachem Widerstand das Vorfeld geräumt und sich fast kampflos auf ihre starken Befestigungsanlagen zurückgezogen. Hier aber verteidigten sie sich, unbekümmert um alle Ereignisse an den übrigen Fronten, hart und zäh und dachten an kein Aufgeben. Durch breite Astverhaue, dichte Baumsperren, Draht- und Minenhindernisse, Wege- und Brückensprengungen in dem waldreichen Berg- und Hügelgelände zwischen Pfälzerwald und den auslaufenden Vogesen suchten sie eine deutsche Annäherung zu erschweren und einen geschlossenen Angriff gegen ihre Bunker und Großwerke zu hemmen und zu zersplittern. Starkes französisches Artilleriefeuer schlug überall dorthin, wo sich auf deutscher Seite größere Bewegungen zeigten.

Die 215. Infanteriedivision war während der Zeit, als sie an den Südhängen des Pfälzerwaldes stand, nicht untätig gewesen. In steter Aufklärung und Erkundung wurden die „weichen" Stellen der Maginotlinie erkundet, durch Späh- und Stoßtruppunternehmen die Art der Bewaffnung der feindlichen Werke sowie die Stärke ihrer Besatzungen festgestellt.

Der schon einige Tage früher vorgesehene Angriff mußte allerdings wiederholt verschoben werden. Die tiefe Dunkelheit der Nächte, die allein größere Aufmarschbewegungen und Bereitstellungen erlaubten, starke Bergsteigungen und schlechte Waldwege brachten unerwartete Verzögerungen. Die Gefechtsfahrzeuge konnten nur vierspännig und mit zahlreichen Schiebekommandos die Steigungen hinaufgebracht werden, steckengebliebene Fahrzeuge verursachten längere Stockungen, durch Sprengungen und Sperren des zurückgegangenen Gegners mußten vielfach Umwege genommen werden.

Dazu ging am 17. Juni ein schwerer Gewitterregen nieder, der alles völlig durchnäßte und Wald und Wege zum Teil in Moraste verwandelte. Nur mit großer Mühe konnten die schweren Waffen in den steilen, nassen Wäldern in Stellung gebracht werden.

Ein besonders schwieriges Anmarschgelände hatte auch die Artillerie, die nur unter großen Mühen ihre Feuerstellungen beziehen konnte. Flankierendes französisches Artilleriefeuer schlug in die Aufmarschbewegungen und verursachte Verluste. So mußte der Angriff schließlich auf den 19. Juni verschoben werden.

Ungeahnte Freude löste am Tag vor dem Angriff noch die Bekanntgabe einer Erklärung des französischen Ministerpräsidenten, Marschall Petain, aus, wonach Frankreich den weiteren Kampf einstellen wolle. Viele der Soldaten glaubten, daß nun der Angriff der Division endgültig verschoben und eingestellt würde. Sie wurden bitter enttäuscht. Die Maginotlinie sollte nun auch von der 215. Infanteriedivision bezwungen und im frontalen Ansturm niedergerungen werden.

Die „215." hat ein besonders schwieriges Angriffsgelände mit steilen Hängen, Höhen und dicht wuchernden Wäldern vor sich. Weit sieht man aus dem Bereitstellungsraum in das Tal des Sulzbaches hinein. Dahinter ziehen sich kulissenartig Waldhügel um Waldhügel bis zu den in der Ferne aufragenden höchsten Erhebungen der Vogesen. Hinzu kommt ein raffiniert ausgeklügeltes Befestigungssystem mit Hindernissen aller Art, mit Bunkern aller Stärken, Panzerwerken und versteckten Flankierungsanlagen. Ein Schußbereich überschneidet den anderen, jeder tote Raum ist erfaßt und wird bestrichen. Stellenweise ist der Wald abgeholzt, um dem Gegner bessere Sicht und besseres Schußfeld zu bieten.

Es wird ein harter Gang werden — das denkt in jenen Stunden nicht nur der Feldwebel und OA Helmut Frey, das denkt so mancher Soldat und Offizier der 215. Infanteriedivision, bis hinauf zum Divisionsstab. Noch herrscht in den triefenden Bergwäldern, in nassem Gebüsch und Unterholz, in Senken und Mulden, hinter Höhen und in Einschnitten die ganze Nacht vom 18. auf den 19. Juni ruheloses Leben und Treiben. Die ganze Division bereitet sich auf die Sekunde X vor.

Bis weit rückwärts ist die Artillerie in Stellung, schwerste Geschütze darunter. Das ganze AR (Artillerieregiment) 215 steht feuerbereit, verstärkt durch die schwerste Artillerieabteilung 800, die IV./AR 262 und die IV./AR 246. Das sind fast 100 Geschütze. Ganze Stapel von Munition sind gelagert und warten darauf, in die Rohre gestoßen zu werden.

Kradschützen, Panzerjäger und Spähwagen sammeln sich zu schnellen Vorausabteilungen, um nach vollzogenem Durchbruch sofort zur Verfolgung anzusetzen.

Leichte und schwere Flak, Pak und Infanteriegeschütze sind zum direkten Bunkerbeschuß so weit wie möglich nach vorn gezogen worden.

Fernsprechtrupps ziehen ihre Drähte, verlegen neue Leitungen kreuz und quer zu allen Befehlsstellen und Stäben. Die Funker gehen auf Empfang. Alle Gefechtsstände sind voll besetzt, auf den zahlreichen B-Stellen (Beobachtungsstellen) drängen sich Artillerieoffiziere, Vorgeschobene Beobachter und die Führer der schweren Waffen.

Auf Straßen, Feldwegen, Waldschneisen ziehen endlose Infanteriereihen der beiden Angriffsregimenter 380 und 435 nach vorn und beziehen ihre Bereitstellungsräume. Gedämpfte Geräusche sind zu hören, das Klappern von Schanzzeug, das Klirren von Stahl, das Murmeln unterdrückter Stimmen.

Von Stunde zu Stunde mehr füllen sich die Wälder mit Männern und Waffen. Dunkle, schattenhafte Gestalten lehnen stumm an nassen Baumstämmen oder hocken reglos mit umgehängten Zeltbahnen auf ihrem Sturmgepäck. Die Taschen sind voll Munition, die Koppel stecken voll Handgranaten, die Gewehre und Maschinengewehre sind schußbereit.

Die Nacht ist ruhig. Vom Gegner her fällt kaum ein Schuß. Bis helle Abschüsse weit rückwärts aufklingen und es über die Wälder schlurft und orgelt. Unwillkürlich ziehen die Männer die Köpfe ein. Aber die grollenden Einschläge liegen drüben beim Feind. Beruhigt atmet alles auf: die eigene Artillerie schießt sich ein.

So dämmert der 19. Juni 1940 herauf. Um 06.00 Uhr morgens melden die Bataillone und Regimenter die bezogenen Bereitstellungen.

Die Uhrzeiger drehen sich weiter, kreisen unablässig auf die Minute des Angriffs zu. Es gibt kein Zurück mehr.

Ganz vorn liegen hinter Bäumen und Buschgruppen die Infanteriestoßtrupps und Pioniersturmtrupps, vorschriftsmäßig eingeteilt in Hindernissprengtrupps, Schartensprengtrupps, Flammenwerfertrupps, Deckungs-, Nachschub- und Reservetrupps. Sie sind voll bepackt mit Nahkampfmitteln, mit gestreckten und geballten Ladungen, mit Drahtscheren, Handgranaten, Sprengstoffpaketen und Flammenwerfern. Jeder Mann kennt seinen Platz, seine Tätigkeit, seine Aufgabe. Sie haben es oft genug geübt.

Vor ihnen aber liegen jetzt die Werke 678, 685, 696 und 699, unheimlich, drohend, gefährlich für jeden, der sich ihnen nur zu nähern wagt.

Den Männern kriecht es kalt über den Rücken. Ist es die Morgenkühle oder ist es das insgeheime Erschauern vor dem Kommenden, vor dem Gang in den Tod?

Das hohe Gras ist naß vom Morgentau und vom vergangenen Regen.

„Da kann man sich ja glatt 'ne Lungenentzündung holen bei der Kälte und Nässe", schimpft der Gefreite Wüstendörfer leise vor sich hin. „Es wird Zeit, daß es bald losgeht."

„Halt die Klappe", zischt ihm Unteroffizier Franzius zu, der einige Meter neben ihm liegt. „In dieser Morgenstille hört man jedes Wort."

Ein Stück weiter drüben richtet sich ein Pionier halb auf, reckt und streckt sich, ehe er wieder langsam in Deckung geht. Nicht weit entfernt von ihm fuchtelt einer vom Hindernissprengtrupp mit der langen Stange der gestreckten Ladung herum. Rascheln im Gras und halblaute Zurufe sind zu hören.

Feldwebel Frey kennt diese Minuten vor dem Sturm, er kennt sie selbst gut genug von Polen her — diese Minuten, die an den Nerven ziehen und zerren — dieses Abwarten, da noch auf beiden Seiten die Rohre schweigen und man leicht unruhig und unvorsichtig wird.

Immer wieder wandert sein Blick zur Armbanduhr. „Noch zwanzig Minuten", raunt er den Männern vom Zugtrupp zu, die dicht hinter ihm liegen.

„Kann's abwarten, mir eilt es gar nicht", brummt der Obergefreite Sänger, „je später, desto lieber."

07.45 Uhr — noch eine Viertelstunde. Die dünnen Nebelfetzen haben sich verzogen, die Sonne ist durchgebrochen. Es wird wärmer.

07.50 Uhr — noch zehn Minuten.

07.59 Uhr — noch eine Minute.

08.00 Uhr!

Es ist, als hielte die Welt den Atem an. Doch nur für einen Augenblick. Denn nun beginnt es an zahlreichen Stellen aufzublitzen und zu flammen. Feurige Zungen lecken aus Wald und Gebüsch. In Sekundenbruchteilen verschmelzen die aufgrollenden Abschüsse zu einem einzigen Donnerschlag. Nur das Losbrüllen der schwersten Geschütze ist noch deutlich herauszuhören.

Das deutsche Vorbereitungsfeuer auf die beabsichtigte Durchbruchstelle hat begonnen.

Die Erde bebt. Das Land ist untergegangen im Donnern, Brüllen und Toben.

Der Sommertag ist erstorben im Niederheulen, Bersten und Krachen. Man versteht sein eigenes Wort nicht mehr. Der Lärm ist so groß, daß man sich nur noch schreiend mit dem Nachbarn verständigen kann.

Man sieht auch nichts mehr. Voraus ist alles nur noch ein grauschwarzer, undurchdringlicher Vorhang aus Rauch, Qualm, Detonationsschwaden und wallenden Explosionsschleiern. Ekelhafter Pulvergestank verursacht Husten und Brechreiz.

„Das haut hin, was, Herr Feldwebel", brüllt ein Pionier und springt vor Erregung auf. „Jetzt nichts wie los — wenn sich da drüben auch nur noch eine Maus regt, will ich ..."

„Wart's ab, noch sind wir nicht dran", schreit ihm Unteroffizier Gerber zu, der den Sprengstofftrupp führt. „Mach lieber, daß du wieder in Dekkung kommst!"

Tatsächlich hauen ein paar schwere Granaten dicht vor den Stoßtrupps ein, werfen haushohe Dreckfontänen auf. Erdbrocken, Grasbüschel und Astfetzen prasseln nieder. Splitter pfeifen grell und schrill nach allen Seiten. Eine Stimme schreit hoch auf.

Frey sieht besorgt nach links hinüber. Dort liegen die Einschläge jetzt verdammt nah vor den eigenen Trupps. In langen, geduckten Sprüngen kommt eine Gestalt heran, wirft sich neben ihm nieder.

„Herr Feldwebel, sie schießen mitten in meinen Trupp!" Es ist Unteroffizier Kolbe, der den 2. Stoßtrupp des II. Zuges führt.

Frey hat sich halb aufgerichtet, sucht in dem Dröhnen und Donnern etwas zu erlauschen. Ist das nun feindliche Artillerie aus den Werken, oder sind es Kurzschüsse der eigenen Geschütze? Er kann es nicht feststellen. Aber urplötzlich stößt es jaulend nieder, reißt mit donnerndem Krach eine riesige Dreckwolke hoch.

Blitzschnell hat er sich niedergeworfen und den Unteroffizier mitgerissen. Sie hören die Eisenstücke über sich hinwegsingen. Verdammt, das war nah. Stimmen ganz in der Nähe schreien nach dem Sanitäter.

Fieberhaft überlegt Helmut Frey, der junge Zugführer. Was tun? — Wenn sie hier liegenbleiben, erleiden sie vorzeitige Verluste, noch ehe der Angriff überhaupt begonnen hat. Er faßt einen kurzen Entschluß, brüllt aus Leibeskräften:

„Zwoter Zug — hundertfünfzig Meter zurückziehen!"

Der Befehl wird nach links und rechts durchgegeben. Er sieht seine Männer zurückhasten und wieder in Deckung verschwinden.

Inzwischen hat sich das deutsche Artilleriefeuer zum wütenden Orkan gesteigert. Längst schon sind keine einzelnen Abschüsse mehr zu hören. Alles ist nur noch ein einziger, riesenhafter Paukenwirbel, der auf die gegnerischen Verteidigungsanlagen trommelt, und die Werke im Schwerpunkt des Angriffs zu zerstampfen und zermalmen scheint.

„Da, da ...", ruft der Gefreite Weingart aufgeregt und deutet mit erhobener Hand zum Himmel. „Da kommen sie!"

Die Köpfe unter den grauen Glocken der Stahlhelme drehen sich ruckartig nach oben. Ja — da kommen sie!

Winzig tauchen sie am Horizont auf, mit leisem Brummen, das von Sekunde zu Sekunde stärker anschwillt. Schwerbeladen, eng zum Verband aufgeschlossen, orgelt eine ganze Gruppe Stukas heran. 27 Maschinen sind es. Und dort drüben eine zweite Stuka-Gruppe — ebenfalls 27 Maschinen.

Die Verbände lösen sich auf, suchen in weiten Kreisen ihre Ziele, dann kippt Maschine nach Maschine über die Tragflächen ab und rast mit infernalischem Heulen fast senkrecht in die Tiefe. Ihre Bombenwürfe rauschen, schmettern in die Zielräume. Ohrenbetäubender Donner wächst auf, riesige Rauchballons quellen hoch — die Hölle ist los.

Die detonierenden Bomben übertönen sogar noch das Toben der Artillerie und hüllen mit dem dicken, schwarzen und grauen Qualm ihrer Einschläge die feindlichen Werke ein, nehmen für Minuten jede Sicht und Beobachtung.

Dieses Bombardement gibt wieder Auftrieb. Die Männer sind aufgesprungen — sie rufen und schreien sich zu, winken und zeigen nach vorn. Es ist der erste Stuka-Angriff, den sie erleben, und es ist jetzt wirklich kaum noch einer unter ihnen, der glaubt, daß der Gegner diesem Bombardement standhalten könnte. Sie sollen sich irren ...

Das deutsche Vorbereitungsfeuer ist so geregelt, daß von 08.00 bis 10.00 Uhr die Artillerie im Wirkungsschießen feuert, ab 08.30 Uhr auch die schwersten Geschütze im Zielbeschuß gegen die erkannten Werke. Von 10.10 bis 10.20 Uhr laden die Stukas ab. Von 10.20 bis 10.40 Uhr erfolgt der direkte Beschuß gegen Kuppeln und Panzertürme durch die schweren Waffen, unter deren Feuerschutz bereits die Stoßtrupps anzugreifen haben.

Die letzten Bomben sind gefallen — die Maschinen sammeln sich, drehen wieder ab. Gleichzeitig hat der unmittelbare Beschuß durch die schweren Infanteriewaffen begonnen. Flak, Pak und sMG feuern in rasender, hämmernder Schußfolge auf Betonscharten, Panzerschlitze, Bunkeröffnungen und suchen den Gegner niederzuhalten.

Und wie alle anderen, so brechen jetzt auch die Stoßtrupps der 3. Pionierkompanie vor: der rechte gegen Werk 699, der mittlere gegen Werk 696, der linke gegen Werk 685.

Die Minute der Pioniere und der Infanterie ist gekommen.

Im Kampf Mann gegen Stahl und Beton muß nun die Maginotlinie auch nördlich Reichshofen durchbrochen werden.

Der Sturm gegen die Festungsfront beginnt.

Helmut Frey hebt den Arm und bläst in die Trillerpfeife. Das Trillern hört wohl kaum einer seiner Männer in dem rasenden Stakkato der schweren Waffen, die ihre rasant-gestreckten Geschoßbahnen dicht über ihre Köpfe zum Feind schicken. Aber das Armzeichen sehen alle. Und sie stehen auf und rennen los.

Nun jault und schleift es widerlich winselnd heran, und die Artillerieeinschläge, die plötzlich hinter ihnen hochwachsen, kommen jetzt bestimmt von drüben. Der Gegner ist noch längst nicht erschüttert und geschlagen, trotz des auf ihn niedergegangenen Bomben- und Granatgewitters. Er wehrt sich zäh und erbittert. Die Franzosen zeigen, daß auch sie kämpfen können.

Gebückt und schwer schleppend unter der Last ihrer Sprengmittel und Nahkampfwaffen, Handgranaten in den Stiefelschäften, hetzen die Männer in den Grund des Sulz-Baches hinab. Da und dort — einzeln und in kleinen Gruppen — sind die feldgrauen Stürmer zu sehen, die zwischen Gesträuch verschwinden.

Kaum aber sind sie unten im Bachgrund angelangt, wo das Gras halbmannshoch steht, bricht das gegnerische Abwehrfeuer in voller Stärke los. Maschinengewehre feuern aus den Werken, es schießt aus Waldstücken, in denen versteckt flankierende Feldstellungen, Nester und Bunker liegen. Die französische Artillerie donnert aus dem Hinterland, von Osten beginnen die schweren Brocken von der „Hochwald“-Festung herüberzurauschen.

Die Angreifer hören die peitschenden, unsichtbaren MG-Garben, die kreuz und quer das Gelände abfegen, und sie sehen, wie die Granaten vor und hinter ihnen brüllend das schwarze Erdreich aus den Wiesen hochreißen.

Deckung! Wo ist die nächste Deckung?

Dort vorn ein alter Hohlweg, jetzt zur Hälfte mit Astverhau angefüllt, Frey sieht einige seiner Leute darauf zustürzen, und er kann sich denken, was dort passieren wird.

Er rudert mit den Armen in der Luft herum und schreit mit sich überschlagender Stimme: „Weg von dort! Weg, das ist eine Falle!“

Schon sind ein paar im Hohlweg verschwunden, verfangen sich im Astgewirr, stolpern. Da zerhackt und zerspreißelt es auch schon knallend die Äste. Jämmerliche Schreie von Verwundeten werden laut.

Der Hohlweg, der nur scheinbar Deckung verhieß, wird von einem versteckten MG aus einer Lichtung der Länge nach bestrichen. Ein-, zwei-, drei-, viermal kracht es dumpf. Französische Gewehrgranaten zerplatzen im Verhau. Die Franzosen, die genau beobachtet haben, wie einige der Angreifer den Hohlweg aufsuchten, vermuten anscheinend noch mehr Deutsche darin. Jetzt schießen sogar leichte Granatwerfer hinein, daß ganze Astbündel unter den Einschlägen hochgerissen werden.

Der Feldwebel taucht für einen Augenblick aus dem deckenden Gras hoch und sieht zwei, drei Gestalten aus dem verziehenden Rauch den Hohlweg heruntertaumeln, die eine dritte mit sich schleppen. Dahinter wankt noch ein Mann. Vier Leute vom Schartensprengtrupp sind es, drei davon verwundet.

Frey läßt die Verwundeten in den Bachgrund bringen, wo sie sofort von den Sanitätern verbunden werden. Dann befiehlt er: „Nach rechts hinüber. Auf — vorwärts!"

Nur zögernd erheben sich die Männer, denen der Schock über die ersten Verluste in die Glieder gefahren ist. Der Angriff droht ins Stocken zu geraten. Da ist es Unteroffizier Gerber, der hoch- und seinem Zugführer nachspringt. Der Obergefreite Sänger folgt, und dann der ganze Hindernissprengtrupp und alle übrigen vom 1. Stoßtrupp.

Sie rennen und keuchen, schleppen schweißtriefend ihre Waffen und Sprengmittel hangauf, nützen jede Deckung aus. Springen hier in einen frisch aufgerissenen Trichter, ducken sich dort hinter einem umgerissenen Baum, werfen sich in Mulden, hinter Geäst und zerfetzte Büsche.

Feldwebel Frey ist voraus, dicht hinter ihm sein Melder, der Obergefreite Paul Sänger: Und der Herzschlag will ihnen stocken, als sie plötzlich vor sich auf der Höhe eine dunkle Glocke aufragen sehen: die Panzerkuppel von Werk 699. Und bis dorthin gibt es außer einer Anzahl Trichter keine Deckung mehr. Der ansteigende Hang liegt als freie und offene Fläche vor ihnen.

Noch etwas sehen sie: den breiten Flächendrahtverhau, der die einzelnen Werke miteinander verbindet, und das Rundumhindernis, das noch jedes Werk besonders schützt. Der Drahtverhau ist nur stellenweise aufgerissen, und wo er von Artillerietreffern zerfetzt wurde, hat er sich zu wirren Knäueln geballt.

Aus dem Panzerturm blitzt es auf, zischen die MG-Garben herab.

Von irgendwoher schießt eine deutsche Pak auf den Turm und sucht sein Feuer auszuschalten. Hell singend prallen die Geschosse vom Stahl ab und spritzen als feurige Punkte hoch in die Luft. Doch gleich darauf feuert die Panzerkuppel wieder.

„Da hinauf kommen wir nie", stößt Sänger heraus, der sich neben Frey niedergeworfen hat und sich platt an die Erde drückt.

„Abwarten“, gibt der Feldwebel heiser zurück. „Wir müssen, denn zurück können wir nicht mehr.“ Er dreht sich im Liegen vorsichtig um und schreit zurück: „Hindernissprengtrupp vor!“

Ein Geschoßhagel aus den Scharten und Bunkerschlitzen ist die Antwort. Hinter ihm rührt sich nichts. Alles liegt hingepreßt in Deckung.

Dicht vor dem Werk droht der Angriff mitten im feindlichen Feuer liegenzubleiben.

Da springt weiter rückwärts eine Gestalt hoch, rennt tiefgebückt heran, mit beiden Fäusten eine lange Stange umfassend, auf der kleine Sprengpakete aufgebunden sind. Ein Pionier vom Hindernissprengtrupp ist es.

Mit verzerrtem Gesicht, den Stahlhelm schief verrutscht, jagt er vorwärts — an Frey vorbei —, sieht nicht nach links und rechts. Sieht nur nach vorn, dorthin, wo seine Aufgabe auf ihn wartet. Es ist, als wollte dieser einzelne Mann allein das feuerspuckende Werk 699 stürmen.

Atemlos starren ihm die anderen nach. Wird es ihm gelingen, wird er an das Hindernis herankommen?

Die Verteidiger im Werk haben jetzt den Vorwärtsstürmenden erkannt. Sofort konzentriert sich das Abwehrfeuer auf ihn. Vor, neben, hinter ihm spritzt die Erde in kleinen Fontänen von den Geschoßeinschlägen hoch.

Aber der Pionier hat Glück. Noch hat er Glück. Fast sieht es so aus, als wäre er schon getroffen worden. Er stolpert, stürzt, aber dann kriecht er flach auf dem Bauch an die Sperre heran.

Blitzschnell schiebt er die Stange in das Drahtwirrnis, ein scharfer Zug. — Er will zurück in Deckung, verfängt sich mit den Beinen im Draht — und schon kracht ohrenbetäubend die erste gestreckte Ladung im Hindernis. Blaugrauer Qualm wölkt auf, Drahtfetzen wirbeln herum — und inmitten der Detonation ist der Pionier verschwunden.

Mit Entsetzen sehen es die Männer des Stoßtrupps. Als sich der Rauch langsam zu verziehen beginnt, liegt der Pioniergefreite vor der aufgerissenen Lücke. Er hatte sich nicht mehr rasch genug vor seiner eigenen Ladung in Sicherheit bringen können, hatte mit seinem Leben eine Gasse gebahnt.

Noch ehe sich die Qualmwolke gänzlich aufgelöst hat, ist der 1. Stoßtrupp schon wieder auf und hetzt vorwärts. Ein scharfes, langgezogenes Rauschen geht über die Stürmenden hinweg. Aber das Hämmern der schweren Maschinengewehre, die weit hinten stehen und über die Köpfe der Angreifer feuern, ist im allgemeinen Kampflärm kaum zu hören. Doch drüben am Werk spritzt wie zerhackt der Beton weg. Auch die Pak schießt wieder. Panzergranate um Panzergranate. Dumpf dröhnend hat sich auch ein Infanteriegeschütz eingemischt. Zielbeschuß auf Kuppel, Scharten und Schlitze von Werk 699.

„Jetzt gilt's!“ schreit Frey, und weist nach vorn. „Los, drauf!“

„Wenn wir bloß schon oben wären“, ächzt neben ihm ein Pionier, der sich mit zwei Einkiloladungen abschleppt. Der Schweiß rinnt ihm unter dem Stahlhelm hervor. Stoßweise geht sein Atem.

Bis dicht vor den Drahtverhau führt der zweite Anlauf. Schon zerknallt eine zweite und eine dritte gestreckte Ladung und reißen zwei weitere Gassen in das Hindernis. Werk 699 schweigt. Stumm ragt der schwarze, zerschrammte Klotz der Panzerkuppel, schweigend starren die Schießscharten, um die es raucht, staubt und krachend einschlägt. Die schweren Waffen halten das Werk nieder, lassen die Besatzung nicht mehr zum Schuß kommen.

Nur noch knappe 50 Meter sind es. Es muß gelingen!

Da tackt urplötzlich MG-Feuer beim Gegner los, schlägt in den Stoßtrupp. Zwei oder gar drei dieser langsam wie hölzern schießenden französischen leichten Maschinengewehre müssen das sein, gar nicht weit entfernt. Zwei Mann stürzen — einer davon wälzt sich laut schreiend hin und her, der andere liegt regungslos dicht vor Werk 699. Zwei Männer sind anscheinend leichter verwundet worden.

Und wieder knarren wütend die Maschinengewehre, deutlich aus dem Getöse ringsum herauszuhören. Erneut ist der ganze Stoßtrupp zu Boden gegangen. Jeder sucht sich so klein wie möglich zu machen, um kein Ziel mehr zu bieten.

Auch Feldwebel Frey hat den Kopf tief eingezogen. Wo das Feuer nur herkommt? Auf das Werk trommeln doch noch immer die eigenen Unterstützungswaffen. Woher also ...?

Der kleine Gefreite Wiese hat sie erkannt. „Von links, Herr Feldwebel“, ruft er Frey zu, „die stecken irgendwo links und schießen aus der Flanke.“

Frey beobachtet angestrengt in die angegebene Richtung. Tatsächlich — von dort streicht es herüber, dort müssen sich eine gutgetarnte gegnerische Feldstellung oder einige verborgene MG-Nester außerhalb des Werkes befinden. Die Franzosen hatten kaltblütig gewartet, bis die Deutschen dicht vor dem Drahthindernis waren, erst dann hatten sie losgelegt.

„Sänger, die Leuchtpistole!“ befiehlt Frey. „Rot-Sternbündel laden!“

Der Obergefreite nestelt die umgehängte Pistole los, wechselt im Liegen rasch das Leuchtzeichen Weiß aus, das bereits geladen war, schiebt eine rote Leuchtrakete in den aufgeklappten Lauf, kriecht an die Seite des Zugführers.

„Rot-Sternbündel geladen!“ meldet er so sachlich, als wäre er auf dem Kasernenhof. Aber seiner Stimme ist anzumerken, wie es innerlich wirklich in ihm aussieht.

Frey hält die Pistole schräg nach links — drückt ab. Im flachen Bogen fährt die Leuchtpatrone mit sprühendem Schweif auf die französische MG-Stellung zu. Das Leuchtsignal ist für die schweren Waffen und soll heißen: Hier liegt der Feind, hierher müßt ihr wirken!

Aber das rote Zeichen verschwindet bläßlich in Rauch und Dampf, die träge durch den Vormittag wallen.

„Noch eine Patrone“, stößt der Feldwebel heraus, „los, mach schon. Die Unseren hinten scheinen blind zu sein.“

Wieder schießt er Rot und nochmals. Aber anscheinend werden die hilfefordernden Leuchtzeichen rückwärts nicht erkannt oder verstanden, denn noch immer liegt in kurzen Abständen der Beschuß von Pak, IG (Infanteriegeschütz) und sMG auf dem Werk, während links die Franzosen ungestört weiter ihre Waffen bedienen und den ganzen Stoßtrupp von der Flanke aus aufhalten können.

„Deckungstrupp — wo bleibt der Deckungstrupp!" schreit Frey aus Leibeskräften. Doch sein Ruf dringt ebensowenig durch wie seine Leuchtzeichen.

„Der Deckungstrupp unter Unteroffizier Franzius muß her und den Feind dort drüben ausschalten, sonst kommen wir keinen Schritt weiter", murmelt er vor sich hin. „Verdammt, daß der Trupp noch nicht nachgefolgt ist. Wo Franzius nur bleibt? Der muß doch sehen, in welcher Patsche wir stecken ..."

Sänger sagt nichts zu dem Selbstgespräch, das sein Zugführer voller Nervosität führt. Seine Gedanken sind schon bei dem, was nun gleich kommen muß. Jetzt ist er dran als Zugmelder, und es wird alles andere als ein leichter Weg werden...

Frey wendet sich ihm zu: „Sänger, such den Deckungstrupp. Sag Franzius Bescheid, er soll endlich in Aktion treten. Feind links niederhalten und den Stoßtrupp abdecken. Aber dalli — sonst ist Franzius dran!"

Der Obergefreite schluckt, will etwas sagen. Aber dann nickt er nur wortlos, horcht nach links, stützt sich langsam auf, wirft sich vor einem heransingenden Geschoßschwarm wieder nieder — wartet noch ein paar Sekunden ab. Jetzt kriecht er zurück, windet sich Meter für Meter über den Boden, springt hoch und jagt in weiten Zickzacksätzen los, verschwindet ein Stück bergab hinter einer von Splittern zerrauften Buschgruppe.

Der Obergefreite hatte den Lauf ums Leben gewonnen. In einem tiefen Bombentrichter, bei dem von der Wucht des Einschlags die braunen Erdschollen nach allen Seiten weit ins Grüne verspritzt sind, erkennt er ein paar Stahlhelme.

Es ist der gesuchte Deckungstrupp.

*

Lautes, unregelmäßiges Schnarchen erfüllt den engen, feuchtstickigen Bunkerraum, in dem es durchdringend nach Schweiß, Leder, Waffenfett und altem Zigarettenrauch riecht. Eine Stimme murmelt etwas Unverständliches im Schlaf.

Auf dem kleinen Klapptisch in einer abgetrennten Nische brennt eine abgeschirmte, kahle Glühbirne und wirft einen engen Lichtkreis auf die schmale Tischplatte, obwohl es draußen schon lange heller Tag sein muß.

Sous-lieutenant Menouille, der Kommandant von B 507, einem Zwischenstützpunkt in der Tiefe der Hauptkampfzone, ist eben dabei, die Morgenmeldung zu schreiben.

Der Leutnant reckt sich, gähnt: Wo nur die letzten Meldungen bleiben? Sein Zug hat laufend vier Vorposten in einem wichtigen Grabenabschnitt zu stellen, aus dem bei einem deutschen Angriff gegen Werk 699 flankiert werden soll. Nun ist sein Stellvertreter im Graben, um die Posten zu kontrollieren und die letzten Beobachtungen einzuholen.

Von draußen sind Schritte zu hören. Die Eisentür quietscht in den Angeln, genagelte Tritte hallen im Vorraum. Ein langer, hagerer Soldat mit den Abzeichen eines Sergeant-chefs (Feldwebel) baut sich vor dem Leutnant auf, hebt salutierend die Hand zum flachgewölbten Helm.

Leutnant Menouille winkt ab. „Lassen Sie, Villard — was gibt's noch Neues? Ist drüben noch immer so viel Lärm?“ Menouille denkt an die Postenmeldungen vom vergangenen Abend, die übereinstimmend von starkem Fahrverkehr und lebhafter Bewegung auf deutscher Seite sprachen. Er hat dies bereits telefonisch an seinen Kommandeur berichtet. Und jetzt soll eine genaue schriftliche Meldung folgen.

Feldwebel Villard hat sich auf einen Wink des Leutnants einen Hocker herangezogen und berichtet in knappen Worten. Seit ungefähr 06.00 Uhr morgens herrscht bei den Deutschen wieder völlige Stille, so auffallend, daß dies etwas bedeuten könnte. Doch Villard ist ein alter Soldat, und er weiß, daß man mit Vermutungen vorsichtig sein muß. So fügt er abschließend hinzu: „Aber zu beobachten ist bei dem dichten Frühnebel überhaupt nichts. Ich habe mich selbst überzeugt.“ Er gibt sich einen Ruck: „Etwas Neues von der Front, Lieutenant?“

Menouilles junges, schmales Gesicht ist ungewöhnlich ernst.

„Vor etwa einer halben Stunde kam ein Anruf von Adjutant Linger. Die Deutschen haben gestern weitere Fortschritte in ihrem Angriffsraum südlich Saarbrücken gemacht. Es sieht so aus, als ob unsere Befestigungslinie dort bereits schon richtig durchbrochen wäre. Genaueres ist aber noch nicht bekannt. Jedenfalls — diese Nachricht ist nicht für die Mannschaft bestimmt.“

Der Feldwebel tappt in eine Bunkerecke, wo von den übereinanderstehenden Schlafpritschen das laute Schnarchen tönt. Er rüttelt einen der Schläfer, der sich unruhig hin und her wälzt. „Eh, mach, daß du aus der Falle kommst“, knurrt Villard unterdrückt. „Ist Zeit zur Ablösung.“

Langsam rutscht die Gestalt hoch, rutscht noch schlaftrunken aus der oberen Etage herunter.

Es ist Marcel Bernay. Er ist längst nicht mehr so dick, wie zu jener vergnügten Pariser Zeit. Dafür hatte schon die tägliche Schanzarbeit, das Ausheben von Lauf- und Verbindungsgräben, der Bau von MG-Nestern und neuen, feldmäßigen Stellungen, das Ziehen von Drahtverhau, das Schleppen von Brettern, Balken und Faschinen gesorgt.

Marcel angelt sein Gewehr von der Wand und trottet mißmutig hinter den anderen ins Freie, hinaus in den frühen Morgen.

Was ihn jetzt erwartete, wußte er im voraus: zwei Stunden ödes, langweiliges Postenstehen, dann Unterricht, Waffendrill, Schanzen — ewig das gleiche Lied hier in der Maginotlinie, an der sich die Deutschen drüben nicht heranwagten.

Er kam in dem Grabenstück an, das sich schräg zu Werk 699 hinzog. Der Posten, den er abzulösen hatte, empfing ihn schon wütend, weil er sich fast eine Viertelstunde verspätet hatte. Fluchend verschwand der Abgelöste im Graben nach rückwärts.

Marcel lehnte achtlos sein Gewehr in den Postenstand und klappte den Riegel in der schweren Eisenplatte zurück, die den Stand abdeckte. Gelangweilt starrte er durch den schmalen Schlitz ins Freie. Er kannte beinahe jeden Meter dort draußen im Niemandsland, das hinabfiel in den Bachgrund, um jenseits wieder zu den Waldhöhen anzusteigen, auf denen die Deutschen saßen.

Die erste Zeit hatte er nur Gras und Heidekraut vor der Beobachtungsscharte gesehen, und die einzelnen Halme waren ihm groß wie Bäume erschienen. Aber dann hatte er sich an den schmalen Ausblick gewöhnt, und nun sah er über das mit zur Tarnung wachsende hohe Gras hinweg. Nichts!

Alles war still, nirgendwo regte sich etwas.

Er sah auf die Armbanduhr. Eine Stunde war erst vergangen. Noch eine weitere, dann wurde er wieder abgelöst.

Draußen im Vorgelände lagerten noch weißliche Nebelfetzen. Allmählich hoben sich die Schleier, begannen zu zerreißen und langsam zu verwehen. Marcel sah, wie die Sonne stärker und stärker durchbrach.

Da — mit einemmal war ein Grollen in der Ferne, das ungewitterhaft anschwoll und in ein mächtiges Donnerrollen überging.

Marcel schreckte erstaunt hoch. Er hatte das kaum getan, als es jäh anschwellend und heulend direkt auf ihn niederzustürzen schien.

Instinktiv warf er sich nieder, drückte sich verzweifelt in den Stand, hielt sich die Ohren zu. Um ihn tobte die Hölle, brachen brüllend funkenspritzende Vulkane auf, prasselten Dreck, Steine und Erdklumpen nieder. Und wieder das fürchterliche, nervenfressende Schleifen, Jaulen und Gurgeln, und neue, aufspritzende, donnernde Erdfontänen.

Das war die deutsche Artillerie.

Aber es war keiner ihrer plötzlichen Feuerüberfälle, wie sie hin und wieder schon stattgefunden hatten. Das Feuer brach nicht ebenso jäh wieder ab, wie es begonnen hatte, es nahm noch zu und steigerte sich an Wucht und Stärke.

Der junge Franzose schluckte. Er zitterte an allen Gliedern. Das war das deutsche Vorbereitungsfeuer — der deutsche Angriff gegen die Maginotlinie!

Was sollte er tun? Hierbleiben? Oder alarmieren? Sich in den Postenstand verkriechen oder zurück in den Bunker verschwinden?

Durch den ziehenden, beizenden Rauch und Pulverdampf kamen gebückte Gestalten durch den Graben. Sie schleppten zwei leichte MG mit, und voraus hastete der lange Villard.

„Halbzug Stellungen besetzen", brüllte er. „Höchste Alarmstufe. Feuer frei erst auf meinen Befehl!"

Er sprang von einem Mann zum anderen, wies die Leute ein und ließ die Maschinengewehre in Stellung gehen. „Flankenfeuer wie vorgesehen. Rechts von uns liegt Leutnant Menouille mit einem schweren MG. Wir nehmen die Deutschen in die Zange, wenn sie nahe genug am Werk sind."

Wieder hieben ein paar schwere Granaten schmetternd in der Nähe ein. Auch um das Werk 699 wuchsen die Einschläge wie schmutziggraue Pilze hoch. Aber ihr Grabenstück blieb vom Feuer ziemlich verschont. Anscheinend hatten es die Deutschen wegen der guten Tarnung noch nicht erkannt. Oder sie hatten wichtigere Ziele. Hinter ihnen jedenfalls lag eine tobende, feuerdurchzuckte Rauchwand. Das ganze rückwärtige französische Stellungssystem wurde planmäßig betrommelt.

Zwei Stunden lagen die Soldaten unter der deutschen Feuerglocke, duckten sich tief in den Graben, verkrochen sich in die Erde. Sehnsüchtig schielte Marcel hinüber zum Werk, das unter seinem Beton- und Stahlschutz gleich einer Riesenschildkröte unerschütterlich dalag.

Sie kamen noch nicht, die deutschen Angreifer. Statt dessen kamen ihre Flieger. Erschreckt sahen sie zum lichtblauen Himmel, an dem immer stärkeres Motorengebrumm hörbar wurde. Und dann schien die Welt unterzugehen in Bersten, Beben und Finsternis.

Halbbetäubt, mit schmerzenden Trommelfellen, von Erde überrieselt, hatte Marcel das Erdbeben überstanden. Keine 20 Meter hinter ihrem Graben war ein riesiger Krater aufgerissen, der noch dampfte und rauchte.

Neben Marcel kauerte mit schreckhaft geweiteten Augen und aufgerissenem Mund der Schütze des einen leichten MG. Plötzlich sprang er hoch, schüttelte die geballten Fäuste hinter den abdrehenden Maschinen her.

Noch ehe Marcel ihn wieder in Deckung reißen konnte, geschah es. Der MG-Schütze stand starr aufgerichtet, steif wie ein Stock. Dann sackte er plötzlich mit einem dumpfen Laut zusammen. Im flachen Helm klaffte ein gezacktes Loch. Er war schon tot, noch ehe er auf den Boden schlug.

Nun hörte auch Marcel das helle Zischen und Pfeifen, das herüberfegte und das vom nachgrollenden Donner der Bombenwürfe erst noch verschluckt worden war. Besonders drüben, gegen Werk 699, hagelte der Beschuß der schweren deutschen Waffen. Gellend spritzten die Pakgeschosse von Stahl und Beton ab, stiegen als glühende Punkte in den Himmel. MG-Garben peitschten gegen die Scharten.

Ein Schrei: „Sie kommen!"

Mit klopfendem Herzen sah der Franzose ins Vorfeld, über dessen Hang noch Qualmwolken trieben. Er konnte niemand entdecken.

Villard stürzte in den Stand. „Schießt doch, schießt!" schrie er mit überschnappender Stimme. Er stieß Marcel beiseite, warf das leichte MG in den ausgehobenen Erdeinschnitt hinter dem Stahlschild, setzte mit fliegenden Händen eines der kurzen Magazine ein und hämmerte in abgehackten Stößen los.

„Munition her!" fauchte er, und Marcel reichte ihm hastig aus einem aufgerissenen Munitionskasten die nächsten Magazine zu. Er sah, wohin Villard feuerte, und da erkannte er sie auch: vorwärts rennende, sich hinwerfende und wieder aufspringende graue Gestalten. Drei, vier, fünf, sieben, und ein Stück zurück rannte ein weiterer Trupp.

Sie stürmten geradewegs auf 699 zu, waren schon nahe vor dem Werk, arbeiteten sich an das Drahthindernis heran ... Ihren Grabenabschnitt hatten die Deutschen scheinbar noch nicht erkannt, denn sie waren rechts daran vorbeigelaufen.

Er jagte noch einen langen Feuerstoß hinaus, schrie „neues Magazin", riß das leergeschossene heraus, warf es beiseite und steckte eines der vollen auf, die Marcel eilig neben ihm aufschichtete. Wieder setzte mit stotternder Schußfolge das MG ein, funkte nun direkt vor den Drahtverhau, wo die vordersten Deutschen lagen.

Plötzlich pfiff es heiß über ihren Stand hinweg, daß beide blitzschnell die Köpfe einzogen. Schon zwitscherten die Geschosse der nächsten Garbe haarscharf über den Graben. Querschläger jaulten davon. Aus der Stellung des zweiten sMG wenige Meter neben ihnen ertönten Schmerzensschreie. Ein Verwundeter stöhnte und jammerte laut.

„Nimm die Spritze", hastete Villard heraus, „schieß, was du kannst. Sie haben uns erkannt und wollen uns nun niederhalten."

Er schob Marcel an die Waffe, verschwand im Nachbarstand, wo das Feuer des zweiten Maschinengewehrs plötzlich abgebrochen war.

Mit zitternden Händen hantierte Marcel am Verschluß herum, riß am Abzug. Rüttelnd schlug der Kolben in seine Schulter.

Peitschend knallte es gegen den Schutzschild, schlug hämmernd auf den Stahl. Erschreckt rutschte er hinter der Eisenplatte zusammen. Als er wieder hochkam, weiteten sich seine Augen vor Schreck. Ganz in der Nähe griff ein Trupp das Grabenstück von Leutnant Menouille an. Eine der grauen Gestalten holte weit aus, schleuderte etwas ... Krachend hallte der Donner der Explosion von rechts her, wo Menouilles Leute lagen.

In Sekundenschnelle mußte der Franzose sich entscheiden. Jetzt galt es. Entweder türmen oder zwischen die stürmenden Deutschen halten.

Er tat das letztere, visierte sorgfältig, zog wieder am Abzug. Und diesmal lagen seine Schüsse gut. Zwei der Angreifer brachen nieder. Die anderen warfen sich hin.

Erneut fegte es heran, zwang ihn in Deckung.

Wenige Meter entfernt hörte er Villard laut fluchen und schimpfen. Das andere leichte Maschinengewehr hatte anscheinend Ladehemmung, denn es schoß noch immer nicht. Endlich setzte sein monotones Tacken wieder ein. Villard leitete selbst das Feuer gegen die Deutschen, die vor der Drahtsperre von Werk 699 lagen.

Ringsum zischte und prasselte es, riß Zweige, Äste und Fetzen der Tarnung davon. Als Marcel wieder hochkam, war es schon zu spät.

Er sah noch, wie ein ganzes Rudel Deutscher, die das Feuer der eigenen Maschinenwaffen ausgenutzt hatten, laut schreiend und handgranatenwerfend in das Grabenstück von Menouille einbrachen. Detonationen paukten, Rauch wallte, Geschrei war zu hören, noch einzelne Schüsse — dann war Stille.

Ehe er noch irgendeinen Entschluß fassen konnte, hörte er eiliges Getrappel. Leutnant Menouille tauchte auf. Blut tropfte über seinen Uniformrock. Hinter ihm taumelten noch drei Mann.

„Abriegeln! Den Graben abriegeln! Wir sind die letzten, alle anderen gefallen oder gefangen", stieß der Leutnant heraus. „Schnell, die Deutschen werden gleich hier sein."

Sein Gesicht war verzerrt, der Schulterdurchschuß mußte höllisch schmerzen. „Macht rasch! Haltet hier! Ich hole Verstärkung."

Er hastete weiter. Die drei Mann blieben bei Marcel, preßten sich hinter einen Grabenknick, hielten die Gewehre schußbereit um die Biegung.

Marcel zog das MG zurück, warf es auf die rechte Grabenböschung. Er sah ein paar fremde Helme, die durch den Graben näher kamen, und zog durch. Die Helme verschwanden. Etwas Schwarzes wirbelte durch die Luft, zerkrachte einige Meter hinter ihm jenseits des Grabens. Eine zweite Handgranate kam geflogen, explodierte vor ihnen auf der Böschung. Die Splitter pfiffen nach allen Seiten.

Marcel verhielt sich wie ein erfahrener Grabenkämpfer. In Sekundenschnelle war er weggetaucht, kam gleich wieder hoch und schoß in den verwehenden Rauch hinein. Er wußte nicht, ob er getroffen hatte, aber jedenfalls hielt sein Feuer die Deutschen auf.

Die drei anderen warfen Handgranaten. Ganz automatisch griffen sie in ihre umgehängten großen Tragetaschen und warfen fast ununterbrochen, als wollten sie damit alle Angst und alle Furcht abreagieren. Zwischendurch schoß Marcel. Ihre Abwehr hörte sich an, als ob mindestens ein halber Zug hier in Stellung läge. Die Deutschen im Graben schienen zu zögern, ja sogar zurückzuweichen.

Eine lange Gestalt kam von rückwärts um die Grabenbiegung geschlichen. Es war Villard. Er sah Marcel, über dessen verdrecktes Gesicht der Schweiß helle Streifen gezogen hatte, kurz an und nickte beifällig.

Er hob sich etwas über die Brüstung, um auf die andere Seite zu beobachten. Ein Schuß peitschte, und Villard verschwand wieder im Graben.

Die erwartete Verstärkung kam nicht. Dafür kam etwas anderes.

Bei den Deutschen, die in den Graben eingebrochen waren, entstand Bewegung. Satzfetzen waren zu hören, einzelne Worte. Und jäh zuckte ein langer, feuerspritzender Strahl auf, von dickem, schwarzem, öligstinkendem Qualm umwölkt. Der tödliche Strahl zischte näher und näher, setzte die Tarnung in Brand, versengte das Gras, verbrannte die Erde. Brach ab und spritzte erneut los.

Dies war eine Waffe, gegen die es kein Mittel gab, die auch den Tapfersten in die Flucht trieb.

„Flammenwerfer! Sie kommen mit Flammenwerfern!" schnappte Villard. „Weg!"

Sie rannten wie gehetzt durch den Graben, ihrem Bunker B 507 zu. Nur dort konnten sie noch Schutz vor dem Tod ringsum finden.

Hinter ihnen her fuhr fauchend der nächste Flammenstrahl.

*

Obergefreiter Sänger haspelte den Befehl des Feldwebels herunter.

Unteroffizier Franzius hat die Ruhe weg.

„Nur immer hübsch langsam und der Reihe nach. Machen wir, machen wir. Hab schon erkannt, was anliegt. Aber erst muß mein Verein ganz da sein. Allein kann ich gegen die Flankenwirkung auch nichts unternehmen."

Bei Franzius liegen noch drei Landser im Trichter. Vier weitere springen noch in kurzen Abständen durch das Feindfeuer den Hang hinauf. Auch Hintze ist da. Nun verfügt der Deckungstrupp sogar über sein MG.

„Jetzt sind wir's", meint Franzius zu Sänger. „Verschwinde und melde, daß es gleich losgeht." Der Unteroffizier befiehlt das Maschinengewehr auf dem Trichterrand in Stellung.

„Konzentriert euer Feuer auf den Gegner, der uns am meisten zusetzen will", befiehlt er knapp. Hintze hat den Gurt schon eingelegt, ist mit seinem Schützen feuerbereit.

Franzius lugt aus dem Trichter. Dort vorn, halbrechts, ist die französische Grabenstellung am nächsten. Dort kommen sie also am schnellsten heran. Und wenn sie dort eingebrochen sind, können sie das ganze Grabenstück aufrollen und damit die gefährliche Flankenwirkung ausschalten, die den Sturmtrupp niederhält.

Er wendet sich um, sieht in vor Anstrengung gerötete, schweißnasse, schmutzige Gesichter. Er sieht die Männer seiner Gruppe — und weiß, daß er sie jetzt in den Tod führen muß, um den Kameraden vorn weiterzuhelfen.

Der Unteroffizier erklärt kurz sein Vorhaben. Kein Wort fällt, keine Frage wird laut. Jeder der sieben Männer denkt das gleiche: Wenn wir nur erst drüben wären!

Jäh dreht sich Franzius um, ist mit einem Riesensatz als erster aus dem Trichter. Er rennt blindlings drauflos, hört es entgegensingen und gleich darauf im Rücken die schnellen, hämmernden Antwortstöße des eigenen Maschinengewehrs.

Das feindliche Feuer verstummt, setzt wieder ein.

Diesmal zischen die Garben von zwei Seiten. Gewehrschüsse brechen dazwischen. Der Feind schießt aus allen Läufen, um den überraschenden Vorstoß abzuwehren.

Franzius geht zu Boden. Die Gasmaskenbüchse schlägt ihm ins Kreuz. An einem spitzen Aststück reißt er sich die Hand auf. Er spürt es nicht.

Ein Blick zurück: Sein ganzer Trupp ist hinter ihm. Oder doch nicht mehr der ganze? Ein Stück entfernt liegen noch zwei, und sie regen sich nicht mehr.

„Zwei Tote, und das schon beim ersten Anlauf!"

Sie sind schon ziemlich nahe vor der französischen Stellung. Der Grabenverlauf ist trotz seiner geschickten Tarnung gut zu erkennen. Raffiniert haben sie das gemacht, haben sogar auf den Stacheldraht verzichtet, um nur ja ihre Stellung nicht zu verraten. Eine richtige Feuerfalle ist das für jeden Angreifer auf das Werk.

Franzius schätzt die Entfernung. Knappe vierzig Meter mögen es noch sein — Handgranatenwurfweite. Er befiehlt den gemeinsamen Wurf.

Aber als seine Leute aufspringen und werfen wollen, stottert schon wieder eines der französischen MG, so daß die Handgranaten zu kurz oder ungezielt fallen, weil sich gleich wieder alles niederwirft. Doch der hartnäckige Bursche drüben wird nun von Hintze unter Feuer genommen.

Das ist die Gelegenheit!

„Auf — marsch, marsch!" brüllt Franzius und rennt drauflos, wirft im Laufen eine Handgranate, noch eine. Er rutscht mitten in das Krachen und den Dampf der Detonationen hinein in den Graben, gefolgt von seinen Männern.

Ein paar Verwundete liegen am Boden, ein paar Franzosen verschwinden eben um den nächsten Grabenknick, die anderen stehen wie festgenagelt und heben zögernd die Arme. Einer will noch das Gewehr hochreißen, doch ein schneller Tritt mit dem Stiefel prellt es ihm aus der Hand. Ein schweres MG steht halbzertrümmert auf hohem Dreibeingestell, Handwaffen, Uniformstücke und Munition liegen herum.

Unteroffizier Franzius überfliegt schwer atmend sein Häuflein. Sechs Mann sind es noch mit ihm. Er läßt kurz verschnaufen, die Gefangenen abschnallen und in einer Ecke niederhocken. Ein Pionier bleibt zur Bewachung bei ihnen, dann drängt Franzius schon weiter.

Sie müssen den Graben gänzlich säubern, dem eigenen Sturmtrupp Luft schaffen, den restlichen Feind vertreiben, der immer noch flankierend vor das Werk schießt und jedes Herankommen verhindert.

Schuß- und wurfbereit pirscht sich Mann hinter Mann durch den tief ausgehobenen, engen und gewundenen Graben. Sie haben kaum einige Biegungen hinter sich, als es aufstiebend in das Erdreich der Böschung fährt.

Franzius zuckt zurück. „Aufpassen", zischt er, „da sitzt der mit seiner Spritze, der es schon die ganze Zeit auf uns abgesehen hat."

Sie werfen Handgranaten. Aber das hilft nicht viel. Der Gegner ist gut gedeckt und antwortet sofort. Das MG hackt wieder los, und nun kommen auch die schwarzen Bälle der französischen Eierhandgranaten geflogen.

Da naht unerwartete Unterstützung. Zwei Pioniere sind es mit einem Flammenwerfer, den der zweite von ihnen auf dem Rücken trägt. Hintze, der mit seinem leichten MG nachgefolgt ist, hat sie mitgebracht.

Die beiden Pioniere drücken sich nach vorn, sprechen sich rasch mit Franzius ab, der heilfroh über ihr Erscheinen ist. Dann dreht der Mann mit dem Gerät am Zuleitungshahn, schaltet die Zündung ein, schraubt am Rohr, und während alle anderen zurückweichen und Platz machen, zischt der erste Strahl brennend nach vorne über den nächsten Grabenknick.

Nochmals und nochmals sprüht der Flammenwerfer. Bretter, Äste, die Faschinenverkleidung des Grabens, auch das hohe Gras brennen. Dicke, fette Rußflocken wirbeln davon.

Beim Gegner sind laute Schreie zu hören. Getrappel, dann rührt sich nichts mehr.

Die Pioniere schalten ihre furchtbare, verderbenbringende Waffe wieder ab. „Nachstoßen!" befiehlt Franzius mit vor Rauch krächzender Stimme.

Sie dringen vorsichtig durch den Graben, aber sie finden keinen Widerstand mehr. Nur einige Tote liegen da und zwei verlassene leichte Maschinengewehre inmitten einer Unmenge leergeschossener Hülsen.

Vor dem Deckungstrupp ragt nun Werk 699 auf, gegen das eben Feldwebel Frey mit seinem Stoßtrupp zum drittenmal von der Ostseite zum Sturm ansetzt, nachdem die feindliche Flankenwirkung endlich beseitigt worden war.

*

Auf dem vorgeschobenen Gefechtsstand der 215. Infanteriedivision mit seiner ausgezeichneten Sicht haben sich der General und der Ia (Erster Generalstabsoffizier), der Artillerie- und der Pionierkommandeur, Stabsangehörige, Verbindungsoffiziere und Beobachter versammelt. Fast ununterbrochen rasselt das Feldtelefon, dessen Hörer der Adjutant meist gleich selbst abnimmt. Am Funkgerät sitzt neben dem bedienenden Oberfeldwebel der Ordonnanzoffizier. Alles wartet auf die eintreffenden Meldungen, fiebert dem Fortschreiten des Durchbruchsangriffes entgegen.

Die Führung der Division arbeitet mit Hochdruck. Befehle gehen hinaus, Anforderungen nach Flieger- und Artillerieunterstützung kommen, die massierten Feuerschläge müssen gelenkt und geleitet werden. Munition soll vorgebracht werden, der Verwundetenabschub ist zu regeln. Reserven werden in Marsch gesetzt.

Der General und der Ia stehen am Scherenfernrohr. Das Vorbereitungsfeuer hat gut gelegen, doch der Gegner ist noch nicht erschüttert und hält sich zäh. So kommt es zum Bunkerkampf, zum Kampf der angreifenden Pionier- und Infanteriestoßtrupps gegen die aufragenden Werke und versteckten Feldbefestigungen.

Gebannt beobachten die beiden hohen Offiziere das erste Vorbrechen der Sturmtrupps, sehen durch die scharfen, stark vergrößernden Gläser die weit entfernten Männer in aller Deutlichkeit herangerückt.

Kaum sind die Stoßtrupps hinunter in den Grund, schießt es schon aus den Befestigungen, rattert es aus den Waldstücken, in denen sich verborgene Flankierungsanlagen befinden, dröhnt es aus einem großen Wald, in dem französische Batterien stehen. Doch die Stoßtrupps rücken hangauf, durch Kusseln und Gebüsch hockletternd, den feuernden Werken näher und näher auf den Leib. Jede Deckung wird ausgenützt, jedes Granatloch, jeder umgestürzte Baum, jeder Strauch. Die schweren Waffen geben Feuerschutz und Unterstützung, halten die erkannten Werke und Stellungen nieder.

Noch läuft der Angriff reibungslos. Schon liegen die vordersten Angreifer vor den Drahtverhauen der Werke. Die ersten gestreckten Ladungen krachen in die Hindernisse. Aber nun zersplittert der geschlossene Ansturm, löst sich in zahlreiche Einzelkämpfe um feuernde Werke, flankierende Bunker, erbittert verteidigte Grabenstücke und MG-Nester auf.

Der General hat gerade die 3. Pionierkompanie im Blickfeld.

Er sieht, wie der Stoßtrupp Frey den Hang zu Werk 699 gewinnt, hier liegenbleibt und vor Dampf und Feuer kaum noch zu erkennen ist.

Der Stoßtrupp des Leutnants Raner hat anfangs Kusselwald, schwenkt dann nach rechts über freies Feld ein, verschwindet einige Zeit, durch Rauch verdeckt, und ist nun zu erkennen, wie er gegen Werk 696 aus der rechten Flanke kommt.

Oberfeldwebel Ott und seine Männer sind anfänglich im Buschwald noch unsichtbar. Nun tauchen sie auf und schieben sich langsam gegen das linke Werk 685 heran.

Trupp Raner hat inzwischen das ihm zugewiesene Werk erreicht, kriecht an „696“ heran, dessen Scharten bis zum letzten Augenblick unter Beschuß liegen, wird von links aus einer offenen Feldstellung beschossen, läßt sich aber nicht aufhalten und nimmt die Bekämpfung auf. Der rötliche Strahl eines Flammenwerfers ist zu beobachten, der in die Scharten hält. Und dann erscheint wenig später — der Divisionskommandeur stößt vor Erregung einen unterdrückten Ruf aus — aus einer Scharte die weiße Fahne.

„696“ ist als erstes Werk gefallen. Es ist 10.45 Uhr.

Ein Kradmelder holpert heran. Das Feldtelefon schnarrt alle Augenblikke. In Eile kritzelt der Ordonnanzoffizier den nächsten Funkspruch nieder.

Und so sieht der fortlaufende Angriff der Division nach den wichtigsten Meldungen aus:

11.00 Uhr: Einige Trupps sind am Werk 699. Das Infanterieregiment 435 links ist im vollen Angriff und stößt mit Teilen auf Forsthaus vor.

11.30 Uhr: Werk 685 genommen.

11.45 Uhr: Stoßtrupps haben sich an Werk 776 herangearbeitet, melden lebhafte Abwehr aus noch unversehrter Panzerkuppel.

12.30 Uhr: „776 a“ und „b“ erobert. Vor „650“ und „660“ liegt der Angriff fest. Ein neuer Stuka-Angriff wird auf diese Werke geflogen.

12.50 Uhr: Das Infanterieregiment 380 im rechten Angriffsstreifen erreicht den Waldrand in Höhe der feindlichen Bunkerlinie und stößt ohne zu zögern über die Höhe 475 weiter vor.

13.05 Uhr: Alle angreifenden Teile melden starken feindlichen Artilleriebeschuß aus der Feste „Hochwald“, die zur Entlastung der Verteidiger feuert.

13.15 Uhr: Stuka-Angriff auf Werk 615 ostwärts Lembach.

13.20 Uhr: Werk 678 noch nicht genommen. Infanterieregiment 435 geht in Richtung Mattstall vor.

13.30 Uhr: Werk 615 a erhält zwei Volltreffer durch Stukas, ist freigelegt und brennt. Bei anderen Werken liegen Einschläge in unmittelbarer Nähe.

13.45 Uhr: Werk 699 genommen, 678 wehrt sich noch immer.

13.50 Uhr: Stuka-Unterstützung auf die Werke 808—852 in der Enge bei Windstein angefordert. Erneut starkes, flankierendes Artilleriefeuer von Osten aus der Werkgruppe „Hochwald“.

14.50 Uhr: Die linke Angriffsgruppe kommt weiter gut voran und ist mit vordersten Teilen bereits südlich Mattstall.

15.30 Uhr: Das Vorgehen kommt in Fluß. Nachdem schon am späten Mittag das linke Regiment durchstoßen konnte, werden nun die Kompanien des rechten Regiments zwischen „776 a“ und „b“ durchgeschleust.

Der Divisionskommandeur nickt befriedigt. Der Angriff schreitet zwar langsam, doch unaufhaltbar weiter fort. Schon ist die Maginotlinie auch hier an verschiedenen Punkten durchbrochen. Jetzt geht der Kampf um die Tiefe der Befestigungslinie, die in dem zum Angriff ausgewählten Abschnitt nicht besonders groß sein kann, hat hier doch der Gegner wegen des für einen Angreifer schwierigen Geländes den Tiefenausbau vernachlässigt.

Schon werden die Vorausabteilungen hinter dem Infanterieregiment 435 zur beabsichtigten Verfolgung vorgezogen.

Der General befiehlt die Verlegung des Gefechtsstandes nach vorn.

Dies war etwa um die Zeit, als Unteroffizier Kolbe, der den 2. Stoßtrupp des II. Zuges führte, den Bunker B 507 genommen hatte.

Eine gute Stunde vorher hatte Feldwebel Frey mit dem 1. Stoßtrupp des Zuges Werk 699 außer Gefecht gesetzt.

*

Pierre Russac war einer der vielen unbekannten französischen Soldaten im Großwerk „Hochwald“.

Das Rätselraten: „Werden sie kommen — werden sie nicht kommen?“ hatte aufgehört.

Die Deutschen waren gekommen.

Sie hatten auch in diesem Abschnitt die Maginotlinie angegriffen und berannt. Pierre hatte an seinem zugeteilten Platz im Geschützraum II gesessen und mitgefeuert. Sie hatten mit ihren weittragenden Geschützen angefordertes Flanken- und Sperrfeuer, nach Planquadraten lange vorbereitet, auf den Raum bei Windstein und Mattstall abgegeben, dorthin, wo die Deutschen am 19. Juni durchbrechen wollten.

Pierre hatte sie nicht gesehen. Er führte mechanisch die eingedrillten Befehle in ihrem Panzerturm aus, machte Dienst, wurde abgelöst, schlief, aß und saß dann wieder alarmbereit im Geschützturm.

Er und die ganze Bedienung Leutnant Vernieuls, zu der auch Sergeant Broussier gehörte, hockten seit einer guten Stunde im Bereitschaftsraum. Sie konnten sich zwar langstrecken, doch die Uniformen abzulegen und abzuschnallen war streng verboten.

Eine Glühbirne spendete mattes Licht.

Pierre hatte sich auf der Pritsche langgestreckt. Er konnte aber nicht schlafen und wälzte alle möglichen Gedanken in seinem Kopf.

Da war neuerdings etwas, etwas Fremdes, Unheimliches, Bedrohendes, das nicht ganz zu dem Gefühl der absoluten Sicherheit passen wollte. Die Offiziere zeigten seit kurzer Zeit so auffallend finstere Gesichter, und auch Vernieul, der sonst gar nicht so übel gewesen war, fuhr sie jetzt bei der geringsten Sache gereizt und nervös an.

Waren da nicht auch solch merkwürdige Gerüchte in ihre Abgeschiedenheit gedrungen und hatten den Weg bis in die letzten Kasematten und Kampfplätze gefunden? Versprengte aus anderen Verteidigungsabschnitten südlich Saarbrücken sollten vor dem Werkeingang gewesen, jedoch abgewiesen worden sein. Und einer aus den Beobachtungskuppeln hatte erzählt, daß man schon im Süden Kampflärm hören und in den Nächten auch Leuchtzeichen sehen könne. Da hatte sie gestern Vernieul zu einer kurzen Instruktion zusammengerufen: Ein paar deutschen Abteilungen sei es gelungen, zwischen einzelnen Bunkerabschnitten weit ostwärts von ihnen durchzusickern und hinter die Maginotlinie zu gelangen. Nun aber würden sie eingekesselt und aufgerieben ...

Plötzlich ein kurzes Klingelzeichen. Großalarm! Und noch einmal: „Alles auf Gefechtsstationen!" hieß das.

Broussier war schon mit einem Satz hoch und trieb sie an: „Los, los doch!"

Danach saß Pierre wieder im Geschützturm unter der dicken Panzerkuppel, und es war wie hundert Male zuvor. Das also war ihr Turm II mit den beiden 10,5-cm-Geschützen, der durch hydraulischen Druck samt der ganzen Bedienung gehoben werden konnte.

Um ihn herum ein Gewirr von fettigblitzenden Kurbeln, Gestängen, Hebeln, Rädern, Anzeigern, Manometern, mattglänzendem Metall.

Fünf Meter unter ihrer Kuppel der Beobachter am Teleskop, dessen Ausgangsoptik in zwei Löcher zwischen den beiden Ausschußöffnungen der Geschütze in der Kuppel mündete.

Neben ihnen lag die kleine, ausfahrbare Panzerkuppel mit Rundblickfernrohr und E-Messer — der Leitstand ihres Batterieoffiziers. Von hier aus wurden durch Maschinentelegrafen und Telefone Befehle, Weisungen und neue Ziele an die Geschützbedienungen gegeben.

Überall im ganzen Panzerwerk war jetzt die Besatzung auf den Stationen — an Maschinen und Turbinen, an Schalttafeln und Meßgeräten, hinter Geschützen und schweren MG, in Panzertürmen und Schießscharten.

Signale läuteten, Telefone quakten, Befehle kamen durch. Die schweren Geschütze waren geladen, wurden gerichtet. — Die Festung „Hochwald" war feuerbereit.

Und dann grollten dumpfe Abschüsse auf, die im ganzen Werk widerhallten. Rauschend und fauchend verließen die schweren Brocken die Rohre, gurgelten nach Westen, in Richtung Lembach und Mattstall.

Die Deutschen befanden sich im Angriff gegen einen Bunkerabschnitt westlich ihres Großwerkes!

Was Soldaten der Besatzung tief im Werk nicht sehen konnten, das sahen die Beobachter und Artillerieoffiziere, der Kommandant und sein Stab durch Scherenfernrohre und Periskope: die grauen Strumwellen, die sich aus dem Bachgrund, aus den Waldstücken, über Wiesen und Hänge gegen die Bunkeranlagen auf der nur wenige Kilometer entfernten Höhe heraufarbeiteten. Sie hörten in den Fernsprechern und Funkgeräten die Hilferufe aus den bedrohten Abschnitten, und sie griffen ein.

Die Festung „Hochwald" feuerte zur Entlastung, und „Hochwald" versuchte mit seinen schweren Kanonen den deutschen Durchbruch aufzuhalten.

Bis es dann doch allmählich durch die Gänge, die Kasematten, die Panzertürme und Gefechtsstände drang: Die Deutschen waren nicht nur südlich von Saarbrücken, sondern auch hier durchgebrochen!

*

„Auf — marsch, marsch!"

Feldwebel Frey springt als erster los. Und hinter ihm seine Leute, und hinterdrein hastet Franzius mit seinem Deckungstrupp.

Sie rennen durch die aufgesprengten Lücken im Drahthindernis, bleiben hängen, reißen sich am Stacheldraht blutige Schrammen, stolpern über Drahtknäuel, fallen, raffen sich wieder hoch. Und über sie hinweg geben die eigenen schweren Maschinengewehre und Pak Feuerschutz, zwingen durch Punktbeschuß die Besatzung, die Scharten geschlossenzuhalten.

„Vorsicht — Minen!" schreit einer. Im Hindernis stehen teuflisch verankert zwei Reihen Minen, kenntlich an den langen Eisenröhren, die aber nicht mit dem Draht verflochten sind. In der Erde liegt jeweils eine eingebaute Zehnzentimetergranate. Wer sich an einer solchen Stange halten will, wer an sie stößt, ist verloren. Aber die Pioniere haben die Minenreihen rasch erkannt.

Sprung auf Sprung bringt sie näher an das Werk heran. Bis zuletzt deckt das eigene Unterstützungsfeuer. Vor den Werkmauern weiße Leuchtzeichen: Hier sind wir! Da bricht das Feuer der schweren Waffen ab.

Schweißüberströmt, mit stoßendem Atem, fliegenden Pulsen und hämmernden Herzen haben die Angreifer „699“ erreicht. Und jetzt beginnt der Kampf um das Werk, das halb in der Erde vergraben liegt.

Die Pioniere kauern in den toten Winkeln, pressen sich an die Betonwände. Denn nun, da ihm die Angreifer unmittelbar auf den Leib gerückt sind, wird auch das Werk wieder lebendig. Wildes Feuer zuckt aus den breiten Mäulern der Schießscharten. Die langen Feuerstöße schwerer MG knattern. Auch aus der hochgewölbten Kuppel flammt es auf. Frey, der sich den Schweiß von der Stirn wischt, braucht nicht mehr lange zu befehlen. Die Männer vom Schartensprengtrupp sind schon an der Arbeit.

Nicht weniger als sechsmal springt der Gefreite Klausner mit abgezogener Handgranate vor, wirft sie in eine Scharte. Aber es will nicht glücken, die Handgranaten prallen ab oder kollern wieder heraus. Er springt so lange vor, bis ihn ein Geschoß niederwirft.

Reichelt versucht es als nächster. Gebückt pirscht er sich von der Seite an die Scharte heran, kauert nun unterhalb der Ausschußöffnung. Knapp zwei Handbreit über ihm fegt rasend der Tod heraus.

Jetzt bricht das Feuer plötzlich ab, sie laden wohl gerade neu durch. Reichelt hat nur Sekunden Zeit. Er reißt eine Handgranate ab, richtet sich hoch, steht direkt vor der Luke, beugt sich vor und schiebt sie in die dunkle Öffnung.

Aber drinnen haben sie anscheinend den Pionier erkannt und im letzten Moment den schweren Eisenverschluß zugeworfen. Noch ist die Detonation draußen nicht vergrollt, tackt schon wieder das Maschinengewehr los. Auch Reichelt trifft das tödliche Geschoß.

„So geht es nicht“, meint Frey zähneknirschend, der mit ein paar Leuten in einigen Trichtern auf der ostwärtigen Werkseite liegt. „Das kostet nur unnötige Verluste. Wir müssen ihnen etwas Stärkeres servieren.“

Er ruft nach Gerber. Der Unteroffizier kommt herangekrochen.

„Gerber, wir müssen eine Kiloladung hineinbringen. Übernehmen Sie das — wir geben Feuerschutz.“ Frey spricht sich noch mit Franzius ab, während Gerber die Ladung fertig macht.

Gespannt warten sie auf die nächste Feuerpause. Und sie kommt. In diesem Augenblick springen Franzius und andere auf und geben kniend Schnellfeuer auf die Scharte ab. Das rechts in Stellung gegangene MG von Hintze schickt einen Feuerstoß nach dem anderen in die Öffnung.

Wieder wirft die Besatzung innen den Schartenverschluß zu. Deutlich ist das metallische Knacken, das Klingeln der gegen Stahl spritzenden Geschosse zu hören.

„Brennt!" brüllt Gerber mit sich überschlagender Stimme, wirft sich nieder, rollt ein paar Schritte zur Seite und jagt wieder hoch, weg von der Scharte.

Ein — zwei Sekunden — dann ein dumpfes Grollen im Inneren. Brandig stinkender, blaugrauer Rauch kräuselt sich aus der aufgerissenen Scharte, große Zementbrocken sind herausgebrochen, wirr und nackt sticht das Eisengestänge aus der Betonwand. Das MG schweigt.

Inzwischen sitzen einige Pioniere des Stoßtrupps bereits oben auf der Werkdecke, über den Köpfen der Besatzung, und versuchen, die Panzerkuppel außer Gefecht zu setzen. Sie winden sich platt auf dem Bauch an die Kuppel heran. Der Abschußknall fetzt über sie hin. Im Nu sind sie wieder auf den Beinen.

Der Gefreite Weingart kriecht an die Kuppel heran, untersucht gründlich, wie sie am besten zu bekämpfen ist. Sie hat fünf Ausschußöffnungen nach allen Seiten, die von innen mit Panzerklappen verschlossen werden können. Eine Öffnung scheint bereits einen Treffer erhalten zu haben. Die Klappe, die wie eine Tresortür um einen Zapfen drehbar ist, hat sich nicht mehr ganz geschlossen. Der Stahl ist mindestens 17 Zentimeter dick.

Weingart versucht, die Sprengladung in einen der Ausschußschlitze zu zwängen. Wenn sie die Panzerkuppel ein Stück aufreißt, kann man die nächste Ladung vielleicht nach innen werfen. Die Zünddauer beträgt genau vier Sekunden — vier Sekunden Zeit, von der Werkdecke wieder zu verschwinden und in Deckung zu gehen, wenn sie nicht mit in die Luft fliegen wollen.

Er ruft es den Kameraden zu. Und er schafft es. Ein Donnerschlag! — Ein tiefer Spalt klafft im harten Stahl des Panzers auf. Die Öffnung ist nun groß genug, um die nächste Ladung nach innen zu werfen.

Auch Wüstendörfer und noch andere sind oben. Jetzt binden sie Handgranaten zusammen, und Wüstendörfer kriecht nach vorn an den Rand, läßt das Bündel an einem Draht genau vor einer Scharte baumeln, zieht ab. Ein Bersten erschüttert die Luft. Betonbrocken fliegen herum. Zementstaub beizt die Augen. Die Waffe innen feuert nicht mehr.

So wird Öffnung um Öffnung, Schartenschlitz um Schartenschlitz im Nahkampf niedergerungen. Aber der Gegner verteidigt sich zäh, schießt aus allen restlichen Luken weiter.

Vor dem Werk, auf dem außen die Deutschen und innen noch die Franzosen sitzen, kommen frische Kräfte an. Der Versorgungstrupp mit neuen Handgranaten, Sprengmitteln und Munition trifft ein. Eine Infanteriegruppe meldet sich, und auch Unteroffizier Kolbe, der den 2. Stoßtrupp den westlichen Hang heraufführte, taucht mit seinen Leuten auf.

Dieser Trupp war vom Pech verfolgt gewesen. Schon beim Überspringen eines Waldweges verlor er vier Verwundete, wurde längere Zeit vor einer stark verteidigten Baumsperre aufgehalten und geriet schließlich noch in einen heftigen Feuerüberfall französischer Artillerie. Aber die Verluste blieben zum Glück gering.

Nachdem Kolbe seine Meldung gemacht hat, denkt Frey einen Augenblick nach. Hier mit „699“ wird es nicht mehr lange dauern. Er braucht den 2. Stoßtrupp nicht unbedingt zur Niederzwingung des Werkes. Besser ist es, ihn gleich weiter in die Tiefe des Kampffeldes vorstoßen zu lassen, damit der Angriff in Schwung bleibt.

Und so erhält Kolbe einen neuen Auftrag: „Nehmen Sie die Infanteristen mit und dringen Sie in dieser Richtung weiter vor. Greifen Sie den nächsten Bunker auf Ihrem Weg an, und warten Sie dann unser Nachfolgen ab.“

Der Unteroffizier verzieht zwar das Gesicht, aber er sagt nichts dagegen. Und als ihm sein Zugführer noch eine eben eintreffende 3,7-cm-Pak und einen VB (vorgeschobener Beobachter) mitgibt, ist Kolbe zufrieden. Damit läßt sich schon etwas ausrichten.

Die Männer des 1. Stoßtrupps kämpfen inzwischen unermüdlich weiter, um Werk 699 den Rest zu geben.

Plötzlich ist ein Winseln in der Luft, geht in ein schrilles Jaulen über und stürzt heulend herab. Eine riesenhafte Dreckfontäne steigt hoch. Der brüllende Einschlag liegt keine 50 Meter weiter weg. Ein ganz schwerer Brocken mußte das sein. Und schon kommt der nächste. Im Nu ist alles in Deckung verschwunden, verkriecht sich in die Löcher, hinter Erdhaufen und Betontrümmer.

Die Granate geht zu weit, das hört man schon am Klang. Diesmal liegt der Einschlag etwa 30 Meter links voraus.

„Ja, sind die denn hinten ganz verrückt geworden. Schießen noch auf das Werk, obwohl wir längst oben sind“, stößt Sänger wütend hervor.

Frey hat schon die Leuchtpistole in der Hand. Eine weiße Kugel steigt sprühend in den hitzeflirrenden Mittag, scheint sekundenlang in ihrem Scheitelpunkt zu verharren und sinkt langsam wieder herab.

Aber es ist nicht die eigene Artillerie, die da feuert, das merken sie bald. Die Granaten kommen von Osten.— Und in ostwärtiger Richtung liegt die Festung „Hochwald“.

„Einnebeln“, befiehlt der Feldwebel. „Wenn es auch nicht viel hilft, weil da der Gegner sicher eingeschossen ist, so ist es doch besser als gar nichts.“

Die Nebelhandgranaten zischen und rauchen. Sie sollen gegen den seitlichen Beschuß aus den Flankenwerken decken, der sich im immer gefährlicher bemerkbar macht.

Dieses Nebeln soll noch eine ungeahnte Wirkung haben. Während sich „Hochwald“ tatsächlich andere Ziele sucht, benützen Teile der Werkbesatzung die Zeitspanne, in der ein weißer, dichter Schleier um „699“ webt.

Urplötzlich bricht heftiges Geschieße auf der einen Werkseite los. Köberle kommt angerannt und meldet:

„Herr Feldwebel, sie wollten ausbrechen. Ein Trupp von etwa fünfzehn Mann. Wir haben dazwischengeschossen, acht haben wir noch gefangennehmen können, aber die anderen sind durch. Wir haben dabei auch den versteckten Eingang entdeckt."

Er würgt und bringt es nur stockend heraus: „Unteroffizier Gerber ist dabei gefallen, als er sie mit der MPi aufhalten wollte."

Frey hetzt um die nächsten Ecken der Werkmauern. Da sitzen die gefangenen Franzosen, und da liegt Gerber, die Maschinenpistole noch im Anschlag. Ein Kopfschuß hatte ihn niedergestreckt.

Und der verborgene Eingang ist jetzt deutlich zu erkennen, nachdem die dunkelgrün gestrichenen Bretter, auf die frische Zweige genagelt waren, von den Ausbrechenden beiseite geworfen wurden.

Nun kommt das Ende von Werk 699 mit Riesenschritten.

Eine geballte Ladung wird an der Eisentür befestigt.

„Volle Deckung!"

22—23—wumm!

Die Sprengung hat die Tür weggerissen. Gebannt starrt alles auf den Eingang, aus dem sich langsam der Qualm der Sprengung verzieht. Die Waffen richten sich auf die geborstene Tür.

„Sie wollen sich ergeben", ruft Wüstendörfer aufgeregt.

Aus einer Scharte wedelt ein weißes Taschentuch. Ein paar Minuten später erscheint der erste Franzose mit erhobenen Händen. Hinter ihm kommen zögernd die nächsten. Sie werden nach Waffen durchsucht. Erschüttert, zermürbt vom Kampf, tritt Mann für Mann heraus. Die Gesichter sind bleich, das Haar klebt wirr auf den schweißnassen Stirnen, in ihren Augen steht das Grauen.

Tief im Innern fällt noch ein Schuß. Alles sieht sich an, greift automatisch nach den Waffen. Will der Gegner den Kampf fortsetzen, verbergen sich noch Teile im Werk?

Aber es bleibt bei dem einen Schuß, dem letzten, der im Ringen um Werk 699 fällt.

Er wurde vom Kommandanten abgegeben, der seine Pistole gegen sich selbst gerichtet hatte. Wieder ist ein starker Stützpunkt aus der Maginotlinie gebrochen.

*

Bis in die späten Mittagsstunden hinein hockten sie gereizt, mit gespielter Gleichgültigkeit, lauernd oder niedergeschlagen in ihrem Zwischenstützpunkt und Kampfstand B 507: der Rest der früheren Besatzung, die noch aus der Grabenstellung zurückgekommen war. Sie waren nicht mehr viele, zusammen gerade noch neun Mann, die sich retten konnten, als die Deutschen mit dem Flammenwerfer gekommen waren.

Sergeant-chef Villard rauchte nervös eine Zigarette nach der anderen. Sous-lieutenant Menouille war verwundet, hatte sich anscheinend in Werk 699 gerettet. Und nun saß er hier mit den paar Leuten und konnte sehen, wie er zurechtkam. Die Nachrichtenverbindung war auch schon lange abgerissen, kein Ruf kam mehr an, die Leitung blieb stumm. Entweder war sie zerschossen worden, oder die Gegenstelle war getroffen, ausgefallen. Keine Meldung, kein Befehl, keine Weisung traf ein. Er stand allein auf sich gestellt.

Seine acht Soldaten hatte er zu je dreien an die beiden schweren Hotchkiss-MG geschickt, der siebente war als Melder und der achte als Sanitäter eingeteilt. Marcel hatte er als Richtschütze an das eine schwere MG gestellt.

Villard trat an einen der Bunkerschlitze, sah unruhig hinaus. Einige hundert Meter vor ihnen schien die Schlacht hin und her zu wogen. Schmutziggraue Einschläge wuchsen dort hoch. Rauchschwaden ballten sich und zerflossen wieder. Von Werk 699, das zum größten Teil in der Erde lag, konnte er gerade noch den oberen Teil der Kuppel mit dem Panzerturm darauf sehen.

Er spähte angestrengt hinüber. Die Deutschen mußten schon auf oder jedenfalls dicht am Werk sein. Der feindliche Beschuß darauf hatte aufgehört, aber in kurzen, unregelmäßigen Abständen waren scharfe, langhallende Detonationen zu hören. Sie waren wohl gerade dabei, mit ihren Ladungen die Scharten im Nahkampf zu vernichten.

Jäh zuckte er zusammen.

Da kamen sie! Schräg halblinks aus einem Wäldchen auftauchend, eine langgezogene Schützenreihe, direkt auf seinen Bunker zu.

Auch Marcel hinter seinem MG hatte sie im gleichen Augenblick erkannt. Und er zog durch. Er ließ nicht eher den Finger vom Abzug, bis der ganze lange Ladestreifen leer war.

Das hätte er nicht tun sollen. Noch ehe ihm Villard den Befehl geben konnte, erst abzuwarten, war das Feuer schon aus dem Bunker gespritzt und hatte sie damit vorzeitig verraten.

Die Angriffsreihe war wie vom Erdboden verschluckt. Sie lag in voller Deckung, und keine Bewegung zeigte sich mehr. Aber die Deutschen blieben nicht untätig. Das erwies sich schon zehn Minuten später. Sie waren wieder da — oder besser gesagt: Ihre Artillerie war da.

Das, was die neun Franzosen aus ihren schmalen Bunkerschlitzen sahen, waren erst einzelne, hochaufschießende Erdfontänen mit dick aufquellenden Rauchpilzen, die wie willkürlich im Gelände lagen — vor ihnen, hinter ihnen, seitwärts ...

Villard wußte, was diese so unregelmäßig scheinenden Einschläge bedeuteten. Und noch ehe sie die Stahlschotten vor den Schartenöffnungen zuwerfen konnten, war das deutsche Einschießen beendet und ein Granathagel ging auf ihren Kampfstand nieder. Dreck- und Staubwolken verdunkelten die Schartenschlitze. Sie hörten, wie dichtliegende Treffer dumpf polternd und hell sirrend Stein- und Eisenbrocken an die Außenwände warfen, und sie spürten, wie nahe schwere Einschläge den Beton zittern und beben ließen.

Nach zehn Minuten ging ein zweiter Feuerüberfall auf B 507 nieder.

Als die Deutschen sprungweise zum Angriff ansetzten, eröffneten die Verteidiger wildes Feuer aus den beiden schweren MG. Alle Entfernungen im Gelände waren ja längst festgelegt, die Waffen auf alle Punkte eingeschossen, mit Munition brauchte nicht gespart zu werden.

Das pausenlose Rattern und Knallen aus den zwei schweren Waffen, das in dem engen Kampfraum dröhnend widerhallte, machte die Ohren taub.

Sie schossen noch, als die Angreifer drüben wieder verschwunden waren, sich zu Boden geworfen hatten oder in irgendwelche Deckung gekrochen waren.

Sie hörten es zuerst in dem lärmerfüllten Bunker nicht. Aber plötzlich sah Villard, wie es stiebend in den Beton fuhr und ganze Brocken wegriß. Am linken Maschinengewehr warf es jäh die Bedienung nieder. Blanche konnte von Glück sagen, daß ihm nur ein Splitter in die Hüfte gefahren war. Wie ein Blitz hatte es draußen aufgeleuchtet, ein zweiter Treffer war unmittelbar neben der Scharte eingeschlagen und hatte seine Eisenfetzen hereingejagt.

Auf die Fersen gehockt, hielt Villard seinen linken Unterarm, von dem es rot herablief und mit dunklen Flecken seine Uniformhose näßte.

„Klappen zu! Luken dicht!" stöhnte er.

Marcel, der sich niedergeduckt hatte wie alle anderen, machte einen raschen Sprung und ließ die schwere Schutzblende niederklappen. Auch vor den anderen Scharten klirrten die Lukendeckel nieder.

Es herrschte tiefe Finsternis, und sie merkten erst jetzt, daß auch die kahlen Glühlampen hinter ihren Netzgittern erloschen waren, die elektrische Leitung durch Beschuß zerstört war.

„Macht die Notbeleuchtung an", stieß Villard hervor. Seine Stimme war dunkel vor Schmerz.

Eine Karbidlampe funzelte auf, und in ihrem kleinen Lichtkreis sahen sie undeutlich und verschwommen im raucherfüllten Bunkerinneren ihre fahlen Gesichter.

Wieder ein schmetternder Schlag gegen die geschlossenen Eisenplatten.

Villard hatte ein Verbandpäckchen aufgerissen und um den verletzten Arm gewickelt. Eine zweite Binde hatte er mit der gesunden Rechten und den Zähnen zusammengeknüpft und trug nun den Arm provisorisch in der Schlinge. Jetzt schien er seine Ruhe wiedergefunden zu haben.

Immer wieder hieb der harte Stahlschlag in die Bunkerwände, fast auf die gleiche Stelle. Die deutsche Pak schoß Punktfeuer, suchte eine Bresche in die dicke Wand zu schlagen.

Einen Moment hatte es ihnen die Sprache verschlagen, sie sahen sich verstört an. Da — was war das? Sie hatten es gar nicht wahrgenommen: Der Beschuß hatte aufgehört. Aber statt dessen vernehmen sie ein Scharren und Kratzen draußen vor den Scharten und oben auf der Bunkerdekke. Fremde Stimmen drangen gedämpft durch die dicken Wände bis zu ihnen herein.

Sie waren wie erstarrt, erfüllt von einem lähmenden Schrecken. Die Deutschen waren schon an und auf ihrem Bunker!

Heiser flüsterte Villard:

„Handgranaten fertig machen! Jeder nimmt eine Pistole oder Karabiner mit — wir brechen aus!"

Aber es war schon zu spät! Blendende Blitze und heller Feuerschein von gezündeten Ladungen zuckten von draußen herein, rissen Scharten und Stahlklappen auseinander. Für Sekundenbruchteile stand grelleuchtende Explosionshelle im Raum.

Unter den Toten in dem vom Stoßtrupp Kolbe gesprengten Bunker B 507 war auch Marcel.

Helmut Frey, der nur wenig entfernt von dieser Stelle kurz vorher das Werk 699 gestürmt hatte, wußte nicht, daß sein früherer Freund hier gefallen war, und er sollte es auch erst viele Jahre nach dem Krieg erfahren.

*

In schweren, harten und blutigen Kämpfen müssen die französischen Werke, Bunker und Kampfstände gegen einen hartnäckigen feindlichen Widerstand einzeln niedergerungen werden. Erst nach Beginn des Angriffs zeigte es sich, daß kaum eines der Werke durch Artillerie und Stukas völlig niedergekämpft war, daß sie alle erst im Nahkampf genommen werden mußten. Die Verluste der dagegen angesetzten Pionier- und Infanteriestoßtrupps waren unverhältnismäßig hoch: Etwa die Hälfte aller Männer war gefallen oder verwundet worden.

Nun aber schreitet der begonnene Durchbruch der 215. Infanteriedivision immer schneller fort. Wie bei einem Dammbruch flutete es am Spätnachmittag des Angriffstages über den Abschnitt der Maginotlinie zwischen Windstein und Lembach herein.

Die Infanterie der nachfolgenden, zwischen den genommenen Werken fast ohne Ausfälle durchgeschleusten Regimenter geht rasch durch die Waldstücke, Senken und Hohlwege hinter den Kampfanlagen der 1. Linie vor, zerschlägt den Widerstand in den dazwischenliegenden Feld- und Waldstellungen, sprengt Hindernisse und Baumsperren, stürmt ausgebaute Gehöfte und MG-Nester, überrascht den Gegner in den neuen, bisher unbekannten Befestigungen der 2. Linie, die zum Teil noch nicht fertiggebaut sind, und greift gegen die südlich gelegenen Orte an.

Der Damm ist geborsten, die Festungslinie endgültig durchbrochen!

In die aufgerissenen Lücken ergießen sich in langen Kolonnen die zur Verfolgung angesetzten schnellen Vorausteile, Aufklärungsabteilungen, Panzerjäger, Radfahrkompanien. Die Artillerie baut ab und macht Stellungswechsel. Die Gefechtsstände verlegen nach vorn. Die Regimenter sammeln ihre Angriffsgruppen, ordnen und gliedern sich zum Vormarsch.

Noch aber kämpfen die Stoßtrupps, unterstützt von Pak und Flak, von schweren Maschinengewehren und Infanteriegeschützen um einzelne Werkanlagen, die nun schon weit hinter der Front liegen, von den Franzosen aber verzweifelt und mit größtem Mut verteidigt werden.

Und wieder meldet der sachlich-nüchterne Divisionsbericht:

16.20 Uhr: Werk 678 ist genommen.

16.30 Uhr: Die Werke 756, 792, 808 a und b, 828, 840 a und b werden noch zäh verteidigt. Schweres feindliches Artilleriefeuer aus Richtung „Hochwald" unterstützt ihre Abwehr. Das Infanterieregiment 435 geht auf Langensultzbach vor. Teile des Infanterieregiments 380 stehen am Nordostrand von Jägertal.

17.45 Uhr: IR 435 hat mit vordersten Teilen Fröschweiler erreicht. Werke 756 a und b, 792, 808 a und b, 828 und 840 a und b wurden von Süden her durch IR 380 genommen. Damit sind alle Anlagen zwischen Windstein und Sulzbach-Tal in eigener Hand.

18.00 Uhr: IR 380 hat Wörth erreicht.

21.30 Uhr: Vor der Front der Division kein Feind mehr.

22.55 Uhr: Werk 630 und 650 bei Lembach feuern immer noch.

Noch am nächsten Tag halten sich beiderseits der von Lembach nach Süden führenden Straße zwei große Werke und müssen nach wiederholten Anstürmen mühsam niedergekämpft werden. Aber sie kämpften umsonst.

Als die Dämmerung dieses heißen und blutigen Sommertages sinkt, stehen rings am Horizont auf den Hängen und Waldhöhen die letzten, erlöschenden Brände. Ein leichter Wind treibt dünnes Rauchgekräusel und hin und wieder Funkenregen aus gestürmten Bunkern und Werken, in denen noch Munition detoniert. Ein scharfer, stechender Geruch nach Brand, Qualm und Pulver liegt in der lauen Abendluft.

Da stehen sie, die Festungsanlagen der Maginotlinie: vernichtet, zerstört, gesprengt, außer Gefecht gesetzt durch die Bunkerknacker der Division, durch Artillerie, Stukas und schwere Waffen.

Hier stand vor einigen Stunden noch ein feuerspuckender Betonklotz. Nun ist der glatte Beton zu Schutt zerhämmert, zerbröselt, das Eisengestänge wie die Eingeweide eines Urwelttieres bloßgelegt. Zahlreiche Treffer auf die Wände haben die Schießscharten völlig eingerissen und zertrümmert. Bombentrichter von Haustiefe gähnen in der Nähe.

Wieder andere sind durch Bomben- und Mörservolltreffer nur noch ein Gewirr von auseinandergerissenen Betonbrocken und Stahlresten, zerspellten, verbogenen Schienen, Trägern und Eisengeflecht.

Dort ragen Befestigungen mit aufgesprengten Luken, geborstenen Schlitzen, zerlöcherten Stahlscharten. Wie hilflos starren die verbogenen Stangen des Eisengerippes aus dem zerschlagenen Mauerwerk.

Die Panzerkuppeln sind verklemmt, aus den Lagerungen gehoben oder haben in ihre dicke Panzerhaut zahlreiche Löcher geschweißt und eingestanzt. Gestern noch tödlich-gefährliche Stahlblöcke, sind sie heute verbeulter und zerschrammter Schrott.

Stuka-Bomben, Artilleriegranaten, Treffer von Pak und Flak, geballte Ladungen, Minen, Sprengmittel und Flammenwerfer der Angreifer haben eine furchtbare Wirkung erzielt.

Schwarzgähnende Trichter und Riesenkrater klaffen im Grün der Landschaft, in die Luft gejagt sind Baum- und Panzersperren, zwischen den zerschossenen, verwüsteten und ausgebrannten Bunkern und Werken liegen Haufen zerschossener Kartuschen, Munitionskisten, weggeworfene Waffen und Ausrüstungsgegenstände.

Und Tote, viele Tote.

Die Toten in Feldgrau und Khaki starren mit gebrochenen, glanzlosen Augen in die sternfunkelnde Pracht der niedersinkenden Sommernacht und fragen nach dem Sinn dieses Krieges und ihres Todes.

Das war am 19. Juni 1940, als im Sturmlauf eines einzigen Tages die Maginotlinie von der 215. Infanteriedivision südlich Weissenburg auf neun Kilometer Breite durchbrochen wurde. Neben zahlreichen Bunkern, Kampfständen und Stellungen waren vier große Panzerwerke aus den Werkgruppen Windstein und Mattstall trotz entschlossener Gegenwehr erobert worden.

*

In dunkler Nacht sammelt auf der Straße nach Jägertal die 3. Kompanie des Pionierbataillons 215. Todmüde, apathisch und mitgenommen vom schweren Erleben der vergangenen Stunden hocken die Pioniere am Straßenrand. Gut die Hälfte von ihnen fehlt. Sie liegt entweder starr und stumm zwischen den Werken 678, 685, 696 und 699 oder ist auf dem Weg in die Lazarette.

Die Zugführer melden ihre Häuflein dem Kompaniechef, der ruhelos, mit düsterem Gesicht auf der Straße auf und ab geht.

Auch Feldwebel Frey meldet mit stockender Stimme:

„II. Zug — neun Mann gefallen, zwölf verwundet, zwei vermißt.“

Schweigend, wie geistesabwesend nimmt Hauptmann Engerich die Meldung entgegen. Gewiß, es war ein erfolgreicher Tag, und seine Männer hatten ihr Bestes getan, um der Division den Weg zu öffnen. Aber es war auch ein blutiger Tag, und die Verantwortung drückt wie Zentnerlasten auf seinen Schultern.

Brüsk wendet sich der Hauptmann ab und gibt den Befehl zum Abrükken. Die Züge schlurfen ihren Quartieren zu.

In dieser Nacht findet Helmut Frey wie so viele keinen Schlaf. Unruhig wälzt er sich auf seinem Strohlager hin und her. Noch einmal durchlebt er den ganzen schweren Kampf. Und da stehen sie noch einmal alle vor ihm, die heute morgen noch mit ihnen gelacht und gescherzt hatten, die Kameraden, die nun nicht mehr unter ihnen sind, die der Tod aus den Reihen seines Zuges gerissen hat: den kleinen Gefreiten Wiese, Unteroffizier Gerber, Reichelt, Klausner und all die anderen.

Aber Frey weiß zu dieser Stunde noch nicht, daß sie noch nicht die letzten Toten seines Zuges sind und dies auch noch nicht der letzte Kampf um die Maginotlinie war. Daß sie ihren schwersten Gang erst noch antreten müssen: Zwei Tage später, als ihre Kompanie herausgezogen und mit zum Angriff gegen das noch unbezwungene Festungswerk „Hochwald" eingesetzt wird.

*

Nicht genug damit, daß im Angriffsstreifen der 215. Infanteriedivision die Maginotlinie erneut aufgerissen und ein Durchbruch erzielt wurde. Seit dem 18. Juni ging auch die 257. Infanteriedivision von Saaralben aus nach Osten in den Rücken der hier noch stehenden und haltenden Festungsfront vor und stand bereits einen Tag später bei Lemberg, südlich der großen Werkgruppen Bitsch. Während die große Masse der 215. Division weiter nach Süden vorstieß, schwenkten deutsche Kräfte in den Flanken ein und schlossen die aufgespaltene Befestigungslinie hinter den Werkgruppen „Hochwald", „Hagenauer Forst", „Bitsch" usw. von rückwärts ein.

Damit war auch die im Raum des XXXVII. Armeekorps durchbrochene Maginotlinie zwischen Saar und Rhein in ihren restlichen Teilen völlig abgeschnitten und eingeschlossen.

Noch aber gab der Gegner nirgends auf und verteidigte auch in dieser hoffnungslosen Lage erbittert seine noch unbezwungenen Hauptkampfwerke.

Von der 1. Armee erging der Befehl, diese Großanlage und schweren Werkgruppen durch anhaltenden Beschuß niederzukämpfen und ihre Übergabe zu erzwingen.

Artillerie geht in Stellung. Schwere Batterien fahren auf. Schwerste Rohre recken sich. Fesselballone stehen im Blau des Sommerhimmels. Artillerieflieger ziehen ihre suchenden Kreise. Offiziere stehen hinter Scherenfernrohren. Nichts entgeht den aufmerksam spähenden Augen der Beobachter. Dann fangen sie mit dem Einschießen an, leiten systematisch das Feuer ihrer Batterien.

Brüllend beginnen die schweren 15-cm-, 21-cm- und 32-cm-Geschütze ihre Mäuler zu öffnen. Orgelnd kommen die ersten dicken Kaliber von weit rückwärts gezogen, schlagen mit haushohen Rauch- und Dreckfontänen rings um die Hochwaldfeste ein.

Weitere Batterien fallen ein, gehen allmählich vom Einschießen zum Wirkungsfeuer über. Um das Werk hebt ein Hexentanz von niederdonnernden, hoch aufspritzenden, mächtig wie Riesenhämmer fallenden Einschlägen an. Stukas kommen, kreisen, stürzen. Fliegen erneut an.

Doch das große Werk scheint unverwundbar. Noch sind kaum sichtbare Schäden zu entdecken. Aber der heftige Beschuß muß doch die Besatzung mürbe machen. Sie muß doch unter dem Eindruck dieser gewaltigen

Beschießung und dieses Bombardements moralisch und physisch zusammenbrechen und zur Übergabe reif werden. So hat es sich bisher in Belgien und Frankreich bei allen bereits niedergezwungenen großen Festungen gezeigt, und so rechnet man auch hier auf deutscher Seite. Aber man irrt sich. Nun zeigt es sich, was die Großwerke und ihre Besatzungen wirklich wert sind.

Die Werkgruppe „Hochwald" antwortet noch. Die Festung feuert weiter aus allen Panzertürmen, schießt gezielte Lagen gegen die deutschen Batterien, legt Störungsfeuer auf Straßen und Anmarschwege, hämmert Sperrfeuer in vermutete Bereitstellungsräume. Schier unerschöpflich scheint der Munitionsvorrat zu sein.

Und dennoch muß auch „Hochwald" mit seinen Nebenwerken fallen.

Eines davon ist Werk 240.

*

„Aufschließen — dranbleiben!"

Der Ruf kommt von vorn, wo Hauptmann Engerich die Kompanie führt.

Fluchend stolpern die Pioniere der 3./PiBtl 215 in langer Reihe im seichten Straßengraben durch die Nacht. Tiefe Trichter sind in die Straßendecke gerissen, es geht vorbei an zerschossenen Fahrzeugen. Angewidert halten sich die Männer die Nasen zu. Ein fürchterlicher, süßlicher Gestank wallt in ganzen Schwaden an einigen Stellen über die Straße. Hier müssen irgendwo tote Pferde liegen.

Waffen klirren, Gasmaskenbüchsen schlagen klappernd gegen Seitengewehre, unterdrücktes Gemurmel ist zu hören. Im Dunkeln wachsen am Straßenrand ein paar rasch zusammengezimmerte Holzkreuze auf. Hier sind vor zwei Tagen fünf deutsche Soldaten gefallen. Schweigend und scheu drücken sich die Pioniere an den Gräbern vorbei. Steine poltern unter ihren eiligen Tritten.

„Aufschließen — aufschließen!" treibt wieder eine Stimme an.

„Am ...", mault der Gefreite Wüstendörfer übellaunig vor sich hin. „Immer diese verdammte Hetzerei. Nicht mal richtig schlafen lassen sie einen. Und dann diese Rennerei und das Geschleppe. Am liebsten würde ich den ganzen verdammten Handgranatenkasten dem Chef unter das Hinterteil legen. Oder noch besser dem Bataillloner."

Hintze, der sein leichtes MG mit angehängter Gurttrommel über der Schulter trägt, schimpft aufgebracht: „Ja verflucht, sind wir denn noch nicht bald da. Ich möcht bloß wissen, in welchen Dreck sie uns diesmal wieder führen."

„Wo Pioniere sind, ist immer vorn", gibt der kleine Franzius, ihr Gruppenführer, über die Schulter zurück.

Die Nacht ist von grellen Blitzen durchzuckt. Weithin hallende Abschüsse dröhnen. Niemand weiß, ob von eigener oder feindlicher Artille-

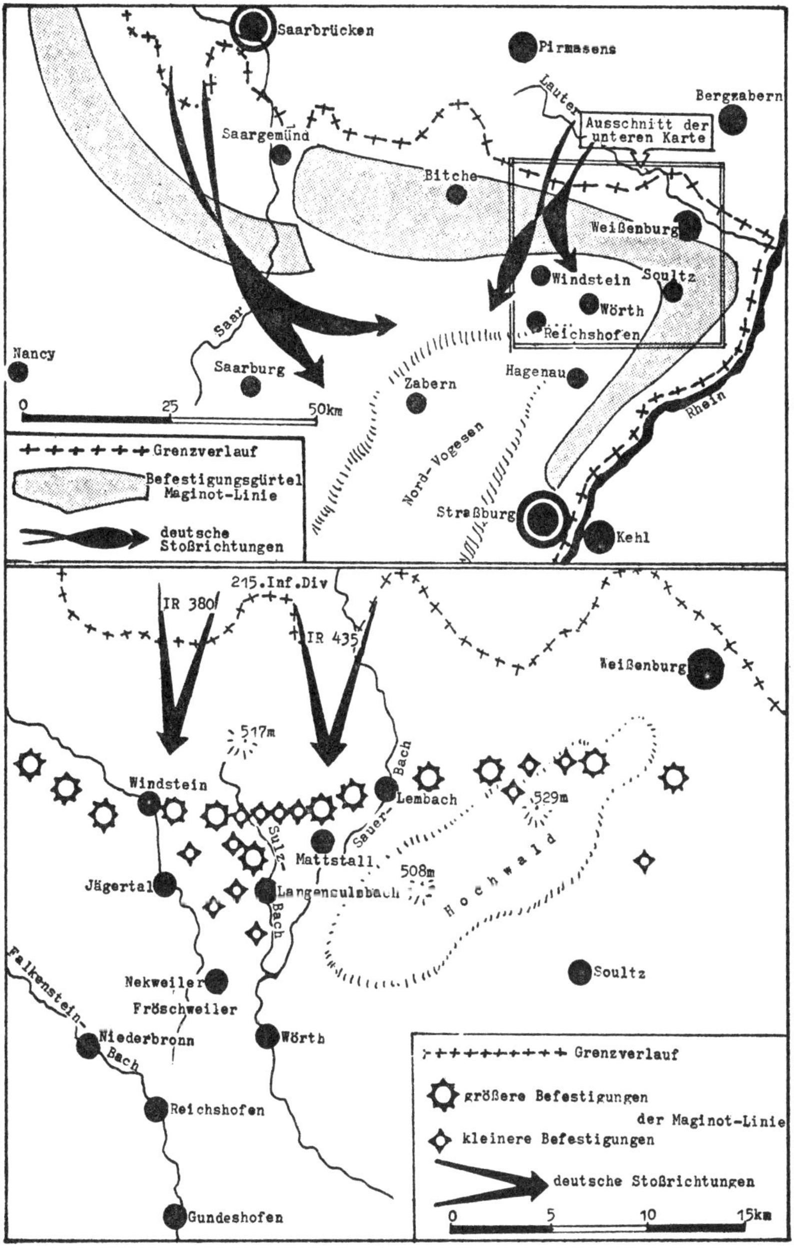
Saarbrücken
Pirmasens
Lauter
Bergzabern
Ausschnitt der unteren Karte
Saargemünd
Bitche
Weißenburg
Windstein
Soultz
Wörth
Reichshofen
Saar
Nancy
Saarburg
Zabern
Hagenau
0
25
50km
Rhein
Grenzverlauf
Befestigungsgürtel Maginot-Linie
Nord-Vogesen
deutsche Stoßrichtungen
Straßburg
Kehl
215.Inf.Div
IR 380
IR 435
Weißenburg
517m
Windstein
Bach
Lembach
529m
Sauer-
Sulz-
Mattstall
Hochwald
508m
Jägertal
Langensulzbach
Bach
Soultz
Nekweiler
Falkenstein-
Fröschweiler
Niederbronn
Wörth
Bach
Grenzverlauf
Reichshofen
größere Befestigungen
der Maginot-Linie
kleinere Befestigungen
deutsche Stoßrichtungen
Gundeshofen
0
5
10
15km

rie. Plötzlich flammt es ein paarmal kurz hintereinander aus jener Richtung auf, in der „Hochwald“ liegen muß. Rollend wie ein schwerbeladener Eisenbahnzug braust es heran und schlägt schmetternd mitten auf der Straße ein.

„Volle Deckung!“

Aber der Ruf kommt bereits zu spät und geht in einem wüsten Donnern unter. Hochgerissener Schotter prasselt nieder. Von hinten klingen langgezogene Schreie: „Sanitäter — Sanitäter!“ Stöhnen und Wimmern ist zu hören.

Hintze hat sich blitzartig der Länge nach neben Wüstendörfer in den Straßengraben geworfen.

„Fernkampfartillerie — ganz schwere Brocken“, stößt er heraus. „Ob sie unseren Anmarsch entdeckt haben? — Wenn sie weiter hierher feuern, dann kommt kein Mensch mehr vor.“

Der andere gibt keine Antwort.

Hintze stößt ihn an: „Was ist? Hat's dir die Sprache verschlagen?“

Wüstendörfer fährt ihn an: „So halt doch endlich deinen verdammten Rand. Mensch, ich hab doch genau solche Angst wie du.“

„Was ist los?“ ruft ihnen Unteroffizier Franzius zu.

„Volltreffer beim III. Zug. Eine ganze Menge Verwundeter.“ Die Sanitäter hasten weiter.

Von vorn kommt ein Befehl durch: „Weiter — große Abstände halten!“

Gerade als Hintze und Wüstendörfer sich erheben wollen, schlurft es wieder an, steigert sich zu hohem, nervenfressendem Winseln und stößt zischend und fauchend nieder. Noch ehe die aufdonnernden Explosionen folgen, liegen die beiden Pioniere wieder flach. Splitter jaulen über sie hinweg, stinkender Pulverdampf ätzt die Lungen. Steinbrocken schlagen auf Schultern und Rücken.

„Los — wir müssen den anderen nach, sonst verpassen wir noch den Anschluß“, reißt Hintze den Kameraden hoch. „Nur weg von dieser Stelle, auf die sie ihr Sperrfeuer legen.“

Sie rennen los, hinter Franzius und den anderen her, die bereits vom Dunkel der Nacht verschluckt sind. Alle Müdigkeit ist wie weggewischt, sie spurten trotz ihrer Waffen und Ausrüstung wie bei einem 100-Meter-Lauf. Hinter ihnen zerkrachen die nächsten Einschläge.

Nach zehn Minuten haben sie ihre Gruppe wieder eingeholt und stolpern schwer atmend hinter der vor ihnen wandernden Schattenreihe her.

„Halt!“ befiehlt eine scharfe Stimme. „Züge links der Straße volle Deckung nehmen. Zugführer zum Chef! Einweiser für Nachfolgende an der Straße belassen!“

Der II. Zug verkriecht sich in eine Mulde, an deren Rand mannshohes Gebüsch steht. „Alles da?“ fragt Feldwebel Frey.

Vier Mann fehlen. Aber sie werden wohl noch nachkommen, da die Reihe hinter Hintze und Wüstendörfer abgerissen ist.

„Müssen sich wohl erst ihre Hosen saubermachen", witzelt einer. Aber niemand lacht.

Die Männer werfen Waffen und Geräte ab, sinken pustend und schnaufend in das hochstehende Gras.

„Unteroffizier Kolbe übernimmt bis zu meiner Rückkehr den Zug", ordnet Frey noch an, ehe sein schwarzer Schatten, gefolgt von seinem Melder, in der Nacht verschwindet.

„Jetzt möchte ich nur wissen, was wieder ausgekocht wird", brummt der Gefreite Baumgartner. „Was Vernünftiges kommt für unseren Haufen doch nie heraus."

„Was zerbrichst du dir jetzt schon den Kopf darüber. Wirst es noch früh genug erfahren", entgegnet Fendt, den selten etwas aus der Ruhe bringt. „Gib mir lieber eine Zigarette, wenn du mein Freund sein willst."

Umständlich kramt Baumgartner in seinen Hosen- und Rocktaschen herum. Dann erleuchtet ein brennendes Steichholz für Sekundenbruchteile die schmutzigen, schweißnassen, bartstoppeligen Gesichter der beiden Landser.

„Zigaretten aus, verdammt noch mal! Wollt ihr denn unbedingt, daß sie uns drüben erkennen und ihr Feuer hierher lenken", schimpft Kolbe aufgebracht los.

Fendt dreht sich auf die Seite. „Die gönnt er uns bloß nicht", meint er gleichmütig und raucht in den hohlen Händen weiter.

„Laßt mich auch mithalten", schiebt sich der Gefreite Weingart vom Zugtrupp heran. „Mir ist ganz flau im Magen." — Großmütig läßt ihn Fendt ein paar Züge nehmen.

Es mag schon 02.00 Uhr vorbei sein. Die Nacht wird frisch und kühl. Das hohe Gras ist naß vom Tau. Die Landser frösteln, rücken enger aneinander. Ein Teil versucht zu schlafen, döst vor sich hin, die anderen hokken und warten stumm.

„Jetzt wär was Warmes recht, ein heißer Kaffee oder besser noch ein Schnaps. Das würde wenigstens von innen heraus wärmen", wendet sich Franzius an Kolbe, der neben ihm liegt.

Kolbe wickelt sich fester in die Zeltbahn, die er abgeschnallt hat. „Paß auf, ich glaube, uns wird heut noch heiß genug. Umsonst hat man uns nicht vorgeholt. Irgend etwas ist doch wieder im Gange. Etwas, wozu sie uns Pioniere brauchen..."

Frey kommt von der Besprechung zurück, läßt den Zug im Halbkreis versammeln.

„Herhören!" Seiner Stimme ist zu entnehmen, daß etwas Besonderes bevorsteht. Der Feldwebel fährt fort: „Wir liegen hier im Vorfeld von Werk 240. Unsere Kompanie greift morgen zusammen mit einer Infanteriekompanie diese Befestigung, ein Nebenwerk der Hochwaldfeste, an. Wir haben ja nun schon Erfahrung im Bunkerkampf, aber diesmal geht es gegen ein richtiges großes Werk. Die Einzelheiten des Angriffs werden noch befohlen. Jedenfalls hat unser Zug sofort mit einem Spähtrupp gegen das Werk aufzuklären und möglichst genaue Angaben zu den bisherigen Erkundungsergebnissen zurückzubringen. Wer geht mit? Ich führe den Spähtrupp selbst, brauche fünf Freiwillige."

Zunächst meldet sich nur der Obergefreite Sänger, bis Fendt seinen Kameraden anstößt.

„Machen wir. Erheb dich, Kleiner, die Freiwilligen sind scheinbar dünn gesät."

Als Frey seine fünf Leute beisammen hat, ziehen sie im Eilmarsch los. Sie haben nur ein paar Handgranaten und Pistolen eingesteckt, alles andere, Waffen, Stahlhelme, Gepäck, bleibt zurück.

Sie folgen der Straße noch ein gutes Stück, biegen in einen ausgefahrenen Feldweg ein, stapfen als kleine, schemenhafte Reihe durch einen feuchten Wiesengrund und gelangen an ein lichtes Wäldchen.

Frey bleibt am Waldrand stehen, duckt sich nieder. Die hinter ihm kommenden Landser folgen seinem Beispiel und halten automatisch an.

„Ein Mann zu mir", flüstert der Feldwebel. Wenn sie auch noch ziemlich vom Werk entfernt sind, ist es doch nicht sicher, ob nicht irgendwo im Vorgelände französische Posten liegen.

Der Herangerufene zieht seine Feldbluse aus, hält sie vor die Taschenlampe, die Frey anknipst. So geschützt, wirft der Feldwebel einen raschen Blick auf die flüchtige Skizze, die ihm der Kompaniechef mitgegeben hat. Sie sind richtig. Noch durch das Wäldchen, dann muß vor ihnen das Werk liegen.

Sichernd pirschen sie zwischen den Stämmen hindurch, während im Osten schon ein lichter Streif den jungen Tag ankündigt. Das Wäldchen geht zu Ende, und nun liegt ein leicht ansteigender Hang vor ihnen. Ein grüner, harmloser Hügel, von teilweise ausgerissenem Draht umzäunt. Ein durchaus friedliches Bild.

Die sechs Männer sinken ins Gras, starren atemlos hinüber. Nichts ist zu hören, kein Schuß fällt, nichts, aber auch gar nichts ist zu sehen. Oder doch. Drei graue Gestalten, die reglos vor dem Drahtverhau liegen. Drei Infanteristen, die gestern abend bei einem Erkundungsvorstoß gefallen sind. Und nun ist das Bild auf einmal nicht mehr so friedlich. Dort vorn wartet gut gedeckt und getarnt, tief in die Erde eingebaut, der Feind.

Frey zeigt mit der Hand in verschiedene Richtungen. „In einer Stunde wieder im Wäldchen", raunt er. „Bis dahin wird uns der aufkommende Frühnebel decken."

Gewandt schleichen je zwei Männer nach links und rechts davon, verschwinden im hohen Gras. Sie sollen das Werk von den Seiten und vom Rücken her erkunden.

Behutsam hebt Frey sein Glas. Aber was nun geschieht, das könnte er auch leicht ohne Glas erkennen. Ganz aufgeregt stößt Sänger hervor: „Da, Herr Feldwebel, da — sehen Sie!"

Drüben auf dem friedlichen Hügel taucht plötzlich wie hervorgezaubert aus dem Grün ein schwarzer Panzerturm auf, späht sekundenlang ringsum in die Gegend und verschwindet ebenso plötzlich wieder, wie vom Erdboden verschluckt. Gleich darauf schießt in Sekundenschnelle ein zweiter, größerer Panzerturm in die Höhe. Ein kurzes, dickes Stummelrohr wird sichtbar, das sich gegen irgendwelche Ziele richtet, knallend abfeuert, noch einmal schießt, um dann ebenso rasch wieder wegzutauchen.

Das sind sie also, die Panzertürme vom Werk 240, die sich da gegen die Deutschen richten, die das Werk bereits eingeschlossen haben.

„Wir müssen näher heran, wir müssen auch versuchen, die Anlagen der Nahverteidigung festzustellen“, murmelt Frey vor sich hin.

Er schiebt sich auf allen vieren durch das nasse Gras. Paul Sänger windet sich wie eine Schlange hinterdrein. Der Frühnebel, der in leichten Schleiern über den Wiesen liegt, deckt sie.

Noch 50, noch 40, noch 30 Meter...

Sie kriechen durch eine Lücke im Drahtverhau, bis sich ein schrägbetonierter Graben vor ihnen auftut.

„Also auch durch einen Panzergraben sind sie gesichert“, murmelt Frey.

Er zeichnet mit eilig hingeworfenen Bleistiftstrichen den ungefähren Umriß des Werkes, die Lage der beiden Panzerkuppeln, zu denen noch eine dritte erkannt wird, den Verlauf des Panzergrabens. Er hebt zentimeterweise den Kopf und entdeckt eine schmale, schwarze Öffnung im Hügel und dann noch eine. Auch Sänger hat zwei Scharten erkannt, die ihnen lauernd entgegenstarren.

Noch ein paar Striche, kurz die Entfernungen geschätzt, die Winkel berechnet und die vermutlichen Feuerräume überschlagen, dann kriechen sie zurück.

Der Morgennebel, der schon ihr Vorgehen deckte, schützt auch ihren Rückweg. Ungehindert treffen sie im Wäldchen ein. Nur einmal pfiff eine MG-Garbe hoch über sie hinweg. Kaum anzunehmen, daß sie gemeint waren. Da mußte wohl irgendein nervöser Posten der Werkbesatzung am Abzug gespielt haben.

Nach kurzer Zeit kommt auch der linke Trupp. Nur der rechte, der aus Fendt und Baumgartner besteht, läßt auf sich warten.

„Wo die Kerle nur bleiben? Geschehen kann doch nichts sein, sonst hätte man Geschieße gehört.“

Vor Ungeduld beißt Frey auf den Fingernägeln herum. Es wird höchste Zeit, wenn sie noch rechtzeitig bei der Kompanie eintreffen wollen, die die Meldungen weitergibt.

Endlich tauchen die beiden auf, keuchend vor Anstrengung. Sie hatten bis an die Rückseite des Werkes den weitesten Weg.

„Menschenskinder, ist das ein Ding“, japst Fendt. „Das erkennt man erst, wenn man von hinten kommt. Da ist der halbe Hang abgegraben, und breite, dicke, getarnt gestrichene Mauern lassen erkennen, wie groß der ganze Kasten in den Hügel gebaut ist. Auch einen Zugang haben sie da, der durch einen Graben mit richtiger Zugbrücke geschützt ist.“

Der Feldwebel zeichnet auch diese Meldungen noch in seine Skizze. Im Eilmarschtempo geht es zur Kompanie zurück.

Es ist 05.00 Uhr morgens. Die hochgestiegene Sonne steht wie eine blaßrote Kugel im morgendlichen Dunst.

Noch zwei Stunden bis zum Angriffsbeginn.

*

Es ist der 21. Juni, als sich eine deutsche Kampfgruppe wieder zum Sturm bereitmacht. Diesmal gilt der Angriff einem Nebenwerk der Festung „Hochwald".

Das schwere Panzerwerk „Hochwald" selbst liegt genau südlich Lembach auf einem etwa 500 Meter hohen Waldrücken. Dieses Werk, das zu einer der größten und modernsten Befestigungen der ganzen Maginotlinie zählt, hat bisher schon mit seiner weittragenden Artillerie flankierend in den Kampf um die Anlagen eingegriffen. Aber trotz starken Beschusses und wiederholter Stuka-Anflüge hat „Hochwald" noch nicht gelitten, ist noch voll kampfkräftig. Jetzt soll es Zug um Zug zu Fall gebracht werden. Und begonnen wird mit dem Nebenwerk 240.

Werk 240!

Da liegt es auf einem kahlen, grünen Hügel mit sanften Wiesenhängen. Aber wenn man durch die Gläser blickt, hinter den Scherenfernrohren sitzt, dann sieht man, daß dieser Hügel lebt, sieht seine auftauchenden, feuernden, wieder verschwindenden Panzertürme. Nun haben die Meldungen der angesetzten Infanteriespähtrupps, zuletzt der Pioniere, ein ziemlich genaues Bild der Lage und der Anordnung der Einzelanlagen gebracht.

Die schwere deutsche Artillerie steht hinter schützenden Waldstücken, hinter Höhenrücken, in Dörfern und Senken. Die Nahkampfartillerie ist feuerbereit, vorgezogene Pak und Flak warten.

Und wieder hämmert der vorbereitende deutsche Feuerschlag los. Die Rohre richten sich auf das Werk, das — vollkommen in Grün gekleidet — so geschickt und gedeckt getarnt ist, daß auch das letzte Stückchen grauer Beton und blinkender Stahl verschwunden sind. Aber die Panzerkuppeln sind bekannt. Und gegen sie wird sich das Feuer der Nahkampfartillerie richten, während die Pak zum Schartenbeschuß eingeteilt ist.

Systematisch wird von den schweren Granaten auf das Werk eingeschlagen. Stukas kommen. Schwerbeladene Ketten nähern sich von Norden, kreisen um das Ziel, setzen röhrend zum Sturz an. Schwerste Bomben torkeln herab, reißen gewaltige Krater aus dem Erdreich über der gepanzerten Festung. Rötlichbrauner Staub und Dampf stehen in riesigen Fahnen verwehend gegen den Morgenhimmel. Drahtverhaue fliegen wie weggeblasen durch die Luft, Sperren aus Stahlschienen werden zu grotesken Knäueln verbogen, der betonierte Panzergraben wird an verschiedenen Stellen zum Einsturz gebracht.

Die Stukas fliegen ab. Am weit auslaufenden südlichen Hang stoßen sie noch einmal tief herab. Aber es fallen keine Bomben mehr. Dort unten liegt das ausgebrannte Gerippe einer Maschine, der die Flak aus „Hochwald“ vorgestern die Tragflächen zerschossen hat. Ihr Hinabstoßen ist der letzte Gruß an die toten Kameraden.

Zusammen mit den Infanteristen treten die Pioniere an. Doch als die Kompanien nun in einzelnen Stoßtrupps zum Angriff vorgehen, da scheint auf einmal die Erde lebendig zu werden. Wo heute in den ersten Morgenstunden noch friedliche Wiesen und sanftgeneigte Hänge lagen, da wachsen nun unheimliche schwarze Höcker aus dem Boden. Es ist, als ob eine riesige Faust im Innern der Erde sich balle und ihre eisernen Knöchel nach oben strecke.

Aus den anfangs erkannten drei Panzerkuppeln sind nun zwölf geworden, darunter eine Anzahl kleinerer. Aus ihnen bricht den Anstürmenden tödliches Feuer entgegen. Die stählernen Pilze werden ausgefahren, schnellen hoch, schießen und tauchen wieder in die schützende Tiefe.

Werk 240 schießt aus allen Rohren, und in sein höllisches Konzert stimmen auch die benachbarten Befestigungsanlagen mit ein.

Der Angriff bricht von einer Minute zur anderen zusammen, noch ehe die Angreifer bis zum Drahtverhau gekommen sind.

Die Nahkampfartillerie tritt in Aktion. Ihre Rohre zeigen auf die Panzerkuppeln. Als beim nächsten Abschuß drüben wieder einer der Panzertürme auftaucht und die 7,5-cm-Kanone abfeuert, kommt sofort die Antwort. Mündungsknall und Aufschlagskrach der deutschen Granaten vereinen sich zu einem einzigen brüllenden Laut. Der Turm ist getroffen. Er schweigt, kommt nicht mehr zum Vorschein.

Die Besatzung in den unterirdischen Räumen und Kasematten hat begriffen, welch ein gefährlicher Feind draußen steht. Blitzschnell fahren der zweite und dritte Geschützturm aus.

Ein Treffer schlägt in die Bedienung eines deutschen Nahkampfgeschützes. Die anderen, die frei und offen gegen die gepanzerten, versenkbaren Geschütztürme stehen, feuern zurück.

Minutenlang spielt sich ein Duell auf Leben und Tod über größere Entfernung ab. Neue Verluste treten an den deutschen Geschützen ein, aber die Bedienungen weichen nicht. Sie setzen auch den zweiten Turm außer Gefecht. Und nach einer halben Stunde steht auch die letzte große Panzerkuppel halb ausgefahren, hilflos von der Wucht der einschlagenden Granaten festgeklemmt. Eine Beobachtungskuppel ist geborsten.

Werk 240 hat keine Artillerie mehr, hat seine stärkste Waffe verloren. Jetzt gehen Hilferufe an „Hochwald“, das unterstützen soll. Und das Hauptwerk unterstützt.

Wieder fliegen Sturzkampfflugzeuge an, laden Zentnerlasten an Sprengstoff über „Hochwald“ ab. In ganzer Breite und Länge, kreuz und quer, wird der Höhenrücken aufgewühlt und umgepflügt. Stundenlang heulen die Ju 87 stürzend in die Tiefe. Neu ankommende Maschinen ziehen auf

Angriffshöhe hoch, um dann eine nach der anderen hinabzustürzen. Bombe auf Bombe fällt. Das Donnern reißt nicht mehr ab, bis „Hochwald“ das Feuer einstellt.

Ein neuer Vorstoß wird gegen „240“ angesetzt. Aber auch er bleibt im Draht noch vor den Scharten liegen und kommt nicht weiter.

Die Sonne steht schon hoch am Himmel. Den ganzen Morgen über haben schwerste Stuka-Bomben, schwere Geschütze und Nahkampfartillerie im direkten Beschuß dem Gegner unter seiner Erd-, Beton- und Panzerdecke das Dasein zur Hölle gemacht.

Nun werden Pak und Infanteriegeschütze im Mannschaftszug vorgeschleppt. Hinter die Schutzschilde gekauert, liegen die Bedienungen mitten im Toben und Krachen des Kampfes. Ihre Granaten schlagen die ersten Breschen und setzen verschiedene schwere MG in den kleinen Panzerkuppeln außer Gefecht.

Infanterie und Pioniere brechen zum dritten Sturmversuch vor. Sie springen von Trichter zu Trichter, reißen sich durch rostiges Drahtgewirr, die vordersten Trupps rutschen die eingeschossenen Böschungen des Panzergrabens hinab, klettern auf der anderen Seite wieder heraus, gelangen da und dort schon bis an die Scharten. Aber wieder flammt, blitzt zuckt und knattert es aus allen Schlitzen, Luken und Ausschußöffnungen.

Werk 240 wehrt sich aus allen Ritzen.

Das feindliche Feuer stoppt jeden weiteren Ansprung. Fünf Minuten später greift auch „Hochwald“ wieder ein. Man sieht, wie die als Abpraller geschossenen Granaten zehn, zwanzig Meter über dem Hügel zerplatzen, einen bösartigen, schwarzen Rauchkringel in der klaren Mittagsluft zurücklassend. Eisen- und Stahlsplitter regnen auf die Stürmer herab.

Zurück! — Zurück!

Funk ruft abermals die Stukas. Ein Artillerieaufklärer kreist über den umkämpften Werken.

Nach zwanzig Minuten kommt von Osten her die nächste Staffel und setzt zum Sturzflug an. Das ganze Werk verschwindet in Rauch und Qualm, haushoch werden Erd- und Steinbrocken geworfen. Der Beton an vielen Stellen von der Erde freigelegt. Unaufhörlich regnet es Bomben. Immer wieder heulen die kippenden Maschinen aus der Höhe steil in die Tiefe. Deutlich sind die fallenden Bomben mit bloßen Augen zu sehen. Feuer und Rauch springen zu hohen Säulen auf.

Wieder sammelt die Infanterie zum Sturm, erklettert zusammen mit den Pionieren gebückt unter der Last der Nahkampfwaffen, Explosivstoffe und Sprengmittel, Handgranaten in den Stiefelschäften und wurfbereit in den Fäusten, die inzwischen in Geröllhalden mit Drahtgewirr verwandelten Hügelhänge. Wieder fallen Männer. Aber die anderen geben in dieser Feuerhölle nicht nach.

Und diesmal gelingt es.

Schwere Maschinengewehre versuchen, feuerspuckende Schießscharten durch Punktfeuer niederzuhalten.

Pioniere setzen ihr Leben ein, um geballte Ladungen und andere Sprengmittel an restlichen MG-Kuppeln anzubringen.

Infanteriestoßtrupps gehen in Zickzacksprüngen den auf zwanzig Meter tackenden MG aus dem Weg, unterlaufen deren Feuer, sitzen schon auf der Höhe. Die Detonationen der geballten Ladungen hallen schütternd durch den Nachmittag. Scharte um Scharte, Schacht um Schacht, Kuppel um Kuppel wird niedergekämpft.

Noch aber hält sich Werk 240.

*

Wieder ertönt in „Hochwald" ein Signal.

„Feuerbereitschaft!"

Der elektrische Munitionsaufzug ist hochgekommen. Die Sprenggranaten werden von Nummer vier und fünf der Bedienung an die Geschütze gehoben. Die Granaten verschwinden in den Rohren.

Das Telefon schnurrt. Eine Stimme quäkt:

„Achtung — Schieber links zehn — Entfernung elfhundert!"

Pierre Russac auf seinem Richtsitz neben dem Rohr hat die Ärmel hochgekrempelt. Es ist stickig heiß unter der gewölbten Stahlglocke.

Und was sie alle in diesem Moment noch nicht wissen und selbst Leutnant Vernieul nicht, das weiß der Offizier im Artillerie-Leitstand. Sie schießen nach rückwärts, obwohl die ganze Werk-Artillerie kaum darauf eingerichtet ist und niemand mit diesem Fall gerechnet hat. Die Deutschen sind im Rücken der Werkgruppe aufgetaucht und greifen Werk 240 an.

Die Befehlsübermittlung klappt wie immer. Tiefes, gleichmäßiges Summen und Brummen. Der schwere Stahlklotz kommt in Bewegung, gleitet nach oben, die Panzerkuppel taucht auf.

Ein neues Signalzeichen schlägt an: Feuer!

Zwei scharfe, hämmernde Schläge, die von den Kuppelwänden widerhallen, daß man glaubt, die Trommelfelle müßten platzen. Der Luftdruck verzerrt einen Moment die Gesichter.

Die Geschützrohre sind beim Abschuß vorgefahren, verschwinden wieder in der Kuppel. Leise zischend kommen die Rohre in die Panzerung zurück und werden durch die Rücklaufvorrichtung abgebremst.

Neue Signale. Der Turm senkt sich wieder in die Tiefe, hält an.

Jetzt preßt der Beobachter die Augen ans Okular, um die Einschläge zu suchen und zu kontrollieren. Gleichzeitig ist die kleine Kuppel des Artillerieoffiziers ausgefahren.

Im Turm werden die Verschlüsse aufgerissen. Stinkender, beißender Pulverdampf fährt heraus, wird abgesaugt. Die leergeschossenen Kartuschen klirren beiseite auf die Eisenplatten.

Mit hartem Knacken speit der Munitionsaufzug aus den Tiefen Granaten und Kartuschen aus. Sehnige Arme heben die tödlichen Lasten an —

ein Schwung — ein Stoß, die Granaten sitzen in den Rohren, die Kartuschen dahinter. Kein Wort wird gesprochen, jeder der Männer kennt seine Aufgabe, seine Tätigkeit, seinen Handgriff.

Frossard wirft den Verschluß zu. Leise surrt die Lüftungsanlage.

Sie sehen nichts, sie schießen blind, sie feuern nur nach Angaben.

Jetzt schreit Broussier von einem Apparat neue Schußwerte herüber. Gleich darauf kann Vernieul, der an einem anderen Telefon hängt, an den Artillerie-Leitoffizier melden:

„Fertig!"

Klingelzeichen. Hoch der Turm — Feuer! — Abschüsse. Jaulend ziehen die Granaten davon.

Korrekturen. Befehle, übermittelte Entfernungs- und Richtungsangaben, neues Einstellen.

Feuer — Feuer nach rückwärts! Zur Unterstützung von Werk 240.

Mit verzerrten, pulvergeschwärzten Gesichtern, aus denen weiß die Zähne blecken, starren sich die Männer an.

Die Deutschen sind durch. Sie sind in ihrem Rücken. Und keine Reserven kommen. Und keine Gegenangriffe werfen die Angreifer zurück.

*

„Rechts halten, Herr Feldwebel! Rechts auf den Werkeingang zu!"

Der schrille Schrei kommt von dem Gefreiten Fendt. Er hat zusammen mit Baumgartner an diesem Morgen die Erkundung in den Rücken des Werkes 240 geführt und war dabei auf den Eingang gestoßen.

Diese 80 Meter werden ein ewigkeitslanger Weg durch die Hölle eines sich gegenseitig kreuzenden Feuerhagels aus zwei, drei versteckten Maschinengewehren.

Frey macht den nächsten Sprung. Und mit ihm springen Franzius, Kolbe, Fendt, Sänger und die anderen. Aber noch mitten im Sprung wirft sich Sänger steil hoch, als wäre er gegen eine unsichtbare Wand gerannt. Er streckt die Arme aus, sucht sich mit den krallenden Händen an irgend etwas festzuklammern, fällt dann ohne einen Laut vornüber. Das feindliche Geschoß muß ihn direkt ins Herz getroffen haben.

Feldwebel Frey hatte den Tod des Kameraden und treuen Begleiters nicht gesehen. Im gleichen Augenblick, als die Geschoßgarbe heranfuhr, liegt er auf der Erde, keine drei Meter von Fendt entfernt. Unter dem schiefgerutschten Stahlhelm sieht er dessen schmerzverzerrtes Gesicht.

„Mich hat's erwischt, Herr Feldwebel", ächzt der Gefreite, „das linke Bein." Seine mühsam hervorgestoßenen Worte gehen in unterdrücktes Wimmern über.

Frey kriecht auf Fendt zu, der ihn mit großen, hilfesuchenden Augen flehend anblickt. Das linke Hosenbein über dem Knie ist aufgefetzt, ein hellroter Blutstrahl stößt ruckartig aus der Wunde, färbt das Hosenbein mit einem immer größer werdenden dunklen Fleck.

Durchschuß — Schlagader aufgerissen! denkt Frey erschrocken.

Fieberhaft nestelt er in den Taschen herum, holt sein Klappmesser heraus, zerteilt mit ein paar raschen Schnitten den Stoff. Eine Schnur, etwas zum Abbinden, ehe Fendt verblutet. Woher denn nur nehmen? — Warm läuft ihm das Blut des Kameraden über die Hände, der ohnmächtig geworden ist. Da fällt ihm ein: die Rolle weißes Trassierband für Minengassen, die er im Brotbeutel hat.

Im Liegen hantiert er herum, schneidet ein Stück ab, bindet es oberhalb des Einschusses um den Schenkel, zieht mit zusammengebissenen Zähnen zu, so fest er nur kann, macht einen Knebel.

Dann kniet er hin, sucht in den Rocktaschen des Verwundeten nach den Verbandpäckchen und wickelt mit schnellen Griffen die weißen Binden um das getroffene Bein. Als es rot durch den Verband dringt, nimmt er noch ein eigenes Verbandpäckchen dazu.

So verbindet Feldwebel Helmut Frey halb aufgerichtet, mitten im feindlichen Feuer, seinen schwerverwundeten Kameraden. Zuletzt nimmt er den Karabiner, den Fendt trug, bindet sein Taschentuch daran und steckt das Gewehr mit dem Lauf in die Erde. So ist er sicher, daß die nachfolgenden Sanitäter den Gefreiten gleich finden werden.

Noch ein letzter, abschiednehmender Blick, dann kriecht Frey weiter.

Ununterbrochen toben und wettern die Geschoßgarben kreuz und quer. Ein Stück hinter ihm schreit schon wieder einer grell auf. Das könnte der Stimme nach Unteroffizier Franzius sein.

Frey knirscht vor Wut und Erbitterung mit den Zähnen. Noch einmal zurück? Und noch einmal anstürmen? Nein, diesmal lassen sie nicht nach.

Verbissen kriecht er vorwärts. Und seine Männer mit ihm. Aber auch der Gefreite Wüstendörfer ist nicht mehr mit dabei.

Unbeirrt, trotz des peitschenden, stählernen Hagels, kriecht und robbt der kleine Trupp weiter, arbeitet sich Meter für Meter von rückwärts an „240" heran. Zwei der Verwegenen werden noch getroffen— die anderen aber erreichen eine vorspringende Ecke der rückwärtigen Werkmauer und drücken sich in einen geschützten toten Winkel.

Sie sind am Werk.

Atemlos, ausgepumpt halten die Pioniere ein, bleiben für Minuten wie willenlos liegen. Dieser vierte Ansturm hat ihnen das Letzte abverlangt.

Der Feldwebel sieht zurück, hinaus auf das von Trichtern durchwühlte Vorgelände des Werkes, in dem zwischen zerrissenem Draht und schiefgereckten Eisenpfählen so viele graue Häufchen liegen, still und stumm für immer: die Infanteristen und Pioniere, die beim Sturm gefallen waren.

Es war ein schwerer, arg schwerer Weg bis hierher, und viele sind ihn nicht zu Ende gegangen. Aber die anderen, die es geschafft haben, die sind nun heran und sitzen Werk 240 an der Kehle. Oben, auf der Werkdecke sind nun schon die Zurufe eigener Leute zu hören, und an der Stirnseite krachen die ersten Ladungen.

Sein kleines Häuflein pirscht sich vorsichtig weiter, eng gedrängt entlang der Betonwand, die in einem scharfen rechten Winkel zurückspringt. Sekunden später stehen sie auf der Eingangsseite, erblicken ein tiefes, ausbetoniertes Grabenstück, das sich quer von der einen bis zur anderen Ecke der zurückgesetzten rückwärtigen Mauerfront zieht. Wenige Meter hinter dem Graben ist das Stahlgitter der ersten Tür des Haupteinganges.

Sie werfen sich instinktiv nieder, beobachten lauernd. Aber nichts rührt sich. Still und verlassen liegt der Eingang, der in schwarze Finsternis führt.

Frey atmet tief auf. Sie haben es geschafft. Aber wie nun hineinkommen, die Besatzung zur Übergabe zwingen?

„Das kriegen wir auch noch", meint Baumgartner zuversichtlich. „Wir werden uns gleich mal anmelden und kräftig anklopfen."

Er kneift das linke Auge zusammen, zielt sorgfältig, wiegt die wurfbereite Handgranate weit ausholend hin und her — wirft. Doch die Handgranate fällt nicht durch die Stäbe sondern prallt ab und bleibt vor dem Eingang liegen.

„Flasche", stößt Weingart heraus.

Aber da kracht schon die Detonation. Der Augenblick ist günstig. Unteroffizier Kolbe hat es erfaßt und läßt sich in den Graben gleiten, hinter ihm Frey und die anderen. Unten auf der Betonsohle bückt sich Kolbe, und die Kameraden stemmen sich auf seinem Rücken die andere Wandseite hoch. Jetzt stehen sie unmittelbar vor der ersten Gittertür. Unheimlich gähnt ihnen das Dunkel dahinter entgegen.

Frey formt die Hände zu einem Schalltrichter vor den Mund, schreit abgehackt in das Innere: „A bas les armes! Ici des soldats allemands!" (Legt die Waffen nieder! Hier sind deutsche Soldaten). Dumpf wie aus einem Grab hallt die Stimme zurück. Drinnen herrscht tödliche, eisige Stille. Dann sind erregte Worte zu hören, eine scharfe, befehlsgewohnte Stimme, die dazwischenfährt.

In diesem Augenblick kommt die Antwort. Ein leichtes Maschinengewehr hackt aus einer der Schießscharten, die an den Seiten angebracht sind, um auch den Werkeingang mit Feuer bestreichen zu können. Die Garben des zum Schutz des Eingangs eingebauten MG schlagen gegen ein Gewirr von verbogenen Drähten. Geschosse prallen ab, jaulen als Querschläger davon.

Frey, der am weitesten vorn stand, spürt einen heftigen Schlag, der seine Hüfte trifft. Er taumelt, preßt die Hand gegen die getroffene Stelle, knickt in die Knie. Halb an die Mauer hingesunken, befiehlt er gepreßt in abgerissenen Sätzen:

„Je zwei Mann an die Scharten links und rechts — sprengen, schnell — ehe sie uns hier zusammenschießen — ein Mann zurück — Meldung, daß wir am Eingang liegen — Verstärkung holen ..."

Unteroffizier Kolbe robbt schon bis unter die linke Eingangsscharte, während Hintze mit dem umgehängten MG aus geduckter Stellung Punktfeuer auf die Scharte schießt. Der Unteroffizier macht mit fliegenden Händen die Sprengladung scharf, hebt sich halb hoch und schiebt mit geübtem Schwung die Kiloladung in die schmale Scharte, ehe sie noch von innen die Blende zuschlagen können.

Hohl wummert die Detonation durch die meterdicken Wände. Stinkender, schwarzer Qualm wölkt aus der Scharte. Entsetzte Schreie sind zu hören — das Getrappel von Stiefeln auf hartem Betonboden — Stille. Auch die linke Luke wird durch den Gefreiten Köberle gesprengt, noch ehe der Gegner dort zum Schuß gekommen ist.

Infanteristen kommen angeschlichen, werden herbeigewinkt. Ein junger Leutnant übernimmt den Befehl, läßt den ganzen rückwärtigen Eingang abriegeln und nach allen Seiten sichern.

Dankbar drückt er dem durch Hüftschuß verwundeten Frey die Hand. „Sie waren mit Ihrem Trupp der erste hier — haben uns den Weg gebahnt. Jetzt haben wir das Werk an der empfindlichsten Stelle."

Matt nickt der Feldwebel. „Aber um welchen Preis, Herr Leutnant — um welchen Preis!"

Eine Pak wird herangeschoben und vor dem Gittertor in Stellung gebracht. Die Pioniere ziehen sich vom Eingang zurück. Der Feldwebel wird behutsam über den betonierten Graben gehoben.

Das Rohr der Pak richtet sich gegen die Hauptpforte, setzt scharf aufbellend ihre Granaten gegen die Gittertür, die zerfetzt auffliegt. Der Peitschenhieb der Panzergranaten schlägt gegen das Eisentor dahinter, reißt es aus den Angeln. Der ganze Eingang ist in dicken Staub- und Rauchschwaden verschwunden. MG-Feuer jagt in das Werkinnere, richtet sich gegen neu erkannte, dunkle Öffnungen. Ein Infanteriehauptmann ist nun da und leitet den Kampf gegen die rückwärtige Werkseite. Es dauert nicht mehr lange.

Werk 240 gibt auf.

Von tief drinnen werden Laute hörbar. Der Hauptmann läßt das Feuer einstellen. Gespannt, noch immer schußbereit, warten und lauern die Pioniere, die Infanteristen und Panzerjäger.

Da erscheint in der schwarzbrandigen Pforte im verziehenden Betonstaub eine stolpernde, rauchgeschwärzte Gestalt. Ein französischer Offizier ist es, der direkt der Hölle entronnen scheint. Er schwenkt einen grauen Fetzen, der wohl ein weißes Tuch darstellen soll.

Die Brücke über den Graben fällt.

Der Franzose taumelt, wankt, kneift die Augen im hellen Sonnenlicht zusammen, sieht sich verstört um — dann erkennt er die Deutschen. Seine Gestalt strafft sich; er reißt sich zusammen. Kerzengerade aufgerichtet kommt er mit schnellen Schritten auf den Hauptmann zu, bietet in klaren deutschen Sätzen im Auftrag seines Kommandanten die Übergabe des Werkes an.

Kurze Verhandlung, der Franzose verschwindet wieder. Eine längere Zeitspanne vergeht. Dann taucht er erneut auf, an der Spitze eines langen

Zuges khakifarbener Soldaten, die verschmutzt sind, mit versengten Haaren und Augenbrauen, mit vor Ruß und Pulverdampf schwarzen Gesichtern, viele mit durchbluteten Verbänden. Hinterher werden die Schwerverwundeten getragen, eine lange Reihe auf schwankenden Tragen. In guter Ordnung zieht die Besatzung aus, wird zur Seite gewiesen, wo die Franzosen ins Gras sinken und erst einmal gierig die frische Luft atmen.

Ganz zuletzt erscheint noch ein einzelner Mann, gebeugt, mit hängenden Schultern. In dem grauen Gesicht des Capitaines (Hauptmanns) zuckt es vor verhaltener Erregung. Schleppend geht er auf den Hauptmann zu, bleibt fünf Schritte vor ihm stehen, salutiert und meldet soldatisch kurz. Es ist der Kommandant des Werkes. Nun kommt niemand mehr. Was jetzt noch im Werkinnern ist, ist tot.

Der Deutsche hat die Hand zum Stahlhelm genommen, hört schweigend die Meldung an — macht ein paar rasche Schritte auf den Franzosen zu und reicht ihm die Hand. Zwei Gegner, die als ritterliche Soldaten gekämpft haben, zollen sich gegenseitig Achtung.

Eine halbe Stunde später schaukeln schon die Sankas (Sanitätswagen) an. In den ersten wird auch Feldwebel Helmut Frey verladen. Ehe die beiden Flügeltüren hinter ihm zuschlagen, sieht er noch einmal zurück auf Werk 240 — einen großen Wiesenhügel, von dem allein sichtbar die rückwärtige Mauer mit dem Haupteingang aus und über die Erde ragte. Alles andere war bis zu dreißig Meter tief in den Boden vergraben.

Über hundertfünfzig Stufen ging es hinab in die Tiefe, wo insgesamt hundertvierzig Mann Besatzung hausten. Aber das wußte Frey zu dieser Zeit noch nicht, und er kam auch nie mehr dazu, seinen Weg in das erstürmte Werk zu nehmen.

Aber er hörte noch die langgezogenen Rufe „Sammeln!“ Und er sah im abfahrenden Sanka, wie sich aus Löchern und Trichtern rings um und auf dem Werk die feldgrauen Gestalten erhoben, die Uniformen zerrissen, von den Betonsprengungen überpudert, die Gesichter verdreckt von Staub und Rauch, die Hände zerschunden vom Stacheldraht.

Wieder war ein Bollwerk der Maginotlinie gefallen.

*

Im Hauptwerk „Hochwald“ kommt es zum fortgesetzten Feuerkampf mit den schweren deutschen Batterien, die die Festung übergabereif schießen wollen. Aber die Besatzung gibt nicht auf.

Die Deutschen haben sich eingeschossen. Die Franzosen in „Hochwald“ an den Geschützen sehen es nicht, aber Beobachter unter ihnen erkennen, wie die aufspritzenden Einschläge näher und näher um die Panzerkuppeln hochwachsen. Kaum fährt ein Turm aus, liegt er schon umkränzt von schweren Granatsalven. Der Feuerkampf mit der Belagerungsartillerie wird immer härter.

In Turm II, an dessen Kanone auch Pierre Russac steht, hören sie, wie eisenschrammend die Sprengstücke von der Stahlhaut ihrer Kuppel abprallen.

Beim übernächsten Hochtauchen schlägt es mitten oben auf die Panzerdecke, daß es im Turminneren wie von riesigen Glocken widerhallt. Und noch einmal schlägt es dicht daneben ein.

Dem Beobachter unten ist vor lauter hochgeschleudertem Dreck und wallenden Detonationswolken die Sicht genommen.

Oben sehen sie sich entgeistert an. Das Klingelsignal zum Einfahren bleibt aus. Der Turm steht fest und rührt sich nicht mehr.

„Ruhe bewahren! Es kann nichts passieren. Nur eine technische Störung." Das ist Vernieuls Stimme.

Aber es ist keine technische Störung, und sie werden gleich merken, daß sie in ihrer dicken Stahlkuppel nicht unverwundbar sind.

Krächzend spricht Vernieul in den Apparat.

„Schaltung und Schwenkwerk versagt!" kommt es zurück. „Der Turm muß durch Volltreffer verklemmt sein, läßt sich nicht mehr bewegen."

Die Stimme aus der Tiefe des Schaltraumes hat kaum geendet, als ein heller Feuerschein vor den Ausschußöffnungen der Geschütze hochspringt. Splitter fahren gellend durch die Kuppel, schlagen und hacken in die Stahlwände. Beizender Rauch streicht herein.

Einer schreit hoch und grell. Ein anderer stöhnt jammernd. Frossard ist zusammengeknickt und bewegt sich nicht mehr. Eine dunkelrote Blutlache sammelt sich auf den Eisenplatten des Bodens. Pierre hat einen scharfen, stechenden Schmerz gespürt — ein scharfgezackter Eisensplitter hat ihm die Schulter zerschlagen. Vor seinen Augen wird es schwarz und finster, dann sinkt er von seinem Sitz.

„Alles den Notausstieg benützen!"

Schon heult die nächste Salve heran. Der Beobachter, der mit blutunterlaufenen Augen an seiner Optik klebt, erkennt, als der Rauch sich verzogen hat, daß ein schwerer Treffer durch die Panzerkuppel des Artillerie-Leitstandes gefahren ist.

„Batterieoffizier tot! E-Messer ausgefallen!"

Als Leutnant Vernieul im Bereitschaftsraum seine Bedienung sammelt, fehlen drei Mann. Zwei Verwundete haben sich noch selbst herunterschleppen können. Frossard muß gleich tot gewesen sein. Auch Pierre hat es anscheinend schwer erwischt. Aber Broussier, wo ist Broussier?

Broussier kommt lange nicht. Doch dann taucht der Sergeant auf. Er schleppt über seiner Schulter eine Gestalt mit baumelndem Kopf und pendelnden Armen. Und dieses Bündel Mensch ist Pierre Russac.

Als er im Lazarett nach der Narkose erwacht, fühlt er sich zuerst frei und ohne alle Schmerzen. Dann spürt er jedoch den dicken Panzer des Verbandes um seinen Oberkörper. Er sieht andere Verwundete links und rechts neben sich auf den Holzpritschen und hin und her eilende Sanitätssoldaten. Es riecht nach Schweiß, Äther, Blut und Karbol in dem tief unter der Erde liegenden Raum.

Pierre sucht sich aufzurichten, sinkt stöhnend wieder zurück. Der Schmerz in seiner Schulter ist wieder da und überfällt ihn in wilden, zukkenden Wellen.

In die Tiefe herab dringt das entfernte Brummeln von Abschüssen. Die Festung „Hochwald“ wehrt sich noch. Sie feuert, obwohl ihre Panzertürme zerschossen werden, obwohl es ununterbrochen über den Köpfen der Besatzung donnert und kracht und sich meterlange Risse im Beton zeigen.

Dennoch hält die Festung stand — bis zur letzten Stunde.

„Hochwald“ wird nicht kämpfend niedergerungen.

*

Kampf um die schwersten Befestigungen, die Großwerke der Maginotlinie.

Da lagen sie wie unheimlich, bösartige Riesentiere aus grauer Vorzeit: kahle Hügelrücken mit kaum erkennbaren Erhöhungen nach vorn und den Seiten und mit mächtigen, graugrünen Betonfronten. Aber diese scheinbar so harmlosen Hügel inmitten der reifenden, hochsommerlichen Landschaft spien Tod und Vernichtung.

Die Deutschen hielten diese letzten schweren Werke ringsum eingeschlossen, suchten sie durch Beschuß, Bombardement und Angriffe zur Übergabe zu zwingen.

Artillerie aller Kaliber war aufgefahren. Feldgeschütze, Haubitzen und schwere Mörser vereinten sich zur Feuerglocke über den Werken. Diese feuerten aus allen Panzertürmen, Kuppeln, Scharten und Betonschlitzen zurück.

Tobendes Geschützduell. Treffer auf beiden Seiten. Verluste hüben und drüben. Sterbende Franzosen und Deutsche.

Pak zerhämmert mit Panzergranaten die MG-Scharten und Ausschußöffnungen. Leichte und schwere Feldhaubitzen haben ihre Rohre gegen die Panzerkuppeln gerichtet. Langrohrkanonen und Mörser schießen schwerste Granaten mit Verzögerung. Diese Granaten treiben 8 bis 10 Meter tiefe Stollen in die deckende Erdschicht, erst dann detonieren sie wie ein kleines unterirdisches Erdbeben. Manche bersten bereits in den oberen Räumen. Die starken Betondecken erhalten tiefe Risse und Sprünge.

Dann werden Flieger, Sturzkampfbomber, angefordert. Hier detoniert eine schwere Bombe direkt auf einer Kuppel und reißt sie wie eine Blechschale auseinander. Besonders konstruierte Spezialbomben bohren sich tief in die Erde ein und explodieren erst über den unterirdischen Anlagen.

Manche Großwerke hielten sich lange und zäh, viele gaben überhaupt nicht auf. Sie schienen wirklich unverwundbar zu sein. An ihrem Panzer und Beton prallten selbst die stärksten Waffen und Geschosse ab.

Solche Anlagen waren auch die starken Festungen zwischen Weissenburg und Straßburg, „Hochwald“, „Bitsch“, „Mutzig“ und andere. Noch waren ihre Verteidigungsabschnitte nicht durchbrochen, überrannt und niedergekämpft. Noch verteidigten sich ihre Besatzungen und Festungseinheiten mit aller zähen Tapferkeit, die den französischen Frontsoldaten auszeichnet. Längst abgeschnitten und eingeschlossen, nahmen sie alle Schläge von vorn und rückwärts ohne einen Gedanken der Aufgabe hin.

Sie standen allein. Die Maginotlinie war an mehreren Stellen schon durchbrochen, breite Bunkerabschnitte waren gefallen, die Feldtruppen im Zwischengelände geworfen oder in Gefangenschaft geraten. Die Reservedivisionen weiter rückwärts hatte ein Befehl der französischen Heeresleitung zu anderen Brennpunkten in Marsch gesetzt, noch ehe sie zu massierten Gegenangriffen gegen die deutschen Durchbrüche hatten antreten können.

Die „Poilus“ (Bezeichnung für franz. Frontsoldaten) in den letzten Werken standen auf verlorenem Posten. Und sie wußten es. Frankreich hatte den Feldzug im Westen bereits verloren — auch dies wußten sie. Und sie wußten, daß sie die letzten Soldaten einer Millionenarmee waren, die noch kämpften.

Sie wollten es einfach nicht wahrhaben, daß nun auch das Ende für sie gekommen sein sollte.

Am 24. Juni feuerte „Hochwald“ noch, was aus den Rohren ging.

Dann kam der 25. Juni 1940, und mit ihm trat um Mitternacht der Waffenstillstand im Westen ein. Wohl schwiegen jetzt überall die Waffen. Aber vor dem XXXVII. Armeekorps lehnten die Besatzungen der restlichen Werke jegliche Verhandlungen ab.

26. Juni: Die Franzosen nahmen in allen noch von ihnen besetzten Teilen der Maginotlinie keine Verhandlungen an ...

27. Juni: Der Gegner verweigerte jegliche Kapitulation ...

28. Juni: „Wir ergeben uns nicht ...!“

29. Juni: Eine Auslieferung der Werke ohne ausdrücklichen Befehl der französischen Regierung wurde von den Besatzungen verweigert ...

Aber das Schicksal erfüllte sich und war trotz aller Tapferkeit, allen Mutes und grimmigen Stolzes nicht mehr aufzuhalten. Eine französische Militärmission traf ein, die alle noch von ihren Besatzungen gehaltenen Werkgruppen aufsuchte und ihre Übergabe an die Deutschen in die Wege leitete.

30. Juni: Colonel Schwarz, der Kommandant, übergab am Abend auf Befehl die Festung „Hochwald“.

Über den letzten Anlagen der Maginotlinie, schon schwer beschossen und stark angeschlagen, sank die Trikolore. Vor den Werkeingängen waren Kompanien der deutschen Belagerer aufmarschiert. Französische Offiziere erschienen. Die Hände flogen hüben und drüben an die Stahlhelme. Die französischen Kommandanten meldeten knapp die Übergabe ihrer Werke. Ihre Gesichter waren bleich und starr, und nur ein leichtes Zucken verriet, was in ihnen vor sich ging.

Scharfe deutsche Kommandos. Die Kompanien erstarrten zu regungslosen Blöcken. Unter dieser Ehrenbezeigung marschierten die Besatzungen aus den Werken ab: die Soldaten Frankreichs, die bis zuletzt gekämpft und Widerstand geleistet hatten. Unter den vielen Verwundeten wurde auch einer herausgetragen, der Pierre Russac hieß.

Die Maginotlinie, das gewaltige Festungsbauwerk der modernen Kriegsgeschichte, hatte aufgehört zu bestehen.

Hans Holl

Luftschlacht über Sedan

14. Mai 1940

800 deutsche Jäger sicherten den Maas-Übergang

Im Norden, wo die Berge der Ardennen sich gegen den Himmel recken, kriecht ein immer stärker werdender Lichtschein über den grauen Dunst, der die Erdoberfläche verdeckt.

Die vier Me 109 zischen im Tiefflug westwärts. Unter ihnen liegt ein Land, das vor wenigen Tagen noch vom gleichen trügerischen Frieden überschattet wurde wie die Landschaft von Belgien und Holland. Bis sich dann im Morgengrauen des 10. Mai 1940 die Kolonnen der Wehrmacht über die Straßen wälzten.

Der junge Oberleutnant in der Schwarmführermaschine denkt wieder einmal daran, während sein Blick sich auf die Straße heftet, die von Norden her nach Süden verläuft, Longwy entgegen. In Sekundenschnelle bleibt das helle Band hinter der Jagdmaschine zurück.

Weiter westlich steigt Nebel aus der Erde und breitet sich in dicken Schwaden über das morgendliche Land. Doch plötzlich zucken grelle Lichtbündel über das diesige Grau, als die Sonne sich über die Dunstberge schiebt und sie in eine scheinbar endlose, quirlende Dampfmasse verwandelt.

Die Messerschmitt-Maschinen jagen weiter nach Westen. Ihr Ziel ist die Maas und jene Stadt, deren Namen jedem der vier Männer schon so geläufig ist wie sonst etwas. Gestern waren sie schon über dem Landstrich rings um Sedan durch den Himmel geschwirrt und hatten auf die Stukaverbände herabgeblickt, die in dichten Schwärmen von Osten herangedröhnt waren. Später hatten sie auch die unzähligen Blitze der Bombenexplosionen in den zahlreichen Bunkerstellungen der Maginotlinie gesehen, die den nördlichen Ausläufer des großen französischen Festungswalls darstellen.

Die Forts mit den meterdicken Wänden waren unter der Wucht der Bombenexplosionen aus ihren Verankerungen gerissen und die unzähligen MG-Bunker und anderen Verteidigungsnester in ein Chaos ohnegleichen verwandelt worden.

Oberleutnant Markus Tannert drückt den Steuerknüppel um ein winziges Stück nach vorn. Voraus führt der Dunst mit der Sonne einen Kampf, der vielleicht schon in wenigen Minuten sein Ende gefunden haben wird.

Eine kleinere Straße zieht jetzt unter den Tragflächen der Me 109 dahin, auf deren Motorverkleidung das Staffelwappen des Jagdgeschwaders 53 im Licht der Morgensonne leuchtet: das Pik-As.

Der Oberleutnant sieht nach rechts, wo die drei anderen Maschinen des Schwarms dicht nebeneinander fliegen und scheinbar regungslos in der Luft hängen.

Aber dann richtet sich sein Blick wieder auf die Landschaft vor der langen Motorpartie, die mit hoher Geschwindigkeit unter der Maschine dahinzuhuschen scheint.

Irgendwo links von der Kabine hat die Sonne den Dunst bereits in sich aufgesogen, und das Grün des Landes leuchtet zu der Maschine herauf.

Die linke Tragfläche der Me 109 neigt sich jetzt leicht zur Seite, und schon wenige Minuten später kommt eine andere Straße in Sicht. Es ist jene, die von Montmedy nach Sedan führt.

Und da sind sie auch schon wieder, die Tausende von Fahrzeugen, die sich schon gestern und vorgestern wie eine endlose, graue Schlange dahinwälzten. Es ist ein Heerwurm im wahrsten Sinne des Wortes: Wagen hinter Wagen, dazwischen Panzer und Artillerie, bespannte Einheiten, Fla-Geschütze und marschierende Kolonnen. Die Schlange reicht von Horizont zu Horizont, von der Grenze Deutschlands bis hinüber zur Maas, wo das Schützenregiment Nr. 1 schon am Abend des Vortages den Fluß überquert hatte. Ein Stück weiter westlich waren Einheiten von Feldmarschall Kleists 2. Panzerdivision bei Donchery ebenfalls über die Maas gegangen.

Der Oberleutnant in der Schwarmführermaschine weiß das alles so gut wie die anderen, die neben ihm fliegen. Er hatte die Kameraden der Infanterie gesehen, als sie über den Fluß ruderten, und das andere, was er noch nicht gewußt hatte, war ihm vor kaum einer Stunde bei der ersten Einsatzbesprechung dieses Tages mitgeteilt worden.

Und nun fliegen sie als erste Patrouille am Morgen des 14. Mai 1940 der Stadt und dem großen Flußknie entgegen, wo sich im Laufe der Nacht unzählige Kolonnen gestaut haben müssen.

Tannert wischt sich über die Stirn und neigt die Me 109 anschließend in eine steile Linkskurve. Er überfliegt die große Vormarschstraße und sieht für die Spanne weniger Sekunden die vielen feldgrauen Gestalten, die unten neben den Fahrzeugen stehen und zu den drei Flugzeugen mit den dunklen Balkenkreuzen hinaufwinken.

Es dauert dann nicht mehr lange, bis sich die Silhouette Sedans aus dem Dunst schiebt und die vier Messerschmitt-Jäger tief über das Wasser des Flusses hinwegdonnern.

Im grellroten Schein der Morgensonne leuchten die zerborstenen Wände der großen Flußbunker zu ihnen herüber. Voraus steht ein dunkler Strich über dem Strom. Mit Hunderten von Stundenkilometern jagen die Maschinen darauf zu. Es ist eine Pontonbrücke, die offenbar erst in der Nacht fertiggestellt worden war. Eine Wolke von Abgasen hängt darüber, und drüben auf dem anderen Ufer ragen die langen Rohre von Fla-Geschützen (Fla = Fliegerabwehr) drohend in den Himmel hinein.

Tannert drückt die Maschine noch einmal tief auf den Fluß hinab, ehe er sie mit einer ruckartigen Steuerbewegung wieder in die Höhe zieht. Die anderen, die sich inzwischen leicht nach hinten gestaffelt haben, fliegen das Manöver sofort nach. Mit dröhnenden Motoren schwingen sich die vier Jagdflugzeuge über den Dunst, der an vereinzelten Stellen noch über der Flußniederung brodelt und ziehen in steilem Steigwinkel hoch.

Die Erde wird von Sekunde zu Sekunde ferner, und die Männer bei den Flakstellungen (Flak = Flugabwehrkanonen) sowie die Fahrzeuge auf den Uferstraßen oder auf der Kriegsbrücke verwandeln sich in winzige Punkte, die bald mit dem bunten Relief der Erdoberfläche verschwinden.

Die Nadel des Höhenmessers in Tannerts Me 109 klettert bereits der 1 000-Meter-Marke entgegen.

Der Oberleutnant lehnt sich im Sitz zurück und wendet den Kopf nach rechts. Die „Me“ von Unteroffizier Merkel, seinem Rottenflieger, schiebt sich seitlich an ihn heran. Etwa ein Dutzend Meter weiter nach hinten abgesetzt hängen die beiden anderen Maschinen in der Luft. In den Kabinen wirken die Oberkörper ihrer Piloten, des Feldwebels Baier und des Obergefreiten Müller, dunkel und schemenhaft im Widerschein des grellen Sonnenlichtes.

Auf 2 500 Meter Höhe kurvt der Oberleutnant wieder in Richtung des Maasknies ein. Sein Blick schweift jetzt pausenlos durch den Himmel, und manchmal denkt er daran, welche Katastrophe eintreten müßte, wenn die Bomber des Feindes über diesen dicht zusammengeballten Fahrzeugmassen ihre tödliche Fracht abladen würden.

Wieder einmal stellt er Überlegungen darüber an, warum das eigentlich nicht schon geschehen ist. Wußten sie drüben denn nicht, was der Fall dieses Frontabschnittes bedeutete?

Für Sekunden huscht Tannerts Blick über die Instrumente, ehe er wieder den westlichen Luftraum beobachtet.

Aber es ist nichts zu sehen! Nichts! Nirgendwo die dunklen Punkte an dem lichtschillernden Horizont, die sich in Sekundenschnelle in kleine, längliche Gebilde mit winzigen Stummelchen veränderten und sich schließlich in Flugzeuge verwandelten. So, wie es gestern vereinzelt geschehen war, als kleine Verbände von britischen Hurricanes oder die bulligen Morane-Jäger der französischen Luftwaffe am Himmel über dem Kampffeld aufgetaucht waren.

Sie hatten keine Chance gehabt, denn überall, so weit das Auge reichte, waren die Messerschmitt-Maschinen durch den Himmel gedröhnt — insgesamt die Jagdflugzeuge von drei Geschwadern.

Drunten auf der Erde hat der Morgennebel seien Kampf gegen die Sonne mitlerweile verloren. Der endlose Heerwurm, der die Straße zwischen Luxemburg und Sedan bedeckt, hat das helle Band dunkel gefärbt. Das Land leuchtet in herrlicher Schönheit, und der weite Himmel über den Maschinen schillert in makellosem Blau.

In den Kopfhörern ist es still. Bis jetzt war noch kein Wort gewechselt worden. Es war auch nicht nötig gewesen.

Tannerts Me 109 beschreibt eine neue Kurve. Die linke Tragflächenspitze zeigt auf das gewundene, blauschimmernde Flußband, an dessen Ufern gestern die Schlacht tobte. Auf freiem Feld waren die 8,8-cm-Batterien in Stellung gegangen. Ihre Granaten hatten Stück für Stück aus den Betonkolossen am anderen Ufer herausgeschossen, und über den Tausenden von Feldgrauen waren die Stukas (Sturzkampfbomber Ju 87) heulend durch den Himmel gestürzt. Die Erde auf dem westlichen Maasufer schien Feuer gespien zu haben und ...

Durch die Gestalt des Oberleutnants geht ein Ruck. Er beugt sich nach vorn und starrt zur Erde hinab. War da nicht eben was aufgeblitzt? Hatte es nicht so ausgesehen, als ob sich Sonnenstrahlen auf der Kanzel eines Flugzeuges reflektiert hätten?

Oberleutnant Tannert schließt für eine Sekunde die Augen und sieht dann noch einmal zu dem großen Wald hinüber.

Da ist es wieder!

Gleißende Lichterbündel zucken aus der weiten grünen Fläche in die Höhe...

Schon im nächsten Augenblick drückt der Oberleutnant den Knüppel seitlich nach vorn. Die Jagdmaschine schwingt sich über die linke Tragfläche in die Tiefe und heult der Erde entgegen.

Wie an eine unsichtbare Schnur gereiht, kippen auch die drei anderen Jäger ab und neigen die spitzen Motornasen dem großen Wald entgegen, durch den sich das Flußband der Maas nach Norden windet.

Die Distanz zur Erde schrumpft in sich zusammen, und die Motorpartien der vier Messerschmitt-Maschinen ähneln in etwa den Stacheln gefährlicher Rieseninsekten, die tief unter sich ein Opfer entdeckt haben.

Es ist aber nicht nur ein Opfer, sondern fünf zweimotorige Flugzeuge, die tief über der Erdoberfläche nach Südosten fliegen. Die großen Kokarden auf ihren Tragflächen sind bereits deutlich zu erkennen.

Mit angehaltenem Atem sitzt Oberleutnant Tannert hinter dem Steuerknüppel. Und während sich sein Blick förmlich an den Umrissen der britischen Bomber festsaugt, spricht er Worte ins Mikrofon, die eine der größten Jägerschlachten in der Geschichte des Krieges auslösen werden...

*

Es ist kühl unter der niedrigen Zeltplane, und der Tau rollt in kleinen Tropfen gegen das Wiesengras.

Fluchend schiebt sich Wachtmeister Ehlers unter dem Zelt hervor und stülpt die Feldmütze auf sein rötliches Wuschelhaar. Während er sich über die Bartstoppeln an seinem Kinn fährt und kratzende Geräusche verursacht, sieht er zum Flußufer hinüber, wo sie schon am Vorabend die drei 2-cm-Geschütze in Stellung gebracht hatten.

Der Lärm unzähliger Motoren, der überall durch die Luft hallt, dringt kaum in das Bewußtsein des Wachtmeisters. Es hatte in den letzten Tagen schon so viel Krach gegeben, daß das Gehör die Geräusche kaum mehr registrierte; sei es das Dröhnen von Motoren, die brüllenden Kommandostimmen, das Röhren von Panzern, das Schlurfen von benagelten Knobelbechersohlen, das Bellen der Fla-Waffen oder das hektische Hämmern der MG und das Knallen der Karabinerschüsse. Ganz zu schweigen von der Geräuschentfaltung der Bombenexplosionen und dem markerschütternden Heulen der Stukas.

Mit einer abwesenden Bewegung greift Wachtmeister Ehlers in die Tasche seiner verstaubten Feldbluse und bringt ein Zigarettenpaket zum

Vorschein. Während er sich eine anzündet, denkt er an die Ereignisse des Vortages, und wieder einmal versucht er vergeblich zu begreifen, daß sie wirklich schon am anderen Maasufer stehen und die zerschossenen und schräghängenden Bunker drüben im Ufergebüsch gestern morgen noch feuerspeiende Festungen waren.

Drüben beim 1. Geschütz läuft Leutnant Kaspar herum. Er redet gerade mit dem Geschützführer und zeigt einige Male nach Nordwesten, ehe er sich abwendet und auf das benachbarte Waldstück zuschlendert.

Ehlers saugt den Rauch der Zigarette in sich hinein und lauscht auf das pausenlose Dröhnen, das am anderen Flußufer zu hören ist. Der Dunst hat sich bereits gehoben, und von der großen Straße her wälzt sich eine dichte Staubwolke in die Höhe.

Mittwoch haben wir heute, denkt der Wachtmeister, und vor zwei Tagen soll Pfingsten gewesen sein. Wir haben aber verdammt wenig davon gemerkt auf der großen Straße und eigentlich mehr Staub geschluckt als sonst etwas. Jetzt stehen wir hier an der Maas und warten darauf, was weiter passieren wird. Der Teufel mag wissen, wohin das noch alles führen soll und wo wir mit unserem 18. Flak-Regiment eigentlich noch landen werden.

Der Leutnant kommt mit seinen leicht gekrümmten Beinen aus dem Wald zurück und direkt auf Ehlers zu. Draußen auf dem Fluß, wo sich die Kriegsbrücken über die Maas spannen, heulen Motoren auf, und irgendwo in der Nähe rumpeln Zugmaschinen mit Achtacht-Geschützen vorbei.

Inzwischen ist der Leutnant herangekommen. Ehlers bringt seine Stiefel gegeneinander, aber Kaspar winkt ab. Sein Gesicht wirkt nicht gerade fröhlich. Er tippt kurz an seine Mütze und sieht dann zum Fluß hinüber.

„Das rumpelt und rollt und rumpelt“, brummt er, „und es scheint kein Ende mehr nehmen zu wollen. Wenn die Franzosen und die Tommys diese Versammlung...“

Die nächsten Worte bleiben ihm im Hals stecken. Er reißt den Kopf zurück und hebt die Hand über die Augen. Das hohe Singen der vier Me 109, die vor einiger Zeit über den Fluß gezischt, dann weiter westlich in die Höhe geklettert waren und anschließend hoch am Himmel herumkurvten, hat sich plötzlich in ein durchdringendes Heulen verwandelt.

Der Leutnant schluckt einige Male, ehe er die Worte hervorstößt:

„Verdammt, was hat denn das zu bedeuten?“

„Weiß nicht!“ krächzt Ehlers. „Sie stechen auf irgend etwas herab.“

„Sehe ich auch!“ entgegnet der Leutnant grimmig, „aber...“

Auch dieses Mal kommt er nicht dazu, seinen Satz zu vollenden. Denn in diesem Moment grollt das Bellen von Bordwaffen durch den Himmel, und aus den Tragflächenprofilen der Spitzenmaschine des Me-109-Schwarmes lösen sich grellgelbe Glutstriche.

Der Leutnant macht den Mund zu, um ihn aber gleich darauf wieder aufzureißen.

„Da ist etwas los“, keucht er, „die ballern nicht umsonst in die Gegend!“ Er holt noch einmal Luft, und dann gellt seine Stimme zu den Geschützen hinüber: „Alarm — Alarm!“

*

Die Erde ist kaum zehn Meter von der Rumpfunterseite der Bristol-Blenheim (britisches zweimotoriges Kampfflugzeug) entfernt. Unter den fünf Bombern zieht noch der große Wald dahin, vor dem sich das grüne Land bis zu den Ufern des Flusses hin ausbreitet.

Der Flying Officer (Oberleutnant), der das Steuerhorn der Verbandsführer-Maschine in den Händen hält, blickt mit unbewegtem Gesicht in die Flugrichtung. Auch der neben ihm sitzende Navigator ist zur Regungslosigkeit erstarrt, seit die vier Messerschmitt-Jäger am Himmel aufgetaucht waren.

Die Flußlandschaft westlich der Maas kommt jetzt mit hoher Geschwindigkeit auf die vier Kampfmaschinen zu. Im gleichen Maße verringert sich aber auch die Distanz zu den hellen Silberpfeilen, die in steilem Sturzwinkel durch den Himmel huschen.

In den Kopfhörern von Flying Officer Walker dröhnt jetzt eine Stimme auf. Es ist die des Turmschützen, und ein Übermaß an Erregung schwingt in den wenigen Worten mit:

„Sie kommen, Sir, sie kommen!“

*

„Ich habe sie gesehen“, gibt der Oberleutnant zurück, „und es ist verdammt nicht nötig, daß Sie jede zweite Sekunde Ihre Warnung aussprechen!“

Der Mann hinter den Maschinengewehren schweigt. Die Blenheim dröhnt weiter dem Fluß entgegen. Die dünnen Stacheln der unzähligen Flak-Rohre am jenseitigen Maas-Ufer sind schon deutlich zu erkennen. Auch die dunklen Striche der Notbrücken werden immer breiter.

Der Körper des Piloten ist erstarrt. Nur der Navigator sieht, daß sich seine Hände immer fester um die Griffe des Steuerhorns klammern.

Sekunden vergehen noch, bis das Echo des ersten MG-Feuerstoßes durch die Zelle des Bombers rattert.

Die Stimme des Piloten klingt jetzt wie aus weiter Ferne an das Gehör des Beobachters:

„Bomben klar zum Wurf!“

Die Meute der Messerschmitt-Jäger ist höchstens noch fünfhundert Meter entfernt.

Der Oberleutnant sieht sie nicht. Sein Blick richtet sich auf die langen Pontonbrücken, die sich über das Wasser der Maas spannen. Er wundert sich auch nicht, daß die Flak an den Ufern noch nicht zu feuern begonnen hat, denn keine Flugabwehr schießt, wenn sich eigene Jäger im Angriff befinden.

Noch einmal blickt Walker zu den anderen Flugzeugen hinüber, die neben ihm fliegen. In Sekundenschnelle denkt er an die Männer, die in den Kanzeln sitzen. Er sieht sie noch einmal vor sich, wie sie vor kaum einer Stunde bei der letzten Einsatzbesprechung sich um ihn geschart hatten, und er hört die Worte noch einmal, die der Commander gesprochen hatte. Zuversicht war daraus herausgeklungen, aber auch eine schlecht verborgene Nervosität, die Walker ebenfalls in sich gespürt hatte, als sie auseinandergingen und sich zu den Maschinen begaben.

Bei einem schnellen Blick nach hinten sieht er die Deutschen in einer langen Reihe heranrasen. Es ist nicht schwer, sie zu zählen, denn sie zeichnen sich klar und deutlich vom tiefen Blau des Himmels ab.

Aus den Tragflächenprofilen der an der Spitze fliegenden Maschine zucken jetzt feurige Glutstriche.

Eine sich überschlagende Stimme veranlaßt den Piloten, den Kopf herumzureißen. Alles Blut weicht aus seinem Gesicht, als er erkennt, daß die Kanzel des Bombers, den er steuert, der Erde entgegengeneigt ist. Mit stockendem Atem zieht Walker den Knüppel wieder nach hinten und starrt auf das Ufer des Flusses, das bereits zum Greifen nahe scheint.

In diesem Augenblick steigt links von der Kanzel eine schaurige Feuerwand in die Höhe. In einer blitzschnellen Reaktion neigt Walker die rechte Tragfläche der Erde entgegen, während sich in ihm die Gewißheit ausbreitet, daß die Garben einer deutschen Messerschmitt ihr erstes Ziel bereits gefunden hatten.

Sein Körper spannt sich, als ob er schon in der nächsten Sekunde jenen Schlag erwarte, der alles auslöschen würde. Er sieht die unten vorbeihuschende Erde nur noch wie durch einen bunten Schleier. Links vom Kurs, dort, wo jetzt nur noch drei eigene Maschinen fliegen, scheint ein feuriges Riesenrad über die Erde zu rotieren.

Die erste Maschine zischt jetzt über die Kanzel, und der Preßdruck wirft die Blenheim für Sekunden aus dem Kurs.

Das Stottern der Bord-MG wirkt hilflos und fast lächerlich im Vergleich zum Wüten der deutschen 2-cm-Kanonen. Ihre Geschoßgarben breiten sich vor den Flugweg wie ein tödliches Netz. In den Kopfhörern des Oberleutnants erklingen wirre Laute. Im gleichen Augenblick sieht Walker aus den Augenwinkeln heraus die Flammen, die jetzt aus der rechten Tragfläche seiner Rottenflieger-Maschine herauszüngeln.

Die Bugspitze der Blenheim schiebt sich zu diesem Zeitpunkt bereits über die erste Pontonbrücke.

Er duckt sich unwillkürlich, als die zweite Messerschmitt über die Kanzel fegt und in einer steilen Kurve wieder auf Gegenkurs zieht. Die dunklen Balkenkreuze leuchten riesengroß und wie zum Hohn im Licht der Morgensonne.

Die Blenheim von Pilot Officer (Leutnant) McCormic, die soeben von einem der Deutschen in Brand geschossen worden war, neigt sich in die Messerlage und dreht dann auf den Rücken.

Walker sieht jetzt den Strom der Fahrzeuge auf dem diesseitigen Ufer, die Kolonne auf der Brücke und den Widerschein des grellen Blitzes, der gerade aus der Erde hochsteigt. Eine weitere Messerschmitt heult in Sekundenschnelle über die Kanzel und dreht in steiler Wendekurve wieder nach Westen ab.

Plötzlich ist der Schock wie weggewischt, und eine eiskalte Ruhe ergreift von dem englischen Piloten Besitz.

Er zieht das Steuer leicht zurück und brüllt den Befehl zum Bombenwurf hinaus. Schon wenige Augenblicke später spürt er an einigen Rukken in der Zelle, daß die Bomben gefallen sind. Rechts von der Kanzel recken sich die Rohre der deutschen Flak aus dem Ufergebüsch heraus. Daneben sind unzählige helle Flecken zu sehen. Trotz der Geschwindigkeit des Vorbeifluges erkennt Walker die deutschen Kanoniere, die in Hemdsärmeln neben den Geschützen stehen und die Hinrichtung über dem Fluß sicherlich wie ein einmaliges Schauspiel genießen.

Auf einmal spürt Walker eine kalte Wut in sich. War das kein Wahnsinn, daß man ihn mit vier weiteren Bombern zur Maas geschickt hatte, um die von den Deutschen erbauten Behelfsbrücken zu zerstören? Aber es ist so ungeheuer sinnlos, jetzt an so etwas zu denken. Er schreit dem Schützen den Befehl zu, auf die Flak zu feuern und auf alles andere, was sich zeigt.

Das jenseitige Ufer ist inzwischen erreicht. Walker denkt nicht mehr an die Bomben, die sie vorhin geworfen hatten. Denn die Hölle ist immer noch um sie, und ihre Pforten scheinen sich immer wieder zu öffnen.

Die Messerschmitt-Jäger setzen zu einem neuen Angriff an, als die Blenheim-Bomber über das Ufer der Maas huschen und tief über der Erde nach Südwesten eindrehen.

Auch jetzt schweigt die Flak noch!

Aus dem Gesicht des Navigators ist alle Farbe gewichen. Er hat die Hände über dem Verschluß der Anschnallgurte gefaltet und starrt an Walker vorbei in jene Richtung, wo eigentlich die Flugzeuge der Kameraden zu sehen sein müßten.

Die Kampfmaschine mit den großen Kokarden auf den Tragflächen dreht weiter nach Westen. In langsamer Kurvenbewegung ruckt die Kanzel der Maas und dann der Sonne entgegen, die als eine große Kugel über dem Horizont schwebt.

Der Anblick, der sich Walker in diesen Sekunden bietet, jagt das blanke Entsetzen in ihn hinein.

Das erste, was er sieht, sind vier Messerschmitts, die wie siegestrunken über dem Fluß herumflitzen. Unter ihnen liegen die weithin verstreuten Trümmer der Blenheim-Bomber, die vorhin noch neben Walker auf die Maas zugestürmt waren. Die hohen Flammensäulen, die von den Absturzstellen in die Höhe steigen, wirken wie makabre Opferfeuer.

Der Blenheim-Pilot ist immer noch nicht fähig, das Unfaßbare in seinem ganzen Ausmaß zu begreifen. Erst langsam festigt sich in ihm das Bewußtsein, daß er und die Männer an Bord allein übriggeblieben sind.

Eine Blenheim von fünf Maschinen! Die anderen abgeschossen innerhalb weniger Minuten!

Walker beginnt zu frösteln. Die durch die Luft preschenden Me 109 haben ihre tödliche Drohung verloren. Ihre Piloten scheinen sich nicht im geringsten um die letzte Maschine des Blenheim-Verbandes kümmern zu wollen, die vorhin über die Maas nach Süden entwischt war. Auch die Flak feuert nicht. Die Geschützrohre sind weiterhin nach Westen gerichtet.

Der britische Oberleutnant hat jetzt das Gefühl, einen entsetzlichen Traum erlebt zu haben. Aber die blitzesprühenden Brandsäulen da unten sind Wirklichkeit; entsetzliche Wirklichkeit sogar.

Walker läßt die zweimotorige Maschine immer noch im Tiefflug nach Südwesten dröhnen. In den Köpfhörern ist kein Wort zu vernehmen. Wie fasziniert blicken die Männer an Bord über die Maas hinweg, deren Uferland zum Friedhof der Kameraden in den anderen Maschinen geworden ist.

Die Silhouetten der Messerschmitt-Jäger werden allmählich ferner. Die Deutschen schwirren immer noch im Tiefflug über den Absturzstellen herum, jagen manchmal mit spielerisch anmutenden Flugbewegungen in die Höhe und stürzen dann wieder auf ein imaginäres Ziel herab.

Der Flying Officer wischt sich über die brennenden Augen. Die Blenheim dreht jetzt auf das Straßenkreuz von Hirson zu. Immer wieder wandert der Blick des Piloten in die Richtung, wo die Rauchsäulen über den zerschellten Bomberflugzeugen sich allmählich in winzige, himmelanragende Striche verwandeln. Die Konturen der deutschen Jagdflugzeuge sind inzwischen mit dem Blau des Himmels verschmolzen. Der Körper des Bomberpiloten erschlafft, und sein Oberkörper sinkt nach vorn. Als er den Kopf dreht, sieht er das Entsetzen im Blick des Navigators.

Und dann denkt er daran, daß sich die anderen Besatzungen der Squadron zu dieser Zeit bereits für den Start zum Flug gegen die Maas-Brükken der Deutschen vorbereiten. Sie werden das gleiche Ziel haben wie sie zuvor, und der Gedanke an das, was dieser Tag für sie noch bereithalten wird, jagt erneut ein Frösteln durch den Körper des Mannes im Cockpit der Blenheim.

Er sieht die unten vorbeihuschende Erde wie etwas Unwirkliches und wie eine ferne Kulisse der Katastrophe, von der er in kurzer Zeit wird berichten müssen ...

*

Der Rauch der Zigarette steigt in einer kleinen Säule in die Höhe. Er beginnt zu zucken und sich zu winden, als die Tür des großen Raumes geöffnet wird und eine Ordonnanz den Lageraum der Luftflotte 3 betritt.

Hinter dem Tisch, auf dem eine Fülle von Schriftstücken ausgebreitet ist, hebt ein Hauptmann mit einem schmalen, übernächtigten Gesicht den Kopf und nimmt das Meldungsformular entgegen, das der Obergefreite hereingebracht hat. Er überfliegt es kurz, ohne den Soldaten mit dem makellos weißen Drillichanzug eines Blickes zu würdigen, und legt es dann zu den übrigen Schriftstücken.

Sein Blick richtet sich anschließend auf die Lagekarte an der Stirnseite des Raumes, die eine ganze Wand einnimmt. Ein abwesendes Lächeln huscht über das hagere Gesicht des Hauptmannes, als er das Geräusch einiger Jagdmaschinen vernimmt, die in geringer Höhe westwärts fliegen. Mit langsamen Schritten begibt er sich einige Augenblicke später zu der Lagekarte und bleibt davor stehen. Sekundenlang betrachtet er die unzähligen bunten Fähnchen, und er denkt daran, daß sie in ihrer Gesamtheit eine Streitmacht von über dreitausend Flugzeugen darstellen; wenigstens war das so, als vor einigen Tagen der Feldzug im Westen begonnen hatte.

Draußen vor den hohen Fenstern des Schlosses breitet die Sonne ihre Strahlen über die Erde. Es ist noch früh am Morgen, und der Hauptmann ist schon seit einigen Stunden allein mit der großen Karte, den bunten Fähnchen und den Telefonen, die kaum einmal zur Ruhe kommen.

Auf der Treppe knallen Hacken, und die Hände von Soldaten klatschen gegen Gewehre.

General der Flieger Hugo Sperrle, Chef der Luftflotte 3, hat gerade das Gebäude verlassen und geht auf seinen Wagen zu, der in der Nähe hält.

Der Hauptmann lauscht kurz dem kunklen Brummen des Automotors nach, ehe die bunten Fähnchen vor seinen Augen wieder Gestalt gewinnen. Die Sprache, die sie sprechen, ist so vertraut wie das Schrillen der Telefone, das Rasseln der Fernschreiber und die hektische Atmosphäre des großen Gefechtsstandes, in dem die Nervenstränge zu den vielen Geschwadern und Frontverbänden ihren Anfang nehmen.

Da sind die Fähnchen über den Standorten der Kampfgeschwader mit ihren Maschinen vom Typ Do 17, He 111 und Ju 88. Sie versinnbildlichen Einsatzverbände, die zum Kommandobereich des Generals gehören, der vorhin das Gebäude verließ, und das des Chefs der Luftflotte 2, des Generals Albert Kesselring.

Zusammengenommen ergeben das für jenen Tag, an dem im Morgengrauen mit dem Sturm der Fallschirmjäger auf die belgische Bunkeranlage Eben Emael der Krieg im Westen begann, genau 1 120 Bombenflugzeuge und 342 Sturzkampfflugzeuge vom Typ Ju 87. An jenem 10. Mai 1940, als das große Wagnis seinen Verlauf nahm, waren die beiden Generale weiterhin Herr über 248 Zerstörer vom Type Me 110, 42 Schlachtflugzeuge vom Muster HS 123 und 1 016 Jagdmaschinen vom Typ Me 109.

Eines der Telefone beginnt zu läuten. Der Hauptmann wird in die Wirklichkeit zurückgerissen und geht auf den Bakelitkasten zu. Im Vorbeigehen reißt er ein Kalenderblatt ab, auf dem die Datumszahl des 13. Mai 1940 aufgedruckt ist. Seine Stimme klingt müde und gleichgültig, als er

Der deutsche Durchbruch bei Sedan am 14. Mai 1940

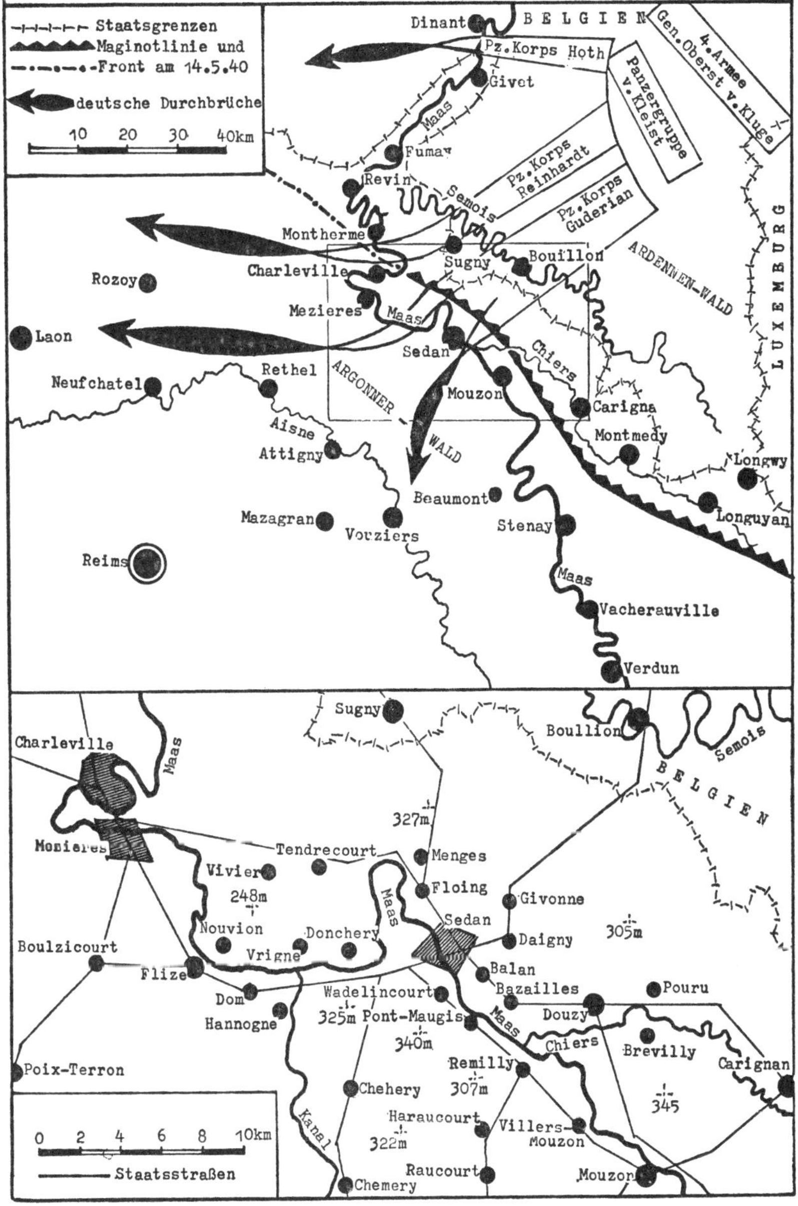

eine unbedeutende Anfrage beantwortet und dann den Hörer wieder auflegt.

Er tritt jetzt an eines der Fenster und sieht in den jungen Morgen hinaus. Für die Ereignisse, mit denen er sich beschäftigt, benötigt er keine Unterlagen. Sie sind im übrigen noch zu frisch, um sich nicht in ihrer ganzen Tragweite abzuzeichnen.

Vor einigen Tagen, am 11. Mai, war das gesamte Kampfgeschwader 2 mit seinen Do-17-Z-Maschinen zum Feindflug gegen die Luftbasen der Franzosen und Engländer gestartet. Der Einsatz war im Tiefflug durchgeführt worden, und der Erfolg hatte alle Erwartungen übertroffen.

Nach den Ergebnissen der Luftaufklärung, die noch am gleichen Tag durchgeführt worden war, hatten die angegriffenen Flugplätze schwerste Zerstörungen erlitten. Am schlimmsten mußte es auf dem Flugplatz von Vaux zugegangen sein, der in der Nähe von Sisonne-la-Malmaison liegt. Da Luftbilder nie zu lügen pflegen, mußte der Platz mit den darauf stationierten englischen Bombern völlig vernichtet worden sein.

Hauptmann Werner wendet sich um, als wieder eines der Telefone läutet. Als er den Hörer abnimmt, betritt Major Stemper den Raum. Er könnte möglicherweise der Vater des Hauptmanns sein und trägt das EK I (Eisernes Kreuz I. Klasse), sowie das Flugzeugführerabzeichen des I. Weltkrieges an seiner Uniformjacke.

„Ach", sagt der Hauptmann, „das ist interessant, Ende!"

Er legt den Hörer auf den Feldfernsprecher und wendet sich dem Major zu. Dieser deutet gegen die Decke.

„Ziemlich viel Rauch hier drinnen, mein Lieber!"

„Jawohl", erwidert der junge Hauptmann, „das stimmt. Aber vorn bei Sedan scheint es heute noch mehr Rauch zu geben. Soeben kam eine Meldung vom Jagdgeschwader 53. Sie haben zu dieser Zeit einen Schwarm über den Kriegsbrücken bei Sedan. Vor einigen Minuten meldete der Schwarmführer Feindberührung. Es waren englische Bomber, die im Tiefflug die Maas-Brücken anflogen."

„Sehen Sie mal an", sagt der Major ungerührt, „wundert Sie das? Mich nicht! Das ist nämlich genau das, was die Herren von der anderen Seite schon gestern hätten tun sollen. Wieviel sind es?"

„Fünf, Herr Major!"

„Hm, ich habe das Geführ, daß es dabei nicht bleiben wird."

Er blickt an dem Hauptmann vorbei und wendet sich dann der Lagekarte zu.

„Alarmieren Sie alle Geschwader! Welche sind es doch wieder!"

Der Hauptmann ist inzwischen neben ihn getreten. Auch für die Antwort, die er jetzt gibt, benötigt er keine Unterlagen.

„Die Geschwader 2, 53 und 77, Herr Major!"

„Gut, bringen Sie den Apparat ins Rollen. Und denken Sie an meine Ahnungen! Die da drüben werden heute alles in die Schlacht werfen, was sie zur Verfügung haben. Sedan, das ist der berühmte neuralgische Punkt für sie. Und wenn ihnen ihr Vorhaben nicht gelingt, dann haben sie bald den noch berühmteren gordischen Knoten!"

„Jawohl!" sagt der Hauptmann, während er auf eines der Telefone zugeht...

*

Auf dem Gefechtsstand des Jagdfliegerführers (Jafü) 3 des Obersten Gerd von Masow ist in diesen Morgenstunden des 14. Mai 1940 ebenso der Teufel los, wie dies schon kurze Zeit später auf den Feldflugplätzen der für den Großeinsatz bestimmten Frontverbände im gleichen Maße der Fall sein wird.

Die Meldung der Patrouille über dem Maas-Knie bei Sedan wirkte etwa wie ein Stein, der in einen Ameisenhaufen geworfen wurde.

Pausenlos schrillen die Telefone, werden Befehle von der vorgesetzten Luftflotte 3 des Generals der Flieger Hugo Sperrle entgegengenommen und weitergegeben. Kradmelder preschen über die Straßen zu den Frontflugplätzen, und für die Offiziere der Stäbe gibt es eigentlich nur noch eine einzige Besprechung.

Nach der ersten Sichtmeldung war einige Zeit später die Nachricht von der praktischen Vernichtung des ersten, gegen die Kriegsbrücken anfliegenden Bomberverbandes eingegangen. Trotzdem schien es keinen Zweifel darüber zu geben, daß diese erste Attacke lediglich eine Art von Auftakt gewesen war. Denn wenn das alliierte Bomberkommando seine Chance noch nutzen wollte, dann mußte es an diesem Tag geschehen.

Es dauert nicht lange, bis der Einsatzplan in seinen ersten Umrissen festliegt.

Der Stein, der symbolisch in das „Ameisennest" des Luftflottenstabes gefallen war, rollt jetzt weiter zu den Geschwadern und Gruppen.

Auf seinen Feldflugplätzen im frontnahen Raum geht zuerst das von Major Hans-Jürgen von Cramon-Taubadel geführte „Pik-As"-Geschwader, das JG 53, in Alarmbereitschaft. Fast gleichzeitig finden bei den Gruppen des Jagdgeschwaders 2 „Richthofen", das unter dem Befehl von Oberstleutnant Harry von Bülow steht, die ersten Einsatzbesprechungen statt. Hier sind es die I. Gruppe von Hauptmann Roth und die III. Gruppe unter dem Befehl von Gruppenkommandeur Major Dr. Erich Mix, die zusammen mit Hauptmann Johannes Jankes I. Gruppe des Jagdgeschwaders 77 die höchste Bereitschaftsstufe einnehmen und sich für den Alarmstart vorbereiten. Auch eine Gruppe des Zerstörergeschwaders 76 erhält den Befehl zur Einsatzbereitschaft.

Der Startschuß für die Luftschlacht über Sedan, bei der auf deutscher Seite schließlich 814 Jäger teilnehmen sollen, ist damit praktisch bereits gegeben worden.

*

Die Maas ist schon geraume Zeit hinter den vier Messerschmitt-Jägern zurückgeblieben.

In etwa fünfzig Meter Höhe ziehen sie nun in gelockertem Verbandsflug nach Nordosten, dem frontnahen Feldflugplatz der I./JG 53 entgegen.

Einer von ihnen, Oberleutnant Markus Tannert, hatte während des vor kurzem zu Ende gegangenen Einsatzes zwei der Blenheim-Bomber abgeschossen. Feldwebel Baier und Unteroffizier Merkel waren je einmal erfolgreich geblieben.

Oberleutnant Tannert drückt die Maschine tiefer an die Erde heran, als sie der Straße von Neufchateau nach Bastogne folgen. Die Sonne verströmt eine brütende Wärme in der Kabine, und auch jetzt noch läuft dem Oberleutnant der Schweiß aus allen Poren.

Im Süden hängen plötzlich vier helle Flugzeugsilhouetten über dem Wald, der südlich von Arlon seinen Anfang nimmt. Sekundenlang blickt Tannert zu den vier Maschinen hinüber. Es sind keine Bomber, sondern Jäger, und es vergehen nur noch wenige Augenblicke, bis klar zu erkennen ist, daß es sich um Messerschmitt-Maschinen handelt.

Die Ablösung! denkt Tannert, und ein Lächeln lichtet für wenige Sekunden die Starre auf seinem Gesicht. „Überall wird jetzt der Teufel los sein", murmelt er dann vor sich hin, „auch bei uns!"

Einem jähen Impuls folgend, kurvt er auf den Jägerschwarm ein. Wenige Minuten später zischen die vier Jagdflugzeuge über den großen Wald.

Der Schwarmführer der anderen Me 109 zieht seine Maschine jetzt ruckartig in die Höhe, legt sie in die Messerkurve und dreht nach Norden ein. Die anderen „Me" seines Schwarmes fliegen das Richtungsänderungs-Manöver mit großartiger Reaktionsgeschwindigkeit mit.

Es dauert nicht mehr lange, bis die beiden Schwärme in geringer Entfernung aneinander vorbeiziehen und umeinander zu kurven beginnen. Auch Tannerts Männer hatten sich sofort nach dem Abschwenken aus dem ursprünglichen Kurs ohne Befehl zur Kolonne formiert und fegen jetzt hinter der Me 109 des Oberleutnants tief über das Land.

Auf den Motorverkleidungen der anderen Jagdmaschinen sieht Tannert das „Herz-As" als Staffelwappen. Also sind es Kameraden vom JG 77, die nach der Meldung vom Auftauchen der britischen Bomber am Maas-Knie in die Luft geschickt worden waren.

Der Oberleutnant und die Männer hinter ihm winken den anderen zu. Dann drehen sie wieder leicht nach Nordosten ein und fliegen nördlich von Arlon nach Luxemburg hinein.

Am Armaturenbrett Tannerts blinkt die rote Warnlampe der Treibstoffanzeige, als der Platz in Sicht kommt. An zahlreichen typischen Anzeichen läßt sich der Betrieb ahnen, der dort drunten herrschen muß. Überall rollen Fahrzeuge in der Gegend herum. Tankwagen kriechen wie dicke Käfer über die Erde, und hinter den abgestellten Jagdflugzeugen hängen lange Staubfahnen, ein Zeichen dafür, daß die Motoren bereits abgebremst werden.

Tannert sieht sich kurz zu den anderen um. Sie hängen halb seitlich hinter ihm.

Ein kurzes Überlegen noch, wie es wohl mit dem Spritrest in den Tanks steht, dann neigt der Oberleutnant den Knüppel nach vorn und jagt mit wackelnden Tragflächen über das Rollfeld. Die anderen preschen hinter ihm her, und zwei von ihnen zeigen die vorhin errungenen Luftsiege ebenfalls durch kurzes Wackeln mit den Tragflächen an.

Tannert zieht seine „Me“ am Ende des Rollfeldes steil in den Himmel hinein und läßt sie nach einem gekonnten Turn wieder zur Erdoberfläche zurückdrehen.

Noch einmal neigt er die Flügelspitzen abwechselnd gegen die Erde. Dann zieht er wieder hoch, fährt noch in der Kurve das Fahrwerk und die Landeklappen aus und slipt dem gelben Landekreuz entgegen.

Als der Oberleutnant von der Rollfläche wegschwenkt, stellt er erleichtert fest, daß auch die anderen Männer des Schwarmes glatt gelandet sind.

Vom Gruppengefechtsstand rollt ein Wagen auf den Staffelliegeplatz zu, während Tannert die Anschnallgurte löst und dann das kleine Seitenfenster aufschiebt.

Vor der langen Motorpartie des Jagdflugzeuges sieht er jetzt wieder die Warte. Ein Schuß Gas noch, und die Me 109 tuckert im Leerlauf auf ihren Abstellplatz zu.

Tannert hat kaum den Motor abgestellt, als einige Mechaniker auf die Tragflächen klettern. Da drückt er die Kabine auf und läßt die Arme über die Ränder hängen.

Der Obergefreite Klunke, Tannerts 1. Wart, scheint völlig aus dem Häuschen zu sein. Offenbar hat sich das, was vor einiger Zeit aus dem Luftraum bei Sedan gemeldet worden war, bis zur Staffel bereits herumgesprochen.

„Herr Oberleutnant“, sagt der Wart mit den dicken Wangen und den zahlreichen Sommersprossen, „ich...“

Er verstummt, als sich Tannert auf die Tragfläche schiebt und ihm auf die Schulter klopft.

Unten steht der Kommandeur, Hauptmann von Janson. Er hat beide Hände in die Seiten gestützt und blickt dem Oberleutnant lächelnd entgegen.

„Keine Meldung im üblichen Sinne“, sagt er „ich will wissen, was wirklich los war.“

Tannert beginnt in kurzen Worten zu berichten. Die Warte haben sich inzwischen wie ein Wall halbkreisförmig um die beiden Offiziere geschart und lauschen nun angespannt auf die Worte des Oberleutnants.

Der Kommandeur unterbricht ihn nicht einmal. Er wendet nur kurz den Kopf, als sich ein anderer Flugzeugführer der Gruppe durch die

Warte schiebt, Tannert kurz zunickt und dann neben dem Hauptmann stehenbleibt. Es ist Hans-Karl Mayer, einer der besten Flugzeugführer der I./JG 53 (I. Gruppe des Jagdgeschwaders 53).

„Gratuliere", sagt Janson, nachdem Tannert geendet hat, und auch Hans-Karl Mayer reicht ihm die Hand.

Der Hauptmann holt tief Luft und blickt über die Köpfe der Männer hinweg nach Westen.

„Sie haben mit Ihrer Meldung einen ganz schönen Wirbel verursacht", sagt er dann. „In meiner Bude steht das Telefon nicht mehr still, obwohl es eigentlich nicht mehr viel mitzuteilen gibt. Die hauptsächlichen Befehle sind schließlich schon gegeben; an uns und — soweit ich weiß, auch an die vom JG 77 und die von „Richthofen" (JG 2). Sicher haben sie beim Jafü (Jagdfliegerführer) und bei der Flotte (Luftflotte) nicht zu Unrecht den Gedanken gewälzt, daß es bei den fünf Mühlen nicht bleiben wird, die ihr getroffen habt. Dafür ist die Gegend zu wichtig. Na, wir werden sehen!" Er wirft einen Blick in das schweißbedeckte Gesicht des Oberleutnants und fährt dann fort: „Habt ihr unterwegs welche von uns gesehen?"

„Ja, vier vom JG 77."

„Aha, dann hat man also zunächst die auf die Reise geschickt."

In der Nähe hält ein Wagen. Ein schlanker Leutnant mit dunklem Haar steigt aus und kommt auf die Gruppe zu.

„Ein neuer Befehl, Herr Hauptmann."

Janson nimmt das Formular an sich und überfliegt es.

„Schön", sagt er dann, „der Teufel ist also bereits los. Startbereitschaft für die ganze Gruppe. — Oberwerkmeister!"

Ein langer, lattendürrer Oberfeldwebel rudert hastig durch die Warte und baut sich vor dem Kommandeur auf.

„Alle Maschinen hier sofort nachtanken. Aber dalli, dalli! Es herrscht Einsatzbereitschaft für den ganzen Verein. — Herr Tannert, kommen Sie bitte mit mir!"

*

Vor dem einsamen Blenheim-Bomber liegt die Straße, neben der in wenigen Minuten der eigene Flugplatz im Süden von Brüssel auftauchen muß.

Die Kartentasche des Navigators liegt immer noch auf dem Kanzelboden, und auch jetzt macht der Sergeant noch keine Anstalten, sie aufzuheben.

Sein Blick scheint in weite Fernen gerichtet, und seit dem Zeitpunkt, als die Maas zusammen mit den Absturzstellen der vier anderen Maschinen hinter ihnen zurückgeblieben war, hatte er noch kein einziges Wort gesprochen.

Auf einmal geht ein Ruck durch seine Gestalt. Er hebt den Kopf und starrt in die Flugrichtung, wo sich unzählige Flugzeugsilhouetten vor dem Blau des Himmels abzeichnen.

Es vergehen nur wenige Minuten, bis die auf Gegenkurs herandröhnenden Maschinen in aller Deutlichkeit zu erkennen sind. Es sind zwei Staffeln Fairey-Battle- und Blenheim-Bomber, und weiter südlich zieht ein Schwarm französischer Kampfmaschinen vom Typ Potez durch die Luft. Hoch darüber schwingen sich etwa zwanzig Jagdmaschinen vom Typ Hurricane durch den Himmel, und weiter im Norden schält sich jetzt eine Staffel der französischen Morane-Jäger aus dem seidigen Blau.

Bald ist der Zeitpunkt gekommen, wo sich die Flugwege der Maschinen kreuzen und die Blenheim mit Walker am Steuer unter den südwestwärts fliegenden Verbänden durchhuscht.

Walker wischt sich über die Stirn. Dann sieht er zu seinem Navigator hinüber. Ihre Blicke kreuzen sich sekundenlang. Die stumme Zwiesprache genügt, und auch jetzt spricht keiner der beiden Männer das aus, was ihn bewegt. Sie sehen den davonfliegenden Maschinen nach, bis sie immer kleiner und kleiner werden, um schließlich ganz mit dem Horizont zu verschmelzen.

Über Walkers Gesicht huscht ein Zucken, als er das Oval des Feldflugplatzes in Flugrichtung auftauchen sieht. Und plötzlich überkommt ihn wieder die Angst vor dem, was er wird sagen müssen, wenn die anderen vor ihm stehen werden.

„Fertig machen zur Landung!"

Hohl und geisterhaft schwingen die Worte aus den Kopfhörern und übertönen das sonore Brummen der Motoren.

Einige Zeit später berühren die Laufräder den Boden des Rollfeldes. Mit kurzen Gasstößen dirigiert Walker die Kampfmaschine zu ihrem Abstellplatz. Schon von weitem sieht er dichte Gruppen von Männern am Rand der Ringstraße stehen.

Als er nahe an den ersten Mechanikern vorbeirollt, glaubt er die entsetzte Frage in ihren Blicken zu lesen:

„Wo sind die anderen?"

*

Im Lageraum der Luftflotte ist wieder einmal eine Besprechung zu Ende gegangen. Die Würfel sind jetzt gefallen und zu dieser Stunde bereits die ersten der vielen hundert Jagdflugzeuge in der Luft, um den offenbar bevorstehenden Versuch der Alliierten, das letzte Bollwerk an der Maas bei Sedan doch noch zurückzugewinnen, mit allen Mitteln zu vereiteln.

Major Stemper hat das Gebäude verlassen und läuft über einen schattigen Parkweg. Er hebt den Kopf und sieht zum Himmel hinauf, als irgendwo im Norden das Dröhnen von Flugzeugen zu hören ist. Das dunkle Brummen verklingt allmählich in der Ferne. Der Major schüttelt den Kopf und geht weiter. Ein nachdenklicher Ausdruck liegt auf seinem Gesicht.

Sein Blick ist jetzt auf den Boden gerichtet, während er daran denkt, daß er die Erde dieses Landes schon einmal als feindlicher Soldat betreten hatte. Auch damals waren die Knobelbecher der Infanterie und die Räder unzähliger Heeresfahrzeuge über die Straßen gepoltert. Irgendwo hatte der Marsch sein Ende gefunden, und später waren im Buch der Geschichte Namen eingetragen worden, die für alle Zeiten Zeugen eines grenzenlosen Grauens sein sollten: Verdun, Douomont, Cambrai, Arras, „Toter Mann“, Langemark ...

Ein tiefer Atemzug hebt die Brust des Majors mit dem ergrauten Haar. Er sieht an sich herab, und seine Hand tastet über das kühle Metall des Ordenskreuzes an seiner linken Brustseite.

Damals war das Blut hunderttausender Soldaten während der Materialschlachten in die fremde Erde gesickert. Er selbst hatte die Mondlandschaften der Schlachtfelder gesehen, wenn er in dem klapprigen Doppeldecker durch den Luftraum über Flandern oder durch jenen Himmelsraum geflogen war, an dem jetzt moderne Jagdeinsitzer mit ähnlichen Balkenkreuzen herumschwirrten.

Wo würde es dieses Mal enden?

Aber die eigenen Truppen waren schon an der Maas bei Sedan und bereits nördlich von den Schlachtfeldern um Verdun vorbeigestoßen. Ihre Kampftaktik war heute eine andere als früher, und die Maginotlinie, auf die der Gegner von damals und heute alle Hoffnungen gesetzt hatte, war mit Sedan an ihrer entscheidenden Stelle bereits durchbrochen worden. Würde sie niemand mehr aufhalten, die Panzer von Guderian, Hoth oder Reinhardt, die schon am Pfingstsonntag, dem 12. Mai, mit ihren Spitzen die Linie Charlevill—Sedan erreicht hatten und nun schon jenseits des Flusses standen?

Vom Himmel her klingt wieder das Dröhnen von Flugzeugen zur Erde herab. Aber das dunkle Brummen geht am Bewußtsein des Offiziers vorbei. Er kennt die militärische Lage so gut, daß er sie im Schlaf hersagen könnte. Dafür gab es in den letzten Tagen schon zu viele Besprechungen, Meldungen und Lageerörterungen.

Schon am 1. Angriffstag, dem 10. Mai 1940, hatte die 18. Armee Holland besetzt und die Ostufer des Ijssel-Meeres erreicht. Am gleichen Tag hatten Fallschirmjäger und Luftlandetruppen das für uneinnehmbar gehaltene Riesenfort Eben Emael am Albert-Kanal angegriffen und es am nächsten Tag erobert. Der Weg über den Albert-Kanal nach Südwesten war damit für die 6. Armee frei geworden.

Am Abend des 10. Mai waren Maas und Albert-Kanal schon auf breiter Linie überschritten worden. Die Festungswerke von Lüttich waren gefallen, und das Panzerkorps Hoepner war an Lüttich vorbei in den Raum von Namur hineingestoßen. Am Morgen des 13. Mai waren die ersten Panzerverbände nördlich von Dinant bereits an der Maas angekommen.

Im Abschnitt der 12. Armee hatten Guderians Panzer bereits am Abend des 10. Mai Belgien erreicht, nachdem die luxemburgischen Grenzstellungen überwunden worden waren. Und am Abend des 12. Mai waren Kleists Panzerverbände ebenfalls an der Maas und hatten Sedan genommen, während die Kolonnen des Heeres sich noch bis zur Reichsgrenze hinüberzogen.

Am 13. Mai, um 16 Uhr, war die Luftwaffe in Aktion getreten. Es war ein Angriff gewesen, an dessen Planung und Ausarbeitung der Major selbst beteiligt gewesen war.

310 Bombenflugzeuge und 200 Stukas des II. Fliegerkorps und das Stukageschwader 77 von Oberst Günther Schwarzkopf hatten am 13. Mai ab 16 Uhr in rollenden Einsätzen die Feldstellungen und Bunker der Maginotlinie bei Sedan sturmreif gebombt. Gegen Abend waren die Flußbefestigungen der französischen Festungslinie durchstoßen, und das Schützenregiment I hatte den Fluß überquert. Einige Kilometer weiter westlich bei Donchery waren die Spitzen der 2. Panzerdivision mit Pontons und Floßsäcken über die Maas gesetzt worden und hatten kleine Brückenköpfe gebildet, die während der Nacht laufend verstärkt worden waren.

Der Major zündet sich eine Zigarette an und geht zu dem großen Gebäude zurück, vor dem ein ständiges Kommen und Gehen herrscht. Nahezu ununterbrochen fahren Kräder und Kübelwagen vor oder rollen wieder irgendeinem Ziel entgegen.

Plötzlich läßt ein gewaltiger Donnerschlag den Major zusammenfahren. Zwei Me 109 rasen im Tiefflug nach Süden und verschwinden schon wenige Sekunden später unter dem Horizont.

Der Blick des Stabsoffiziers richtet sich auf die Armbanduhr.

Es ist inzwischen 11 Uhr geworden.

*

Dutzende von Gummisohlen schlurfen über die sonnenheiße Erde des Flugfeldes. Die Beine von Gefreiten, Obergefreiten, Unteroffizieren, Feldwebeln, Leutnants, Oberleutnants, Hauptleuten und Majoren stecken darin. Sie haben alle das gleiche Ziel:

Ihre Jagdflugzeuge, die wie zur Parade ausgerichtet auf den Liegeplätzen stehen, sind schon lange bereit für den Start zum Feindflug.

Die Schritte der Flugzeugführer werden immer schneller. Die gehören zu der I. Gruppe des „Pik-As“ Geschwaders. Die Schäfte der Pelzstiefel ächzen und wackeln, und die darumgebundenen Gurte mit Signalpatronen schlingern hin und her.

Vor kaum einer Minute wurde der Befehl zur Sitzbereitschaft gegeben. Was zu diesem Zeitpunkt im Einsatzraum an der Maas wirklich geschieht, läßt sich höchstens ahnen. Vorhin war der Anflug einiger feindlicher Kampfgruppen und Jäger gemeldet worden. Inzwischen kann sich aber die Situation schon wieder verändert haben. Es ist auch gleichgültig, und man wird sehen, was los ist, wenn der Zielraum erreicht ist und die Maas unter der Maschine auftauchen wird.

Ein hochgewachsener blonder Oberleutnant dreht sich vor seiner Me 109 noch einmal um und winkt dem Feldwebel zu, der auch heute wieder als sein Katschmarek (Rottenflieger, taktische Nummer 2) fliegen wird.

„Hals und Bein, Lotz!"

„Hals und Bein, Herr Oberleutnant!"

Oberleutnant Hans-Karl Mayer klopft seinem 1. Wart noch einmal auf die Schulter, ehe er, von diesem gefolgt, auf die Tragfläche seiner Maschine steigt.

In der Nähe springen bereits die ersten Motoren an. Lange Staubwolken wälzen sich quirlend über die Erde. Weitere Triebwerke beginnen zu laufen. Ein durchdringendes Heulen erfüllt die Luft. Die am Boden stehenden Warte halten sich die Ohren zu und pressen gleichzeitig die Mützen auf den Köpfen fest. Zehntausende von Pferdekräften verströmen jetzt ihre geballte Kraft und lassen die Leiber der Jagdflugzeuge zittern und beben.

Vom Gefechtsstand her steigt eine Leuchtkugel in die Luft. Kurz darauf eine zweite.

Bremsklötze weg und Anrollen zum Start! heißt das.

Die Motoren sind noch warm vom kurz zuvor durchgeführten Prüfungslauf.

Oberleutnant Hans-Karl Mayer schließt die Kabine. Der Rotor des Anlassers beginnt zu singen, als der 2. Wart auf der rechten Tragfläche die Anlaßkurbel dreht. Einige tuckernde, peitschende Stöße, und das Triebwerk beginnt zu laufen.

Vor der Frontscheibe von Lotz' Me 109 sind die Luftschraubenblätter ebenfalls schon in einem silbernen Kreis verschwunden. Mayers „Me" ist nur wenige Meter entfernt. Er sieht jetzt herüber und hebt die Hand. Lotz gibt das Zeichen zurück. Der 1. Wart, Unteroffizier Mischkat, verschwindet unter der Tragfläche, die Maschine ruckt leicht nach vorn, als er die Bremsklötze wegzieht.

Das Vibrieren in der Zelle läßt nach. Wie eine Schar von Riesenvögeln wackeln die Messerschmitt-Jäger auf ihren gespreizten Fahrwerken dem Startpunkt entgegen, eine Maschine hinter der anderen. Die dünnen Federbeine wippen, und hinter den Leitwerken verdichtet sich der aufgewirbelte Staub zu einer immer dunkler werdenden grauen Wand.

Das Rolltempo wird nun schneller, denn es ist höchste Eile geboten. Eine weitere Leuchtkugel, die jetzt über die Staubwolke hinwegfaucht, bestätigt das nachdrücklich.

Feldwebel Lotz schwenkt seine Maschine neben Hans-Karl Mayer ein. Schon in der nächsten Sekunde kommt das Handzeichen zur Startbereitschaft.

Der Stabsschwarm rollt bereits in Kettenformation über die Grasnarbe des Rollfeldes.

Der Kapitän in der anderen Me 109 hebt die Hand. Lotz nickt. Ein

Ruck geht durch Mayers Maschine, und dann schnellt sie förmlich nach vorn. Da schiebt auch der Feldwebel den Gashebel auf Vollast (Vollgas). Der Motor brüllt auf, und die Maschine beginnt zu rollen. Schneller und schneller rotieren die Räder. Der Knüppel ist leicht nach vorn gedrückt. Mit aller Konzentration wartet Lotz auf den kritischen Moment, zu dem die Leitwerkspartie sich hebt. Dafür kennt er die tückische Absicht der Me 109, in diesem Augenblick nach links auszubrechen, viel zu gut. Sein rechter Fuß stemmt sich vorsichtig gegen das Seitenruderpedal.

Da kommt auch schon die Leitwerkspartie in die Höhe. Die Maschine bleibt in der Rollrichtung. Am Armaturenbrett klettern die Zeiger der Instrumente. Die Fahrt wird immer schneller.

110 — 140 — 150 km/h!

Die „Me" des Oberleutnants ist schon vom Boden freigekommen. Nun beginnt auch die des Feldwebels zu tanzen, schwingt sich in die Luft und dröhnt neben der Me 109 des Oberleutnants auf den Platzrand zu. Ein Druck auf den Knopf hinter dem Gashebel, und das Fahrwerk klappt sich unter den Rumpf; auch die Landeklappen fahren ein.

Oberleutnant Mayer legt seine Maschine bereits in eine steile Kurve. Auch Lotz tut es. Unten huschen die Baracken vorbei. Vom Flugplatz her kommen laufend weitere Maschinen in die Höhe und drehen zur Sammelkurve ein.

Der Stabsschwarm steigt bereits. Die anderen Jagdmaschinen klettern hinterher. Die Distanz zur Erde wird immer größer. Schon nach Minuten bleibt der Feldflugplatz hinter dem Horizont zurück.

Lotz nimmt die Gasspitze zurück und lockert die Klemmen der Anschnallgurte. Die Kompaßnadel vibriert der 200-Grad-Marke entgegen. Mit dröhnendem Motor klettert die Me 109 immer weiter in den Himmel hinein. Tief unten kommt eine große Straße in Sicht. Sie ist vollgepfropft mit Kolonnen.

Die Nadel des Höhenmessers klettert. Auf 2 000 Meter kommt sie zum Stillstand. Der vorausfliegende Kommandeur ist zum Normalflug übergegangen.

Wieder einmal huscht der Blick des Feldwebels über das im Sonnenlicht leuchtende Land. Nirgendwo ist eine Spur von Krieg oder Verwüstung zu sehen. Ein tiefer Friede scheint von der Erde Besitz ergriffen zu haben. Aber jeder der Männer in den Kabinen der Jagdmaschinen weiß, wie trügerisch dieser Friede ist und wie schnell er zu Ende sein kann.

Mit Hunderten von Stundenkilometern dröhnen die Flugzeuge mit dem Pik-As auf der Motorverkleidung nach Südwesten, der Maas entgegen, die bald am Horizont auftauchen muß.

Lotz sieht wieder einmal zu Hans-Karl Mayer hinüber. Er sitzt in seiner charakteristischen Haltung hinter dem Knüppel, den Oberkörper leicht nach vorn gebeugt, und blickt in die Flugrichtung.

Voraus kommt jetzt die Maas in Sicht. Davor die große Straße, auf der sich die Einheiten der Feldgrauen dem Fluß entgegenschieben. Die Spitzen der Kolonnen sind auf die dunklen Striche über dem Wasser gerichtet, die jetzt immer größer und deutlicher werden: die Brücken!

Die Stille in den Kopfhörern drückt allmählich auf die Nerven. Warum, zum Teufel, denkt Lotz mit einem schnellen Blick auf das unten vorbeigleitende Sedan, haben sie solch ein Tamtam gemacht, wenn hier überhaupt nichts los ist?

Es ist aber etwas los! Vielleicht mehr, als dem Feldwebel Lotz im Verlauf der kommenden Stunden lieb sein wird. Nur ist es so, daß die Spitzen der alliierten Bombergruppen noch nicht zu sehen sind. Dafür fliegen sie zu tief und außerdem über dem großen Waldgebiet im Süden zwischen Dinant und Maubeuge, das entsprechend gespritzten Flugzeugen gute Tarnungsmöglichkeiten bietet. Und schließlich sind sie auch noch ein ziemliches Stück von ihrem Ziel entfernt.

Der Stabsschwarm kurvt jetzt über dem Maas-Knie nach Norden ein. Unten stehen Tausende von Infanteristen, Artilleristen und Angehörige der vielen anderen Truppenteile auf der Vormarschstraße und blicken zum Himmel hoch, wo zu diesem Zeitpunkt gut vierzig Me 109 in weiten Kreisen durch den Luftraum ziehen.

Auch vom Maasufer aus wird von den Flugzeugen entsprechend Notiz genommen. Dort sind es die Kanoniere der zahllosen Fla-Geschütze, die mit den Händen über den Augen in den Widerschein des Sonnenlichtes blinzeln.

Die Rohre der Kanonen in ihrer Nähe sind an diesem Tag noch nicht heiß geworden, und drüben auf den Kriegsbrücken bei Sedan sowie auf den anderen Übergängen rollen die Kolonnen auch weiterhin in aller Ruhe über den Fluß, dessen Name auch der letzte der Männer schon aus der ersten Strophe der Nationalhymne kennt, die sie bei jeder Gelegenheit singen müssen.

Motoren dröhnen, und der Dunst der Abgase wälzt sich wie eine dünne, dunkle Nebelwand von den Flußübergängen den Wellen der Maas entgegen.

Die Jagdmaschinen am Himmel kommen näher, und bald verschluckt das sonore Brummen auch die lautesten Flüche und die geübtesten Kommandostimmen.

Aber es gibt für die Männer der Kolonne keinen Aufenthalt, um das Schauspiel am Himmel zu genießen.

„Weiter, weiter!" heißt es immer wieder. „Wir müssen über die Maas! Das Marschziel dieses Tages muß erreicht werden. Bald werden wir es geschafft haben ...

...weiter, weiter! Flugzeuge könnt ihr später ansehen, wenn es soweit ist!"

Nur die Feldwebel und Unteroffiziere hängen die Oberkörper aus den Fenstern der Lastwagen und beobachten die Flugvorführungen am Himmel. Es ist wirklich ein imposantes Bild und irgendwie auch ein gutes Gefühl, die feinen Pinkels von Schlipssoldaten über sich zu wissen. Denn da kann nicht viel passieren, wenn die Franzosen oder Engländer auftauchen sollten, um hier an den Flußübergängen einen Aufräumversuch zu unternehmen.

Die jungen Offiziere preschen auf Krädern vorbei; graue Staubmasken auf den Gesichtern und hinter dickverpackten Fahrern, die nach Gummi und Benzin riechen.

Das andere Flußufer kommt näher, und die Jäger am Himmel kurven jetzt nach Norden ein. Sie scheinen ihr Handwerk wirklich zu verstehen. Den motorisierten Verbänden folgen bespannte Einheiten, und dann wieder Lastwagen hinter Lastwagen. Schwere Geschütze ächzen unter dem eigenen Gewicht, Feldgendarmen stehen vor den Übergängen und brüllen sich die Kehle aus dem Leib. Nirgendwo fällt ein Schuß, und manchmal stehen hohe Offiziere am Wegesrand und haben einen Ausdruck von Erstaunen in den Augen. Vielleicht hätten sie es am allerwenigsten geglaubt, daß dieser Stoß der Panzergruppe Kleist durch die Ardennen und nach Luxemburg hinein schon jetzt von der Maas aus weitergeführt werden kann.

Schließlich steigen sie wieder in die am Straßenrand haltenden Kübelwagen und überschütten die stöhnenden und fluchenden Infanteristen mit Wolken von Staub.

Weiter — weiter!

Die grauen Punkte im Grün des Uferlandes bewegen sich kaum. Es sind die Männer der Flak, die am besten Zeit haben, die Flugmanöver der Jäger über dem Fluß zu verfolgen, die Sonne auf die Gesichter scheinen zu lassen und manchmal an die armen Kumpels in den Staubschläuchen der drüben vorbeimarschierenden Kolonnen zu denken.

Wachtmeister Ehlers steht neben dem Leutnant, der die Jagdmaschinen am Himmel mit einem starken Fernglas beobachtet. Er setzt es jetzt wieder ab und fährt sich über sein stoppeliges Kinn.

„Ganz schöner Haufen", murmelt er, „nur soll der Teufel wissen, was die hier wollen."

Ehlers nickt einige Male vor sich hin und sucht in seiner Hemdtasche nach einer Zigarette.

„Trotzdem läuft mir 'ne Gänsehaut über den Rücken", sagt er, „wenn ich daran denke, was hier los sein wird, wenn die Tommys (Engländer) oder die Franzmänner (Franzosen) mal das richtige Loch erwischen und die Brücken zur Sau maschen."

Der Leutnant zuckt die Schultern und wischt an den Okularen seines Glases herum. Sein Blick fällt jetzt auf einen schmächtigen Kanonier mit einer Schießbrille, der gerade zu ihm herübersieht.

„Na, Lemke", sagt der Leutnant, „wie fühlen Sie sich? Hat Ihr Bauchweh aufgehört?"

Der blutjunge Soldat mit dem Kindergesicht knallt zackig mit den Knobelbechern (Stiefel) und produziert ein heiseres „Jawohl!"

Der Leutnant will gerade wieder das Glas heben, als auch er die jähe Veränderung erkennt, die droben am Himmel ihren Verlauf nimmt. Das ruhige Dahindröhnen der vielen Jäger ist von einer Sekunde zur anderen zu Ende gegangen. Die einzelnen Schwärme flitzen jetzt nach allen Seiten auseinander. Die Flugzeuge an der Spitze des Verbandes neigen sich auf die Tragflächenspitzen und stürzen dann in steilem Winkel der Erde entgegen. Das monotone Brummen hat sich in Sekundenschnelle in ein hohes, pfeifendes Heulen verwandelt.

Leutnant Kaspar kommt in der nächsten Zeit nicht mehr dazu, sein Glas zu heben. Denn in diesen Augenblicken gellen die Alarmrufe bereits von Geschütz zu Geschütz. An den Kanonen entsteht ein Gewimmel von unzähligen Körpern. Die Richtkanoniere schwingen sich auf die Sitze, und die anderen nehmen ihre Positionen ein, so, wie sie es schon unzählige Male geübt und in den letzten Tagen auch schon praktisch erprobt hatten. Die dünnen Rohre der Zwozentimeter schwenken in jene Richtung, wo jetzt die Jäger nacheinander in die Tiefe stürzen.

„Feuerbereitschaft! — Feuerbereitschaft!“ hallt es an den Flußufern entlang.

Ehlers und der Leutnant stehen immer noch wie Statuen auf dem gleichen Fleck.

In einiger Entfernung taucht der Batteriechef, Hauptmann von Gewitz, auf. Mit langen Sprüngen kommt er auf den Zug von Leutnant Kaspar zugerannt. Atemlos bleibt er in der Nähe stehen und deutet nach Nordwesten.

„Sie kommen!“ keucht er. „Ganze Haufen von Bombern sind gemeldet — im Tiefflug, zu uns!“

Eine weitere Erläuterung ist nicht mehr nötig. Droben im Nordwesten verschwinden die Jäger in kurzen Abständen unter dem Horizont. Das Bellen unzähliger Bordkanonen erfüllt den Luftraum. Ein Feuerblitz zuckt über dem jenseitigen Flußufer auf, und dann sind sie mit blankem Auge zu sehen.

Es sind zweimotorige Flugzeuge mit zierlichen Flügeln und kleinen Doppelleitwerken. Tief über der Erde dröhnen die Breguet-Bomber dem Fluß entgegen.

„Feuer frei!“ schreit der Batteriechef mit sich überschlagender Stimme.

An dem in der Nähe stehenden Zwozentimeter-Geschütz hat der Richtkanonier bereits den Abzug durchgedrückt. Lange Feuerschlangen zischen aus dem zuckenden Lauf der Maschinenwaffe und ziehen sich wie eine glühende Perlenschnur über das Wasser.

Innerhalb weniger Sekunden bricht jetzt überall die Hölle los.

Und während weiter nördlich eine Flammensäule aus der Erde steigt, bebt der Boden unter den Beinen des Wachtmeisters. Er blickt jetzt genau über das Rohr des einen Geschützes und direkt in die Flugbahn einer feindlichen Kampfmaschine.

„Tiefer — tieferhalten!“ ertönt neben ihm die Stimme des Leutnants.

Aber der Pilot der Breguet hat dem Obergefreiten im Richtsitz der Flak die Arbeit bereits abgenommen. In jenem Augenblick, als die Worte des Leutnants im Hämmern der Fla-Waffe untergingen, mußte er die Steuersäule leicht nach vorn geneigt haben, um noch tiefer auf das Wasser herabzugehen.

Er flog dabei mitten durch die lange Garbe, die sich zu diesem Zeitpunkt mit einigen der unzähligen anderen Feuerschnüre kreuzte, die jetzt von allen Seiten über das Wasser des Flusses zischen und sich wie ein Gitternetz des Todes vor die Flugzeuge mit den blauweißroten Kokarden breiten.

Und während einige hundert Meter entfernt die Männer der gerade auf dem Flußübergang befindlichen Kolonne entsetzt auf die herandröhnenden feindlichen Kampfmaschinen starren, weiter drüben Lastwagen von der Straße gefahren werden und Hunderte von Feldgrauen in Deckung springen, beginnt in der Nähe von Donchery der erste Akt eines folgenschweren Dramas.

Die französische Kampfmaschine scheint mitten im Flug von einer riesigen Hand gestoppt worden zu sein. Das Flugzeug wird geschüttelt, neigt sich langsam und wie eine todwunde Kreatur auf die linke Tragfläche, während ein grellroter Feuerschweif an der Kanzel vorbeizüngelt. Sekunden später berührt die Spitze des einen Flügels die Wasseroberfläche. Ein Bersten und Krachen schwingt sich über den Höllenlärm der feuernden Geschütze. Einige Male rotiert die brennende Breguet wie ein feuriges Rad über das aufgischtende Wasser der Maas, ehe sie in Wolken funkensprühender Einzelteile ihr Ende findet...

Die Me 109 von Oberleutnant Hans-Karl Mayer ist höchstens fünf Meter von der des Feldwebels entfernt.

Es ist noch keine Minute her, seit der Alarmruf aus den Kopfhörern schallte und die einzelnen Schwärme der Gruppe wie ein aufgescheuchter Vogelschwarm auseinanderspritzten. Innerhalb weniger Sekunden verwandelte sich die exakte Flugformation in ein hektisches Durcheinander, das aber schon sehr bald wieder ein sinnvolles, ausgeklügeltes System annahm. So schnell wie die Reaktionen der einzelnen Schwarm- und Rottenführer und der Staffelkapitäne erfolgt waren, so bald hatte man schon wenig später Klarheit über das mittlerweile herrschende Gefechtsbild.

Und dann stürzten sie auf breiter Front in die Tiefe, den zahlreichen Feindmaschinen entgegen, die drunten von Nordwesten her auf das Ufer der Maas zuzogen.

Die Entfernung zur Erde nimmt jetzt immer mehr ab. Vor der Frontscheibe der Me 109, in der Feldwebel Lotz sitzt, ziehen sechs oder zehn Maschinen über die grüne Fläche des Flußvorlandes. Der Feldwebel zuckt zurück, als irgendwo zwischen den Flugzeugleibern ein Flammenpunkt aufglimmt, der sich innerhalb weniger Sekunden zu einem turmhohen Feuerpilz ausweitet.

Ein Zittern geht durch die Zelle der Jagdmaschine. Wahrscheinlich stürzen sie schon so schnell, daß die „Me" bereits sauer zu reagieren beginnt. Aber es bleibt keine Zeit mehr für eine Beobachtung der Instrumente.

Feindbomber! Es sind Dutzende von Flugzeugen, die der Maas entgegenfliegen, und die Maschinen der Kameraden, die jetzt drunten aus steilen Wendekurven erneut auf sie herabstoßen, wirken dunkel im Widerschein des Sonnenlichts.

Lotz schießt an Hans-Karl Mayers „Me" vorbei und drückt dann den Knüppel wieder nach vorn. Nachdem die lange Motorpartie in die neue Flugrichtung gerückt ist, jagen sie genau auf das Ufer der Maas zu. Von unten her zischt eine andere Rotte in die Höhe, kaum zwanzig Meter entfernt. Überall wimmelt es nur so von Jagdflugzeugen.

Voraus fliegt ein Schwarm von Fairey-Bombern. Die Kokarden auf den Tragflächen werden immer größer und deutlicher. Sie ziehen in eng aufgeschlossener Formation tief über die Erde.

Von rechts stürzt eine andere Me-109-Rotte herab und schwenkt auf den rechten Flügel des Bomberschwarmes ein.

Alles weitere spielt sich mit unvorstellbarer Geschwindigkeit ab. Durch winzige Bewegungen am Steuerknüppel läßt Mayer seine Maschine auf- und abschnellen. Er benötigt nur Augenblicke, um in dieser Gefechtssituation den Schußwinkel erflogen zu haben.

Lotz fliegt seitlich hinter ihm, vielleicht zwei oder drei Meter über der Leitwerksflosse der anderen Me 109. Er sieht jetzt die Leuchtspurgarben aus den Kanonenmündungen herauszüngeln. Die Distanz zu den Feindbombern beträgt höchstens noch zweihundert Meter.

Schon die erste Salve zerfetzt die linke Tragflächenwurzel der Fairey-Battle am linken Ende des Schwarmes. Einzelteile lösen sich und wirbeln wie ein dunkler Regen nach hinten weg.

Der Pilot kurvt zur Seite, während bereits eine lange Flammenfahne aus der zerschossenen Fläche herausquillt.

Voraus kommt das Flußufer der Maas auf die „Me" des Feldwebels zugehuscht. Aber davor sind die Gegner. Lotz drückt den Knüppel noch ein Stück nach vorn. Die Motorpartie kippt nach unten. Im gleichen Moment betätigt er den Auslöseknopf der Kanonen. Ein Grollen rattert durch die Kabine, und die Geschoßgarben senken sich vor den Flugweg des Bombers.

Noch eine Sekunde!

Vorbei!

Der Oberleutnant steigt zu diesem Zeitpunkt in einer steilen Kurve nach oben, Von der Stirn des Feldwebels rinnen Schweißbäche. Er zieht den Knüppel wieder nach hinten und jagt der Rottenführermaschine nach. Dann sieht er die „Battles" wieder. Drei von Ihnen brennen bereits. Von den beiden anderen Me 109 ist im Augenblick nichts mehr zu sehen.

Mayers Maschine liegt nun halb in der Rückenlage. Im FT (Funksprech) ein einziges Stimmengewirr.

Die Wasseroberfläche der Maas kommt erneut auf die Frontscheibe zu. Mit einer impulsiven Bewegung reißt Lotz den Gashebel zurück. Ein gewaltiger Donnerschlag veranlaßt ihn, blitzschnell den Kopf einzuziehen. Noch ein Knall, und eine zweite Me 109 prescht dicht über die Kabine hinweg.

Die letzte Fairey-Battle des Schwarmes dröhnt über den Fluß. Voraus breiten sich die dunklen Konturen der Brücken über das Wasser. Die Flak am Ufer feuert nicht mehr. Drohend ragen die Rohre der Zwozentimeter der Vierlings-Geschütze und der 37-mm-Kanonen über das Wasser des Flusses.

Der Oberleutnant geht tief auf den Wasserspiegel herunter. Es vergehen nur Sekunden, bis er wieder zu feuern beginnt.

Lotz kommt sich vor wie auf einem rasend schnell rotierenden Kreisel Alles dreht sich: der Himmel, die Erdoberfläche, der Fluß, die Sonne...

Die Geschoßgarben aus der Maschine des Staffelkapitäns fressen sich wie eine Säge durch das Leitwerk des Feindbombers. Das Flugzeug beginnt zu taumeln, dreht gegen das andere Ufer und verschwindet im nächsten Augenblick unter der Tragfläche von Lotz' Me 109.

Noch einmal ziehen sie hoch. Aus der Kurve heraus sieht der Feldwebel drüben jenseits der Maas die Silhouetten anderer feindlicher Bomber. Etwa ein halbes Dutzend Messerschmitt-Jäger stößt gerade auf sie herab. Weiter im Westen, bei den Kriegsbrücken, stehen einige Flammentürme über der Erde.

In den Kopfhörern ist plötzlich eine monotone Stimme zu vernehmen, die immer die gleichen Worte zu sprechen scheint.

Ehe Lotz ihren Sinn begreift, sieht er es bereits. Ein Dutzend britischer Hurricanes (Jagdflugzeuge) stößt aus ziemlicher Höhe herab. Die Stimme in den Kopfhörern klingt eindringlich und fast beschwörend. Die einzelnen Worte sind jetzt gut zu verstehen.

„Indianer (Feindjäger) von oben. Aufpassen. 1. Staffel sammeln und nach Norden weg im Tiefflug. Dann hoch und 'ran!"

Oberleutnant Mayer hat den Kopf herumgedreht und blickt nach Nordwesten. Im nächsten Augenblick wackelt er kurz mit den Flächen und drückt auf das Wasser der Maas hinab. Links von der Kabine zieht ein brennender Bomber in die Höhe. Das Leitwerk ist sekundenlang der Erde entgegengerichtet. Dann geht ein Ruck durch das Flugzeug. Es beginnt zu wanken und stürzt über das Heckende in die Tiefe.

Lotz sieht den Feuerpilz nicht mehr, der Sekunden später aufsteigt. Im FT ist es jetzt ruhiger geworden. Rechts steht eine leichte Flak neben der anderen. Die Stahlhelme der Kanoniere schimmern im Sonnenlicht. Die beiden Me 109 jagen auf die eine Kriegsbrücke zu.

Vorbei!

Hans-Karl Mayer schwenkt nach Norden ein. Die Straße nach Bouillon kommt in Sicht. Auch darauf eigene Kolonnen. Die Fahrzeuge halten.

Voraus breitet sich ein großer Wald vor den Horizont. Darüber das Karussell des Luftkampfes. Ein Blitz zuckt vor dem seidigen Blau auf und verwandelt sich in einen feurigen Sichelbogen.

Der Oberleutnant beginnt zu steigen. Der große Wald unter der Maschine wird ferner und ferner.

500 Meter... 700... 1 000!

Links vom Kurs hängt ein Fallschirm am Himmel. Leuchtspurgarben ziehen hoch darüber durch die Luft.

Weit im Nordwesten stürzt eine lange Kolonne von Me 109 in die Tiefe. Über der Maas hängen dicke Rauchschwaden. Die Ufer scheinen Feuer zu speien. Offenbar hat inzwischen die Flak zu schießen begonnen. Über der Kabine drehen sich einige Hurricanes und ein Schwarm 109er im Kreis. Kleine Kondensfähnchen stäuben von den Tragflächenspitzen weg.

Plötzlich legt sich die Me 109 des Oberleutnants in eine Linkskurve. Gleichzeitig hört Lotz seine Stimme. Instinktiv reißt er den Kopf herum und starrt auf die vier britischen Jagdmaschinen, die in steilem Sturz genau auf sie zurasen.

*

Die letzte Einsatzbesprechung wurde eigentlich nur im Telegrammstil durchgeführt. Es ist keine Zeit mehr für lange Reden. Denn vorn an der Maas ist die Hölle los...

Jeder der Männer, die jetzt zu den Maschinen laufen, weiß, was auf dem Spiel steht. In kleinen Gruppen hasten sie über das Gras. Die Warte stehen bereits auf den Tragflächen und haben die Anschnallgurte in der Hand. Auf der anderen Motorseite stecken die Kurbeln zum Anlassen der DB-601-Motoren.

Einer der Jäger von der III./JG 53 läuft dicht hinter einem dunkelhaarigen Hauptmann her: Werner Mölders!

Er springt jetzt auf die Tragfläche, läßt sich in die Kabine fallen und schließt das Dach.

Sekunden später sitzt auch Unteroffizier Berger in seiner Maschine. Der 1. Wart legt ihm die Anschnallgurte um die Schultern und tritt dann zurück. Der Rotor des Anlassers beginnt zu summen. In der Nähe springen die ersten Motoren an.

Auch das DB-Triebwerk von Berger kommt sofort. Nach einigen tukkernden Stößen peitscht das kraftvolle Dröhnen durch die Kabine.

Die Me 109 des Hauptmanns rollt bereits an. Unter der Tragfläche von Bergers „Me“ kommt der Obergefreite vom technischen Personal wieder in Sicht. Er hat einen Bremsklotz in der Hand. Ein schnelles Zeichen, dann löst sich die Jagdmaschine von ihrem Standplatz.

„...Massen von Feindflugzeugen. Bomber im Tiefflug. Englische und französische Jäger... Was sie wollen, läßt sich denken...“

Mölders rollt in hoher Fahrt auf den Startpunkt zu. Dann ein Druck auf die linke Bremse, und die Leitwerkspartie kreist herum. Einige Sekunden noch, und Berger ist neben ihm.

Der Hauptmann hebt die Hand. Sein Gesicht wirkt völlig fremd unter dem braunen Oval der Fliegerkopfhaube. Auf der Leitwerksflosse sind die Balken von neun Abschüssen angebracht.

Man startet nicht mehr im Gruppen- oder Staffelverband, höchstens noch in Schwärmen und Rotten. Das, was sich jetzt hier auf dem Feldflugplatz abspielt, ist ein rollender Einsatz im wahrsten Sinne des Wortes.

Da senkt der Startposten die schwarzweißkarierte Flagge. Die Messerschmitt-Maschine von Mölders rollt an. Auch Berger schiebt den Gashebel auf Vollast.

Von den Liegeplätzen her kommen weitere Maschinen an den Start. Ein Teil der Gruppe ist bereits in der Luft und wird sicher bald wieder zurückkommen.

Auf ihren gespreizten Fahrwerken rollt die Me 109 des Unteroffiziers seitlich abgesetzt hinter der von Mölders her. Dann hebt sie ab und schwingt sich in die Luft.

Der Hauptmann geht nach der ersten Kurve sofort auf Kurs und beginnt zu steigen. Es ist keine Zeit für irgendwelchen Firlefanz. Denn keiner der Männer in den Jagdmaschinen, die jetzt nacheinander starten oder bereits über den Baracken am Platzrand dahindröhnen, weiß eigentlich wirklich, wie es vorn bei Sedan aussieht. Unter dem Begriff „Massen von Feindflugzeugen" läßt sich vieles vorstellen. Es können genausogut hundert wie fünfhundert oder tausend sein.

Die Messerschmitt-Jäger ziehen bereits der 1 000-Meter-Grenze entgegen. Mölders sitzt regungslos hinter dem Steuer, den Blick in die Flugrichtung gewandt. Berger fliegt vielleicht zehn Meter neben ihm. Es ist jene Gefechtsformation, die der dunkelhaarige Hauptmann, der in der Legion Condor (im Spanischen Bürgerkrieg) zu den erfolgreichsten deutschen Jägern gehörte und das Spanienkreuz mit Brillanten trägt, einmal selbst ausgeklügelt hatte.

Die Erde wird immer ferner. Die von allen Seiten her durch das bunte Relief der Erdoberfläche führenden Straßen wirken wie lange Adern in einem riesigen Körper. Die Nadel des Höhenmessers klettert und klettert.

2 000 ... 2 500 ... 3 000 Meter!

Mölders hat seit dem Start noch nicht einmal den Kopf gedreht. Für ihn war es schon immer selbstverständlich, daß der Katschmarek auf seiner Position bleibt. Geschähe das nicht, wäre man bald nicht mehr der Rottenflieger des Hauptmanns, der schon jetzt zu den Assen seiner Waffe gehört.

Die Sonne wandert allmählich nach Süden. Es geht gegen Mittag. Eine brütende Hitze breitet sich in der Kabine aus und treibt den Schweiß aus den Poren.

Die unzähligen Stimmen in den Kopfhörern werden immer deutlicher. Tief unten fliegen vier Me 109 auf Gegenkurs. Sicher mußten sie zurück, weil ihr Sprit zur Neige geht. Auch die anderen, die schon vor längerer Zeit gestartet waren, müssen wohl bald an den Rückflug denken.

Der Unteroffizier dreht kurz den Kopf und blickt nach hinten. Ungefähr zwanzig Maschinen fliegen hinter und neben ihm durch den Luftraum. Von Nordosten her schälen sich jetzt weitere Flugzeugsilhouetten aus dem Sonnenglast. Es scheint eine ganze Gruppe zu sein.

Die Maas muß bald erreicht sein. Die Entfernung vom Flugplatz bis nach Sedan ist für die Me 109 praktisch nur ein Katzensprung.

Bergers Blick huscht über die Instrumente. Die Nadeln vibrieren alle auf den Normalwerten.

Was wird in wenigen Minuten geschehen? Wie sieht es über der Maas aus? Es ist der erste Einssatz, den Berger an diesem Tag fliegt. Gestern waren sie allerdings auch über dem Kampffeld herumgeschwirrt. Aber kein britischer Jäger und kein Franzose hatten sich blicken lassen. Man war sich allerdings darüber klar, daß es nicht so bleiben würde. Auch der Hauptmann in der anderen Maschine hatte mehrmals diese Ansicht vertreten. Berger duckt sich unwillkürlich und neigt den Oberkörper weiter nach vorn, als er voraus in Flugrichtung die unzähligen dunklen Punkte erkennt, die wie kleine Schmutzflecke vor dem Blau der Himmelskugel anmuten.

Am Horizont zeichnet sich das Flußband der Maas im Sonnenlicht ab. Rauchsäulen stehen über der Erde. Pausenlos zucken kleine Blitze über die grüne Fläche, durch die sich der Fluß schlängelt. Weit unten zieht wieder eine Me-109-Rotte nach Nordosten.

Mölders steigt immer noch. Sicher hat er schon jetzt wieder einen genauen Plan. Ein Gefühl von Bewunderung für den wortkargen und manchmal fast verschlossen wirkenden Offizier in der anderen Maschine hält wieder einmal in Berger Einzug. Wenn man neben ihm fliegt, ist das fast eine Art von Lebensversicherung. Er scheint keine Nervosität und keine übereilten Reaktionen zu kennen; er fliegt und setzt seine Angriffe an, als ob das die selbstverständlichste Sache der Welt wäre.

Das Flußband wird immer breiter, und die Silhouette der Stadt Sedan wächst den Jagdflugzeugen förmlich entgegen.

Die „Me" des Hauptmanns steigt immer noch. Die rechte Tragfläche der Maschine hängt leicht nach unten. Auch Berger kurvte dicht hinter Mölders nach Norden ein.

Sie jagen bereits weit über der Flughöhe, auf der sich der Luftkampf abspielt, durch den glasklaren Himmel. Und der Unteroffizier beginnt bereits zu ahnen, was jetzt bald geschehen wird.

4 000 ... 4 500 Meter!

Mölders fliegt immer noch ohne Atemmaske, obwohl sie eigentlich die Höhe erreicht haben, die es nötig werden läßt, den grünen Gummiwulst vor den Mund zu zerren.

Plötzlich wird die Maschine des Hauptmanns in eine Linkskurve gerissen.

Berger hält den Atem an. Er weiß, daß es jetzt keine Minute mehr dauern wird, bis die erste Entscheidung herannaht, und er sollte sich nicht getäuscht haben! Die Me 109 von Mölders liegt in einem flachen Sturzwinkel. Berger hat den Gashebel leicht zurückgenommen, und seine Hand klammert sich immer fester um den Steuerknüppel.

Etwa tausend Meter unter ihnen dreht sich das Teufelsrad des Luftkampfes. Drunten auf der Erde schießt gerade ein feiner Feuerstrich in die Höhe. Über dem blauen Schlauch des Flusses sind winzige Striche zu sehen. Sicher sind es die Brücken.

Das Herz des Unteroffiziers klopft schneller. Erst jetzt merkt er, daß sie die Sonne im Rücken haben. Es ist jene Angriffsposition, die Mölders eigentlich immer erfliegt, bevor irgend etwas geschieht.

Vor der Motorpartie von Bergers „109" drehen sich vier Jagdflugzeuge im Kreis. Zwei davon sind Me 109 und die beiden anderen haben die charakteristischen Umrisse von Hurricane-Jägern.

Berger tritt ruckartig ins rechte Seitenruder, als die Maschine von Mölders aus der Messerlage heraus nach oben schert. Schon Sekunden später rutscht sie in vertikaler Richtung in die Tiefe und dann genau auf die Leitwerkspartie der letzten Hurricane zu.

Alles vollzieht sich so elegant und fast spielerisch, daß der Unteroffizier wieder einmal den Atem anhält. Er weiß, daß der am Schluß der Rotte fliegende Engländer keine Chance mehr haben wird, wenn er in den nächsten Augenblicken die von oben her herabslipende Messerschmitt-Maschine nicht erkennt und irgend etwas unternimmt.

Er tut aber nichts!

Es vergehen nur noch Sekunden, bis Mölders direkt hinter dem britischen Jagdflugzeug sitzt. Von den Tragflächenprofilen seiner Maschine lösen sich dünne Glutstriche.

Die Garben liegen sofort deckend. Die Hurricane wird wie von einer unsichtbaren Gewalt halb in die Rückenlage gerissen und geht ins Trudeln über. Kleine Feuerzungen lecken aus der Zelle, die sich in Windeseile zu einer dicken Rauchfahne verbreitern.

Mölders jagt jetzt bereits an der abgeschossenen Maschine vorbei, die wie ein welkes Blatt in die Tiefe torkelt.

Die zweite Hurricane geht nun zum Rückflug über. Mit einem gesteuerten Abschwung bringt sich der britische Pilot aus der Gefahrenzone.

Erst jetzt hört Berger das vielstimmige Geschrei in den Kopfhörern wieder. Die anderen beiden Me 109 wachsen riesengroß vor der Frontscheibe auf. Sie liegen immer noch in steilen Messerkurven, und trotz der winzigen Zeitspanne, die bei dem sekundenschnellen Vorbeizischen zur Beobachtung übrigbleibt, erkennt Berger an dem Herz-As auf der Motorverkleidung der einen Maschine, daß es sich um Kameraden vom JG 77 handelt.

Mölders behält die Sturzrichtung immer noch bei. Weit im Westen hängen einige Fallschirme vor dem Himmel. Links von Bergers Me 109 zischt eine lichterloh brennende Jagdmaschine der fernen Erde entgegen. Es ist nicht auszumachen, ob es sich um ein eigenes oder ein feindliches Flugzeug handelt.

Die Entfernung zur Erde nimmt ab. Sie stürzen jetzt genau auf Sedan zu. Erst in fünfhundert Meter Höhe beendet der Hauptmann das Abfangmanöver.

Berger reißt das Gas zurück und schießt ein Stück über Mölders' Maschine hinaus. Der Hauptmann wendet nur kurz den Kopf und kurvt dann nach links weg. In einer engen Spirale geht er tiefer und tiefer. Bergers „Me" hängt wie eine Kette hinter ihm.

Plötzlich bäumt sich die „109" des Hauptmanns unvermittelt in die Höhe und beschreibt eine halbe Rolle. Blitzschnell haut auch der Unteroffizier den Knüppel zur Seite und läßt die Maschine um die Längsachse wirbeln.

Mölders' „Me" liegt bereits wieder im Sturz. Die Luftschraubennabe ist auf eine Hurricane gerichtet, die, aus allen Rohren feuernd, hinter einer einzelnen Me 109 hängt.

Aber diesmal ist es zu spät!

In jenem Augenblick, als Mölders aus viel zu großer Entfernung zu feuern beginnt — offenbar nur deshalb, um den gegnerischen Piloten in allerletzter Sekunde abzulenken —, ist das Schicksal der Kameraden bereits besiegelt. Seine Maschine mußte voll durch die Garben der Hurricane gezogen sein. In Sekundenschnelle verschwindet sie jetzt unter einem grellen Glutball, während der britische Pilot nach einer rasanten Steilkurve nach unten wegdrückt.

Auch jetzt kommt kein Laut über die Lippen des Hauptmanns. Er jagt kaum hundert Meter an der Stelle vorbei, wo nun ein schauriger Regen von Blechstücken zur Erde hinabrieselt.

Der Unteroffizier wischt sich den Schweiß aus den Augen, und als er wieder nach vorn sieht, kommt ein Schwarm von Morane-Jägern wie ein Rudel dicker Riesenkäfer aus frontaler Richtung herangejagt.

Mölders reißt seine Maschine in eine Rechtskurve und drückt anschließend sofort nach unten weg. Die Morane-Piloten bleiben in der gleichen Flugrichtung. Die Me 109 des Hauptmanns liegt jetzt genau neben Berger. Er sieht, daß Mölders das Gesicht nach links gewendet hat und zum Himmel hinaufsieht, wie jetzt etwa sieben Messerschmitt-Jäger in steilem Sturz auf die Phalanx der französischen Jagdmaschinen herabpreschen.

Es vergehen noch einige Sekunden, bis sich Berger der unwahrscheinlichen Kaltblütigkeit und Besonnenheit bewußt wird, mit der der Hauptmann an seiner Seite mitten im dicksten Kampfgetümmel seine Entschlüsse faßt und sie sofort in die Tat umsetzt.

Seit er die Me-109-Mahalla (Fliegerausdruck für Ansammlung von Flugzeugen) gesehen hatte, die von Nordosten her auf den feindlichen Verband anflog, schien es für ihn bereits keinen Grund mehr gegeben zu haben, den Kampf mit dem neuen Gegner aufzunehmen.

Seine Maschine liegt für wenige Augenblicke in der Normallage und neigt sich dann dem Fluß entgegen. Sie jagt nun direkt auf den Westrand von Sedan zu. Vielleicht eine Minute später dröhnen die beiden Messerschmitt-Maschinen über den Fluß. Über dem jenseitigen Ufer dreht Mölders nach Westen ein, während Berger in einer steilen Kurvenlage über ihn wegschert und sich dann in linke Position setzt.

Sie preschen zu diesem Zeitpunkt praktisch im Rücken der Flak über die Buschlandschaft am Maas-Ufer.

Trotz der Tatsache, daß sie mit Hunderten von Stundenkilometern über die Erde rasen, sind die in kurzen Zwischenräumen postierten Fla-Geschütze und die Männer der Bedienung deutlich zu erkennen.

Aber auch die drei britischen Bombenflugzeuge, die in diesem Augenblick gerade über das jenseitige Flußufer huschen und dann tief über der Maas nach Osten eindrehen, sind nicht zu übersehen.

*

Major Stemper hat das große Gebäude schon längst wieder betreten. Keiner der Offiziere hätte in dieser Stunde die Zeit, sich mit sich selbst zu beschäftigen. Das Räderwerk der Luftflotte 3 läuft auf vollen Touren.

Draußen vor den Fenstern des großen Lageraumes knattern pausenlos Motorräder und klingen Schritte über die Treppe. Telefone schrillen nahezu ununterbrochen, und kühle, unbeteiligt wirkende Stimmen wiederholen Meldungen oder geben einen neuen Befehl weiter.

Ein Bündel Sonnenstrahlen fällt in den Raum und huscht über den großen Tisch, um den sich zahlreiche Offiziere geschart haben. Auch Major Stemper ist unter ihnen.

Sie blicken alle auf den gebeugten Rücken des Generals, der gerade sein Einglas aus dem Auge nimmt und es dann wieder einklemmt.

Anschließend richtet er sich auf, und sein Blick huscht über die ernsten Gesichter der Offiziere in seiner Nähe. Schließlich wendet er sich an den Ia (Erster Generalstabsoffizier):

„Es bleiben alle bis jetzt eingesetzten Geschwader am Feind ...“

Er verstummt und blickt einem jungen Ordonnanzoffizier entgegen, der ihm gerade ein Meldungsformular reicht. Sperrle überfliegt den Inhalt und sieht dann zu einem der hohen Fenster hinüber.

„Bis jetzt scheint alles noch im Lot zu sein. JG 53 meldet zehn Abschüsse. Die Brücken sind intakt. Wir werden ...“

*

Das, was der General noch wie im Selbstgespräch von sich gab, findet schon kurz darauf in weiteren Befehlen an den Jafü 3 seinen Niederschlag. Von dort gehen sie weiter an die Feldflugplätze, auf denen die Mechaniker und die anderen Männer des Bodenpersonals an der Arbeit sind.

Waffenwarte zerren lange Munitionsgurte von kleinen Spezialfahrzeugen und schichten sie am Rand der Liegeplätze auf Zeltplanen. Oberwerkmeister erteilen Befehle und dirigieren die Warte auf ihre Plätze. Gerade angesteckte Zigaretten werden ausgedrückt, und die Männer laufen auseinander, als in südwestlicher Richtung Motorenlärm durch den Himmel klingt.

Wenige Augenblicke später jagen am östlichen Platzrand zwei Schwärme Me 109 nach Süden. Hoch am Himmel zieht eine Staffel Me 110 durch den Luftraum.

„Mensch", wendet sich Unteroffizier Mischkat an den 1. Wart von Feldwebel Lotz, Unteroffizier Reiter, „da vorn muß wirklich die Hölle los sein! Sieht ja fast so aus, als ob die ganze Jägerei am Himmel wäre."

Der andere nickt nur und zieht die Augenbrauen zusammen.

Zwei Me 109 tauchen jetzt am westlichen Platzrand auf. Die erste Maschine wackelt kurz mit den Tragflächen, zieht dann in die Höhe und dreht zur Landekurve ein.

In den nächsten Minuten jagen weitere Flugzeuge in kurzen Abständen über den Horizont und stürzen auf den Flugplatz herab. Ein ohrenbetäubender Lärm erfüllt die Luft. Die ersten Jagdmaschinen sind bereits gelandet, und eine lange Staubfahne wälzt sich über den Platz.

Mischkat und Reiter laufen zum Rand des Liegeplatzes und versuchen, die Kennummern auf den Rümpfen der vorbeirasenden Maschinen zu entdecken.

Plötzlich reißen die beiden wie auf Kommando die Arme in die Luft.

„Da", schreit Reiter, „da sind sie!"

Kaum fünf Meter über dem Boden neigt Hans-Karl Mayer die Tragflächenspitzen seiner „Me" abwechselnd gegen den immer breiter und höher werdenden Staubschleier und kommt dann erneut von Westen her auf den Platz zugerast.

Auch dieses Mal wackelt der Oberleutnant zum Zeichen des Luftsieges mit den Tragflächen.

*

Das Zeichen des Sieges im Luftkampf, das an diesem Tage noch so oft wiederholt werden soll, ist gleichzeitig das Symbol für die Katastrophe, die über die tapferen Piloten der britischen und französischen Bomberverbände hereingebrochen ist. Aber trotz der bisher eingetretenen schweren Verluste werden immer weitere Einheiten in die Schlacht geworfen.

Es ist fast das gleiche Bild wie vor Tagen am Albert-Kanal, als zuerst die belgischen Staffeln Hepcee und Pierre mit ihren Fairey-Battle-Bombern die Kanalbrücken bei Vroenhofen und Veldwezelt zu zerstören versuchten, die am Morgen des 10. Mai 1940 von deutschen Fallschirmjägern genommen worden waren. Der Einsatz wurde für die Besatzungen zu einem Opferflug ohnegleichen, und die Uferlandschaft am Albert-Kanal, wo praktisch alle 50 Meter ein Fla-Geschütz stand, verwandelte sich in einen einzigen Flugzeugfriedhof. Die grausame Hinrichtung hatte ihre Fortsetzung gefunden, als sechs Breguet-793-Bomber der französischen Kampfgruppe I/54 in einer todesmutigen Attacke gegen die Kanalbrükken flogen und im konzentrischen Feuer von rund 200 Flak-Rohren endeten. Auch die 67 Bomber der RAF (Royal Air Force = britische Luftwaffe) vom Typ Fairey-Battle waren im Feuerorkan der Flak und der unzähligen deutschen Jagdflugzeuge so dezimiert worden, daß nur 31 Maschinen von 67 ihre Flugbasen erreichen konnten; das zum größten Teil mit solch schweren Beschädigungen, daß sie nicht einmal nach England zurückzukehren vermochten.

Die sich anbahnende Niederlage beginnt sich schon in den frühen Mittagsstunden abzuzeichnen, und zu den Unglücksmeldungen, die bereits am Vortag im Hauptquartier der britischen Luftwaffe in Chauny an der Oise eingetroffen waren, kommen nun immer weitere Hiobsbotschaften. Das unvorstellbare Massaker, das am 10. Mai am Albert-Kanal seinen Anfang genommen und an der Maas seine Fortsetzung gefunden hatte, findet seinen Ausdruck in einer erschütternden Bilanz:

In drei Tagen Kampf mit der deutschen Luftwaffe haben die in Frankreich stationierten britischen Luftstreitkräfte bereits über hundert von ihren rund 200 Kampfflugzeugen verloren.

Das war schon am Vortag, also am 13. Mai, der Fall. Und jetzt, als die Luftschlacht über Sedan ihren Verlauf nimmt, schwebt das Verhängnis erneut wie ein Damoklesschwert über den französischen und englischen Flugzeugverbänden.

So war es auch zu verstehen, daß der Einsatz der alliierten Luftstreitkräfte während der Attacke der deutschen Kampfverbände auf die Maginot-Bunker bei Sedan praktisch überhaupt nicht ins Gewicht fiel und der strategisch überaus wichtige Erfolg ohne nachhaltige Störung durch die feindliche Luftwaffe errungen werden konnte. Die schwer dezimierten alliierten Bomber- und Jägerstaffeln hatten eine Auffrischungs- und Ruhepause dringend nötig, die ihnen an diesem 13. Mai, als der Durchbruch erfolgte, auch gewährt worden war.

Erst am 14. Mai schickte der britische Luftmarschall Burrat seine Besatzungen wieder in die Schlacht.

Als sich der Abend über das Kampffeld senkte, sollte die Bilanz für ihn noch weitaus schrecklicher sein als diejenige, die vor einigen Tagen am Albert-Kanal gezogen werden mußte.

*

Die Kolonne auf der Straße, die zu einer der Kriegsbrücken führt, ist wieder einmal ins Stocken gekommen. Die staubbedeckten Feldgrauen haben mittlerweile schon Übung bekommen in diesen Dingen. Niemand braucht mehr einen Befehl zum Verlassen der Fahrzeuge zu geben. Die

Wagen sind kaum zum Stillstand gekommen — es sind Troßfahrzeuge des Regiments Nr. 1 —, als die Männer auch schon von den Pritschen oder aus den Fahrerkabinen springen und auf die Felder und Wiesen hinauslaufen.

Zwei von ihnen bleiben schon nach wenigen Schritten wieder stehen und blicken zur Maas hinüber. Einer ist Unteroffizier, und der andere trägt den Doppelwinkel eines Obergefreiten.

Das Brummen, das von Westen her über das Land grollt, ist nicht zu überhören.

„Da kommen sie wieder", sagt der Unteroffizier, sich den Schweiß von seinem sonnengebräunten Gesicht wischend, „das ist ja der reinste Wahnsinn, was die da machen."

Der Obergefreite ist fast einen Kopf größer als der andere und von knochendürrer Gestalt. Sein Adamsapfel hüpft auf und ab, als er einige Male schluckt und dann nach Nordwesten deutet, wo zwei Schwärme Me 109 in weiten Kreisen über dem Maas-Knie herumkurven.

„Da haste recht", entgegnet er nun mit trockener Stimme.

Die Sonne verbreitet eine grelle Wärme. In Richtung Maas stehen hohe Rauchsäulen über der Erde. Das Feuer der vielen Fla-Geschütze war schon geraume Zeit nicht mehr zu hören. Auf der Straße verstummen die Motoren der Fahrzeuge, und immer mehr Männer versammeln sich unter den Straßenbäumen oder auf den Feldern.

Die geröteten Augen des Obergefreiten Messner richten sich wieder dorthin, wo die Jagdflugzeuge jetzt tiefer herabgehen und in Kolonnenform durch die Luft schwirren.

„Feine Pinkels", knurrt der Obergefreite grimmig, „die brauchen keinen Staub zu fressen."

Der Unteroffizier — er heißt Siegwart — wirft dem langen Messner einen mitleidigen Blick zu.

„Blöder Heini!" knurrt er. „Was glaubst du, was die Franzmänner und Engländer, die da drüben im Gelände liegen, mit uns angefangen hätten, wenn die da droben nicht gewesen wären. Hackfleisch hätten sie aus uns gemacht."

„Na ja", sagt der Obergefreite schulterzuckend, „war ja auch nicht so gemeint."

In diesem Augenblick hallt das Bellen der Ufer-Flak wieder wie drohendes Gewittergrollen über die Landschaft.

„Dort!" schreit einer der Männer und reißt den Arm hoch. „Da kommen sie wieder."

Die zweimotorigen Flugzeuge huschen in südwestlicher Richtung nacheinander über den Horizont. Sie fliegen direkt auf das Gitterwerk der Leuchtspuren zu, das von der leichten Flak über den Fluß gebreitet wird. Die erste Maschine wird voll getroffen, bäumt sich in die Höhe und kommt dann außer Sicht. Kaum eine Sekunde später schießt ein brodelnder Feuerturm in die Höhe.

Das lauernde Kreisen der Jäger hatte vor wenigen Augenblicken schlagartig sein Ende gefunden. Sie stoßen jetzt wie Habichte in die Tiefe, und das Donnern ihrer Bordkanonen vermischt sich mit den peitschenden Abschußgeräuschen der Flak.

Der Unteroffizier nimmt seine Mütze ab und streicht sich über das schweißnasse Haar.

„Du lieber Gott!" murmelt er erschüttert. „Will das denn überhaupt kein Ende mehr nehmen?"

Keiner der Umstehenden gibt ihm eine Antwort. Wie fasziniert blicken sie alle zur Maas hinüber, obwohl sie die Ereignisse mehr ahnen als sehen können. Das Flakfeuer wird immer wütender. Die Jäger preschen jetzt wieder in die Höhe, kurven ein und kommen schon Sekunden später erneut außer Sicht.

Atemlos verfolgen Tausende von Landsern das Schauspiel. Von den feindlichen Bombern ist im Moment nichts mehr zu sehen. Vielleicht fliegen sie jetzt noch tiefer an. Weit im Südwesten wabert wieder ein Feuerturm in die Höhe. Droben am Himmel zerplatzen verirrte Flak-Granaten in dunkelgrauen Blitzwölkchen.

Plötzlich mischt sich ein hoher Pfeifton in das Geräuschinferno des Gefechtslärms. Die Infanteristen reißen sofort die Köpfe herum und blicken nach Nordosten.

In vielleicht tausend Metern Höhe quellen Flugzeuge über den Horizont, Schwarm neben Schwarm. Es ist unmöglich, die Jagdmaschinen zu zählen, die dort oben durch den Himmel ziehen.

Aber nicht nur von Osten her dröhnen sie durch den Luftraum über Sedan. Auch im Westen schillern jetzt die Silhouetten von Jagdflugzeugen im Licht der Sonne. Sie fliegen so hoch, daß sie nur winzige Gebilde mit kleinen Stummeln darstellen.

Offenbar sind es Engländer oder Franzosen. Die Deutschen spritzen jetzt nach allen Seiten auseinander, lösen sich in kleine Gruppen auf und fliegen nach Nordwesten und Südosten.

„Mein lieber Mann!" stößt der Obergefreite atemlos hervor. „Das gibt vielleicht wieder 'nen Zirkus."

Der Unteroffizier steckt sich eine Zigarette in den Mund, hält das Streichholz aber daneben und verbrennt sich die Finger. Er flucht nicht einmal, als er das Hölzchen wegschleudert.

Droben am Himmel ist jetzt überall der Teufel los. Die kleinen Silberpünktchen werden mit enormer Geschwindigkeit größer und größer und jagen in flachem Sturz in die Tiefe. Die langen Motorpartien der Jäger sind sekundenlang genau auf die Vormarschstraße gerichtet.

„Fliegerdeckung!" gellt es irgendwo in das Heulen der Motoren und das hektische Hämmern der Bordwaffen.

Einige Schwärme der Messerschmitt-Jäger haben inzwischen die Flughöhe der Feindmaschinen erreicht und kurven ein. Dünne Feuerstriche züngeln durch die Luft.

Die Flak am Maasufer stellt das Feuer ein. Irgendwo im Westen grollt wieder das Echo einer Explosion durch die hitzegeschwängerte Luft.

Auf der Straße kommt ein Kradmelder angeprescht. Er stoppt seine Maschine in der Nähe der Männer, lehnt sie an einen Baum und kommt dann steifbeinig auf die Gruppe der Landser zu. Sein Gesicht ist eine einzige graue Maske. Nur die Augen und die Zähne leuchten hell aus dem Staubüberzug hervor. Wortlos bleibt er neben dem Obergefreiten stehen.

Droben am Himmel nimmt der Kampf der Jäger immer wildere Formen an. Der Mund des Obergefreiten ist weit geöffnet. So etwas hatte auch er noch nie gesehen. Im Augenblick sind sicher beinahe hundert Jäger in der Luft und kreisen umeinander herum.

„Da hat's einen erwischt!" schreit es von der Straße her.

Niemand braucht diese Beobachtung näher zu erläutern. Atemlos starren die Männer zum Himmel hinauf, wo jetzt eines der Flugzeuge eine quirlende, blitzsprühende Rauchschleppe hinter sich herzieht.

Entsetzt stellen die Infanteristen fest, daß es eine Me 109 ist. Die Maschine kommt mit hoher Geschwindigkeit tiefer herunter, aber der Pilot macht immer noch keine Anstalten, das brennende Flugzeug zu verlassen.

„Achtung!" hallt ein Schrei zu den Männern herüber. „Deckung!"

Die Infanteristen am Straßenrand gehen unwillkürlich in die Knie. Mit stockendem Atem sehen sie der Jagdmaschine entgegen, deren weiße Luftschraubennabe immer noch direkt auf die Kolonne gerichtet ist. Sekunden später werfen sie sich hin, dort, wo sie gerade stehen.

Die brennende Maschine zischt so dicht über die Flugzeugkolonne, daß sogar das Prasseln der Flammen zu hören ist.

Wenige Augenblicke später scheint sich die Erde unter den Männern zu öffnen, die ihre Hände entsetzt ins Gras krampfen. Ein brüllender Explosionsschlag erklingt, und eine gewaltige Druckwelle rast über den Erdboden. Ein Sausen und Jaulen schwingt durch die Luft, und zerfetzte Wrackteile prasseln vom Himmel herab.

Als der Obergefreite Messner wieder den Kopf hebt, erkennt er, daß sich die Maschine kaum hundert Meter entfernt in die Erde gebohrt hat. Er schiebt sich jetzt langsam auf die Knie und starrt für einige Augenblicke in das aschfahle Gesicht des Unteroffiziers, der sich gerade ächzend in die Höhe stemmt und fassungslos auf die Flammenzungen blickt, die überall in der näheren Umgebung der Aufschlagstelle das ausgedörrte Gras in Brand gesetzt haben.

Entgeistert starren die Männer auf den riesigen Krater, der inmitten der Feuerfläche in der Erde gähnt.

Ein Zucken läuft über das Gesicht des Unteroffiziers, als er sich dem Obergefreiten zuwendet.

„War auch ein feiner Pinkel, das arme Schwein da drüben ..."

Im nächsten Moment fährt er herum. Seine Augen werden starr vor Entsetzen, als er die brennende Maschine erkennt, die in niedriger Höhe von der Maas her auf die Straße zurast und kurz darauf auf die Erde klatscht.

Ein höllisches Krachen und Bersten setzt ein. Die Tragflächen knicken ab wie Streichhölzer, und große Erdbrocken werden hochgewirbelt. Der zerbrechende Rumpf wird in die Höhe geschleudert und fällt dann wieder auf die Wiese herab.

Auch der Obergefreite ist unter den Männern, die sich nun scharenweise in Bewegung setzen und auf das schwelende Rumpfstück zulaufen, das kaum hundert Meter entfernt zum Stillstand gekommen ist.

Die meisten von ihnen laufen aber nur bis zu jener Stelle, wo ein verstümmelter menschlicher Körper im Gras liegt...

Drüben an der Maas sind die Rohre der Fla-Geschütze mittlerweile ins Glühen gekommen.

Leutnant Kaspar steht barhäuptig hinter einem Zwozentimeter-Vierling, das Zeissglas vor den Augen.

Ehe er die von Norden her im Tiefflug herandröhnenden französischen Potez-Bomber noch in die Okulare bekommt, wird bereits wieder der Befehl zur Feuerbereitschaft über das Uferland geschrien.

Der Leutnant läuft einige Schritte nach vorn, stolpert über eine leere Munitionskiste, fällt und rafft sich wieder auf.

Und dann sieht er sie!

Es sind vier Maschinen, die dicht hintereinander tief über den Fluß huschen. Das hundertfache Aufbrüllen der Fla-Geschütze macht die Ohren noch tauber, als sie es in den letzten Stunden schon geworden waren.

Die erste Feindmaschine wird bereits von zahlreichen Leuchtspurgarben getroffen und neigt sich ruckartig auf die rechte Tragfläche.

„Feuer... Feuer!" schreit der Leutnant, obwohl die zuckenden Geschützrohre in seiner Nähe bereits Hunderte von Granaten über den Fluß jagen. Schweißüberströmt hasten die Munitions-Kanoniere zu den hohen Kistenstapeln und schleppen neue Magazine zu den Geschützen. Das Netzwerk der Leuchtspuren ist ein Filigran, das der Tod selbst gewoben zu haben scheint.

Die Richtkanoniere feuern ununterbrochen. Die Distanz zu den Zielen ist lächerlich kurz, die Routine groß und der Vorhalt klar. Sie denken in diesen Augenblicken nicht einmal daran, daß sie die Brücken vor der Vernichtung bewahren wollen. Sie feuern auf die stählernen Gebilde, ohne an diejenigen zu denken, die darin sitzen. Sie schießen auf die riesigen Metallvögel wie Jäger, die ihr Handwerk verstehen. Und Jäger kennen bekanntlich keine Reue, wenn es um ein edles Wild geht; nirgendwo auf der Welt.

Nur dann, wenn sie sich erschöpft in den Richtsitzen zurücklehnen und auf die brennenden Wrackteile blicken, die in einiger Entfernung über die Erde rotieren oder das Wasser des Flusses zum Kochen bringen, mischt sich manchmal nachträgliches Entsetzen in den Triumph über den errungenen Sieg. Aber die heiseren Stimmen der Wachtmeister und Unteroffiziere reißen sie schnell wieder in die Wirklichkeit zurück, wenn das „Feuer frei" erneut an ihr Gehör schallt und sie die Rohre einem weiteren

Rudel der im Tiefflug heranbrausenden Feindbomber entgegenschwenken.

Tausende von Metern über den waffenstarrenden Ufern sitzt eine Me 109 mit dem Pik-As auf der Motorverkleidung in steiler Messerlage hinter einer französischen Morane.

Der Flieger in der Maschine mit den breiten, kurzen Tragflächen kämpft bereits um sein Leben. Schon vor Sekunden mochte er erkannt haben, daß er keine Chance mehr haben wird.

Er macht jetzt den letzten Versuch, indem er das Steuer zur Seite drückt und die Maschine um die Längsachse kreisen läßt.

Der Deutsche, der hinter ihm hängt — kaum hundert Meter entfernt — steht in diesen Sekunden vor dem dritten Abschuß in dieser Luftschlacht über der Maas: Hans-Karl Mayer!

Die Bordkanonen hämmern bereits, und schon die erste Geschoßgarbe zerfetzt das Leitwerk mit der französischen Trikolore. Und während sich die Tragflächen der Me 109 über das Flugzeug des Gegners schieben und dem Oberleutnant die Sicht nehmen, löst sich aus der Kabine des besiegten Jagdflugzeuges ein dunkles Bündel, über dem sich kurz darauf die weiße Seidenglocke eines Fallschirms aufbläht.

Der Oberleutnant sieht den Schirm und die in fast senkrechter Sturzlinie der Erde entgegenrasende Maschine schon wenige Augenblicke später wieder.

Der ganze Himmel scheint mit unzähligen Maschinen gefüllt zu sein, die in engen Kurven durch die Luft zischen, stürzen, fallen, trudeln oder steigen. Tief unten quellen gerade zwei dünne Feuerstriche aus der Erde. In den Kopfhörern ist ein lautes Stimmengewirr. Alle schreien durcheinander, kaum ein Wort ist zu verstehen.

Mayer wischt den Schweiß von der Stirn und sieht nach hinten. Feldwebel Lotz hängt vielleicht zwanzig Meter seitlich hinter ihm. Etwa zweihundert Meter weiter oben kurven zwei Hurricanes mit einer Me-109-Rotte herum. Im Westen hängen einige Fallschirme, und an der Maas zuckt wieder ein Blitz über das Wasser.

Pausenlos huscht der Blick des Oberleutnants durch den Luftraum, denn er weiß, daß jede Sekunde Unachtsamkeit eine Katastrophe im Gefolge haben kann. Wieder ein Blick zu den Brücken hinunter! Noch scheint keine getroffen worden zu sein! Dann kommt die Morane wieder in sein Blickfeld, die er vorhin abgeschossen hatte. Sie schlägt gerade auf der Erde auf.

Die Maschine des Feldwebels schert jetzt seitlich in die Höhe. Lotz hebt beide Hände und winkt herüber. Mayer nickt, und ein verzerrtes Lächeln huscht über sein schweißverkrustetes Gesicht. Die Atemmaske baumelt rechts neben dem Mund.

Die linke Tragflächenspitze zeigt immer noch auf die Erde. Tief unten halten Kolonnen auf der großen Vormarschstraße.

Von oben her jagen drei Hurricanes heran. Die Maschinen werden wieder abgefangen und steigen. Kaum zwanzig Meter entfernt zischen vier Me 109 vorbei, die anschließend in steilem Sturz dem Maas-Knie entgegenfliegen. Plötzlich hallt ein Schrei aus den Kopfhörern. Einem jähen Impuls folgend, wechselt Mayer die Kurvenlage und reißt den Kopf herum. Da sieht auch er die zwei Engländer, die jetzt gerade aus dem Blendkreis der Sonne herauskommen und auf die Maschine des Feldwebels einkurven. Aber sie scheinen noch ziemlich weit entfernt zu sein.

Einige Sekunden lang beobachtet der Oberleutnant noch den Luftraum. Sie genügen, um festzustellen, daß er im Moment nur mit den beiden Feindjägern zu rechnen haben wird.

Doch dann sieht er die zwei anderen Hurricanes, die kaum hundert Meter unter ihm gerade nach Norden fliegen.

Schon in der nächsten Sekunde setzt er zum Angriff an. Die Pontonbrücken am Maas-Knie beginnen wieder einmal zu kreisen. Zusammen mit ihnen die Stadt an den Ufern des großen Flusses, das weite Land, der Himmel und die Glutscheibe der Sonne.

Der Schweiß rinnt in Strömen vom Gesicht des Feldwebels. Die Kokarden auf den Tragflächen der zwei Hurricanes, die wie ein Blitz aus heiterem Himmel von irgendwoher in das Karussell der unzähligen Jagdflugzeuge hineingeplumpst waren, sind die Ursache dafür.

Es hätte keinen Wert, dem Oberleutnant über FT noch etwas zuzurufen und ihm somit vielleicht die Chance zu verderben, die er in den nächsten Sekunden ausnutzen wird. Lotz weiß nur zu gut, daß er nur noch einmal am Knüppel wird ziehen müssen, um den Vorhalt zu haben, der seinen vierten Luftsieg während dieser Kurbelei einleiten wird.

Hans-Karl Mayer und seine Maschine sind zu diesem Zeitpunkt kaum zweihundert Meter entfernt. Und doch scheint ihn jetzt eine Ewigkeit von der „Me" des Feldwebels zu trennen.

An der Art, wie die zwei soeben aufgetauchten Tommys sich durch das Gewimmel des Luftkampfes stürzten und nun auf ihn zum Angriff ansetzen, erkennt er, daß beileibe keine Anfänger in den Kabinen der feindlichen Jagdflugzeuge sitzen. Er weiß auch, daß sie nur noch Sekunden brauchen werden, um irgendeine Entscheidung herbeizuführen.

Aber das ist das ungeschriebene Gesetz der Jagdfliegerei, das dem Rottenflieger gebietet, auf seiner Position zu bleiben, selbst dann, wenn der Teufel höchstpersönlich hinter dem Leitwerk auftauchen sollte.

Es ist aber nicht der Teufel, der nun mit Hunderten von Stundenkilometern durch den Luftraum rast, sondern zwei Hurricanes. Lotz zieht den Knüppel in kleinen Rucken nach hinten, um die Messerkurve so eng wie möglich zu ziehen. Er läßt das Steuer in winzigen Intervallen wieder etwas nach, denn die Me 109 scheint bereits sauer zu werden, was sich in einem kaum merklichen Vibrieren in der Zelle anzeigt. Voraus bellen in diesen Sekunden die Bordwaffen des Oberleutnants auf. Die Kanonengarben ziehen sich durch die linke Flächenwurzel der einen Hurricane. Blitze wabern über das Metall, die sich in Sekundenschnelle in grelle Feuerzungen verwandeln.

Das ist alles, was Lotz noch von dem vierten Luftsieg des Oberleutnants beobachten kann. Denn als er den Kopf wieder herumdreht, ist die erste Hurricane schon zum Greifen nahe.

In jenem Augenblick, als der Feldwebel zu einer Reaktion ansetzen will, sieht er die Bauchseite der Feindmaschine im Licht der Sonne blitzen. Gleichzeitig vernimmt er die erregte Stimme Hans-Karl Mayers; sicherlich war eine Warnung noch nie so sinnlos gewesen...

Im Bersten der Einschläge, die wie ein gewaltiger Steinschlag durch die Maschine prasseln, steht die Angst am Ende seiner ganzen Gefühlsskala.

Die jähe Steuerbewegung, die Lotz vor Sekunden eingeleitet hatte. brachte die Maschine in eine halbe Rolle, aber auch mitten hinein in die nach der Seite gestreute Garbe der Hurricane. Als Lotz den Knüppel nach vorn drückt, hört er im Wegkippen noch eine Anzahl weiterer Geschosse in die Maschine klatschen.

Mit geweiteten Augen starrt er auf die Flammen, die vom Motor her gegen die Frontscheibe züngeln. Eine immer stärker werdende Hitze breitet sich in der Kabine aus, zusammen mit einem beizenden Rauchgestank. Der Schock währte kaum einige Sekunden. Das Feuer wird immer stärker, und der durch die Kabine ziehende Rauch ist kaum mehr zu ertragen.

Zu diesem Zeitpunkt hat der Feldwebel bereits die Anschnallgurte gelöst. Ein kurzer Blick auf den Höhenmesser zeigt ihm, daß er noch fünfhundert Meter hoch ist.

Eine grimmige Resignation hat mittlerweile von ihm Besitz ergriffen. Er löst die Anschnallgurte und schließt die Augen, aus denen ihm der Rauch jetzt die Tränen heraustreibt. Dann tastet er nach dem Notzug des Kabinendaches und reißt ihn zurück. Er duckt den Kopf, als der Fahrtwind das Dach wegreißt. Das Feuer steht jetzt als eine grellrote Wand vor seinen Augen. Es peitscht wie eine brennende Fahne gegen sein Gesicht und drückt den Atem in die Lungen zurück.

Da rollt sich die Jagdmaschine bereits in die Rückenlage. Ein kurzer Ruck, und der Körper des Feldwebels wird aus der Kabine geschleudert.

Als er die Augen wieder öffnet, sieht er das Fluß-Knie unter sich und schon im nächsten Moment wieder den Himmel. In seinen Ohren dröhnt das Heulen der Flugzeugmotoren. Schatten huschen überall vorbei, und das Stakkato der Bordwaffen dröhnt durch die Luft.

Lotz hält den Auslösegriff des Fallschirms umklammert. Er ist so hellwach wie noch nie zuvor in seinem Leben. Alles in ihm konzentriert sich auf den Augenblick, wo er den Griff herausreißen wird.

Und dann tut er es!

Mit angestautem Atem horcht er nach oben; dorthin, wo in seinem Rükken jetzt ein feines Rauschen einsetzen muß, das dann stärker werden und dem Flattern eines großen Segels ähneln muß.

Er hört es in jenem Augenblick, wo der Entfaltungsstoß des Fallschirmes seinen Körper in die Vertikale ruckt und die Anschnallgurte sich schmerzhaft in das Fleisch der Oberschenkel pressen.

Sekundenlang hängt er mit geschlossenen Augen unter der Glocke des Fallschirms, die wie eine riesige weiße Blume über ihm im Fallwind rauscht. Als er wieder nach unten sieht, erkennt er als erstes den Fluß und weiter im Westen die große Straße, deren helles Band von einem endlosen, dunklen Wurm verdeckt wird, der bis zum Horizont hinüberreicht.

Der Feldwebel krümmt sich zusammen und erstarrt. Er spürt den Luftdruck einer in der Nähe vorbeirasenden Jagdmaschine wie einen schweren Schlag. Es ist eine Me 109, die in steiler Messerlage am Himmel hängt und ihn offenbar umkurvt. Einige hundert Meter darüber wimmelt es von kreisenden, stürzenden, trudelnden und kletternden Jagdmaschinen. Die Hurricane, deren Pilot ihn abgeschossen hatte, ist nicht mehr zu sehen.

Doch dann blickt Lotz wieder auf die Erde hinab. Besser gesagt: auf den Fluß. Seine Beine zeigen genau auf die Mitte des Stromes. An beiden Ufern scheint die Erde Feuer zu speien. Die Flammen zucken aus dünnen Gebilden, und der grollende Lärm der 2-cm-Fla-Waffen überdröhnt in diesen Sekunden sogar das Brummen der Jagdflugzeuge am Himmel.

Der Fluß ist immer noch unter den gespreizten Beinen des Fallenden, die Maas vielleicht noch hundert Meter entfernt.

Doch da greift eine Windströmung in den Fallschirm, drängt ihn zur Seite und trägt ihn dann mit einer erstaunlichen Schnelligkeit nach Süden. Das Wasser der Maas bleibt immer weiter hinter dem Feldwebel zurück. Plötzlich ist die Erde unter ihm, eine Straße, Bäume und große Buschgruppen. Er spannt seine Muskeln, preßt die Beine aneinander und sieht die Geschützrohre zweier 2-cm-Geschütze dicht unter sich.

Schließlich schwebt er auf eine Wiesenfläche am Rand des Flußufers zu, wird vom Aufsetzstoß zur Seite geworfen und fällt mit der Schulter gegen die Erde. Sterne beginnen vor seinen Augen herumzutanzen, aber das Hämmern der Fla-Geschütze reißt ihn sofort wieder in die Wirklichkeit zurück. Als er sich stöhnend aufrichtet und mit den Händen die Fallschirmseide von seinem Körper wegzuschieben versucht, hört er das Trappeln von Schritten. Plötzlich schimmert das Sonnenlicht durch die Lücke unter dem Fallschirmstoff. Davor sind Beine in Knobelbechern zu sehen, die in aller Eile heranstampfen. Gestalten in durchgeschwitzten Kommißhemden mit aufgekrempelten Ärmeln.

Der erste Kanonier, der Lotz erreicht, beugt sich sofort herab und zieht die Fallschirmseide in die Höhe. Er starrt den Feldwebel sekundenlang an, um dann mit heiserer Stimme die Worte hervorzustoßen:

„Herzlich willkommen! Sind deine Knochen noch ganz?“

Lotz richtet sich auf und kriecht auf den Mann von der Flak zu. Er will gerade etwas sagen, als die in der Nähe stehenden Geschütze eine Serie von Feuerstößen hinausjagen. Der Flak-Wachtmeister streckt nun die Arme aus und zieht Lotz in die Höhe. Er sagt auch etwas, aber bei dem Höllenlärm ist kein Wort zu verstehen.

Plötzlich reißt er den Kopf herum, geht in die Knie und zieht den Feldwebel automatisch mit nach unten. Schon wenige Augenblicke später zischt eine Me 109 kaum meterhoch über sie hinweg.

Lotz sieht der abfliegenden Maschine nach, die hinter den Flak-Stellungen im Tiefflug verschwindet. Erst jetzt bemerkt er die beiden anderen Flaksoldaten.

„Komm!" schreit der Wachtmeister. Droben am Himmel ist jetzt ein durchdringendes Heulen zu hören. Eine Hurricane stürzt lichterloh brennend der Erde entgegen. Die Flak-Leute laufen mit Lotz auf die Stellung am Flußufer zu. Der Höllenzauber in der Luft scheint sie nicht im geringsten zu beeindrucken.

Neben einem der 2-cm-Geschütze steht Leutnant Kaspar. Er setzt sein Fernglas ab, wischt sich über das schweißnasse Gesicht, tippt an seine Mütze und lächelt.

Dann dreht er sich wieder um. Schon wenige Augenblicke später reißt er einen Arm in die Höhe und schreit einen Befehl.

Da sieht auch Lotz die Silhouetten von drei zweimotorigen Flugzeugen, die von Westen her im Tiefflug auf eine der Pontonbrücken zurasen ...

*

Vorhin hatten sie noch das Essen aus den Kochgeschirren geschlungen, und jetzt sitzen sie im Tragflächenschatten einer Me 109, deren Motor noch lange behandelt werden muß, bis er wieder die ersten Töne von sich geben wird.

Seit Stunden gibt es keine Ruhe mehr auf dem Flugplatz des Pik-As-Geschwaders. Pausenlos starten und landen Maschinen. Manchmal kommen ganze Schwärme zurück, manchmal auch nur Rotten oder einzelne Maschinen.

Das, was die Flugzeugführer zwischen den einzelnen Feindflügen von sich geben, genügt für die Männer des Bodenpersonals, um zumindest zu erkennen, daß vorn an der Maas eine Luftschlacht im Gange ist.

Mittlerweile ist es später Nachmittag geworden.

Unteroffizier Mischkat zieht ein zerknülltes Zigarettenpäckchen aus der Gesäßtasche seiner Badehose, die im Augenblick sein einziges Kleidungsstück darstellt. Auch die anderen Warte auf dem Liegeplatz haben sich schon lange der dunklen Overalls entledigt.

In der Nähe geht der Oberwerkmeister vorbei. Sogar er scheint im Verlauf dieser stundenlangen Hetze, die am späten Vormittag begonnen hatte, müde geworden zu sein. Sein Gang ist lange nicht mehr so zackig wie sonst und seine Stimme zum ersten Male seit langer Zeit erträglich in ihrer Lautstärke.

Am westlichen Platzrand brummt es wieder in der Luft.

Mischkat wischt sich über sein ölverschmiertes Gesicht und nimmt dann einen tiefen Zug aus der Zigarette.

„Das ist vielleicht 'ne Schinderei!" murmelt er.

Unteroffizier Reiter verzieht das Gesicht zu einer Grimasse.

„Möchtest du jetzt lieber in 'ner Mühle hocken und da vorn mitmischen?"

Mischkat seufzt. „Das, offen gestanden, auch nicht gerade", entgegnet er.

Eine weitere Unterhaltung findet vorläufig nicht statt, weil das ferne Brummen am Horizont sich inzwischen in das charakteristische pfeifende Dröhnen eines Me-109-Motors verwandelt hat.

Die beiden Unteroffiziere stehen auf und heben die Hände über die Augen. Sie brauchen nicht lange zu warten. Eine einzelne Me 109 jagt jetzt auf den Flugplatz zu. Der Pilot macht keine Anstalten, mit den Tragflächen zu wackeln. Er fegt über den Platz, und das in so geringer Entfernung, daß die Kennummer auf der einen Rumpfseite deutlich zu erkennen ist.

„Mayer!" sagt Mischkat überrascht. „Wieso ist er allein?"

Die Frage bleibt unbeantwortet, und keiner der beiden Flugzeugwarte denkt mehr daran, daß es an diesem Tag manchen Rottenführer geben wird, der ohne seinen Katschmarek zum Feldflugplatz zurückkehrt. Sie machen sich auch keine Gedanken darüber, daß vorn über der Maas nicht nur die eigenen Maschinen Kanonen an Bord haben und feuern. Und sie werden es erst einige Tage später erfahren, daß der Todesflug der tapferen britischen und französischen Besatzungen nicht ganz umsonst gewesen war. Sie konnten vereinzelt die Brücken treffen und sie beschädigen. Aber gemessen am Gesamtausgang der Schlacht waren diese Erfolge doch nur Nadelstiche, die zu der Anzahl der dabei vernichteten Flugzeuge in keinem Verhältnis standen.

Oberleutnant Mayer schwebt bereits zur Landung an. Die Maschine kommt gut auf den Boden, hüpft noch einige Male auf den Rädern herum und rollt dann aus. Anschließend prescht sie in hohem Tempo auf den Liegeplatz zu.

Das Gesicht des Staffelkapitäns wirkt völlig erschöpft. Er drückt das Kabinendach auf, lehnt den Kopf gegen die Panzerplatte und bleibt sekundenlang mit geschlossenen Augen sitzen.

Unteroffizier Mischkat steht auf der Tragfläche und berührt jetzt die Schulter des Oberleutnants.

Mayer wendet ihm langsam das Gesicht zu. Ein tiefer Atemzug hebt seine Brust, ehe er nach den Gurten greift, sie löst und sich dann in die Höhe stemmt.

„Lotz ist weg", sagt er müde, „mit dem Fallschirm raus."

Mischkat öffnet nur den Mund. Er findet im Augenblick noch keine passenden Worte.

Der Oberleutnant schiebt sich über den Kabinenrand. Sein gelber Fliegerschal ist naß vor Schweiß, und auch die Fliegerjacke ist völlig durchgeschwitzt.

„Holt mir irgend etwas zu trinken. Und macht die Mühle wieder fertig. Wir haben nicht lange Zeit. Vorn an der Maas ist die Hölle los."

Er rutscht von der Tragfläche und geht mit schleppenden Schritten auf einen Kübelwagen zu, der kurz zuvor in der Nähe angehalten hatte.

Der Kommandeur steigt aus. Sein Gesicht wirkt ernst und verschlossen. Kurz darauf fahren die beiden Offiziere mit dem Wagen weg. Eine Viertelstunde später kommt Mayer wieder zum Liegeplatz. Ein langer Unteroffizier ist bei ihm. Er ist von einer anderen Staffel und für den nächsten Einsatz wahrscheinlich als Katschmarek des Oberleutnants eingeteilt worden. Mayer klopft ihm kurz auf die Schulter und geht dann auf seine Maschine zu.

Mischkat läuft ihm entgegen.

„Alles klar?"

„Jawohl, Herr Oberleutnant!"

„Gut, dann wollen wir mal!"

„Hals und Bein, Herr Oberleutnant."

„Danke!"

Kaum eine Minute später beginnt der Motor wieder zu laufen. Am jenseitigen Platzrand rollen fünf Me 109 an den Start.

Die Warte winken, als Mayer Gas gibt und seine Maschine in Richtung Landekreuz dirigiert. Von Westen her setzen gerade einige Rotten zur Landung an. Ein ohrenbetäubendes Dröhnen erfüllt wieder die Luft.

Die quirlende Staubwolke über dem Rollfeld wird immer dichter. Wie von einem Katapult abgeschossen, huschen die gestarteten Maschinen aus der Staubwand heraus und dröhnen in den Himmel hinein.

*

Flying Officer Walker blickt an den Fairey-Bombern entlang, die neben ihm am Start stehen. Gleißende Bündel von Sonnenstrahlen lösen sich in flirrenden Reflexen von den Kanzeln und zucken in das All zurück. Die Motoren laufen bereits. Vor sechs Kampfmaschinen mit den Kokarden der Royal Air Force drehen sich die großen Propellerblätter in silbernen Kreisen.

Walkers Hals ist wie ausgedörrt. Auch das stetige Schlucken hilft nichts mehr. Gespenstische Vorstellungen beschäftigen ihn, als sein Blick noch einmal über die Flügel der anderen Flugzeuge huscht und er an die kühlen, unbeteiligten Worte denkt, die vorhin bei der letzten Einsatzbesprechung durch den stickig-heißen Raum geklungen waren:

„... es muß gelingen, die Brücken zu zerstören. Alles hängt von Ihnen ab, meine Herren. Wenn der Durchbruch des Feindes bei Sedan gelingt..."

Der junge Fliegeroffizier wischt sich über die Stirn und schüttelt den Kopf.

Keiner hatte etwas von den Männern gesprochen, die er am Morgen beim ersten Einsatz verloren hatte. Es wäre vielleicht auch nicht gut gewesen, so etwas vor den anderen zu sagen, die in einer Stunde das gleiche Schicksal ereilt haben konnte. Der Gedanke daran legt sich wie eine Zentnerlast auf die Schultern des Offiziers.

Das Zeichen zum Start wird gegeben. Die Hand des Offizierspiloten scheint mit Blei gefüllt, als er nach den Ladedruckreglern greift und sie langsam nach vorn schiebt.

Sieben Fairey-Battle-Bomber rollen an. Ihre Vorwärtsbewegung wird schneller und schneller. Nacheinander heben sie von der Erde ab und dröhnen in die Höhe, während die Laufräder der Fahrwerke noch weiter im Luftstrom rotieren. Die Bomber bleiben im Tiefflug, und die schmalen Kanzeln richten sich nach Südosten. Der Himmel über ihnen ist frei von anderen Flugzeugen. Die Männer in Walkers Maschine wissen nur zu gut, wie bald sich das ändern kann. Denn der Sperrgürtel, den die Deutschen im Luftraum über Sedan gelegt haben, ist nicht weit entfernt und die Distanz bis zu jener Zone des Todes sozusagen lächerlich gering...

*

Für den Unteroffizier, der jetzt neben Oberleutnant Hans-Karl Mayer durch den Luftraum östlich von Sedan zieht, ist es der erste Feindflug dieses Tages; für den Staffelkapitän in der anderen Maschine bereits der vierte.

Sie fliegen in zweitausend Meter Höhe und überqueren gerade die große Vormarschstraße, auf der immer noch die langen Marschkolonnen zu sehen sind. Überall in der näheren und weiteren Umgebung schwirren andere Messerschmitt-Jäger durch die Luft. Drunten, im Uferland der Maas, weht der Wind die Rauchwolken der ausbrennenden Flugzeuge nach Süden.

Unteroffizier Lang kennt die erbitterte Schlacht, die am späten Morgen begonnen hatte, nur vom Hörensagen. Sein Blick huscht jetzt wieder einmal über die Maschine des Staffelkapitäns hinweg nach Südosten.

Aber von feindlichen Flugzeugen ist im Augenblick noch nichts zu sehen. Ob überhaupt noch welche auftauchen werden? Nach dem, was sich bisher in der Gegend um die Maasbrücken ereignet hatte, wäre es eigentlich kein Wunder, wenn die Franzosen und Engländer auf weitere Angriffe verzichten würden.

Mayers Me 109 neigt sich jetzt auf die linke Tragflächenspitze. Dann kurvt er auf die Maas zu, und schon wenige Sekunden später fliegen sie am Südufer entlang.

In den Kopfhörern ist es verhältnismäßig still. Nur manchmal quarrt eine Stimme aus den FT-Muscheln. Als der Unteroffizier wieder nach Nordosten blickt, sieht er einen Schwarm von Me 109, der plötzlich seine Gefechtsformation beendet. Die Maschinen werden hochgezogen, kippen über die Tragflächen ab und gehen zu einem steilen Sturz über.

Fast im gleichen Moment erklingt eine Stimme in den Kopfhörern:

„Achtung, aus Nordosten zahlreiche Kuriere (zweimotorige Feindflugzeuge) im Anflug. An alle Habichte: Wir machen Pauke-Pauke (Angriff)!"

Lang zuckt zusammen, als er von links her einen dunklen Schatten auf sich zukommen sieht. Es ist die Maschine Hans-Karl Mayers, der dicht über ihn hinwegschert, eine halbe Rolle fliegt und dann nach unten wegdrückt. Der Unteroffizier wartet gar nicht mehr auf einen Befehl. Er fliegt das Richtungsänderungs-Manöver nach und stürzt dann dicht hinter Mayers Me 109 in Richtung Charleville-Mezieres der Erde entgegen.

Von oben her jagen zu diesem Zeitpunkt weitere Jagdmaschinen in die Tiefe. Sie scheinen alle das gleiche Ziel zu haben.

Mit angehaltenem Atem sitzt der Unteroffizier hinter dem Steuerknüppel. Plötzlich sieht er am Südrand des Waldgebietes im Norden von Charleville-Mezieres einige Lichtreflexe in die Höhe zucken.

Und dann erkennt er die Silhouetten der zweimotorigen Flugzeuge, die dicht nebeneinander auf die Maas zufliegen ...

*

Der Flight Lieutenant (Hauptmann), der den Kampfverband anführt, fliegt am linken Flügel. Zwischen ihm und der Fairey-Battle, hinter deren Steuerhorn Flying Officer Walker sitzt, befinden sich noch zwei weitere Maschinen.

Sie fliegen in kaum hundert Meter Höhe mit Südostkurs auf die große Chaussee zu, die nach Osten und weiter nach Sedan führt.

Bis zu diesem Augenblick war über den Bord-zu-Bord-Verkehr noch kein Wort gewechselt worden. Auch jetzt ist es still in den Kopfhörern. Nur das Knistern des Netzgeräusches klingt wie fernes Rauschen aus den Kopfhauben.

Walkers Atem geht immer schneller, als sie die Spitze des großen Waldgebietes hinter sich haben und das Flußband der Maas auf die Kanzeln der Maschinen zugehuscht kommt.

Wieder einmal hebt der Oberleutnant den Kopf und blickt zu den kleinen Silberpunkten hinauf, die er schon vor etwa einer Minute zum ersten Mal am Himmel nordöstlich des Zielgebietes gesehen hatte. Es war keine lange Beobachtung nötig gewesen, um festzustellen, daß es nur Messerschmitts sein konnten.

Als Walker zur Seite sieht, begegnet er dem Blick des Navigators. Das Gesicht des Sergeants ist fahl. Er hebt jetzt den Arm und deutet zum Himmel hinauf. Kurz darauf erschallt seine Stimme aus den Kopfhörern:

„Sie sind schon wieder da, Sir!"

„Ich habe sie gesehen", gibt Walker zurück, und die Trockenheit in seiner Kehle wird immer stärker. „Aber sie fliegen hoch!" sagt er dann mit rauher Stimme. „Wenn sie dort bleiben, wo sie sind, dann ..."

Er verstummt mitten im Satz, und seine Augen weiten sich. Mit versteinertem Gesicht sieht er zum Himmel hinauf, wo die kreisenden Messerschmitt-Jäger jetzt plötzlich durcheinanderwimmeln. Schon in der nächsten Sekunde stürzen die ersten Maschinen in steilem Winkel der Erde entgegen.

„Da — da!" schreit der Navigator.

Walker erwidert nichts. Er zwingt seinen Blick in die Flugrichtung zurück und sieht dann zu der Maschine des Verbandsführers hinüber. Während er noch mit sich ringt, ob er die soeben gemachte Beobachtung weitermelden soll, ist bereits die Stimme des Flight Lieutenants in den Kopfhörern zu vernehmen:

„Fertig machen zur Angriffsformation! Zusammenbleiben! Das Ziel liegt nahe vor uns!"

Unwillkürlich greift sich Walker an den Hals und zerrt den Knoten des Fliegerschals herunter, während er wieder nach Norden sieht, wo jetzt schon Dutzende von feindlichen Jagdmaschinen im Sturz zu sehen sind.

Der Pilot der neben ihm fliegenden „Battle" hat den Befehl zur Formationsänderung inzwischen ausgeführt und ist seitlich hinter die anderen Maschinen geschert. Da nimmt auch Walker die Ladedruckregler etwas zurück und reiht sich in die Kolonne ein.

Die Deutschen kommen immer tiefer herab. Sie schwenken jetzt leicht nach Nordwesten und fangen ihre Maschinen ab.

Walker drückt die Steuersäule um ein winziges Stück nach vorn. Der Verbandsführer dreht um einige Grad nach Nordwesten ein. Die Kokarden der Battle-Bomber schillern im Sonnenlicht. Voraus kommt das Flußknie immer größer heraus.

Der Hauptmann in der Verbandsführermaschine fliegt gut zwei- bis dreihundert Meter vor Walkers Maschine.

Die „Battle" zischt so tief über den Fluß, daß es so aussieht, als ob die Rumpfunterseite die Wasseroberfläche jeden Augenblick berühren müsse...

Rechts ragen die Rohre der Flak drohend aus dem Ufergebüsch heraus. Die Deutschen feuern noch nicht. Auch am Morgen hatten sie es nicht getan, als die vier deutschen Jäger den Flugzeugen der 22. Squadron ein so fürchterliches Ende bereitet hatten. Die Kanoniere scheinen noch zu warten, bis ihre Stunde erneut gekommen ist.

Von der Maschine des Flight Lieutenants lösen sich jetzt dunkle Gebilde. Die Bomben klatschen hinter dem Flugzeug ins Wasser, und in den turmhohen Fontänen, die sich vor der Kanzel von Walkers „Battle" aus dem Fluß wälzen, werden dunkle Gegenstände hochgewirbelt. Vielleicht sind es Teile eines Pontons...

Alles Weitere spielt sich so schnell ab, daß der Verstand die einzelnen Geschehnisse kaum zu registrieren vermag.

Zwei weitere Gischtsäulen spritzen voraus in die Höhe und verdecken für Augenblicke die Umrisse der drei anderen Bombenflugzeuge.

Der Tod kommt immer näher. Man braucht sich nicht umzusehen, um es zu erkennen. Durch die Zelle des Fairey-Battle zuckt bereits das rhythmische Hämmern des Abwehrfeuers.

Die eine Pontonbrücke huscht jetzt direkt auf die Kanzel zu.

Walker öffnet den Mund und schreit den Achtungsruf für den Bombenwurf ins Mikrofon.

Im gleichen Augenblick breitet sich eine flirrende, gelbe Wand über die Oberseite der Kanzel.

Der Oberleutnant reißt den Kopf hoch und starrt in die züngelnden Feuermuster der Leuchtspurgeschosse. Gleichzeitig klingt ein Prasseln durch den Rumpf, und eine unsichtbare Hand scheint die linke Tragfläche durchzusägen...

*

Oberleutnant Hans-Karl Mayer sitzt kaum hundert Meter hinter der vierten Fairey-Battle des britischen Bomberverbandes.

Vor seinen Augen schimmert der rötliche Leuchtkreis des Reflexvisiers. Ein winziger Ruck am Steuerknüppel noch, und die Feindmaschine wandert mit der Kanzeloberseite unter den Querstrich des Fadenkreuzes.

Im nächsten Augenblick drückt der Oberleutnant den Auslöseknopf der Bordwaffen durch. Ein polterndes Hämmern setzt ein, und er sieht die Leuchtspurgarben aus den Tragflächenprofilen herauszüngeln. Wie feurige Peitschenschnüre schnellen sie dem Flugzeug tief über der Maas entgegen, zischen zunächst über die Kanzel und senken sich dann in den Rumpf der Bombenmaschine.

Die Fairey-Battle wächst jetzt in Sekundenschnelle über den Visierrand hinaus und wird riesengroß. Mit einer blitzschnellen Bewegung drückt Mayer den Steuerknüppel leicht zur Seite.

Die Maschine reagiert sofort und dreht sich auf die linke Tragfläche. Das letzte, was der Oberleutnant für die nächsten Sekunden noch sieht, sind unzählige Flammenzungen, die von der Tragflächenwurzel des britischen Flugzeuges über den Rumpf wabern.

Die Me 109 steigt in fast senkrechtem Winkel in den Himmel hinein, während in den Kopfhörern eine schrille Stimme irgendwelche unverständlichen Worte brüllt...

*

Das Prasseln der Einschläge im Rumpf und in den Tragflächen nähert sich wie eine Lawine niederpolternder Steine der Bugpartie der Fairey-Battle, deren Bomben noch in ihren Halterungen hängen. Der Fähnrich, der sie lösen sollte, hat den Zuggriff noch umkrampft, und sein Oberkörper hängt in seltsam verkrümmter Haltung über dem Visiergerät.

Kurz vor jenem Augenblick, als das Knirschen und Bersten in der Kanzel sein Ende findet, bäumt sich der Navigator auf und sinkt in sich zusammen. Walker nimmt es nicht einmal bewußt zur Kenntnis.

Er sieht nur noch die Flammen, die jetzt von der Tragoberfläche her auf die zerschossene Kanzel zuwandern und sich wie ein grellrotes Tuch über das zerfetzte runde Glas breiten. Für Augenblicke steht eine dunkle Rauchwand vor der Bugpartie, während beizender Qualm die Augen zum Tränen bringt.

In jenem Moment, als der Schock von Walker weicht, sieht er die Wasseroberfläche wieder. Sie ist kaum einen Meter entfernt, und es ist das letzte, was Walker noch erfaßt haben mochte.

Der ruckartige Zug am Steuerhorn kommt zu spät. Das durchdringende Bersten des auf der Wasseroberfläche zerschellenden Flugzeuges dringt nicht mehr in das Bewußtsein des Unglücklichen, der in einem Turm aus Feuer und hochgischtendem Wasser kurz vor der zweiten Kriegsbrücke zusammen mit den Toten an Bord bis zur Unkenntlichkeit verstümmelt wird.

Einige hundert Meter jenseits des Flusses zieht die Fairey-Battle des Verbandsführers im Tiefflug über das Uferland der Maas. Der Anblick, der sich dem Flight Lieutenant auf dem Fluß bietet, ist so nachhaltig, daß er alle anderen Empfindungen und Gedanken erstickt. Der Hauptmann sieht die Messerschmitts in die Tiefe stechen, den restlichen Flugzeugen seines Verbandes entgegen, und er wird es erst eine Stunde später begreifen, daß er und seine Besatzung als einzige dieser Hölle über dem Maas-Knie bei Sedan entronnen sind...

*

In steiler Messerlage kurvt Oberleutnant Mayer tief über den Fluß und jagt an einer der Pontonbrücken entlang, in der eine breite Lücke klafft.

Aus der Kurve heraus blickt er in jene Richtung, wo die brennenden Einzelteile der vorhin auf dem Wasser zerschellten Fairey-Battle das Gras einer Uferwiese in Brand gesetzt haben.

Weiter nördlich zieht eine einsame britische Kampfmaschine nach Norden. Der Oberleutnant sieht das Flugzeug über einem Wald verschwinden, aber er verzichtet darauf, dem britischen Bomber nachzujagen und ihn ebenfalls zu vernichten.

Er läßt die Me 109 in der engen Kurvenlage und blickt weiter zum Fluß hinunter, wo das Stück einer Flugzeugtragfläche auf dem Wasser herumtreibt. Einmal schiebt sich das Wrackstück so hoch heraus, daß die halb verkohlte Kokarde deutlich zu sehen ist. Kurz darauf wirbelt der Fluß den zerborstenen Flügel einige Male durch den Drehkreis eines Strudels und schleudert ihn dann gegen einen Ponton der Kriegsbrücke.

In der Nähe preschen zwei Me 109 vorbei, drehen nach Nordosten ein und dröhnen im Tiefstflug über den Fluß. Am anderen Ufer stehen die Fahrzeuge der Nachschubkolonne. Weiter südlich zuckt ein Feuerstrich aus der Erde, aus dem sich in Sekundenschnelle eine quirlende, dunkle Wolke herauswälzt.

Mayer registriert das alles nur im Unterbewußtsein. Während er die Maschine weiter um die Pontonbrücke kreisen läßt, bleibt sein Blick fast unverwandt auf dem abgebrochenen Flügel haften, der von der Strömung immer noch gegen den Ponton gepreßt wird. Sein fünfter Luftsieg an diesem Tag!

Der Schatten des anderen Flugzeuges seitlich hinter seiner „Me" bringt ihn vollends in die Wirklichkeit zurück. Eine laute Stimme schreit etwas, und er hört die Kennummer seiner Maschine.

In kaum zwanzig Metern Höhe jagt er über die Wiesenflächen, wo unzählige kleine Brandherde zu ihm heraufleuchten.

Wenige Augenblicke später legt er seine Maschine wieder in die Normallage, wackelt kurz mit den Tragflächen und dreht dann nach Nordosten ein.

Kurz darauf fliegen sie an der Kolonne entlang, die sich offenbar wieder in Bewegung gesetzt hat. Hunderte von Soldaten winken zu den beiden Me 109 hinauf.

Sie bleiben im Tiefflug und erreichen nach kurzer Zeit den eigenen Flugplatz.

Der Oberleutnant landet, ohne zuvor den fünften Abschuß dieses Tages angewackelt zu haben.

*

Kaum zehn Meter von Wachtmeister Ehlers entfernt liegt die zerborstene Kanzel eines abgeschossenen britischen Kampfflugzeuges am Anfang einer viele hundert Meter langen Trümmerstätte.

Die Wrackteile sind zu beiden Seiten der Vormarschstraße verstreut, auf der sich die graue Kolonne jetzt weiter nach Südwesten wälzt. Die Sonne steht schon tief über dem Horizont.

Der Magen des Wachtmeisters hebt sich, als sein Blick wieder in die Richtung fällt, wo in der Nähe der Bomberkanzel ein dunkles Gebilde aus dem Gras ragt. Vor Stunden war es noch ein Mensch gewesen. Aber jetzt ...

Der Wachtmeister dreht den Kopf und blickt zu den Geschützen am Uferrand hinüber, wo sich die leeren Hülsen zu Bergen türmen. Leutnant Kaspar und der mit dem Fallschirm abgesprungene Flieger stehen in der Nähe und sehen den schwitzenden Kanonieren zu, die gerade damit beschäftigt sind, die Hülsen in Munitionskisten zu füllen.

Von der Straße her kommt ein Kradmelder über die Wiese gelaufen. Er geht mit vorsichtigen Schritten um die teilweise bizarr verbogenen Metallstücke herum. Ehlers sieht ihn jetzt auf die zerborstene Kanzel zulaufen. Dicht davor bleibt er stehen, als er die schrecklich zugerichteten Überreste eines menschlichen Körpers im Gras liegen sieht, und dann nimmt er den Stahlhelm ab. Verschwitztes, fast weißblondes Haar kommt zum Vorschein.

Ehlers geht jetzt zu dem Mann hinüber. Auf dem staubverkrusteten Gesicht des Melders liegt ein Ausdruck, den der Flak-Wachtmeister nicht so schnell zu deuten vermag.

„Wart ihr das?"

„Nein", sagt Ehlers, „die Jäger!"

Der Kradmelder senkt den Kopf.

„Wo fahren Sie überhaupt hin?"

„Nach rückwärts, in Richtung Luxemburg!"

„He", sagt Ehlers, „das ist prima! Dort drüben ist einer von den Fliegern, der heute hier bei uns abgesprungen ist. Könnten Sie den ein Stück mitnehmen?"

„Aber selbstverständlich!"

„Schön, dann werde ich es ihm sagen." Ehlers wirft dem Kradmelder noch einen Blick zu, ehe er sich umwendet und zu Lotz hinüberruft: „Kumpel, der da fährt zurück in Richtung Luxemburg und kann dich mitnehmen."

Lotz kommt sofort auf den Obergefreiten zu, reicht ihm die Hand und stellt sich vor. „Sie wollen mich mitnehmen?"

„Gern, der Sozius ist noch frei!"

„Na prima! Dann will ich mal mein Sprungtuch zusammenwickeln. Können wir gleich los?"

„Jawohl!"

„Fein, warten Sie bitte hier!"

Ehlers schließt sich Lotz an, als dieser zu dem Geschütz zurückgeht, in dessen Nähe sein Fallschirm liegt.

Kurz darauf verabschiedet sich Lotz auch von Leutnant Kaspar und dem Batteriechef. Dann geht er mit dem Kradmelder zur Landstraße, wo das Motorrad des Obergefreiten an einem Baum lehnt...

*

Als am 10. Mai 1940 der Krieg im Westen begann, unterstützten die Luftstreitkräfte der Royal Air Force (RAF) den französischen Verbündeten in einem beachtlichen Maß.

Zu Beginn des Kampfes waren auf dem französischen Festland zehn Jägerstaffeln mit Hurricane-Maschinen, acht Staffeln Kampfflugzeuge vom Typ Fairey-Battle, sechs Staffeln mit Blenheim-Bombern und fünf mit Flugzeugen vom Muster Lysander auf französischen Luftbasen stationiert.

Einer der prominentesten Chronisten jener Zeit, der damalige britische Premierminister Winston Churchill, beschrieb später den Verlauf der „Luftschlacht von Sedan" mit folgenden Worten:

„Alle englischen Luftstaffeln kämpften ununterbrochen, und ihre Tätigkeit richtete sich vor allem gegen die Pontonbrücken im Gebiet von Sedan. Viele von diesen wurden zerstört und andere in verzweifelten, aufopfernden Angriffen beschädigt. Die Verluste, die wir bei diesen Tiefflugangriffen auf diese Brücken durch die deutsche Fliegerabwehr erlitten, waren grausam.

In einem Fall kehrte von sechs Flugzeugen nur ein einziges von einem erfolgreichen Angriff zurück. An jenem Tag allein (14. Mai) verloren wir insgesamt 67 Flugzeuge."

Nach den beim damaligen Jagdfliegerführer 3, Oberst Gerd von Massow, eingegangenen Meldungen wurden in der Umgebung von Sedan an jenem 14. Mai abends die Wrackteile von 89 abgeschossenen alliierten Bombern und Jägern aufgefunden. Im Kriegstagebuch des verstärkten Flakregiments Nr. 102, das unter der Führung von Oberstleutnant Walter von Hippel mit Guderians Panzern zur Maas vorgestoßen und entscheidend an der Bekämpfung der Maginotlinie beteiligt gewesen war, wurde festgehalten, daß während des Angriffs der alliierten Luftwaffe auf die Brücken bei Sedan 112 englische und französische Flugzeuge abgeschossen wurden.

„An jenem Abend", berichtete Winston Churchill *„blieben der RAF in Frankreich von 474 Flugzeugen nur noch 206 verwendbare Maschinen übrig.*

. . . Um halb acht am Morgen des 15. Mai"— so W. Churchill in seinen Memoiren, 2. Band — *„wurde ich mit der Meldung geweckt, daß Paul Reynaud (der damalige französische Ministerpräsident) am Telefon sei; der Apparat stand neben meinem Bett.*

Reynaud sprach englisch und sichtlich in schwerer Bedrängnis:

‚Wir sind geschlagen.'

Und als ich nicht sogleich antwortete, wiederholte er:

‚Wir sind besiegt: wir haben die Schlacht verloren.'

Ich sagte: ‚Das kann doch unmöglich so schnell gekommen sein?' Aber er erwiderte: ‚Die Front ist bei Sedan durchbrochen worden; die Deutschen strömen in großen Massen mit Tanks und Panzerwagen durch.' So ungefähr waren seine Worte.

Ich sagte darauf: ‚Alle Erfahrung lehrt, daß eine Offensive nach einer gewissen Zeit zum Stillstand gelangt. Ich erinnere mich an den 21. März 1918. Nach fünf oder sechs Tagen müssen sie (die Deutschen) *des Nachschubs wegen haltmachen, und dann ergibt sich die Möglichkeit einer Gegenoffensive. Das habe ich seinerzeit von den Lippen Marschall Fochs selbst erfahren . . .'*

Doch der französische Ministerpräsident kam auf die Worte zurück, mit denen er begonnen hatte, und die sich als nur allzu wahr erweisen sollten:

‚Wir sind geschlagen; wir haben die Schlacht verloren.'

Ich sagte, ich sei bereit, hinüberzukommen und die Lage zu besprechen.

An jenem Tage war das französische neunte Armee-Korps im Zustand vollkommener Auflösung, und ihre Überreste wurden zwischen General Firaud von der 7. Armee . . . und dem Kommando der französischen 6. Armee aufgeteilt ... In die französische Front war eine Lücke von etwa 75 Kilometern gerissen worden, durch die nun die große Masse der feindlichen Panzer eindrang. Am Abend des 15. Mai wurden deutsche Panzerwagen in Liart und Montcornet gemeldet, welch letzteres neunzig Kilometer hinter der ursprünglichen Front lag.

... an jenem Tag fand auch die Schlacht in Holland ein Ende ...

Am 16. standen die deutschen Spitzen längs der Linie La Chapelle — Verbins — Marle — Laon, und die Vorhut des deutschen XIV. Korps schloß bei Montcornet und Neufchatel-sur-Aisne auf ...“

*

Die Hinterachse des Dreitonner-Lastwagens bricht genau zehn Kilometer hinter Longwy, Funken stieben vom Asphalt hoch, als der Laster seine letzten Meter zurücklegt.

Fluchend springt der Fahrer aus der Kabine und besieht sich den Schaden. Es ist hoffnungslos! Er stemmt die Arme in die Seite, sieht noch einmal auf den schräg daliegenden Lastwagen und dann zum Himmel hinauf, an dem unzählige Sterne blinken.

Der Beifahrer, ein Obergefreiter, kommt jetzt hinter dem Heck in Sicht.

„Achsenbruch!“ sagt der Fahrer lakonisch.

Wenige Augenblicke später stehen drei weitere Landser vor dem Wagen, dann zwanzig und schließlich gut fünfzig. Es dauert nicht lange, bis ein Krad heranprescht und ein vor Zorn kochender Feldwebel der Feldgendarmerie den Schaden begutachtet.

„Ihr seid wohl wahnsinnig geworden!“ schreit er. „Mit diesem Quatsch haltet ihr ja den ganzen Vormarsch auf!“

Der Obergefreite aus dem Unglückswagen sieht den Feldwebel mit hochgezogenen Augenbrauen an und meint dann: „Mit Absicht haben wir das nicht gemacht, Herr Feldwebel!“

„Scheißegal!“ brüllt der Feldgendarm. „Die Karre muß sofort weg. Was ist drauf?“

„Flakgranaten für die Achtacht“, erwidert der Fahrer.

„Lieber Gott!“ stöhnt der Feldwebel. „Auch das noch!“ Er brüllt dann: „Los, alles, was hier rumsteht, beim Abladen helfen! Das Zeug an der Straße aufstapeln, dann den Elendskasten runter. Dalli, dalli!“

Während Fahrer und Beifahrer die hintere Klappe herunterlassen und auf den Wagen steigen, organisiert der Feldwebel eine Schlange und brüllt dabei andauernd in der Gegend herum.

Als er sich umdreht, hält dicht vor ihm ein Kradmelder. Auf dem Rücksitz sitzt einer mit Pelzstiefeln, der ein weißes Paket unter dem Arm hält.

„Verdammt!“ sagt der Feldwebel. „Was macht denn ihr hier? Bist du da hinten ein Stoffhändler?“

„Nein“, erwidert der Mann mit den Pelzstiefeln, „einer von der Fliegerei, der mit Fallschirm abgesprungen ist.“

Der Feldwebel braucht einige Sekunden, um mit dieser Erklärung fertig zu werden. Doch dann ist er wieder so fit wie zuvor. „Los, runter und den Wagen abladen helfen. Schadet euch Pinkeln von der Luftwaffe nichts, wenn ihr auch mal dreckige Hände kriegt. Was ist Ihr Dienstgrad?"

„Feldwebel", knurrt Lotz, während er vom Sozius des Motorrads steigt.

„Was? Entschuldige, das habe ich nicht gesehen. Dann natürlich nicht!"

„Ich helfe trotzdem", seufzt Lotz. „So ist das wieder nicht."

Der Feldgendarm öffnet den Mund, schließt ihn wieder, nickt und fährt herum.

Am anderen Straßenrand sieht er jetzt einen Mann im Gummimantel stehen, der keine Kopfbedeckung aufhat. Er schießt sofort auf ihn los. Als er den anderen erreicht hat, bemerkt er, daß es sich um einen älteren Soldaten handelt. „Los, Opa!" sagt er mit grimmiger Freundlichkeit, „hilf auch ein bißchen, damit die Straße frei wird. Alle Hände für den Endsieg, dalli, hurtig, vorwärts!"

Der im Gummimantel neigt den Kopf gegen die eine Schulter, sieht den Feldwebel an, als ob er einen Verrückten vor sich habe, nickt dann aber und stellt sich an das Ende der Schlange aus Männern, in der einer dem anderen eine der schweren Granaten reicht.

„Das habe ich gern, Opa!" sagt der Feldwebel jovial. „Paß aber auf, daß du nicht zusammenbrichst. Die Dinger sind verflucht schwer!"

„Allerdings!" keucht der Grauhaarige. „Das merke ich gerade!"

Er knickt leicht in den Knien ein, als er die Granate von seinem Nebenmann überreicht bekommt, und er stöhnt unterdrückt, nachdem er sie wieder weitergegeben hat.

Sein zweiter Nebenmann ist der Feldwebel mit den Pelzstiefeln.

Wenige Minuten später tritt eine kurze Stockung in dem Ausladevorgang ein. Der grauhaarige Soldat benutzt die Pause, um sich seines Gummimantels zu entledigen.

In diesem Moment taucht der Feldgendarm gerade wieder in der Nähe auf. „Na, schon heiß geworden, Opa?" knurrt er.

„Allerdings!" Der Soldat mit den grauen Haaren dreht ihm den Rükken zu, während er aus dem Mantel schlüpft und ihn dann am Straßenrand niederlegt. Als er sich wieder umdreht und das Licht des Mondes sowie die abgeblendeten Scheinwerferbalken des nachfolgenden Lastwagens seine Uniformjacke beleuchten, zuckt der Feldwebel von der Feldgendarmerie entsetzt zurück.

Fassungslos starrt er auf die Major-Achselstücke und wischt sich über die Augen, als ob er zu träumen glaube.

„Herr — Herr Major!" stammelt er. „Ich bitte — das . . ."

„Schon gut, mein Lieber", lächelt Major Stemper, die Arme nach der nächsten, ihm hingereichten Granate ausstreckend. „Nachts sind alle Katzen grau. Auch Majore!"

„Aber...“

„Sparen Sie sich Ihre weiteren Worte“, sagt der Major, „stellen Sie sich lieber neben mich und helfen Sie mit. Dann geht es noch schneller!“

„Ja — jawohl!“ sprudelt der Feldgendarm und baut sich neben dem Major von der Luftflotte auf.

Etwa zehn Minuten später ist die gefährliche Fracht abgeladen. Eine Zugmaschine bugsiert den defekten Wagen von der Fahrbahn, und die Kolonne setzt sich wieder in Bewegung.

Der Feldgendarm knallt vor dem Major die Hacken zusammen und will offenbar etwas sagen.

„Schon gut, mein Bester“, lächelt Major Stemper, „lassen Sie sich nicht aufhalten. Sicher gibt es hier in der Kolonne noch viel für Sie zu tun.“

„Jawohl, Herr Major!“

Wenige Augenblicke später ist der Feldgendarm hinter einem Wagen verschwunden.

Der Major wendet sich jetzt an Lotz, der zusammen mit dem Kradmelder immer noch in der Nähe steht.

„Wie kommen Sie eigentlich hier auf die Vormarschstraße?“ Stemper blickt kurz an Lotz herab. „Ihrem Aussehen nach zu urteilen gehören Sie doch zum fliegenden Personal, oder nicht?“

„Jawohl, Herr Major“, erwidert Lotz, „ich war heute über Sedan dabei. Bei einer Kurbelei hat ein Tommy mich abgeschossen.“

„Ach!“ sagt der Stabsoffizier überrascht. „Sie waren da dabei? Wie war es denn? Das müssen Sie mir erzählen!“

Er zieht Lotz zur Seite und auf einen offenen Kübelwagen zu, der etwa fünfzig Meter entfernt halb auf der Straßenböschung steht. Während sie auf das Fahrzeug zugehen, hinter dessen Steuer der Fahrer trotz des Lärms der nun wieder vorbeirollenden Laster offenbar eingeschlafen ist, wallen ihnen Wolken von Staub entgegen. Der Major bleibt stehen, als der Kradmelder neben ihm auftaucht.

„Herr Major“, sagt der Obergefreite, „ich — ich habe den Herrn Feldwebel bis hierher gebracht und muß weiter. Kann der Herr Feldwebel...?“

„Es ist gut“, sagt Stemper, „Sie können fahren. Daß der Feldwebel seinen Flugplatz erreicht, dafür werde ich sorgen.“

Es scheint ihn nicht im geringsten zu wundern, daß Lotz dem Kradfahrer jetzt die Hand reicht, sich bedankt und ihm — nach Fliegerart — Hals- und Beinbruch wünscht.

Der Kradmelder hebt die Rechte an den Stahlhelm, grüßt und verschwindet dann in einer Lücke zwischen den Fahrzeugen.

Der Fahrer des Majors scheint den sechsten Sinn aller Obergefreiten zu besitzen, die Offiziere zu fahren haben. Trotz des ohrenbetäubenden Brummens in der Nähe muß er das Herannahen des Majors auf irgendeine rätselhafte Weise mitgekriegt haben. Er hebt jetzt den Kopf vom Lenkrad, reißt die Augen auf und springt aus dem Fahrzeug.

„Wünsche wohl geruht zu haben", sagt der Major mit liebenswürdigem Spott in der Stimme.

„Jawohl!" entgegnet der Fahrer.

Stemper wendet sich wieder dem Feldwebel zu. „Wo müssen Sie eigentlich hin?"

„Hm!" sagt der Major nach einem schnellen Blick auf seine Uhr, nachdem Lotz ihm den Feldflugplatz genannt hatte. „Das ließe sich einrichten. Ich bin heute mit einem Fieseler-„Storch" in den Abendstunden hier in der Gegend gelandet, um auf allerhöchsten Befehl die zukünftigen Frontflugplätze einmal ein bißchen unter die Lupe zu nehmen. Aber so eilig ist das auch nicht. Außerdem kann es nichts schaden, wenn ich mich auch einmal beim Pik-As-Geschwader umsehe. Steigen Sie also ein!"

Lotz drückt das Fallschirmknäuel zurecht, das er vorhin schnell zusammengerafft hatte, und schiebt sich in den Wagen. Der Major nimmt neben ihm auf dem Rücksitz Platz. „Los, fahren Sie ab!" befiehlt er dem Fahrer. „Richtung Bastogne!"

„Jawohl", brummt der Obergefreite. Er läßt den Motor an, flitzt kurz darauf in einem halsbrecherischen Manöver zwischen zwei mächtigen Lastwagen durch auf die andere Fahrbahnseite und prescht in einem Tempo weiter, als ob der Teufel hinter ihnen her sei.

Der Major scheint eine solche Fahrweise gewöhnt zu sein, obwohl er sich diesem Fahrer offenbar doch erst heute anvertraut hatte.

„Erzählen Sie!" sagt er jetzt noch einmal. Lotz tut es. Der Major unterbricht ihn nicht ein einziges Mal. Er hat die Hände vor der Brust verschränkt und nickt nur manchmal vor sich hin.

„Sie hätten auch gestern keine Chance gehabt", murmelte er wie in einem Selbstgespräch, „es ist alles anders als damals ..."

„Herr Major?" sagt Lotz verwundert.

Stemper winkt ab. „Nichts von Bedeutung, das war nur so ein lauter Gedanke von mir ..."

Im ersten Licht des neuen Morgens erreichen sie nach zahlreichen Aufenthalten auf der stark befahrenen Nachschubstraße den Feldflugplatz.

Lotz ist todmüde, als er sich von Stemper verabschiedet, seinen Fallschirm unter den Arm stopft und mit weichen Knien auf jene Baracke zugeht, in der sich sein Feldbett befindet. Es ist vielleicht noch fünfzig Meter von einer Halle entfernt, als ein lautes Geschrei ihn veranlaßt, den Kopf zu heben.

Und dann sieht er die beiden Männer in den dunklen Kombinationen des technischen Personals, die sich gerade von einer Gruppe anderer Warte lösen und auf ihn zugerannt kommen. „Herr Feldwebel", schreit Reiter, völlig außer Atem, während er Lotz seine mächtigen Hände auf die Schultern haut und Mischkat zur Seite drückt, der das offenbar auch gerade tun wollte. „Da sind Sie ja wieder!"

Lotz hat angesichts der Freude, die aus den Augen der beiden Männer leuchtet, seine Müdigkeit vergessen.

„Lotz!“ sagt Oberfeldwebel Meißner überwältigt. „Du lieber Himmel, ist das eine Freude. Wo warst du denn?“

Der Feldwebel wischt sich einige Haarsträhnen aus der Stirn und lächelt.

„Bei der Flak an der Maas und dann im Kübel eines Majors von der Luftflotte.“

Die Warte begleiten ihn bis zur Unterkunftsbaracke. In dem engen Flur lehnt sich der Feldwebel an die Wand und holt erst einmal Luft. Dann schlurft er auf die Tür zu, hinter der sein Bett steht.

Er ist schon kurz davor, als sich eine andere Tür öffnet und Oberleutnant Mayer auf den Flur tritt. Er scheint nicht besonders überrascht von der plötzlichen Anwesenheit seines Kameraden, und offenbar hatte er die Begrüßungsszene auf dem Hallenvorfeld schon vom Fenster seines Zimmers aus beobachtet.

„Lotz!“ sagt er, auf den Feldwebel zukommend und ihm die Hand reichend. „Mann, wie herrlich, daß du noch auf den Beinen stehst.“

„Ich bin so müde“, sagt Lotz.

Der Oberleutnant nickt. Er begleitet seinen Rottenflieger zu dem kleinen Barackenraum, wo sich Lotz auf das Bett fallen läßt. Auf den Schlaf brauchte er nicht lange zu warten.

*

Der Mann, der dieses Mal neben Major Stemper auf dem Rücksitz des Kübelwagens sitzt, ist kein Angehöriger des fliegenden Personals, der die Füße auf einem Fallschirmpaket stehen hat. Es ist auch nicht die gleiche Landschaft, auf der der Wagen zwischen den Fahrzeugen einer langen Kolonne in nordwestlicher Richtung rollt. Die Chaussee verläuft in Richtung Brüssel und ist von der anderen, auf der vor zehn Tagen die Hinterachse des Munitions-Lks gebrochen war, gut einhundert Kilometer entfernt.

Die Fahrzeugkolonne kommt wieder einmal ins Stocken.

„Fahren Sie unter die Bäume!“ befiehlt der Major dem Unteroffizier am Steuer.

Kurz darauf läuft Stemper mit Hauptmann Werner auf die Wiese hinaus.

Plötzlich erklingt von Osten her ein dumpfes Grollen. Es sind fünfzehn Jagdflugzeuge, die in etwa fünfhundert Meter Höhe westwärts dröhnen. Sie kommen jetzt tiefer herab und halten genau auf die Kolonne zu.

Während Stemper ein auf seiner Brust hängendes Fernglas vor die Augen setzt, laufen Hunderte von Feldgrauen von den Fahrzeugen weg und winken zu den Messerschmitt-Jägern hinauf, die nun im Tiefflug nacheinander an der Kolonne vorbeipreschen. Schon kurze Zeit später verklingt der Motorenlärm in der Ferne.

„Es waren welche vom Pik-As-Geschwader“, wendet sich Stemper an den jungen Hauptmann. „Vielleicht saß der Feldwebel in einer der Maschinen, den ich neulich bei Longwy auf der Vormarschstraße aufgegabelt habe."

„Ich erinnere mich", sagt Hauptmann Werner. „Herr Major erzählten davon."

„Ganz recht", nickt Stemper, während er in die Richtung sieht, in der die Flugzeuge vorhin verschwunden waren. Er zieht eine Zigarre aus einem Etui und zündet sie an. „Zehn Tage sind es erst her", sagt er dann, „und jetzt stehen wir bald vor Dünkirchen."

„Jawohl", sagt der Hauptmann, „manchmal ist es nicht zu fassen, wie alles läuft. Bei diesem Tempo dürften wir es bald geschafft haben."

Drüben auf der Straße dröhnen Motoren auf. Der Fahrer kommt über die Wiese gelaufen.

„Es geht weiter, Herr Major!"

„Ja", murmelt Stemper, „ich sehe es. Hoffentlich bleibt es auch so."

Der Fahrer tritt auf das Gaspedal und rollt an einer schweren Zugmaschine vorbei. Weit im Nordwesten stehen dunkle Flak-Sprengwolken am Himmel. Blitze zucken über den Horizont, und in großer Höhe zieht ein Verband von Heinkel-Bombern dem Kanal entgegen ...